Veröffentlichungen des Collegium Carolinum

Band 146

Herausgegeben vom
Vorstand des Collegium Carolinum
Forschungsinstitut für die Geschichte
Tschechiens und der Slowakei

Sozialistische Subjektivitäten

Deutungen des »neuen Menschen«
in der Tschechoslowakei
1953–1963

von
Sebastian Lambertz

Vandenhoeck & Ruprecht

Bibliografische Information der Deutschen Nationalbibliothek

Die Deutsche Nationalbibliothek verzeichnet diese Publikation in der Deutschen Nationalbibliografie; detaillierte bibliografische Daten sind im Internet über https://dnb.de abrufbar.

Bibliographic information published by the Deutsche Nationalbibliothek

The Deutsche Nationalbibliothek lists this publication in the Deutsche Nationalbibliografie; detailed bibliographic data available online: https://dnb.de.

© 2023 Vandenhoeck & Ruprecht, Theaterstraße 13, D-37073 Göttingen, ein Imprint der Brill-Gruppe
(Koninklijke Brill NV, Leiden, Niederlande; Brill USA Inc., Boston MA, USA; Brill Asia Pte Ltd, Singapore; Brill Deutschland GmbH, Paderborn, Deutschland; Brill Österreich GmbH, Wien, Österreich)
Koninklijke Brill NV umfasst die Imprints Brill, Brill Nijhoff, Brill Hotei, Brill Schöningh, Brill Fink, Brill mentis, Vandenhoeck & Ruprecht, Böhlau, Verlag Antike und V&R unipress

Das Werk einschließlich aller Abbildungen ist urheberrechtlich geschützt. Jede Verwertung außerhalb der Grenzen des Urheberrechtsgesetzes ist ohne Zustimmung des Collegium Carolinum unzulässig und strafbar. Das gilt insbesondere für Vervielfältigungen, Übersetzungen, Mikroverfilmungen und die Einspeicherung und Bearbeitung in elektronischen Systemen.

All rights reserved. No part of this book may be reproduced or translated in any form, by print, photoprint, microfilm or any other means without written permission from the Collegium Carolinum. Violations of the above may result in criminal prosecution or civil damage awards.

Die Umschlagabbildung zeigt ein Plakat des tschechoslowakischen Turnverbandes Sokol aus dem Jahr 1948. Armádní muzeum Žižkov, Praha, Tschechische Republik (© Peter Forsberg/Europe/Alamy Stock Foto; Bild-ID: DK3A4M).

Für Form und Inhalt trägt der Verfasser die Verantwortung.

Redaktion: Collegium Carolinum München
Satz: Collegium Carolinum München
Layout des Einbands: SchwabScantechnik, Göttingen
Druck und Einband: Verlagsdruckerei Michael Laßleben, Kallmünz
(www.oberpfalzverlag-lassleben.de)

Printed in the EU.

Vandenhoeck & Ruprecht Verlage | www.vandenhoeck-ruprecht-verlage.com

ISSN 0530-9794
ISBN 978-3-525-37102-2

INHALTSVERZEICHNIS

VORWORT VII

EINLEITUNG 1
   1. Forschungsstand 7
   2. Methodik und Begriffe 18
   3. Quellen: Eingaben und Beschwerden 28
   4. Struktur der Arbeit 38

PROLOG: SOZIALISTISCHE SUBJEKTIVITÄT NACH DEM
ZWEITEN WELTKRIEG 41
   1. Helden der Arbeit und kommunistische Widerstandskämpfer .. 46
   2. Kollaborateure, Kulaken und Schädlinge – Feindbilder in der
      stalinistischen Tschechoslowakei 55
   3. Ein kurzer Einblick in erste sozialistische Identitätsentwürfe 57

I. KRISE UND NEUAUSRICHTUNG SOZIALISTISCHER
    SUBJEKTIVITÄT (1953–1955) 59
   1. Die Währungsreform vom 1. Juni 1953 und der Sinn und
      Zweck von Arbeit 61
      Enttäuschte Kommunisten (71) – »Neuer Kurs« vs. »harte Hand«
      (75) – Von kollektiver zu individueller Arbeit (80) – »Neuer Kurs«
      – Neue Identitäten? (89)
   2. Der »neue Mensch« im Radio 90
      Der Rundfunk als Anwalt gesellschaftlicher Interessen (91) –
      Bildung und Unterhaltung (95) – »Vysílání pro ženy« (Sendung
      für Frauen) (98) – Der Rundfunk und die Wahlen zu den Natio-
      nalausschüssen 1954 (104) – Teilhabe am sozialistischen Aufbau
      (108) – Die Kriegstreiber von Radio Free Europe (111) – Subjekti-
      vierung am Empfangsgerät (114)
   3. Zwischenfazit 115

II. SELBSTBEWUSSTE SUBJEKTE AUF DEM WEG IN EINE
NEUE GESELLSCHAFT (1956–1959) 117

    1. Das Recht auf angemessenen Wohnraum 122
       Sozialistische Subjekte und das Recht auf Wohnraum (125) – Leistungen für die Gesellschaft (132) – Kapitalisten und Hausbesitzer – kulturelle Differenzmarker in der Wohnungsfrage (140) – Ermächtigte Subjekte auf der Suche nach Wohnraum (146)

    2. Fernsehzuschauer zwischen Individualismus und Kollektiv 148
       Individuen im Fernsehen (153) – Traumfabrik Vladislavova (157) – Kollektive vor dem Fernseher (161) – Arbeit, Freizeit, Selbstverwirklichung (165) – Das Fernsehprogramm als Aushandlungsfeld (168)

    3. Zwischenfazit 169

III. INDIVIDUELLE WÜNSCHE NACH EINEM NEUEN
SOZIALISMUS (1960–1963) 173

    1. Sozialistische Bürger in einer sozialistischen Gesellschaft 173
       Sozialistische Verfassung und sozialistische Gesetzlichkeit (177) – Sozialistische Bürger in Selbst- und Fremdzuschreibungen (187) – Der sozialistische Bürger – ein Subjektmodell? (197)

    2. Sozialismus im Alltag – die Fernsehserie »Tři chlapi
       v chalupě« (Drei Männer unter einem Dach) 199
       Hausfrau, Mutter, Ehefrau – Hana Potůčková als »neue sozialistische Frau« (205) – Bohouš Koťátko – Funktionär und Anti-Subjekt (212) – Der »neue Mensch« wird »alt« – Děda Potůček und die Suche nach dem Sinn im Alter (220) – Rezeption (225) – Sozialismus im Alltag (228)

EPILOG: AUF DER SUCHE NACH EINEM NEUEN
    SOZIALISMUS 231

SCHLUSSBETRACHTUNG: DER »NEUE MENSCH« –
VOM BITTSTELLER ZUM BÜRGER 243

Quellen- und Literaturverzeichnis 257

Personenverzeichnis 275

Abkürzungsverzeichnis 277

VORWORT

Noch relativ früh in meiner Zeit als Doktorand – es muss im Jahr 2015 gewesen sein – habe ich einen von anderen Promovenden organisierten Workshop zum Thema »Diskurs und Akteur« besucht. Zugegebenermaßen habe ich recht wenig von dem, was dort diskutiert wurde, verstanden oder gar behalten. Was mir allerdings sehr gut in Erinnerung geblieben ist, ist eine Aussage von Achim Landwehr aus seinem damaligen Kurzvortrag, die ich nicht mehr wörtlich wiedergeben kann, die aber weitgehend deckungsgleich mit dem ist, was er in einem Interview mit den S. Fischer Verlagen sagte:

Erstens hat Geschichtsschreibung nicht die Aufgabe [...], der Orientierung, Identitätsbildung oder Versicherung über das »Wie wir wurden, was wir sind« zu dienen. Ganz im Gegenteil (und zweitens): Will historisches Arbeiten den eigenen Anspruch auf wissenschaftliches, kritisches und letztlich auch zukunftsfähiges Denken bewahren, dann muss sie viel eher zu Desorientierungen anleiten, Identitäten untergraben und zur Verunsicherung beitragen. Es muss an der Überzeugung gerüttelt werden, die Dinge seien ganz konsequent und fast schon natürlich so geworden, wie sie geworden sind. Stattdessen kann man aufzeigen, dass es auch immer anders sein konnte und sein kann.[1]

Für die Arbeit der folgenden Jahre sollte dies mein Credo werden. Ich wollte mit meiner Forschung zur Verunsicherung beitragen und vorgebliche Gewissheiten infrage stellen. Von diesen vorgeblichen Gewissheiten gibt es in der Forschung zum tschechoslowakischen Kommunismus einige, insbesondere im Hinblick auf das Kernthema dieses Buches: die individuelle Deutung und Wahrnehmung der Ideologie.

Inwiefern es mir gelungen ist, tatsächlich ein bisschen zur Verwirrung beizutragen, mag jede Leserin und jeder Leser selbst beurteilen. In jedem Fall war die Aussage Achim Landwehrs für mich ein wichtiger Wegweiser, der mir geholfen hat, meinen – zumindest aus subjektiver Perspektive – individuellen Weg zwischen Antragslogik, Paper-Reviews und dem Wissenschaftszeitvertragsgesetz zu finden und dem zu folgen, was die Grundlage jeglicher Forschung sein sollte: der Neugier. Das Ergebnis dieser Suche halten Sie nun in den Händen. Es ist die überarbeitete Version des Manuskripts, das ich 2019 unter dem Titel »Zwischen ideologischem Anspruch und lebensweltlicher Realität. Sozialistische Subjekte in der Tschechoslowakei, 1953–1963« an der Universität zu Köln als Dissertationsschrift eingereicht habe.

---

[1] *Landwehr*, Achim: Fünf Fragen an Achim Landwehr. In: Hundertvierzehn. Das literarische Online-Magazin des S. Fischer Verlags, URL: https://www.fischerverlage.de/magazin/interviews/fuenf-fragen-achim-landwehr (am 3.4.2022).

Ganz im Sinne meines Themas stellt sich mir nun – beinahe sieben Jahre nach Beginn meiner Promotion – im Hinblick auf meine Arbeit rückblickend die Frage nach dem Verhältnis von Individuum und Kollektiv. Oftmals heißt es, wir Doktorandinnen und Doktoranden seien doch in erster Linie Einzelkämpfer, die die meiste Zeit allein im Archiv oder der Bibliothek verbringen. Das ist sicherlich nicht vollkommen von der Hand zu weisen, ist aber längst nicht die ganze Wahrheit. Denn um überhaupt die Möglichkeit, Ruhe und das Durchhaltevermögen zu haben, so lange intensiv zu forschen, braucht es das richtige Umfeld und Unterstützung von zahlreichen Menschen, deren Wirken zwar oft nicht direkt sichtbar ist, ohne die ein solches Vorhaben aber definitiv nicht möglich wäre. Ich hatte das große Glück, ebendieses Umfeld zu haben, und ich möchte diesen Menschen an dieser Stelle herzlich danken!

Allen voran gilt dieser Dank meiner Doktormutter Maike Lehmann. Sie hat meine Forschungen von Anfang an intensiv betreut, begleitet und mit ihrer kritischen Lektüre und Diskussion der Ergebnisse diese oftmals auf ein neues Level gehoben. Durch die Aufnahme in das Forschungsprojekt »The Many Faces of Late Socialism« und die Unterstützung verschiedener Stipendienbewerbungen hat sie die für mich bestmöglichen Umstände geschaffen, meine Promotion erfolgreich abschließen zu können. Ihr unermüdlicher Einsatz für die gesamte Abteilung hat ein kollegiales und produktives Umfeld geschaffen, das mir über manchen Durchhänger hinweggeholfen hat. Ebenso herzlich möchte ich meinem Zweitbetreuer und Gutachter Martin Schulze Wessel danken, der immer großes Interesse an meiner Arbeit gezeigt, meine Forschungen in zahlreichen Diskussionen entscheidend vorangebracht und sich immer wieder für mich eingesetzt hat.

Es waren aber nicht nur die »Many Faces of Late Socialism«, die meine Arbeit unterstützt und finanziert haben. Ich hatte das große Glück, Stipendien des Collegium Carolinum in München, des Deutschen Historischen Instituts in Warschau und des Instituts für Europäische Geschichte (IEG) zu erhalten, die mir Forschungs- und Archivaufenthalte und im Falle des IEG in Mainz eine intensive Schreibphase ermöglicht haben. Besonders wichtig waren dabei die Gespräche mit den Mitarbeiterinnen und Mitarbeitern dieser Einrichtungen, besonders mit Christiane Brenner, Zdeněk Nebřenský und Gregor Feindt. Ihnen – und selbstverständlich den jeweiligen Institutionen – sei herzlich gedankt.

Insbesondere die Zeit am IEG Mainz war von einem besonderen persönlichen Austausch geprägt. Dem ganzen Team des Instituts und den anderen Stipendiatinnen und Stipendiaten bin ich dafür verbunden, dass dort eine produktive und freundliche Atmosphäre vorherrscht, die mir die oft stressige Abschlussphase sehr erleichtert hat. Besonders bedanken möchte ich mich bei Evelyn Reuter, Anka Steffen, Carolyn Taratko und Lars-Dieter Leisner, die dafür gesorgt haben, dass ich die Zeit in Mainz auch abseits der Arbeit am Manuskript in guter Erinnerung behalten werde.

Vorwort IX

Große Teile meiner Arbeit sind zudem in der Abteilung für Osteuropäische Geschichte in Köln entstanden. Das Team der Abteilung war mir dabei stets eine große Stütze, nicht nur was den fachlichen Austausch anging. Es waren vor allem die vielen persönlichen Gespräche und Begegnungen, die dafür gesorgt haben, dass ich mich dort immer wohlgefühlt und auch in schwierigen Phasen die richtige Motivation gefunden habe. Danken möchte ich an dieser Stelle daher Astrid Löhrer, Katja Niederschulte, Christine Cuda, Alexandra Walter, Natalia Schartner, Roland Cvetkovski, Ingo Eser, Janos Hauszmann, Christoph Schmidt und besonders Andrea Thubauville, die mich als Kollegin im Forschungsprojekt »The Many Faces of Late Socialism« tatkräftig unterstützt und mir dabei wichtige Freiräume für Recherche und Textproduktion geschaffen hat.

Die Tatsache, dass Sie die Druckfassung meiner Dissertation nun in den Händen halten können, ist zum einen dem Herausgeberkollegium der »Veröffentlichungen des Collegium Carolinum« zu verdanken, das die Arbeit in seine Schriftenreihe aufgenommen hat. Zum anderen gilt der Dank aber auch den Menschen, die viel Zeit investiert haben, das Manuskript intensiv zu lesen und mich auf formale wie inhaltliche Verbesserungsmöglichkeiten hinzuweisen. Dies waren besonders Kathrin Krogner-Kornalik und Volker Zimmermann, die das Buch am Collegium Carolinum betreut haben, sowie Melanie Zirves und Dana Jelínková als Lektorinnen und Korrektorinnen. Ihnen möchte ich ebenso herzlich danken wie Heike Czygan, die das Buchcover ausgewählt und gestaltet hat.

Bei einem so langen und komplexen Vorhaben wie einer Promotion sind die Menschen aus dem persönlichen Umfeld von enormer Bedeutung. Sie verschaffen die so wichtigen Momente der Ablenkung, holen einen auf den Boden der Tatsachen zurück und haben oftmals den unverstellten Blick, der einem selbst fehlt, wenn man zu lange an einem Thema arbeitet. All jene aufzuzählen, die mir in den vergangenen Jahren mit Rat und Tat zur Seite standen und wichtige Gesprächspartnerinnen und -partner waren, würde den Rahmen hier sprengen. Stellvertretend möchte ich daher an dieser Stelle Anna Schloßnagel, Rebecca Großmann und Judith Brehmer erwähnen. Anna war (und ist es noch heute) eine wichtige Konstante und Stütze, nicht nur in der gemeinsamen Arbeit in der Bibliothek. Gleiches gilt für Rebecca, die mit mir promoviert hat und eine wichtige Ansprechpartnerin bei allen Fragen und Sorgen rund um die Promotion war. Judith schließlich war über die gesamte Zeit der Promotion eine wichtige Begleiterin und Freundin, die nicht nur alle meine Texte kritisch und produktiv gelesen hat, sondern mich menschlich unterstützt hat, wie kaum jemand anders. Die Arbeit, wie sie nun vorliegt, wäre ohne sie sicherlich eine andere geworden.

Ein ebenso großer Dank gilt meinen Eltern Monika und Karl-Heinz und meinen Geschwistern, Katharina und Florian. Sie haben meinen nicht immer ganz geradlinigen Weg in Richtung der osteuropäischen Geschichte bedingungslos unterstützt und standen mir in den entscheidenden Momenten mit

Gesprächen sowie kritischer Lektüre zu Seite. Meiner Familie habe ich meine große Begeisterung für Geschichte und Wissenschaft im Allgemeinen zu verdanken. Sie hat so einen nicht unerheblichen Anteil daran, dass ich die Promotion erfolgreich abschließen konnte.

Die wichtigste Person und die größte Unterstützung in den letzten Jahren war und ist meine Freundin Charlotte Jonen. Sie hat alle Phasen von Forschung über Niederschrift bis hin zur Publikation begleitet, stand bei allen Entscheidungen hinter mir und war Zuhörerin, Leserin sowie wichtige Diskussionspartnerin. Die Qualität meiner Arbeit hat von ihrem unermüdlichen Drängen, kritische Passagen doch noch einmal zu überarbeiten, in hohem Maße profitiert. Ihr gilt mein allergrößter Dank!

Widmen möchte ich dieses Buch meinen Großeltern Hildegard, Siegfried, Regine und Ewald. Auch wenn sie sein Erscheinen leider nicht mehr erleben dürfen, haben sie doch alle auf ihre ganz eigene Art und Weise einen unschätzbaren Beitrag dazu geleistet.

EINLEITUNG

»Ich gebe zu, ich war auch so ein alter ›Idiot‹.«[1] Zu dieser wenig schmeichelhaften Selbsterkenntnis gelangte eine Frau, nachdem sie im Jahr 1953 die Beiträge der Volksuniversität (ľudová univerzita) des Tschechoslowakischen Rundfunks (Československý rozhlas) gehört hatte, einem Format, das dem Publikum wissenschaftliche Inhalte vermitteln sollte.[2] Diese hätten sie zum Nachdenken angeregt:

> Ich habe begonnen, mehr über unser volksdemokratisches System nachzudenken und bin zu dem Schluss gekommen, dass ein gerechteres System nicht existieren kann. [...] [U]nd ich habe begonnen, frei zu denken, ich habe festgestellt, dass ich einen freien Geist habe und mich nicht vor irgendeinem strafenden Gott fürchte, denn ich glaube, dass ich damit meinen Verstand und mein ganzes freies Denken gebunden habe.[3]

Mit dieser Haltung war sie allerdings relativ allein, zumindest, wenn man der in Wissenschaft und Öffentlichkeit gängigen Sichtweise auf den tschechoslowakischen Sozialismus Glauben schenkt. Dieser zufolge bestand die damalige Gesellschaft nicht etwa aus selbstbestimmten, frei denkenden und autonom handelnden Mitgliedern, sondern war eine unterdrückte, verängstigte und homogene Masse atomisierter Menschen, die, wenn sie überhaupt handelte, nur auf den Machtanspruch des übermächtigen Regimes reagieren konnte.[4]

---

[1] Sammlung der Zuschauerzuschriften zum Programm des Tschechoslowakischen Rundfunks. Archiv Českého rozhlasu (Archiv des Tschechischen Rundfunks, weiter AČRo), Listy poslucháčov o programe čs. rozhlasu. Vydáva ústredné listové oddelenie, ročník III., číslo 2, Bratislava, 12.9.1953, 4 (slowakisch). Bei meinen Recherchen im Archiv des Rundfunks wurden mir auf Anfrage nur die Monats-, Wochen- oder Jahresberichte über die Zuschriften der Hörer ausgehändigt. Nähere Informationen zur Struktur der Bestände, Inventarnummern oder ähnliches habe ich nicht erhalten. Deswegen werden die Berichte direkt zitiert. Leider waren auch die Berichtsbenennungen im Untersuchungszeitraum nicht einheitlich, sondern änderten sich beinahe jährlich.
[2] Vgl. *Běhal*, Rostislav: Rozhlas po nástupu totality 1949–1958 [Der Rundfunk nach Beginn der Totalität 1949–1958]. In: *Ješutová*, Eva (Hg.): Od mikrofonu k poslucháčům. Z osmi desetiletí Českého rozhlasu [Vom Mikrofon zu den Zuhörern. Aus acht Jahrzehnten des Tschechischen Rundfunks]. Praha 2003, 235–288, hier 266–268.
[3] Sammlung der Zuschauerzuschriften zum Programm des Tschechoslowakischen Rundfunks. AČRo, Listy poslucháčov o programe čs. rozhlasu. Vydáva ústredné listové oddelenie, ročník III., číslo 2, Bratislava, 12.9.1953, 4 (slowakisch).
[4] Vgl. *Pullmann*, Michal: Sociální dějiny a totalitněhistorické vyprávění [Sozialgeschichte und die totalitätsgeschichtliche Erzählung]. In: Soudobé dějiny 15/3 (2008), 703–717, hier 704–706; *Kolář*, Pavel: Langsamer Abschied vom Totalitarismus-Paradigma? Neue tsche-

Wie lassen sich nun Aussagen wie die der slowakischen Rundfunkhörerin, die der sozialistischen Weltanschauung ganz offensichtlich eine befreiende Wirkung zuwies, mit entgegengesetzten Darstellungen etwa von Václav Havel vereinbaren, der in seinem Essay »Moc bezmocných« (Die Macht der Machtlosen) einen Gemüsehändler beschreibt, der ein Schild mit der Aufschrift »Proletarier aller Länder, vereinigt euch!« nur deswegen in sein Schaufenster hängte, weil er »im Leben durchkommen« und möglichen Schwierigkeiten aus dem Weg gehen wollte?[5] Im Grunde gar nicht. Aber das ist meiner Ansicht nach auch nicht notwendig.

Solche unterschiedlichen Erfahrungswelten sind als zwei Seiten derselben Medaille zu betrachten: Ebenso wie es jene Menschen gab, deren Leben im Sozialismus von Gewalt, Verfolgung und Unterdrückung geprägt war,[6] und jene, die alles dafür taten, um »ein relativ ruhiges Leben«[7] führen zu können, gab es auch eine nicht geringe Anzahl derer, die die Vision einer sozialistischen Moderne als identitätsstiftend empfunden hat; mit dem Unterschied, dass Letzteres vor allem in der gesellschaftlichen Debatte um die sozialistische Vergangenheit auch außerhalb Tschechiens und der Slowakei bislang kaum als mögliche Erfahrung anerkannt worden ist. Eine solche Erfahrung als legitim zu akzeptieren, würde bedeuten, die kollektive Erinnerung an das sozialistische Experiment infrage zu stellen, in der die Stabilität der Diktatur primär aus der totalitären Herrschaft der Partei abgeleitet wird.[8]

Mit dem vorliegenden Buch möchte ich dieser Erfahrung Geltung verschaffen. Meiner Ansicht nach haben sich längst nicht alle Mitglieder der tschechoslowakischen Gesellschaft als »Opfer autoritärer Willkür oder Objekte sozialökonomischer Experimente«[9] wahrgenommen. Für viele war die allumfassende sozialistische Ideologie eine kulturelle Ordnung: eine »Sinnwelt«,[10] die es ihnen

---

chische Forschungen zur Geschichte der KPTsch-Diktatur. In: Zeitschrift für Ostmitteleuropaforschung 55 (2006), 253–275, hier 255 f.; *Krylova*, Anna: The Tenacious Liberal Subject in Soviet Studies. In: Kritika. Explorations in Russian and Eurasian History 1/1 (2000), 119–146, hier 127. Unter Regime verstehe ich an dieser Stelle die politische Ordnung der Tschechoslowakei, also alle Institutionen des Herrschaftsapparates und der damit zusammenhängenden Verwaltung. Auch die Kommunistische Partei und ihre Führungsschicht sind in einer Einparteiendiktatur wie in der Tschechoslowakei ein Teil des Regimes.

5   *Havel*, Václav: Versuch, in der Wahrheit zu leben. Von der Macht der Ohnmächtigen. Reinbek bei Hamburg 1980, 14.
6   Vgl. *Blaive*, Muriel: Introduction. In: *Dies.* (Hg.): Perceptions of Society in Communist Europe. Regime Archives and Popular Opinion. London 2019, 1–12, hier 2.
7   *Havel*: Versuch, in der Wahrheit zu leben, 14.
8   *Pullmann*: Sociální dějiny a totalitněhistorické vyprávění, 703.
9   *Nebřenský*, Zdeněk: Marx, Engels, Beatles. Myšlenkový svět polských a československých vysokoškoláků, 1956–1968 [Marx, Engels, Beatles. Die Gedankenwelt der polnischen und tschechoslowakischen Studenten, 1956–1968]. Praha 2017, 34.
10 Siehe dazu vor allem *Sabrow*, Martin: Sozialismus als Sinnwelt. Diktatorische Herrschaft in kulturhistorischer Perspektive. In: Potsdamer Bulletin für Zeithistorische Studien 40–41 (2007), 9–23.

ermöglichte, ihr Alltagsleben mit Bedeutung zu füllen, zu strukturieren und so zu einem anerkannten und handlungsfähigen Mitglied der Gesellschaft zu werden.[11] Diese erfahrungsgeschichtliche Herangehensweise ermöglicht es mir, die häufig vertretene These, das sozialistische System habe als sowjetisches Importprodukt kaum Rückhalt in der Bevölkerung gehabt, einer kritischen Prüfung zu unterziehen. Damit möchte ich zeigen, auf welch vielfältige Art und Weise Legitimität für die staatssozialistische Herrschaft entstehen konnte.[12]

Zu diesem Zweck untersuche ich anhand von Beschwerdebriefen und Eingaben, inwiefern Mitglieder der sozialistischen Gesellschaft in ihrer Kommunikation mit Vertretern des Regimes auf ideologisch basierte Identitätsmuster zurückgriffen. Diese Rückgriffe können als Versuche angesehen werden, sich sowohl in die Gesellschaft als auch in die sozialistische Vision der Moderne, die ein Leben in einer auf sozialer Gleichheit basierenden Ordnung versprach, einzuschreiben.[13] Dabei betrachte ich die sozialistische Ideologie als eine kulturelle Ordnung, der sich der Einzelne unterwerfen konnte und die ihm so die Merkmale zuwies, die ihn zu einem vollwertigen, autonomen und handlungsfähigen Teil der Gesellschaft, sprich: einem Subjekt, machten.[14] Nur ein »neuer sozialistischer Mensch«, ein *higher human type*,[15] konnte zu einem Mitglied der sozialistischen Gesellschaft werden. Dabei betrieb das Regime einen

---

[11] Vgl. *Reckwitz*, Andreas: Das hybride Subjekt. Eine Theorie der Subjektkulturen von der bürgerlichen Moderne zur Postmoderne. Weilerswist 2006, 9 f. Inwiefern ein Subjekt innerhalb einer kulturellen Ordnung tatsächlich als autonom angesehen werden kann, ist in der Subjektphilosophie weiterhin umstritten. Ich verstehe in dieser Arbeit autonom als die Möglichkeit, die eigenen Lebensumstände weitgehend selbst gestalten zu können.

[12] Vgl. *Kolář*, Pavel: Kommunistische Identitäten im Streit. Politisierung und Herrschaftslegitimierung in den kommunistischen Parteien in Ostmitteleuropa nach dem Stalinismus. In: Zeitschrift für Ostmitteleuropaforschung 60 (2011), 232–266, hier 233; *Feindt*, Gregor: Making and Unmaking Socialist Modernities. Seven Interventions into the Writing of Contemporary History on Central and Eastern Europe. In: *Terhoeven*, Petra (Hg.): European History Yearbook 19. Victimhood and Acknowledgement. Berlin, Boston 2018, 133–153, hier 135. Die Hartnäckigkeit, mit der sich diese Ansicht hält, ist insofern überraschend, als dass schon länger Arbeiten vorliegen, die zeigen, dass es durchaus Zuspruch zur Einführung eines sozialistischen Systems gab und dass die möglichen Optionen in der direkten Nachkriegszeit umfassend diskutiert wurden. Siehe dazu *Brenner*, Christiane: »Zwischen Ost und West«. Tschechische politische Diskurse 1945–1948. München 2009; *Abrams*, Bradley F.: The Struggle for the Soul of a Nation. Czech Culture and the Rise of Communism. Lanham u. a. 2004.

[13] Vgl. *Sabrow*: Sozialismus als Sinnwelt, 13.

[14] *Reckwitz*, Andreas: Auf dem Weg zu einer praxeologischen Analyse des Selbst. In: *Eitler*, Pascal/*Elberfeld*, Jens (Hg.): Zeitgeschichte des Selbst. Therapeutisierung – Politisierung – Emotionalisierung. Bielefeld 2015, 31–45, hier 33 f.

[15] *Fritzsche*, Peter/*Hellbeck*, Jochen: The New Man in Stalinist Russia and Nazi Germany. In: *Geyer*, Michael/*Fitzpatrick*, Sheila (Hg.): Beyond Totalitarianism. Stalinism and Nazism Compared. New York u. a. 2009, 302–341, hier 302.

großen Aufwand, um seine Bürger zu ebensolchen zu erziehen.[16] Diese Versuche beschränkten sich nicht auf einzelne Lebensbereiche, wie Arbeit oder politisches Engagement, sondern sollten die Menschen in ihrer täglichen Lebensführung, ihren Wert- und Normvorstellungen und sogar im intimen Bereich des Familienlebens beeinflussen.

Ausgehend von der Annahme, dass diese Vorbilder vor allem deswegen als erstrebenswert angesehen wurden, weil sie eine sinnhafte Verortung in der neuen Gesellschaftsform ermöglichten und nicht – wie oftmals geschehen – als Masken fungierten, die aufgesetzt werden konnten, um Konformität mit dem Regime vorzutäuschen, sollen in dieser Arbeit die folgenden Thesen erkenntnisleitend sein:

1. Die Bürgerinnen und Bürger der Tschechoslowakei haben sich aktiv mit den identitätsstiftenden Angeboten des sozialistischen Menschenbildes auseinandergesetzt, diese vor dem Hintergrund ihrer jeweiligen Alltagsrealität gedeutet und sie sich so produktiv angeeignet. Dabei haben sie jeweils die Eigenschaften des »neuen sozialistischen Menschen« reproduziert, die es ihnen ermöglichten, ihre Lebenswelt sinnhaft zu deuten. Dieser »neue Mensch« stellte dabei keine eindeutig definierte Identifikationsfigur dar, sondern war vielmehr ein diskursives Modell, das verschiedene Ausprägungen annehmen konnte[17] und sich im Zeitverlauf – auch bedingt durch unterschiedliche Formen der Aneignung – veränderte. Daher soll herausgearbeitet werden, welche Eigenschaften und Ausprägungen des »neuen Menschen« in welchen Kontexten relevant waren, um eine Situation sinnhaft ausdeuten zu können. So kann der Prozesshaftigkeit solcher Aneignungsprozesse Rechnung getragen und der Blick für Diskrepanzen zwischen individuellen und offiziellen Vorstellungen geschärft werden.[18]

2. Da der »neue Mensch« nicht nur der Erbauer, sondern auch der Profiteur der neuen Gesellschaftsordnung sein sollte, ging mit einer Aneignung ideologisch basierter Identitätsmuster auch eine Stärkung der Position von Individuen sowohl innerhalb der Gesellschaft als auch dem Regime gegenüber einher. Die Eigenschaften des »neuen sozialistischen Menschen« zu reproduzieren bedeutete somit gleichzeitig, individuelle Handlungsmacht sowie die Fähigkeit zu erwerben, »für sich und für andere ›ein besseres Leben‹

---

[16] Vgl. *Brunnbauer*, Ulf: Alltag und Ideologie im Sozialismus – eine dialektische Beziehung. In: Berliner Osteuropa Info 23 (2005), 4–16, hier 5–7. Zur Idee des »neuen sozialistischen Menschen« in der ČSR siehe jüngst *Nečasová*, Denisa: Nový socialistický člověk. Československo 1948–1956 [Der neue sozialistische Mensch. Die Tschechoslowakei 1948–1956]. Brno 2018.

[17] Vgl. *Nečasová*: Nový socialistický člověk, 13 f.; *Skradol*, Natalia: Homus Novus. The New Man as Allegory. In: Utopian Studies 20/1 (2009), 41–74.

[18] Für ein solches Verständnis der sozialistischen Version von Moderne plädierte auch jüngst Gregor Feindt. Vgl. *Feindt*: Making and Unmaking Socialist Modernities, 136.

zu erstreiten«.[19] Subjektivierung ist somit eng mit dem Begriff der »Ermächtigung« verbunden, einem Set von Strategien, die es dem Einzelnen, aber auch der Gemeinschaft ermöglichten, die eigenen Interessen selbstverantwortlich durchzusetzen.[20] Dieser Aspekt ist vor allem im Hinblick auf das Verhältnis des Einzelnen zur Gesellschaft relevant, denn in Systemen sowjetischen Typs,[21] wie es auch das tschechoslowakische war, wurde der »neue Mensch« bislang primär als kollektives Subjekt einer klassenlosen Gesellschaft angesehen.[22]

3. Als Teil der sozialistischen Gesellschaft war der »neue Mensch« auch Teil einer Weltanschauung, die für sich beanspruchte, die einzig richtige zu sein und »die Bewegungsgesetze der historischen Menschheitsentwicklung erkannt zu haben«.[23] Das Master-Narrativ des Kommunismus, das Fortschrittsmodell des »Historischen Materialismus«,[24] präsentierte eine vorgeblich unumkehrbare, auf wissenschaftlichen Gesetzen beruhende Entwicklung, die in jedem Fall in die Errichtung einer kommunistischen Gesellschaft münden würde. Es handelte sich dabei weniger um eine Utopie, als um eine Zukunft, deren Erreichbarkeit als plan- und messbar dargestellt wurde.[25] Dieses Master-Narrativ bot somit eine Zukunftsvision an, die insbesondere denjenigen, deren Lebensumstände von Leid und Armut geprägt waren, Hoffnung und Kraft spenden konnte, da es zumindest für einen kurzen Zeitraum über eine defizitäre Gegenwart hinwegtrösten konnte. Gleichzeitig machte es die Betroffenen zu Produzenten[26] ihrer eigenen Zukunft und konnte so eine formierende Wirkung in

---

[19] *Herriger*, Norbert: Empowerment-Landkarte. Diskurse, normative Rahmung, Kritik. In: Aus Politik und Zeitgeschichte 64/13–14 (2014), 39–46, hier 44.
[20] Vgl. *ebenda*.
[21] Ausführlich siehe dazu *Rittersporn*, Gábor (Hg.): Sphären von Öffentlichkeit in Gesellschaften sowjetischen Typs. Zwischen partei-staatlicher Selbstinszenierung und kirchlichen Gegenwelten. Frankfurt am Main 2003.
[22] *Fritzsche/Hellbeck*: The New Man in Stalinist Russia, 302.
[23] *Sabrow*: Sozialismus als Sinnwelt, 13.
[24] Dem Historischen Materialismus zufolge durchläuft die Geschichte jeder Gesellschaft zwangsläufig verschiedene Stufen, auf denen jeweils eine Bevölkerungsgruppe die Mehrheit an den Produktionsmitteln besitzt und damit die restliche Bevölkerung ausbeutet. Wird das Ungleichgewicht zu groß, kommt es zum Klassenkampf, in dem die unterdrückte Gruppe aufbegehrt, wodurch die nächste Stufe erreicht wird. Ziel dieser Entwicklung ist die klassenlose Gesellschaft des Kommunismus, in der die Entfremdung des Menschen von seiner Arbeit aufgehoben wird und es keine Unterschiede in den Besitzverhältnissen mehr gibt. Siehe dazu *Marx*, Karl/*Engels*, Friedrich: Manifest der kommunistischen Partei. Stuttgart 1986.
[25] Vgl. *Kolář*, Pavel: The Party as New Utopia. Reshaping Communist Identity after Stalinism. In: Social History 37/4 (2012), 402–424, hier 403; *Sabrow*: Sozialismus als Sinnwelt, 13 und 20.
[26] Zur besseren Lesbarkeit werden in dieser Arbeit personenbezogene Bezeichnungen, die sich zugleich auf Frauen und Männer beziehen, generell nur in der im Deutschen üblichen Pluralform angeführt, also z. B. »Hörer« statt »HörerInnen« oder »Hörerinnen und Hörer«. Dies soll jedoch keinesfalls eine Geschlechterdiskriminierung oder eine Verletzung des Gleichheitsgrundsatzes zum Ausdruck bringen.

der Gegenwart entfalten.[27] Umso wichtiger war es für solche Menschen aber, dass die Richtigkeit dieses Modells auch in Situationen behauptet werden konnte, die es eigentlich offensichtlich infrage stellten. In Anlehnung an Nanci Adler, die sich mit den Selbstzeugnissen sowjetischer Gulag-Rückkehrer befasst hat, erachte ich solche Situationen als Situationen kognitiver Dissonanz. Damit gehe ich davon aus, dass die Betroffenen eine psychische Spannung angesichts dieser Tatsache empfunden haben und ihre Ansicht dessen, was wahr sei, mit widersprüchlichen Fakten konfrontiert wurde.[28] Um dieses Spannungsverhältnis aufzulösen, hatten sie verschiedene Möglichkeiten: die Uminterpretation der Situation, um sie dem Modell anpassen zu können, die Nivellierung der gelieferten Beweise durch andere oder die Abwertung der vorgebrachten Beweise.[29] Das Ausmaß, in dem sie dabei auf ideologische Erklärungs- und Identitätsmuster zurückgriffen, lässt Aussagen darüber zu, inwiefern diese Muster für sie eine sinnstiftende Wirkung hatten.

Der hier untersuchte Zeitraum von 1953 bis 1963 ist vor allem deswegen interessant, weil er die Möglichkeit bietet, Kontinuität und Wandel sozialistischer Subjekt- und Identifikationsmodelle herauszuarbeiten und die identitätsstabilisierende Dimension ideologischer Erklärungsmuster anhand des Wechsels von Krisen- und Stabilitätsmomenten aufzuzeigen. Das wiederum lässt Rückschlüsse darauf zu, inwiefern die Figur des »neuen Menschen« in ihren vielfältigen Ausprägungen auch die Legitimation sozialistischer Herrschaft sichern konnte.[30] Dabei sind nicht nur die Krisenmomente selbst, wie die Währungsreform von 1953 oder die Geheimrede des Ersten Sekretärs der Kommunistischen Partei der Sowjetunion (KPdSU), Nikita Chruščëv, auf dem XX. Parteitag seiner Partei 1956 von Bedeutung, sondern vor allem die darauf folgenden Phasen der Stabilisierung, in denen die herrschende Komunistická strana Československa (KSČ, Kommunistische Partei der Tschechoslowakei) auf unterschiedliche Art und Weise versuchte, neue Legitimitätsangebote zu schaffen. Diese hatten auch Auswirkungen auf das Bild des »neuen Menschen« und dessen Verhältnis zum Regime.

---

[27] Vgl. *Uerz*, Gereon: Zukunftsvorstellungen als Elemente der gesellschaftlichen Konstruktion der Wirklichkeit. Anthropologie – Geschichte – Frühsozialisten. In: *Schulze Wessel*, Martin/*Brenner*, Christiane (Hg.): Zukunftsvorstellungen und staatliche Planung im Sozialismus. Die Tschechoslowakei im ostmitteleuropäischen Kontext 1945–1989. Vorträge der Tagung des Collegium Carolinum in Bad Wiessee vom 22. bis 25. November 2007. München 2010, 33–46, hier 37 f.; *Schulze Wessel*, Martin: Zukunftsentwürfe und Planungspraktiken in der Sowjetunion und der sozialistischen Tschechoslowakei. Zur Einleitung. In: *Ebenda*, 1–18, hier 1.

[28] *Adler*, Nanci: Keeping Faith with the Party. Communist Believers Return from the Gulag. Bloomington 2012, 16.

[29] Siehe dazu ursprünglich *Festinger*, Leon: A Theory of Cognitive Dissonance. Stanford 1957.

[30] Vgl. *Kolář*: Kommunistische Identitäten im Streit, 233.

1. Forschungsstand

Auch wenn in den letzten Jahren eine Reihe von Studien entstanden ist, die die Frage nach der Legitimität sozialistischer Herrschaft in Osteuropa abseits von Terror und Unterdrückung beleuchten und dabei auch Ansätze verfolgen, die den Sozialismus als zivilisatorisch-erzieherisches Projekt betrachten,[31] fehlen für die sozialistische Tschechoslowakei Arbeiten, die eine solche erfahrungsgeschichtliche Lesart konsequent umsetzen. Dies mag auch der Tatsache geschuldet sein, dass eine spezifische Sichtweise auf die jüngste Zeitgeschichte zumindest in der heutigen Tschechischen Republik noch immer eine zentrale Rolle in der gesellschaftlichen Selbstvergewisserung spielt.[32] Die Perspektive auf die sozialistische Vergangenheit ist bis heute von einer starken Tendenz geprägt, die Verantwortung für diese Zeit zu externalisieren und die tschechische Gesellschaft als Opfer und Objekt sowjetischer Unterdrückung anzusehen.[33] Ansichten, die eine Kooperation oder gar Identifikation größerer Bevölkerungsteile mit dem Regime andeuteten, wurden daher bislang auch öffentlich weitgehend zurückgewiesen. Davon legen die Kontroversen um die Äußerungen von Muriel Blaive, der Kommunismus habe nur durch die Kollaboration breiter Bevölkerungsschichten mit dem Regime funktionieren können, und um Michal Pullmanns Buch »Konec experimentu« (Das Ende des Experimentes) beeindruckend Zeugnis ab.[34]

Dementsprechend war in der Forschung lange eine streng dichotome Sichtweise auf die Vergangenheit erkenntnisleitend. Das Regime erschien darin als ein kollektiver Akteur mit eigener Psychologie und eigenen Absichten, der die Gesellschaft beherrschte und die eigenen Interessen mittels Propaganda und Repression durchsetzte. Die Gesellschaft konnte entsprechend nur als Objekt von Terror und Manipulation existieren und hatte in diesem Modell keine eigenen

---

[31] Vgl. *Feindt*: Making and Unmaking Socialist Modernities, 134.
[32] Vgl. *Kolář*: Langsamer Abschied vom Totalitarismus-Paradigma, 253; *Blaive*: Introduction, 1.
[33] Vgl. *Feindt*: Making and Unmaking Socialist Modernities, 135.
[34] *Pullmann*, Michal: Konec experimentu. Přestavba a pád komunismu v Československu [Das Ende des Experiments. Wiederaufbau und Fall des Kommunismus in der Tschechoslowakei]. Praha 2011. Zu den medialen Debatten siehe *Smlsal*, Jiří/*Stachova*, Monika: To my ne, to režim. Dějiny jsou složitější, než jsme si mysleli. Plně to ukazují výroky historičky Muriel Blaive i jejich mediální ohlasy [Das sind nicht wir, das ist das Regime. Die Geschichte ist komplizierter als wir dachten. Die Aussagen der Historikerin Muriel Blaive und ihre Medienberichterstattung zeigen dies voll und ganz]. In: A2larm vom 12.10.2017, URL: https://a2larm.cz/2017/10/to-my-ne-to-rezim/ (am 15.7.2019); *Vrba*, Jakub: The Debate about Michal Pullman's Book The End of the Experiment. In: Cultures of History Forum, 30.10.2013, URL: http://www.cultures-of-history.uni-jena.de/debates/czech/the-debate-about-michal-pullmanns-book-the-end-of-the-experiment/ (am 15.7.2019).

Handlungsoptionen. Sie konnte lediglich auf den Machtanspruch des Regimes reagieren und dies auch nur in Form von Widerstand.[35]

Diese Herangehensweise blendet allerdings zweierlei aus: Erstens gab es so etwas wie ein monolithisches Regime nicht, das aus einer gesichtslosen Masse willfähriger Funktionäre bestand, die die Befehle des Zentralkomitees unhinterfragt ausgeführt haben. Es setzte sich vielmehr aus einer Reihe verschiedener Institutionen zusammen, die von der Bevölkerung auch durchaus unterschiedlich wahrgenommen wurden. Diese Institutionen basierten wiederum auf dem Handeln von Individuen, das nicht immer eindeutig und widerspruchsfrei war und das sich – ebenso wie die Lebensumstände dieser Individuen – verändern konnte. Regime und Gesellschaft können somit nicht klar voneinander abgegrenzt werden, denn wer als Funktionär ein Teil des Regimes war, war dennoch weiterhin ein Teil der Gesellschaft.[36] Zweitens bestand die Gesellschaft aus einer Vielzahl von Individuen, die verschiedene Erfahrungen machten und unterschiedliche Sichtweisen auf das sozialistische Projekt entwickelten. Während die einen Opfer von Terror und Verfolgung wurden, hatten andere keine oder zumindest kaum direkte Berührungspunkte mit dem Regime oder richteten ihr Leben eher an anderen Leitmotiven wie zum Beispiel »Gleichheit«, »Liebe«, »Selbstlosigkeit« oder »Freundschaft« aus.[37] All diese unterschiedlichen Erfahrungen gilt es ernst zu nehmen, wenn man einen differenzierten Blick auf die sozialistische Tschechoslowakei erhalten möchte.

In der Forschung zur Sowjetunion ist dieser Perspektivwechsel längst Zeit eingeläutet worden. Am Beispiel der sowjetischen Planstadt Magnitogorsk, die 1929 zum Zweck der Kohle- und Stahlproduktion gegründet worden war, hat Stephen Kotkin die produktive Dimension der sozialistischen Ideologie untersucht. In seiner Studie sieht er den Stalinismus nicht nur als totalitäres politisches System an, sondern als ein zivilisatorisches Projekt, mit dem eine neue Gesellschaft mit neuen Besitzverhältnissen und einer neuen Sozialstruktur geschaffen wurde.[38] Er hinterfragt die Ansicht, der zufolge die Macht des bol-

---

[35] Dazu ausführlich *Pullmann*: Sociální dějiny a totalitněhistorické vyprávění, 704–707; *Kolář*: Langsamer Abschied vom Totalitarismus-Paradigma, 255 f.; *Kolář*: Kommunistische Identitäten im Streit, 238 f.; *Pullmann*: Konec experimentu, 15–17. Ein Beispiel für eine Arbeit, die von dieser Sichtweise geprägt ist, ist die Studie des ehemaligen tschechischen Diplomaten Edward Taborsky: *Taborsky*, Edward: Communism in Czechoslovakia, 1948–1960. Princeton 1961.

[36] Vgl. *Nebřenský*: Marx, Engels, Beatles, 22; *McDermott*, Kevin/*Sommer*, Vítězslav: The Club of Politically Engaged Conformists. The Communist Party of Czechoslovakia, Popular Opinion and the Crisis of Communism, 1956. Washington D.C. 2013, 3; *Fulbrook*, Mary: Ein ganz normales Leben. Alltag und Gesellschaft in der DDR. Darmstadt 2008, 28.

[37] Vgl. *Pullmann*: Konec experimentu, 16. Auch in der DDR gab es eine Reihe von Individuen, die in ihrer alltäglichen Lebensführung kaum mit den Grenzen des Staates in Berührung kamen. Siehe dazu: *Fulbrook*: Ein ganz normales Leben, 7–14.

[38] Vgl. *Kotkin*, Stephen: Magnetic Mountain. Stalinism as a Civilization. Berkeley, Los Angeles 1995, 2.

Einleitung 9

schewistischen Regimes rein repressiv gewesen sei und die Freiheit des Einzelnen eingeschränkt habe. Kotkins Sicht auf das »sowjetische Subjekt«, das im Zentrum seiner Untersuchung steht, bleibt jedoch weiterhin in einer Staat-Gesellschaft-Dichotomie verhaftet, wie bereits Jochen Hellbeck und Igal Halfin kritisierten.[39] Kotkin geht davon aus, dass der Staat die Regeln aufstellte, innerhalb derer die Subjekte sich bewegten und lernten, dem Regime gegenüber öffentlich Loyalität zu zeigen. Damit gesteht er den Subjekten keinerlei eigene Agenda zu, sondern macht sie zu »seelenlosen Kreaturen, die am Ende doch wieder nur auf den Herrschaftsanspruch des Regimes reagierten«.[40] Dadurch beschränkt Kotkin die produktive Dimension sozialistischer Macht schlussendlich darauf, dass sie den Subjekten ein Regelwerk zur Verfügung stellte, das es ihnen ermöglichte, diese Macht zu ihrem Vorteil zu nutzen.

Trotz seiner Kritik an Kotkins Ansatz geht auch Igal Halfin in seiner Studie »Red Autobiographies« von der Existenz eines *identity game* aus. Er untersucht bolschewistische Praktiken öffentlicher Selbstdarstellung, die seiner Ansicht nach neue Regeln geschaffen haben, vor allem wenn es darum ging, in die Partei aufgenommen zu werden. Anhand von Autobiografien junger Menschen, die in den ersten Jahren nach der Revolution von 1917 der kommunistischen Partei beitreten wollten, zeigt er, wie die Kandidaten lernten, ihr Leben in den Begrifflichkeiten des Regimes zu erzählen. Dabei reproduzierten sie das Narrativ der historischen Entwicklung, das die Partei vorgab, in ihrer eigenen Biografie. Halfin verweist allerdings darauf, dass es dem Regime nie wirklich gelang, die Verwendung des entsprechenden Vokabulars in der Praxis vollständig zu kontrollieren. Im Vergleich zu Kotkin gesteht Halfin seinen Untersuchungsobjekten somit eine größere Entscheidungsmacht zu, indem er in Betracht zieht, dass diese das Vokabular aktiv dafür nutzten, um ein kohärentes Selbst zu entwickeln.[41]

Eine eigene Agenda des von ihm untersuchten »Subjekts« arbeitet vor allem Jochen Hellbeck heraus. Dieser zeigt am Beispiel des Tagebuchs von Stepan Podlubnyi, dem Sohn eines verurteilten ukrainischen Kulaken, wie stark in einem Einzelfall die Selbstwahrnehmung einer Person von den bolschewistischen Vorstellungen des »neuen Menschen« geprägt sein konnte. Er präsentiert Podlubnyis Tagebuch aus den dreißiger Jahren als ein Werkzeug, mit dessen Hilfe sich dieser zu einem »neuen Menschen« entwickeln konnte, indem er alle seine Zweifel und Schwächen darin niederschrieb. So versuchte er, seinen Charakter im sowjetischen Sinne zu formen.[42] Damit verdeutlicht Hellbeck, dass die alle Lebensbereiche umspannende sozialistische Ideologie auch

---

[39] *Hellbeck*, Jochen/*Halfin*, Igal: Rethinking the Stalinist Subject. Stephen Kotkin's »Magnetic Mountain« and the State of Soviet Historical Studies. In: Jahrbücher für Geschichte Osteuropas 44/3 (1996), 456–463, hier 457.
[40] Vgl. *ebenda*, 457 f.
[41] Vgl. *Halfin*, Igal: Red Autobiographies. Initiating the Bolshevik Self. Seattle 2011.
[42] Vgl. *Hellbeck*, Jochen: Fashioning the Stalinist Soul. The Diary of Stepan Podlubnyi (1931–1939). In: Jahrbücher für Geschichte Osteuropas 44/3 (1996), 344–373.

als Sinn-, Werte- und Zeichenordnungen dienen konnte, die den Menschen half, ihre Lebensumstände sinnhaft zu deuten und eine positive Selbstwahrnehmung zu entwickeln.

Zu einem ähnlichen Schluss kommt Nanci Adler, die sich mit Erinnerungen von Gulag-Rückkehrern und deren Versuchen befasst, ihre Viktimisierung rückblickend sinnhaft zu erklären. Auch wenn Adler stark mit dem schwer fassbaren Begriff des »Glaubens« (faith) operiert, kann sie zeigen, wie die Mitgliedschaft in der kommunistischen Partei den Menschen in einer Situation helfen konnte, die ihr Werte- und Ordnungssystem im Kern erschütterte. Sie sahen sich damit konfrontiert, dass sie von dieser Partei, die sie eigentlich in eine bessere Zukunft führen sollte, verraten worden waren. Vor allem das Gefühl, an einem heroischen Kampf für die sozialistische Sache teilzunehmen, konnte den Betroffenen helfen, mit dem traumatischen Erlebnis ihrer Haft umzugehen und der alltäglichen Realität nach ihrer Rückkehr in die Gesellschaft Sinn zuzuschreiben.[43]

Besonders in der Forschung zur polnischen Volksrepublik und der DDR wurden diese Ansätze aufgegriffen und weiterentwickelt. In ihrer Studie zur Industriestadt Nowa Huta, die 1949 in der Nähe von Krakau gegründet wurde, zeigt Katherine Lebow auf, wie aus der Aneignung der sozialistischen Ideologie – zu der auch das Bild des »neuen Menschen« gehörte – im täglichen Leben der Bewohner unkontrollierbare soziale Dynamiken entstanden. Ausgehend von der Erkenntnis, dass viele den Wunsch nach Nowa Huta brachten, an der Entstehung einer modernen Welt teilzuhaben, wird bei Lebow deutlich, dass Individuen mehr Optionen hatten, als die von der Parteiführung vorgegebenen ideologischen Inhalte anzunehmen oder abzulehnen. Vielmehr bestand Raum für unterschiedliche Formen der alltäglichen Aneignung, die vielfach zwar zu Konflikten mit der lokalen Parteiführung führten, gleichzeitig aber die Gemeinschaft der Arbeiter stärken konnten. Dabei wird deutlich, dass die sozialistische Ideologie nicht nur mit Repression gleichzusetzen ist, sondern vielfältige, produktive Dimensionen haben konnte.[44]

Mit der Rolle der Ideologie und des sozialistischen Systems im täglichen Leben hat sich die britische Historikerin Mary Fulbrook befasst. Sie plädiert am Beispiel der DDR dafür, den Sozialismus nicht nur mit Unterdrückung, Gewalt oder Spionage gleichzusetzen, sondern den Fokus auf die Vielfalt und Komplexität möglicher Lebensweisen zu legen. Die DDR sei eine Diktatur gewesen, das steht für Fulbrook außer Frage, aber eben nicht nur. Die Partizipation von Menschen, ihre Mitgliedschaft in Gewerkschaften oder kulturellen

---

[43] Vgl. *Adler*: Keeping Faith with the Party, 14–17.
[44] Die in Gang gesetzten sozialen Dynamiken führten laut Lebow letzten Endes dazu, dass in Nowa Huta eine starke Arbeitergemeinschaft und -tradition entstand, welche die Stadt in den 1980ern zu einer Hochburg der Solidarność machte. Siehe *Lebow*, Katherine: Unfinished Utopia. Nowa Huta, Stalinism, and Polish Society, 1949–56. Ithaca, London 2013.

Einrichtungen sei als ein wichtiger Aspekt des sozialistischen Systems zu betrachten, wobei die Motivation für eine solche Partizipation nicht zwingend opportunistischer Natur gewesen sein musste. Sie konnte auch aus der Überzeugung erwachsen, so eine bessere Zukunft gestalten zu können. Dies musste Fulbrook zufolge wiederum aber nicht eine vollumfassende Zustimmung zum Regime und zu den von ihm vertretenen Werten und Normen bedeuten, sondern konnte mit einer kritischen Haltung einhergehen. Dies zeige sich insbesondere in Beschwerden und Eingaben, die DDR-Bürger schrieben, wenn von ihnen anerkannte Ideale ihrer Meinung nach nicht umgesetzt wurden. Anders als zum Beispiel Stephen Kotkin fokussiert sich Fulbrook allerdings nicht so sehr auf eine positive Identifikation mit dem Regime oder staatlich geförderte Identitätsmuster, sondern möchte der Vielfalt unterschiedlicher Erfahrungen Geltung verschaffen, die für diejenigen möglich waren, die nicht an die Grenzen des Staates gestoßen sind. Damit liefert sie eine wichtige Grundlage für eine kulturhistorische Untersuchung des täglichen Lebens in sozialistischen Diktaturen, was unverständlicherweise über die deutsche Geschichtswissenschaft hinaus kaum rezipiert wurde.[45]

Um die Vielfalt der Erfahrungen und Handlungen von DDR-Bürgern greifbar zu machen, hat sich zudem die Verwendung des von Alf Lüdtke geprägten Konzepts des »Eigen-Sinns« etabliert. Dieses ermöglicht es nachzuvollziehen, welche Auswirkungen individuelle Verhaltensweisen für Macht und Herrschaft haben können. So soll die mögliche Gleichzeitigkeit von äußerer Konformität und innerem Abstand zum System aufgedeckt und den Menschen eine eigene Agenda zugewiesen werden. Diktatorische Herrschaft bleibt damit nicht auf das Schema von Befehl und Gehorsam beschränkt, sondern erklärt eine ganze Bandbreite unterschiedlicher, oftmals sogar widersprüchlicher Handlungsformen, die alle Teil der Alltagsrealität der DDR waren.[46] Allerdings wird der »Eigen-Sinn« individueller Handlungen immer im Hinblick auf Macht und Herrschaft gedacht, was potenziell den Blick auf die alltägliche Aneignung ideologischer Inhalte verstellt, die nicht immer zwingend auf Herrschaftsmechanismen bezogen sein müssen. Einen ähnlichen Ansatz verfolgte

---

[45] *Fulbrook*: Ein ganz normales Leben.
[46] Grundlegend für dieses Verständis von Herrschaft ist Lüdtkes Aufsatz über »Herrschaft als soziale Praxis«. *Lüdtke*, Alf: Einleitung: Herrschaft als soziale Praxis. In: Ders. (Hg.): Herrschaft als soziale Praxis. Historische und sozial-anthropologische Studien. Göttingen 1991, 9–63. Ausgearbeitet wurde dieses Konzept dann am Zentrum für Zeithistorische Forschung in Potsdam. Siehe dazu *Lindenberger*, Thomas (Hg.): Herrschaft und Eigen-Sinn in der Diktatur. Studien zur Gesellschaftsgeschichte der DDR. Köln 1999. Siehe zudem *Lindenberger*, Thomas: Öffentliche Sicherheit, Ordnung und normale Abläufe. Überlegungen zum zeitweiligen Gelingen kommunistischer Herrschaft in der DDR. In: *Zimmermann*, Volker/*Pullmann*, Michal (Hg.): Ordnung und Sicherheit, Devianz und Kriminalität im Staatssozialismus. Tschechoslowakei und DDR 1948/49–1989. Vorträge der Tagung des Collegium Carolinum in Bad Wiessee vom 3. bis 6. November 2011. Göttingen 2014, 15–38.

das international-vergleichende Projekt »Sozialismus als Sinnwelt«, das sich den kulturellen Bindungskräften des Beziehungsverhältnisses zwischen Herrschenden und Beherrschten in den Gesellschaften sowjetischen Typs in Ostmitteleuropa widmete und dabei vor allem nach der Legitimation diktatorischer Herrschaft fragte.[47] Auch in diesem Projekt war ein starker Herrschaftsbezug erkenntnisleitend.

Es war ebendieses Projekt, das die Grundlage für einen Paradigmenwechsel in der Forschung zur Tschechoslowakei legte. Viele der Arbeiten, die sich vehement vom vorherrschenden Totalitarismusparadigma abgrenzen, haben ihren Ursprung in dieser deutsch-tschechischen Kooperation. Eine zentrale Rolle spielen dabei Pavel Kolář und Michal Pullmann, die sich in Diskussionsbeiträgen mit Ansätzen auseinandersetzten, die die Dichotomie von Regime und Gesellschaft überwinden und individuelle Erfahrungen stärker in den Mittelpunkt rücken.[48] Erwähnenswert ist darüber hinaus das Projekt »Bolševismus, komunismus a radikální socialismus v Československu« (Bolschewismus, Kommunismus und radikaler Sozialismus in der Tschechoslowakei), dessen inzwischen sechs Bände auch die legitimitätsstiftende Dimension der sozialistischen Ideologie in den Blick nehmen.[49]

Allerdings liefern auch diese Sammelbände primär weiterhin *politicized patterns of interpretation*[50] und beschränken sich auf Fragen der Herrschaftsausübung und der Parteipolitik. Sozialhistoriker wie Lenka Kalinová, Jakub Rákosník und Peter Heumos schlagen dagegen einen etwas anderen Weg ein. Sie stellen die Sozial- und Beschäftigungspolitik des Regimes in den Mittelpunkt und zeigen, wie sich diese auf individueller Ebene niederschlug.[51] Für

---

[47] Siehe dazu *Sabrow*: Sozialismus als Sinnwelt; *Kolář*, Pavel: Projektbericht. Sozialistische Diktatur als Sinnwelt. Repräsentationen gesellschaftlicher Ordnung und Herrschaftswandel in Ostmitteleuropa in der zweiten Hälfte des 20. Jahrhunderts. In: Potsdamer Bulletin für Zeithistorische Studien 40–41 (2007), 24–30.

[48] Vgl. *Kolář*: Langsamer Abschied vom Totalitarismus-Paradigma; *Pullmann*: Sociální dějiny a totalitněhistorické vyprávění.

[49] Vgl. *Kárník*, Zdeněk/*Kopeček*, Michal (Hg.): Bolševismus, komunismus a radikální socialismus v Československu [Bolschewismus, Kommunismus und radikaler Sozialismus in der Tschechoslowakei]. Praha 2003.

[50] *Blaive*: Introduction, 1.

[51] *Rákosník*, Jakub: Sovětizace sociálního státu. Lidově demokratický režim a sociální práva občanů v Československu 1945–1960 [Die Sowjetisierung des Wohlfahrtsstaates. Das volksdemokratische System und die sozialen Rechte der Bürger in der Tschechoslowakei 1945–1960]. Bd. 2. Praha 2010; *Rákosník*, Jakub/*Šustrová*, Radka: Rodina v zájmu státu. Populační růst a instituce manželství v českých zemích 1918–1989 [Die Familie im Interesse des Staates. Bevölkerungswachstum und die Institution der Ehe in den böhmischen Ländern 1918–1989]. Praha 2016; *Kalinová*, Lenka: Společenské proměny v čase socialistického experimentu. K sociálním dějinám v letech 1945–1969 [Gesellschaftliche Transformationen in der Zeit des sozialistischen Experiments. Zur Sozialgeschichte der Jahre 1945–1969]. Praha 2007; *Kalinová*, Lenka: Conditions and Stages of Change in the Social

die vorliegende Studie sind insbesondere die Arbeiten von Peter Heumos interessant. Sie verweisen auf die Vielfältigkeit der Verhaltensformen innerhalb der tschechoslowakischen Arbeiterschaft und verdeutlichen, dass auf den ersten Blick widersprüchliche Handlungen – wie die eines Parteimitgliedes, das an seinem freien Samstag nicht arbeiten wollte – auf individueller Ebene Sinn ergeben konnten. Damit plädiert Heumos dafür, Handlungsweisen aus sich selbst heraus verständlich zu machen, denn »Verhaltensformen ohne Zwischentöne, und nichts anderes lässt die Gemengelage im wirklichen Leben vermuten, finden sich nur hier und da«.[52] Allerdings konzeptualisiert er die Kategorie des Arbeiters vor allem als einen sozialen und wirtschaftlichen Status und nicht so sehr als Quelle einer positiven Selbstwahrnehmung, sodass seine Studien kaum Aussagen darüber zulassen, inwiefern eine solche Selbstwahrnehmung sinnstiftend wirken konnte.

Kevin McDermott, der sich mit der öffentlichen Reaktion auf den größten tschechoslowakischen Schauprozess, das Verfahren gegen den ehemaligen Generalsekretär der KSČ Rudolf Slánský von 1952 befasst hat, betont die Vielfältigkeit individueller Deutungen dieses Prozesses, die innerhalb der tschechoslowakischen Gesellschaft existierten. Es gelingt ihm, eine große Bandbreite an Ansichten aufzuzeigen, die zwischen den Polen der Zustimmung und der Ablehnung zum Urteilsspruch zu verorten sind. Wichtig ist vor allem die Erkenntnis, dass Zustimmung dabei nicht immer auf der Grundlage der vom Regime präsentierten Muster geäußert wurde, sondern vielfach auf einem latenten gesellschaftlichen Antisemitismus beruhte, der sich auf die jüdische Herkunft Slánskýs bezog. Die Versuche der Partei, den ehemaligen Generalsekretär für die schlechte wirtschaftliche Lage im Land verantwortlich zu machen, liefen hingegen weitgehend ins Leere. Das deutet darauf hin, dass viele Tschechen und Slowaken sich aktiv mit den Anklagepunkten auseinandergesetzt haben und vor dem Hintergrund ihrer eigenen Lebensrealität entschieden, welche sie für gerechtfertigt hielten und welche nicht.[53]

Der alltägliche Umgang der Bevölkerung mit dem sozialistischen Regime ist somit in den letzten Jahren zunehmend in den Fokus der Aufmerksamkeit gerückt. Eine Reihe von Arbeiten widmet sich – ganz im Sinne von Peter Heumos – der Frage, wie individuelles Handeln im Rahmen der sozialistischen

---

Security System in Czechoslovakia (1945–1989). In: *Hering*, Sabine (Hg.): Social Care under State Socialism (1945–1989). Ambitions, Ambiguities, and Mismangement. Opladen, Farmington Hills 2009, 65–78.

52 Vgl. *Heumos*, Peter: »Wenn Sie sieben Turbinen schaffen, kommt die Musik«. Sozialistische Arbeitsinitiativen und egalitaristische Defensive in tschechoslowakischen Industriebetrieben und Bergwerken 1945–1965. In: *Brenner*, Christiane (Hg.): Sozialgeschichtliche Kommunismusforschung. Tschechoslowakei, Polen, Ungarn und DDR 1948–1968. München 2005, 133–177, hier 133 und 158.

53 Vgl. *McDermott*, Kevin: A »Polyphony of Voices«? Czech Popular Opinion and the Slánský Affair. In: Slavic Review 67/4 (2008), 840–865. Zum Slánský-Prozess siehe auch *Gerber*, Jan: Ein Prozess in Prag. Das Volk gegen Rudolf Slánský und Genossen. Göttingen 2016.

Diktatur aus sich selbst heraus verständlich gemacht werden kann. Diese Arbeiten gestehen den Akteuren eine eigene Agenda zu und können neue Einblicke in die Funktionsweise der sozialistischen Diktatur liefern.[54] Sie decken den gesamten Zeitraum des sozialistischen Regimes von 1945 bis 1989 ab, allerdings mit unterschiedlicher Schwerpunktsetzung.

Einer dieser Schwerpunkte ist die Frühphase vom Kriegsende bis 1960, der sich Matěj Spurný und Jaromír Mrňka widmen. Beide nehmen den Umgang der Bevölkerung mit der sozialistischen Herrschaft in den tschechischen Grenzgebieten (pohraničí) in den Blick. Spurný stellt dabei die sozialistische Minderheitenpolitik in den Mittelpunkt und kann nachweisen, dass diese von den Akteuren vor Ort für die Umsetzung ihrer Vorstellung einer weitgehend homogenen Gesellschaft genutzt wurde. Anhand verschiedener Fallstudien zeigt Spurný allerdings auch, dass die stalinistisch geprägte Diktatur der frühen fünfziger Jahre für einige Minderheiten durchaus eine emanzipatorische Dimension haben konnte. Denn im Kern stand die Gesellschaft potenziell allen offen, die bereit waren, die sozialistischen Grundsätze zu akzeptieren. Die sozialistische Minderheitenpolitik stellte somit einen wichtigen Faktor der Legitimation des Regimes dar.[55] Die Arbeiten von Celia Donert zur Minderheit der Roma deuten in eine ähnliche Richtung. Es wäre sicher lohnenswert zu untersuchen, welche Rolle die ethnische Herkunft im Zusammenhang mit Subjektivierungsprozessen gespielt hat.[56]

Jaromír Mrňka wiederum nimmt die Rolle ideologisch geprägter Feindbilder sowie das Bild und die Vorstellung rechtschaffener Arbeit als zentrale Bestandteile der Mobilisierung der Bevölkerung in den Blick. In seiner Studie zu den mährischen Grenzregionen von Šumperk und Zábřeh verfolgt er einen alltagsgeschichtlichen Ansatz, um sich der Frage nach der Legitimität und Stabilität sozialistischer Herrschaft zu nähern. Wie schon der Titel »Svéhlavá periferie« (Eigensinnige Peripherie) vermuten lässt, stützt sich Mrňka auf das Eigen-Sinn-Konzept von Alf Lüdtke, um die Vielfalt der Reaktionen der Bürger auf gesellschaftliche und politische Entwicklungen der Zeit herausarbeiten zu können, die oftmals sehr situativ geprägt und widersprüchlich daherkamen.[57]

---

54 Vgl. *Feindt*: Making and Unmaking Socialist Modernities, 140; *Blaive*: Introduction, 4.
55 *Spurný*, Matěj: Nejsou jako my. Česká společnost a menšiny v pohraničí, 1945–1960 [Sie sind nicht wie wir. Die tschechische Gesellschaft und die Minderheiten im Grenzgebiet, 1945–1960]. Praha 2011.
56 *Donert*, Celia: The Rights of the Roma. The Struggle for Citizenship in Postwar Czechoslovakia. Cambridge 2017; *Donert*, Celia: Creating »Citizens of Gypsy Origin«. Ethnicity, Planning and Population Control in Socialst Czechoslovakia. In: *Schulze Wessel/Brenner* (Hg.): Zukunftsvorstellungen und staatliche Planung im Sozialismus, 89–114; *Donert*, Celia: »The Struggle for the Soul of the Gypsy«. Marginality and Mass Mobilization in Stalinist Czechoslovakia. In: Social History 33/2 (2008), 123–144.
57 *Mrňka*, Jaromír: Svéhlavá periferie. Každodennost diktatury KSČ na příkladu Šumperska a Zábřežska v letech 1945–1960 [Eigensinnige Peripherie. Alltagsdiktatur der Kommunistischen Partei am Beispiel von Šumperk und Zábřeh in den Jahren 1945–1960]. Praha 2015.

Beiden Studien gelingt es, den alltäglichen Umgang der Akteure vor Ort mit der sozialistischen Herrschaft in seiner ganzen Bandbreite zu zeigen. Allerdings geht es in ihnen immer wieder um die Frage der Aushandlung und Durchsetzung von Interessen der Beteiligten gegenüber dem Regime. Dies liegt darin begründet, dass sich beide Studien am Herrschaftskonzept von Max Weber orientieren. Weber betrachtet Herrschaft als eine soziale Praxis, die vor allem in einem konstanten Aushandlungsprozess zwischen Herrschenden und Beherrschten besteht.[58] Ähnlich gehen auch die Beiträge im von Muriel Blaive veröffentlichten Sammelband »Perceptions of Society in Communist Europe« vor, die sozialistische Staaten im beinahe gesamten ostmittel- und südosteuropäischen Raum behandeln. Die Autoren suchen – ausgehend vom Konzept der *popular opinion* – nach alltäglichen Aushandlungsstrategien der Beherrschten, die eine wichtige Rolle für die Stabilität sozialistischer Herrschaft spielten.[59] Die genannten Arbeiten haben damit allerdings eine Betrachtungsweise gemeinsam, die den Sozialismus trotz aller sozial- oder kulturhistorischer Ansätze schlussendlich doch wieder als ein Herrschaftssystem mit einer allzu klaren Grenze zwischen aktivem Staat und passiver Gesellschaft ansieht. Diese hatte in der Realität allerdings keine Entsprechung. Matěj Spurný deutet in seinen Arbeiten aber zumindest an, dass Herrschaft in Form der Instrumentalisierung der sozialistischen Minderheitenpolitik für die Schaffung einer homogenen Gesellschaft eine produktive Dimension haben konnte.

Diese Dimension in den Fokus zu stellen, beansprucht wiederum Denisa Nečasová für sich, die sich unlängst mit dem Konzept des »neuen sozialistischen Menschen« in der Tschechoslowakei befasst hat. Sie hat eine umfassende Analyse der Ausprägungen vorgelegt, die der »neue Mensch« als diskursive Figur in verschiedenen Periodika der Zeit annehmen konnte. Allerdings bleibt sie dabei auf der Ebene des Diskurses stehen und liefert oftmals ein allzu kohärentes Bild, das sich ungeachtet der vielen politischen Einschnitte im untersuchten Zeitraum von 1948 bis 1956 kaum zu ändern scheint.[60] Die von Nečasová identifizierten Ausprägungen des »neuen Menschen« können in der vorliegenden Studie aber als Ausgangspunkt der Analyse dienen, von dem aus die Veränderungen und besonders die individuelle Aneignung dieser Modelle analysiert werden.

Nicht auf die produktive Dimension sozialistischer Herrschaft, sondern auf die der »politischen Kultur des Kalten Krieges, die sich um die Pole von Angst und Wahrheit drehte«,[61] verweist Melissa Feinberg. Sie untersuchte Interviews, die die Sender Radio Free Europe (RFE) und Voice of America (VoA)

---

58 Siehe dazu ausführlich *Weber*, Max: Wirtschaft und Gesellschaft. Die Wirtschaft und die gesellschaftlichen Ordnungen und Mächte. Nachlaß. In: Max Weber. Gesamtausgabe. Bd. 4: Herrschaft. Hg. von Edith *Hanke* und Thomas *Kroll*. Tübingen 2005.
59 Vgl. *Blaive*, Muriel (Hg.): Perceptions of Society in Communist Europe. Regime Archives and Popular Opinion. London 2019.
60 Vgl. *Nečasová*: Nový socialistický člověk.
61 *Feinberg*, Melissa: Curtain of Lies. The Battle over Truth in Stalinist Eastern Europe. New York 2017, xxi.

mit in den Westen geflohenen Bürgern geführt hatten. Es gelingt ihr dabei aufzuzeigen, wie die Wahrnehmungen der Interviewten von ihrer eigenen Lebenssituation durch eine gemeinsame politische Kultur des Kalten Krieges geprägt waren und wie sie diese selbst wiederum beeinflussten. Damit macht sie deutlich, dass selbst offensichtlich als Propaganda identifizierte Inhalte Gegenstand einer individuellen Auseinandersetzung sein konnten. Diese Erkenntnis ist für die Betrachtung verschiedener Deutungen des »neuen Menschen« von großer Wichtigkeit.

Eine solche individuelle Auseinandersetzung mit der Propaganda des Regimes untersucht Pavel Kolář, der in seinen Arbeiten den Sozialismus primär als den »Entwurf einer neuen, allumfassenden Sinnwelt«[62] auffasst. Er zeichnet nach, wie unterschiedlich Parteipropaganda selbst von überzeugten Kommunisten interpretiert wurde. Anhand der Diskussion der Geheimrede Chruščëvs 1956 in lokalen Parteigremien in der Tschechoslowakei,[63] der DDR und Polen macht Kolář eine sich verändernde Diskussionskultur besonders innerhalb der KSČ aus, die sowohl eine Krise kommunistischer Identitäten offenbarte als auch die individuellen Versuche, diese Identitäten zu korrigieren. Der Partei gelang es dabei, ihre eigene Rolle neu zu definieren und sich als neue Legitimationsinstanz zu positionieren. Die Parteimitglieder konnten somit ihre in die Krise geratenen Identitäten neu an der Partei ausrichten.[64]

Für die Folgezeit konstatiert Kolář einen »der letzten Versuche, eine authentische politische [...] ideologische Sprache zu schaffen«,[65] also neue Legitimationsangebote für die Bürger zu entwickeln. Das Resultat war ein ideologischer Umschwung, der statt des sonst so zentralen Begriffs der »Klasse« die »Nation« als Hauptbezugspunkt in den Mittelpunkt rückte und eine neue, nicht mehr streng teleologische Zeitlichkeit der sozialistischen Revolution mit sich brachte. Daraus erwuchs laut Kolář eine »prozessuale Utopie«, die zwar eine Vision der Erneuerung in sich trug, aber Abstand nahm von einem abstrakten Ziel, das nur auf einem streng linear vorgezeichneten Weg erreicht werden konnte. Damit wurde ein Raum für Kontingenzen und Ambivalenzen des sozialistischen Aufbaus geschaffen, der es vielen Bürgern erleichterte, ihren Alltag anhand ideologischer Kategorien zu strukturieren und zu deuten.[66]

---

[62] *Kolář*: Kommunistische Identitäten im Streit, 236.
[63] Zur innerparteilichen Diskussion über die Geheimrede in der ČSR siehe außerdem *Bílý, Matěj*: Reakce již bourá pomníky a my... teprve projednáváme! Některé aspekty debaty o XX. sjezdu KSSS ve vybraných nižších organizacích KSČ [Die Reaktion reißt bereits die Denkmäler nieder, und wir... wir debattieren immer noch! Einige Aspekte der Debatte des XX. Parteitages der KPdSU in ausgewählten unteren Organisationen der KSČ]. In: Securitas Imperii 30 (2017), 60–96.
[64] *Kolář*: Kommunistische Identitäten im Streit.
[65] *Ders.*: Der Poststalinismus. Ideologie und Utopie einer Epoche. Köln u. a. 2016, 329.
[66] Vgl. *ebenda*. Mit der Integration der kommunistischen Ideologie in den Alltag nach der Geheimrede hat sich auch Zdeněk Nebřenský befasst. Er untersucht die Gedankenwelt

Einleitung

Auch auf der innerparteilichen Führungsebene spielte die Diskussion um die Ausrichtung der Partei nach dem Einschnitt von 1956 eine wichtige Rolle. Wie Michal Kopeček nachgewiesen hat, gab es eine Auseinandersetzung zwischen führenden Funktionären und radikalen marxistischen Intellektuellen, die den »verlorenen Sinn der Revolution«[67] wiederherstellen wollten und sich gegen mögliche nationale Wege zum Sozialismus wandten. Es war besonders die Sprache des offiziellen Marxismus, die es dieser kleinen Gruppe ermöglichte, offen Kritik an der Linie der Partei zu üben.[68] Kopečeks Arbeit weist dabei nicht nur auf die produktive Dimension der ideologischen Sprache hin, die es einer Akteursgruppe ermöglichte, ihr Anliegen zu vertreten, sondern auch die Möglichkeit, dass die angeblich so starre offizielle Doktrin auf ganz unterschiedliche Art und Weise gedeutet werden konnte.

Ebenfalls mit dem Umgang mit der sozialistischen Ideologie im Alltag hat sich Michal Pullmann beschäftigt, allerdings für die Zeit der »Normalisierung«,[69] also der Periode nach der Niederschlagung des Prager Frühlings. Er sucht nach Gründen für die überraschende Stabilität des sozialistischen Regimes in einer Zeit, für die man bisher einen Minimalkonsens und eine durch Konsumangebote weitgehend »stillgelegte«[70] Gesellschaft verantwortlich gemacht hat. Pullmann sieht stattdessen einen gesellschaftlichen Konsens, der darin bestand, den Sozialismus als ein System anzusehen, das den Menschen ein gutes Leben ermöglichte sowie Ruhe und Ordnung versprach.[71] Anders als bei den von Kolář identifizierten Versuchen, in den fünfziger und sechziger Jahren eine authentische Sprache zu schaffen, wurde dieser Konsens aber

---

tschechoslowakischer und polnischer Studenten und inwiefern die Diskussionen um Alltagsprobleme auf die Vorstellung der kommunistischen Utopie zurückgewirkt haben. Siehe *Nebřenský*: Marx, Engels, Beatles.
[67] *Kopeček*, Michal: Hledání ztraceného smyslu revoluce. Zrod a počátky marxistického revizionizmu ve střední Evropě [Auf der Suche nach dem verlorenen Sinn der Revolution. Entstehung und Anfänge des marxistischen Revisionismus in Mitteleuropa]. Praha 2009.
[68] *Ebenda*.
[69] Einen Einblick in den Alltag »unsichtbarer« Schichten während der Normalisierung abseits der Machtstrukturen des Regimes bietet zudem die dreibändige Publikation, die aus einem Oral-History-Projekt der tschechischen Akademie der Wissenschaften hervorgegangen ist: *Vaněk*, Miroslav: Obyčejní lidé...?! Pohled do života tzv. mlčící většiny. Životopisná vyprávění příslušníků dělnických profesí a inteligence [Gewöhnliche Menschen...?! Ein Einblick in das Leben der sogenannten schweigenden Mehrheit. Biografische Erzählungen von Angehörigen von Arbeiterberufen und Intelligenz]. Praha 2009.
[70] *Kolář*, Pavel: Welch ein Galimathias! Die Auseinandersetzungen in den regionalen und lokalen Organisationen der Kommunistischen Partei der Tschechoslowakei nach dem XX. Parteitag der KPdSU. In: *Brunnbauer*, Ulf (Hg.): Alltag und Ideologie im Realsozialismus. Berlin 2005, 34–42, hier 34; *Meuschel*, Sigrid: Legitimation und Parteiherrschaft. Zum Paradox von Stabilität und Revolution in der DDR 1945–1989. Frankfurt am Main 1992.
[71] *Pullmann*: Konec experimentu; *ders.*: »Ruhige Arbeit« und Einhegung der Gewalt. Ideologie und gesellschaftlicher Konsens in der spätsozialistischen Tschechoslowakei. In: *Zimmermann/Pullmann* (Hg.): Ordnung und Sicherheit, Devianz und Kriminalität, 39–56.

durch die Reproduktion immer wiederkehrender, ideologischer Phrasen aufrechterhalten, die Raum für die Durchsetzung unterschiedlichster Interessen boten.[72] Erst die Diskussionen um den Kern des Sozialismus, die mit der Perestrojka des Generalsekretärs des Zentralkomitees der KPdSU, Michail Sergeevič Gorbačëv, aufkamen (in der Tschechoslowakei als *přestavba*, also Umbau oder Umgestaltung, bezeichnet), führten dazu, dass dieser Konsens nicht mehr aufrechterhalten werden konnte. Pullmanns Ergebnisse weisen auf den Bedeutungsverlust der ideologischen Sprache in der Spätphase des Sozialismus hin, aber auch darauf, dass die Menschen – je nach individueller Lebenssituation – ganz unterschiedliche Dinge mit dem Begriff des Sozialismus verbanden und verbinden konnten.

2. Methodik und Begriffe

Auch wenn viele der genannten Arbeiten andeuten, dass der Sozialismus als ein Sinn- und Deutungsmuster im Alltag der Bürger in Gesellschaften sowjetischen Typs eine wichtige Rolle gespielt hat, fehlt – von den Arbeiten Pavel Kolářs abgesehen – eine konsequente Umsetzung des Ansatzes, die sozialistische Ideologie als eine kulturelle Ordnung zu begreifen. Eine solche Ordnung kann als ein System »of inherited conceptions expressed in symbolic forms by means of which men communicate, perpetuate and develop their knowledge about and attitudes towards life«[73] betrachtet werden, dessen individuelle Aneignung und Ausdeutung den Akteuren eine sinnhafte Verortung innerhalb des neuen Gesellschaftssystems versprach.

Diese Lücke möchte ich mit der vorliegenden Arbeit schließen. Dabei untersuche ich, inwiefern die mit dem sozialistischen Projekt verbundenen Identitätsmuster für die Mitglieder der tschechoslowakischen Gesellschaft attraktiv waren, weil sie die (aktive) Teilhabe an einer besseren Zukunft versprachen. Dazu werfe ich einen genaueren Blick darauf, wie Tschechen und Slowaken die Figur des »neuen Menschen« in ihrer Kommunikation mit dem Regime aufgegriffen und inwiefern dies Einfluss auf die von Ihnen verwendeten Argumentationsmuster hatte. Dabei orientiere ich mich an der kulturwissenschaftlichen Subjektforschung, um die Attraktivität der bereitgestellten Identitätsmuster aufzeigen zu können.

In Anlehnung an Vertreter einer praxeologischen Subjektkonzeption wie Andreas Reckwitz gehe ich in dieser Arbeit davon aus, dass jedes Individuum danach strebt, zu einem Subjekt zu werden, also zu einer »handlungsfähigen, vernünftigen, eigeninteressierten oder sich selbst entfaltenden Instanz«.[74] Zu

---

[72] Pullmann bezieht sich dabei auf die Arbeiten Alexei Yurchaks, der ähnliche Tendenzen für die späte Sowjetunion ausmacht. Vgl. *Yurchak*, Alexei: Everything Was Forever, Until It Was No More. The Last Soviet Generation. Princeton 2005.
[73] *Geertz*, Clifford: The Interpretation of Cultures. Selected Essays. New York 1973, 89.
[74] *Reckwitz*: Das hybride Subjekt, 10.

diesem Zweck unterwirft es sich einer bestimmten kulturellen Ordnung, die ihm die Merkmale akzeptierter Subjekthaftigkeit einschreibt. Erst so kann es Kompetenzen wie Selbstregulierung, Expressivität oder rationale Wahl ausbilden und zu einem autonomen Mitglied der Gesellschaft werden.[75] Der Sozialismus, zumindest in einer kulturtheoretischen Lesart, kann also als eine Subjektkultur angesehen werden, die mit der Figur des »neuen Menschen« einen »Katalog kultureller Formen [...], die definieren, was unter einem vollwertigen Subjekt zu verstehen« sei,[76] bereitstellte. Anhand dieses Katalogs, der durch kulturelle, politische und gesellschaftliche Ereignisse stetig beeinflusst wurde, lässt sich nachvollziehen, inwiefern sich Individuen Eigenschaften »des neuen sozialistischen Menschen« anzueignen versuchten.

Eine Orientierung an der kulturwissenschaftlichen Subjektforschung ermöglicht es, sich der Frage nach der produktiven Dimension des »neuen Menschen« von zwei Seiten aus zu nähern und so die Wechselwirkung zwischen offiziellem Diskurs und individueller Aneignung in den Blick zu nehmen. Betrachtet man den Sozialismus als kulturelle Ordnung, sind zwei Ebenen von Bedeutung: Die erste bezieht sich auf die übergeordneten Strukturen, die kulturellen Formen und Regeln, also die Diskurse darüber, welche Eigenschaften ein »neuer Mensch« prinzipiell aufweisen sollte. Diese definierten seine Zugehörigkeit zur Gesellschaft.[77] Der »neue Mensch« war dabei allerdings kein klar umrissenes Vorbild gelungener Subjektivität, dessen Eigenschaften einfach reproduziert werden konnten. Als diskursive Figur war er eher eine Art Idealtypus, der alle für Bürger prinzipiell erstrebenswerten Merkmale in sich vereinte und sich wiederum in konkrete Ausprägungen unterteilen lässt.[78]

Die zweite relevante Ebene sind die Praktiken, mit denen ein Individuum versuchte, sich diese Merkmale anzueignen. Sie lassen erkennen, welche Merkmale und Eigenschaften des »neuen Menschen« von den Individuen als bedeutsam angesehen wurden und inwiefern ideologisch bereitgestellte Identitätsmuster sinnstiftend und produktiv wirken konnten.[79] Praktiken und Diskurse sind somit aufeinander bezogen und greifen auf kulturelle Codes zurück, die benennen, »was denkbar, sagbar und praktizierbar ist, und eine sinnhafte Strukturierung [der] Ordnung der Dinge liefern«.[80] Während die Diskurse also spezifische Subjektformen definierten, dienten die Praktiken ihrer Reproduktion und damit Realisation.

---

[75] Vgl. *ebenda*; *Reckwitz*: Auf dem Weg zu einer praxeologischen Analyse des Selbst, 32–34.
[76] *Reckwitz*: Das hybride Subjekt, 10.
[77] Vgl. *ebenda*, 9; *Reckwitz*: Auf dem Weg zu einer praxeologischen Analyse des Selbst, 33.
[78] Vgl. *Nečasová*: Nový socialistický člověk, 11–13; *Skradol*: Homus Novus.
[79] Vgl. *Reckwitz*: Das hybride Subjekt, 10–17. Für eine Untersuchung des »Neuen Menschen«, die sowohl die diskursive Figur als auch ihre individuelle »praktische« Umsetzung berücksichtigt, plädierten bereits Peter Fritzsche und Jochen Hellbeck: *Fritzsche/Hellbeck*: The New Man in Stalinist Russia, 302 f.
[80] *Reckwitz*: Das hybride Subjekt, 44.

Das große Potenzial des Konstrukts des »neuen sozialistischen Menschen« lag dabei in seiner Uneindeutigkeit. Die Verhaltensdispositionen, die das Konzept primär umfasste, waren auf beinahe alle Lebensbereiche anwendbar und boten so eine Reihe von Anknüpfungspunkten an den Alltag der Individuen. Grundlegend waren eine positive Haltung gegenüber dem sozialistischen System, der Sowjetunion und der weiteren gesellschaftlichen Entwicklung, die Ablehnung alles Alten und »Bourgeoisen« sowie die Unterordnung individueller Interessen und Bedürfnisse unter die gemeinsame Sache, also den Aufbau einer kommunistischen Ordnung.[81]

Diese Eigenschaften beruhten vor allem auf der sowjetischen Idee des »neuen Menschen« und sollten grundsätzlich für alle Bürger einer sozialistischen Gesellschaft gelten. Um ein solcher »neuer Mensch« zu werden, sollten die Individuen in der postrevolutionären Sowjetunion eine intensive innere Reinigung vollziehen, eine Perfektionierung des Selbst und ein Bruch mit der eigenen Vergangenheit.[82] Besonders Tagebücher wurden in diesem Zusammenhang als ein Werkzeug der Selbstreflektion angesehen, mit dessen Hilfe man ein sozialistisches Bewusstsein entwickeln konnte, um die eigene Transformation voranzubringen.[83] Eine solche Erwartungshaltung hinsichtlich einer inneren Reinigung findet sich im Diskurs zum tschechoslowakischen »neuen Menschen« nicht; inwiefern Tagebücher dennoch dafür genutzt wurden, das eigene Bewusstsein zu entwickeln, konnte bislang aufgrund des Fehlens entsprechender Quellenbestände nicht beantwortet werden.[84]

Wie bereits angedeutet, existierten unterhalb der Ebene des idealtypischen »neuen Menschen« eine Reihe konkreter Identifikationsmuster, die als Ausprägungen des Idealtyps angesehen werden können. Allerdings waren diese zwar deutlich klarer definiert, dabei aber nicht immer trennscharf. Klar voneinander abgegrenzte Ausprägungen, die von den Individuen als »begehrenswerte Bilder eines idealen, mit sich selbst identischen, glücklichen Wesens« hätten reproduziert werden können,[85] lassen sich nur schwer herausarbeiten, auch

---

[81] *Nečasová*: Nový socialistický člověk, 11–14 sowie 40 f.; *Fritzsche/Hellbeck*: The New Man in Stalinist Russia, 302 f.; *Haring*, Sabine A.: Der Neue Mensch im Nationalsozialismus und Sowjetkommunismus. In: Der Neue Mensch. Hg. v. *Bundeszentrale für politische Bildung*. Bonn 2018, 27–37, hier 33 f.

[82] Vgl. *Halfin*: Red Autobiographies, 3.

[83] Vgl. *Hellbeck*: Fashioning the Stalinist Soul. The Diary of Stepan Podlubnyi, 348; *Kaška*, Václav: Neukázněni a neangažovaní. Disciplinace členů Komunistické strany Československa v letech 1948–1952 [Unbeherrscht und unengagiert. Die Disziplinierung der Mitglieder der Kommunistischen Partei der Tschechoslowakei 1948–1952]. Praha, Brno 2014, 30. Ausführlich siehe dazu *Hellbeck*, Jochen: Revolution on My Mind. Writing a Diary Under Stalin. Cambridge/MA 2006.

[84] Vgl.: *Kaška*: Neukázněni a neangažovaní, 30. Auch meine Suche nach Tagebüchern blieb erfolglos. Alle Archivare, die ich gefragt habe, gingen davon aus, dass entweder keine geschrieben wurden oder existierende Tagebücher von ihren Verfassern oder deren Nachkommen noch nicht an die Archive übergeben wurden.

[85] *Reckwitz*: Das hybride Subjekt, 46.

wenn in der Parteipresse vielfach vom Arbeiter oder Kommunisten die Rede war. Denisa Nečasová versucht eine Kategorisierung in »Arbeiter« (dělník), »neue sozialistische Frau« (nová socialistická žena), »sowjetischer Mensch« (sovětský člověk), »Soldat« (voják), »junger Mensch« (mladý člověk) und »Kommunist« (komunista).[86] Allerdings sind auch diese Ausprägungen nicht so eindeutig voneinander zu trennen, wie es Nečasovás Analyse suggeriert, denn Eigenschaften, die ein Arbeiter aufweisen sollte, waren ebenso für einen Kommunisten gültig und umgekehrt. Es handelt sich demzufolge mehr um unterschiedliche Ausprägungen mit spezifischer Schwerpunktsetzung. An dieser Stelle zeigen sich die Grenzen von Nečasovás Modell sehr deutlich – auch, weil sie die Kategorien nicht an gesellschaftliche Entwicklungen zurückbindet und so eine Kontinuität im Diskurs suggeriert, die es so nicht gab.

Die Uneindeutigkeit der Ausprägungen des »neuen Menschen« führt zwangsläufig dazu, dass ihre Aneignung auf individueller Ebene ein großes Potenzial für unintendiertes Misslingen und Neuinterpretation barg.[87] Diese Arbeit geht daher nicht davon aus, dass die Individuen die vorgegebenen Identitätsmuster einfach nur übernommen haben. Stattdessen sollen die individuell bedeutsamen Elemente aus den Praktiken heraus rekonstruiert und mit dem Diskurs abgeglichen werden. Dabei muss immer bedacht werden, dass es sich um Prozesse handelt, die also *per se* noch nicht abgeschlossen sein konnten. Auf diese Weise kann festgestellt werden, inwiefern Elemente der Ideologie von den Individuen übernommen, abgelehnt oder umgedeutet wurden. So lassen sich auch Veränderungen in den Deutungen des »neuen sozialistischen Menschen« und Abweichungen vom offiziellen Diskurs auf individueller Ebene feststellen.

In seiner »Theorie der Subjektkulturen«, auf der die hier zur Anwendung kommende Subjektkonzeption zu großen Teilen beruht, benennt Andreas Reckwitz drei Felder, in denen sich seiner Ansicht nach Subjekte in der Moderne mithilfe konkreter Praktiken konstituieren: Arbeit, persönliche und intime Beziehungen sowie – in Anlehnung an Michel Foucault[88] – Technologien des Selbst, also jene Praktiken, in denen das Subjekt ein Verhältnis zu sich selbst herstellt. Praktiken der Arbeit sind dabei vergütete, sozial anerkannte Leistungen für andere, bei denen das Subjekt unter dem Aspekt der Leistungsfähigkeit betrachtet wird.[89] Dies war auch innerhalb der sozialistischen Subjektkultur von zentraler Bedeutung, denn Arbeit galt als zentrale Triebkraft der

---

[86] Vgl. *Nečasová*: Nový socialistický člověk, 12 f.
[87] Vgl. *Reckwitz*: Das hybride Subjekt, 49.
[88] *Ebenda*, 58; *Foucault*, Michel: Technologien des Selbst. In: *Martin*, Luther H./*Gutman*, Huck/*Hutton*, Patrick H. (Hg.): Technologien des Selbst. Frankfurt am Main 1993, 24–62. Es wird bei Reckwitz allerdings nicht klar, inwiefern Foucaults Ansätz für moderne Subjektivierungsprozesse bedeutsam sind. In den zitierten Passagen befasst sich Foucault primär mit den Reflexionsprozessen antiker Denker und der Bedeutung der Beichte in der katholischen Kirche.
[89] Vgl. *Reckwitz*: Das hybride Subjekt, 16 und 53–62.

gesellschaftlichen und individuellen Entwicklung. Sie diente der Befreiung aus den als ausbeuterisch bezeichneten Arbeitsverhältnissen des Kapitalismus, da der Arbeiter im Sozialismus beziehungsweise Kommunismus frei über seine Arbeitskraft verfügen und damit die von Karl Marx konstatierte Entfremdung von der Arbeit überwinden sollte. Arbeit war somit nicht gleichbedeutend mit einer Anstellung, sondern bedeutete, Ziele und Ambitionen zu haben. Sie wurde so zu einem Wert an sich und zu einer Möglichkeit der individuellen Selbstverwirklichung.[90] Auch die Teilnahme an Arbeitsinitiativen wie der »Schockarbeit« oder dem »sozialistischen Wettbewerb«[91] waren wichtige Tätigkeiten, mit denen sich ein Individuum Eigenschaften des »neuen Menschen« aneignen konnte.[92]

Praktiken persönlicher Beziehungen sind jene, in denen sich Subjekte als geschlechtlich herausbilden. Dabei stehen intersubjektive Praktiken im Vordergrund, wobei in Intimbeziehungen potenziell alle Interaktionen zu subjektivierenden Praktiken werden können.[93] Für sozialistische Subjekte war dies insofern relevant, als dass nicht nur in der Tschechoslowakei die Gleichstellung der Geschlechter offensiv vom Regime vorangetrieben wurde. Die Förderung der Erwerbstätigkeit von Frauen stand im Mittelpunkt, was auch Einfluss auf die Geschlechterverhältnisse in Ehen und Partnerschaften hatte, die immer wieder neu ausgehandelt wurden.[94] Die Kategorie »Geschlecht« soll allerdings nicht nur dort in den Blick genommen werden, wo es um die »neue sozialistische Frau« geht, der einzigen Ausprägung des »neuen Menschen«, die eine eindeutige geschlechtliche Zuordnung besaß. Vielmehr soll untersucht werden,

---

[90] Vgl. *Mrňka*: Svéhlavá periferie, 195 f. Auch Stepan Podlubnyi hatte laut Jochen Hellbeck erkannt, dass Arbeit nicht nur Integration in die sowjetische Gesellschaft, sondern auch Selbstachtung bedeuten konnte. Vgl. *Hellbeck*: Fashioning the Stalinist Soul. The Diary of Stepan Podlubnyi, 350.

[91] »Schockarbeit« oder »Stoßarbeit« war die deutliche Übererfüllung des Planes in einer Schicht durch ein Individuum oder ein Kollektiv. Im »Sozialistischen Wettbewerb« traten verschiedene Betriebe, Städte oder Abteilungen eines Betriebes gegeneinander an, um sich in der Übererfüllung des Planes gegenseitig zu überbieten. Siehe dazu u. a. *Heumos*: Wenn Sie sieben Turbinen schaffen, 134.

[92] Vgl. *Nečasová*: Nový socialistický člověk, 110–124. Zu sozialistischen Arbeitsinitiativen und ihrer Wirkung auf die Arbeiterschaft siehe zudem *Heumos*: Wenn Sie sieben Turbinen schaffen.

[93] Vgl. *Reckwitz*: Das hybride Subjekt, 57.

[94] Vgl. *Musilová*, Dana: Der Einfluss bezahlter Arbeit auf weibliche Identitätsbildungsprozesse in der Tschechoslowakei der Nachkriegszeit. In: *Kraft*, Claudia (Hg.): Geschlechterbeziehungen in Ostmitteleuropa nach dem Zweiten Weltkrieg. Soziale Praxis und Konstruktionen von Geschlechterbildern. München 2005, 165–186; *Zábrodská*, Kateřina: Mezi ženskostí a feminismem. Konstruování identity »české socialistické ženy« [Zwischen Weiblichkeit und Feminismus. Die Konstruktion der Identität einer »tschechischen sozialistischen Frau«]. In: *Oates-Indruchová*, Libora/*Havelková*, Hana (Hg.): Vyvlastněný hlas. Proměny genderové kultury české společnosti 1948–1989 [Die enteignete Stimme. Veränderungen in der Geschlechterkultur der tschechischen Gesellschaft 1948–1989]. Praha 2015, 285–317; *Nečasová*: Nový socialistický člověk, 142–167.

ob und inwiefern sich Frauen alle genannten Ausprägungen angeeignet haben und ob sie diese anders ausdeuteten als Männer.

Als Techniken des Selbst bezeichnet Reckwitz schließlich »spezialisierte und zugleich routinisierte Komplexe von Alltagstechniken«,[95] in denen das Subjekt eine Beziehung zu sich selbst herstellt. Dieses Feld ist für die vorliegende Arbeit das wichtigste, da sich diese Praktiken am unmittelbarsten rekonstruieren lassen. Zu ihnen gehört unter anderem das Briefeschreiben, was nicht nur als Kommunikationsform und Aushandlungsvorgang mit einem Gegenüber angesehen werden kann, sondern auch als kulturelle und autobiografische Praxis. Besonders anhand der Selbstdarstellungen der Verfasser, die ein wichtiger Teil von Briefen an Partei- und Regierungsvertreter waren, lässt sich nachvollziehen, inwiefern diese die ideologisch bereitgestellten Identifikationsmuster übernommen und produktiv umgedeutet haben.[96]

Es ist sicherlich nicht von der Hand zu weisen, dass solche Selbstdarstellungen teilweise strategisch verfasst und Teil eines *identity game* waren. Ebenso kann man Beschwerdebriefe und Eingaben aber auch als »Biographiegeneratoren« betrachten, wobei das eine das andere keinesfalls ausschließen muss. Wie bereits Heike Winkel gezeigt hat, kann die textuelle Performanz des Schreibens einen Moment der Identitätsstiftung darstellen, da die Niederschrift der jeweiligen Situation und der damit verbundenen Selbstdarstellung den Verfassern Sinn und Bedeutung stiften kann. Winkel sieht die präsentierte Form der Selbstdarstellung als eine bewusste Entscheidung an, die damit auch etwas über die Bedeutung der dabei reproduzierten Elemente für den Verfasser aussagt.[97]

Besondere Aufmerksamkeit soll zudem den medialen Praktiken gewidmet werden, die Reckwitz ebenfalls den selbstreferentiellen zuordnet. In der sozialistischen Tschechoslowakei spielte zunächst der Rundfunk und ab der zweiten Hälfte der fünfziger Jahre das Fernsehen eine wichtige Rolle bei der Erziehung der Bevölkerung zu »neuen Menschen«, was vielfach explizit kommuniziert wurde. Dementsprechend wichtig war der Umgang von Hörern und Zuschauern mit diesen Medien innerhalb der »zivilisatorischen Mission« des Sozialismus, insbesondere, da die Medien das »kulturelle Niveau« der Bevölkerung heben sollten.[98] Dementsprechend waren nicht nur die Programme wichtig, in denen unmittelbar erzieherische oder bildende Inhalte vermittelt wurden, sondern auch das Unterhaltungsprogramm und fiktionale Formate wie Fernsehserien. Die darin auftretenden Charaktere konnten erstrebenswerte sowie abzulehnende Subjektmodelle vermitteln und dienten den Zuschauern auch als

---

[95] *Reckwitz*: Das hybride Subjekt, 58.
[96] Vgl. *Halfin*: Red Autobiographies, 4.
[97] Vgl. *Winkel*, Heike: Zwischen Emanzipation und Analphabetentum. Identität als Ereignis in Ideologie und Praxis des sowjetischen Eingabewesens. In: Berliner Osteuropa Info 23 (2005), 83–90, hier 83–86.
[98] *Brunnbauer*: Alltag und Ideologie im Sozialismus – eine dialektische Beziehung, 7.

Projektionsflächen, auf die sie ihre Träume, Ziele oder moralischen Erwartungen übertrugen, was Paulina Bren bereits überzeugend für die Zeit der sogenannten »Normalisierung« nachgewiesen hat.[99] Die gezeigten Inhalte boten somit Vorbilder und Anreize für die Einschreibung in die sozialistische Gesellschaft als »neue sozialistische Menschen« denn insbesondere das Fernsehen transportierte eine Vision der sozialistischen Moderne, die von einer idealen sozialistischen Gesellschaft getragen wurde.[100]

Neben diesen eher allgemeingültigen Praktiken, die nicht einer konkreten Gesellschaftsordnung zugeordnet werden können, müssen an dieser Stelle noch einige Mechanismen Erwähnung finden, die von Regimen des östlichen Europas als dezidiert sozialistisch dargestellt wurden. Die Rede ist von den eindeutig benannten Praktiken der »Aufmerksamkeit und Wachsamkeit« (bdělost a ostražitost) sowie der »Kritik und Selbstkritik« (kritika a sebekritika). Beide Praktikenkomplexe dienten ursprünglich der Disziplinierung der Parteimitglieder und wurden in den Parteistatuten von 1952 als deren wichtigste Pflichten formuliert. Sie waren zudem ein Instrument, um einen eigenen Beitrag zum sozialistischen Aufbau zu leisten und konnten so auch Nicht-Mitgliedern zur Einschreibung in das kommunistische Narrativ dienen. Indem man sich »achtsam« und »wachsam« zeigte und auf diese Weise Feinde und andere Hindernisse aufdeckte, die der gesellschaftlichen Entwicklung im Wege standen, sowie Mängel konstruktiv kritisierte, konnte theoretisch jeder zu einem »neuen sozialistischen Menschen« werden.[101]

Während »Aufmerksamkeit und Wachsamkeit« eher grundlegende Eigenschaften und Grundhaltungen sozialistischer Subjekte darstellten, die deren Aufmerksamkeit auf die angeblich allgegenwärtigen Feinde der Partei lenken sollten (was in vielen Fällen sogar dazu führte, dass Mitglieder der eigenen Familie als Feinde denunziert wurden), war »Kritik und Selbstkritik« eine konkrete Praktik, die bewusst ausgeführt werden konnte. Bereits Oleg Khakhordin hat diese Praktik für den russischen beziehungsweise sowjetischen Fall als eine Methode des *self-fashioning* untersucht, allerdings als eine, die die Annahme individualistischer Ideen und Haltungen ermögliche und nicht als subjektivierende Praktik.[102] In der vorliegenden Studie hingegen soll der Mechanismus von »Kritik und Selbstkritik« als ein performativer Akt[103] angesehen werden, der es nicht nur ermöglichte, zentrale Elemente des »neuen Menschen«

---

[99] Vgl. *Bren*, Paulina: The Greengrocer and His TV. The Culture of Communism after the 1968 Prague Spring. Ithaca 2010, 202.
[100] Mit dem Phänomen des sozialistischen Fernsehens hat sich erst kürzlich Anikó Imre befasst, allerdings nur mit wenigen Bezügen zum tschechoslowakischen Fall. Vgl. *Imre*, Anikó: TV Socialism. Durham 2016, 2 und 31.
[101] Vgl. *Kaška*: Neukáznění a neangažovaní, 53–62.
[102] Vgl. *Khakhordin*, Oleg: The Collective and the Individual in Russia. A Study of Practices. Berkley 1999, 3 f.
[103] Als »performativen Akt« verstehe ich in diesem Zusammenhang den Vollzug einer Handlung mit dem Ziel, eine bestimmte Form der Subjektivität zu reproduzieren. Damit grenze

zu reproduzieren, sondern gleichzeitig auch einen Beitrag zum Aufbau des Sozialismus im Land zu leisten.

Von Seiten der Partei war »Kritik und Selbstkritik« dementsprechend als ein wichtiger Bestandteil des Kampfes um die neue Gesellschaftsordnung definiert worden. Ziel war eine innere Reinigung der Partei von fehlbaren Mitgliedern, die durch die permanente gegenseitige Kontrolle aller vorangetrieben werden sollte, ohne Ansehen von Person oder Hierarchieebene.[104] Kritik zu üben wurde allerdings nicht als Aufgabe von Einzelpersonen angesehen, sondern galt ursprünglich als kollektives Ritual. In dessen Vollzug überwachten und kritisierten sich die Partei oder ein bestimmtes Kollektiv selbst, weswegen das Ritual gelegentlich auch als Form eines sozialistischen *checks and balances* bezeichnet wird.[105] Zwar sollte jedes sozialistische Subjekt prinzipiell bereit sein, seine Fehler einzugestehen; es ging dabei aber vor allem darum, die eigenen Fehler, die die Arbeit des Kollektivs beeinträchtigt hatten, öffentlich zu bekunden und nicht um Selbstkritik im Sinne einer inneren Gewissensprüfung. Daher war der Terminus der Selbstkritik immer ein unverrückbarer Teil des Idioms »Kritik und Selbstkritik«.[106]

Zu einem Partizipationsmechanismus wurde »Kritik und Selbstkritik« dadurch, dass damit auch Missstände aller Art aufgezeigt und behoben werden sollten. Die Initiative »von unten« sollte so besonders gefördert werden.[107] Grundsätzlich hatten nicht nur Parteimitglieder das Recht – und die Pflicht[108] –, Kritik zu äußern, sondern alle Bürger einer sozialistischen Gesellschaft. Einzig die Kritik an den Maßnahmen der Partei war deren Mitgliedern vorbehalten. Die Art und Weise, wie sie geäußert werden sollte, war dabei klar festgelegt: Es wurde primär unterschieden zwischen der nützlichen Selbstkritik, die

---

ich mich von Alexei Yurchaks Idee des *performative act* ab, der eine weitgehend inhaltslose Wiederholung eines bestimmten Rituals bezeichnet, das nach außen Loyalität mit dem Regime vermitteln sollte. Siehe dazu *Yurchak*: Everything Was Forever, 36–76.

[104] Vgl. *Kaška*: Neukáznění a neangažovaní, 60; *Khakhordin*: The Collective and the Individual in Russia, 136; *Erren*, Lorenz: »Selbstkritik« und Schuldbekenntnis. Kommunikation und Herrschaft unter Stalin (1917–1953). München 2008, 108.

[105] *Larson*, Jonathan L.: Deviant Dialectics. Intertextuality, Voice and Emotion in Czechoslovak Socialist Kritika. In: *Petrov*, Petre/*Ryazanova-Clarke*, Lara (Hg.): The Vernaculars of Communism. Language, Ideology and Power in the Soviet Union and Eastern Europe. New York 2015, 130–146, hier 136; *Khakhordin*: The Collective and the Individual in Russia, 142; *Erren*: »Selbstkritik« und Schuldbekenntnis, 97.

[106] Vgl. *Khakhordin*: The Collective and the Individual in Russia, 143 f.; *Erren*: »Selbstkritik« und Schuldbekenntnis, 23, 93–97.

[107] Vgl. *Erren*: »Selbstkritik« und Schuldbekenntnis, 30, 93–97 und 107; *Kaška*: Neukáznění a neangažovaní, 61; *Larson*: Deviant Dialectics, 136.

[108] Vgl. *Pažout*, Jaroslav/*Vilímek*, Tomáš: Barometr nálad, studnice informací. Dopisy občanů vedoucím představitelům a orgánům Komunistické strany Československa v letech 1988–1989 [Stimmungsbarometer, Informationsquelle. Briefe von Bürger an die führenden Vertreter und Organe der Kommunistischen Partei der Tschechoslowakei in den Jahren 1988–1989]. Praha 2020, 9.

aus dem Kollektiv selbst kam, sowie schädlicher Fremdkritik durch Klassenfeinde. Selbstkritik war »aufrichtige, konstruktive beziehungsweise bolschewistische« Kritik, während Fremdkritik »oberflächlich, heuchlerisch, grundlos und formal« war.[109] Daraus folgte, dass jede Kritik objektiv und konstruktiv sein musste und bereits einen Lösungsvorschlag enthalten sollte. Teil eines solchen Vorschlages konnte auch die Verpflichtung zu einer höheren Arbeitsleistung sein oder die Teilnahme am sozialistischen Wettbewerb.[110]

»Kritik und Selbstkritik« waren somit ein Instrument der Kommunikation zwischen dem Regime und der Bevölkerung. Indem klar festgelegt wurde, wie Kritik geäußert werden sollte, wurde ein kontrollierter Kommunikationsraum geschaffen. Innerhalb dessen konnte die Bevölkerung ihre Unzufriedenheit mit verschiedenen wirtschaftlichen und gesellschaftlichen Entwicklungen äußern, was den Unmut zumindest teilweise kanalisieren sollte. Zudem sollte denjenigen, die Kritik äußerten, das Gefühl gegeben werden, dass sie damit auch etwas zu erreichen vermochten. Dies konnte die sozialistische Herrschaft auf eine ähnliche Art und Weise legitimieren, wie der Vollzug eines öffentlichen kommunikativen Aktes, wie »Kritik und Selbstkritik« einer war.[111]

Eng verknüpft mit den Praktiken von »Aufmerksamkeit und Wachsamkeit« sowie »Kritik und Selbstkritik« war ein Aspekt, der für das gesamte sozialistische Weltbild grundlegend war. Die Rede ist von den allgegenwärtigen Feindbildern, die nicht nur für den tschechoslowakischen Sozialismus konstitutiv waren.[112] Wie alle sozialistischen Gesellschaften war auch die tschechoslowakische aus der Perspektive der Kommunistischen Partei von einer klaren Dichotomie geprägt. Auf der einen Seite standen die Werktätigen und Kommunisten, die die neue Gesellschaft aufbauen sollten und alles verkörperten, was optimistisch, neu oder fortschrittlich war. Die »inneren« und »äußeren«[113] Feinde versuchten hingegen, diesen Aufbau zu sabotieren und stattdessen ein kapitalistisches System zu errichten. Eben wegen dieser Feinde sollten überzeugte Kommunisten stets »aufmerksam« und »wachsam« sein, denn es galt die Parole »der Feind ist immer unter uns«.[114]

---

[109] *Kaška*: Neukázněni a neangažovaní, 60.
[110] Vgl. *Larson*: Deviant Dialectics, 136; *Kaška*: Neukázněni a neangažovaní, 61.
[111] Vgl. *Erren*: »Selbstkritik« und Schuldbekenntnis, 28 f. und 114–117. Die Erkenntnisse von Erren beziehen sich zwar auf die Sowjetunion, die Funktionsweise von »Kritik und Selbstkritik« war aber in der Tschechoslowakei ähnlich.
[112] Vgl. *Kopeček*, Michal: Obraz vnitřního nepřítele. Revizionismus na stránkách Otázek míru a socialismu v letech 1958–1969 [Das Bild des inneren Feindes. Revisionismus auf den Seiten von »Fragen des Friedens und des Sozialismus« 1958–1969]. In: *Kárník*, Zdeněk/ *Kopeček*, Michal (Hg.): Bolševismus, komunismus a radikální socialismus v Československu [Bolschewismus, Kommunismus und radikaler Sozialismus in der Tschechoslowakei]. Bd. 1. Praha 2003, 225–252, hier 229.
[113] *Kaška*: Neukázněni a neangažovaní, 52.
[114] *Mrňka*: Svéhlavá periferie, 194.

Das Freund-Feind Bild des Sozialismus gehörte somit »zum Kern des Orientierungswissens«[115] eines »neuen Menschen«. Zu seinem Kanon zählten neben denjenigen, die dem sozialistischen System per se feindlich gesinnt waren – dies waren zum Beispiel »Kapitalisten«, »bourgeoise Elemente«, »Kollaborateure« oder »Verräter« – nationale Ausprägungen wie »die Deutschen«, die in den Grenzgebieten gelebt hatten und teilweise dort geblieben waren.[116] Auch die kollektive Identität des im Sozialismus sehr klar definierten »wir« hing stark von einer Abgrenzung von allem »Alten«, »Westlichen« und »Reaktionären« ab.[117] Die individuelle Reproduktion von Feindbildern in alltäglichen Praktiken konnte sowohl die Geschlossenheit der Wir-Gruppe stärken als auch die eigene Gruppenzugehörigkeit. Vor allem aber dienten Feindbilder der Versicherung der eigenen Identität. Durch einen vorteilhaften Vergleich mit einem Feind konnte ein Individuum sich selbst bestärken und durch Abgrenzung definieren.[118]

Die ideologisch basierten Feindbilder hatten im sozialistischen System somit nicht nur die Funktion von Sündenböcken, die als Ventil für die Unzufriedenheit der Bevölkerung fungieren sollten.[119] Als kulturell »Anderes«, als »Anti-Subjekt«, konnte ein Feindbild als Folie dienen, von der sich ein »neuer sozialistischer Mensch« abgrenzen und in einem »Ausschließungsverfahren« gegenüber unerwünschten Eigenschaften positionieren konnte.[120]

Die radikale Dichotomie des sozialistischen Weltbildes erleichterte die individuelle Herausbildung eines klaren Freund-Feind-Bildes und ermöglichte gleichzeitig die Integration dieses Bildes in die alltägliche Lebensrealität in der sozialistischen Gesellschaft. Die Gruppe der Feinde war zwar klar umrissen, ihre einzelnen Ausprägungen wie »bourgeoise Elemente«, »Spekulanten« oder »Reaktionäre« blieben aber weitgehend abstrakt und damit offen für individuelle Zuschreibungen. Dadurch war es möglich, diesen Kategorien unliebsame Personen zuzuordnen und so den eigenen Alltag sinnhaft zu strukturieren.[121]

---

115 *Satjukow*, Silke/*Gries*, Rainer: Feindbilder des Sozialismus. Eine theoretische Einführung. In: *Dies.* (Hg.): Unsere Feinde. Konstruktionen des Anderen im Sozialismus. Leipzig 2004, 13–70, hier 14.
116 Vgl. *Mrňka*: Svéhlavá periferie, 194; *Zavacká*, Marína: Freund oder Feind? Der loyale junge tschechoslowakische Bürger und »der Deutsche« in den Jahren 1948–1956. In: *Zimmermann*, Volker/*Haslinger*, Peter/*Nigrin*, Tomáš (Hg.): Loyalitäten im Staatssozialismus. DDR, Tschechoslowakei, Polen. Marburg 2010, 134–159, hier 136 f.
117 *Satjukow/Gries*: Feindbilder des Sozialismus, 14; *Kaška*: Neukáznění a neangažovaní, 51 f.
118 Vgl. *Satjukow/Gries*: Feindbilder des Sozialismus, 18 f.; *Kolář*: Der Poststalinismus, 201.
119 Vgl. *Kaška*: Neukáznění a neangažovaní, 56–59.
120 *Reckwitz*: Das hybride Subjekt, 45.
121 Oxana Stuppo hat auf die individuelle Ausdeutung und Anwendung ideologisch basierter Feindbilder bereits am Beispiel sowjetischer Kolchosen hingewiesen. Vgl. *Stuppo*, Oxana: Die »Feinde der Kolchosordnung«. Feindbilder auf dem Lande im Gebiet Swerdlowsk von 1945 bis 1953. In: *Satjukow*, Silke/*Gries*, Rainer (Hg.): Unsere Feinde. Konstruktionen des Anderen im Sozialismus. Leipzig 2004, 387–403.

Feindbilder konnten auf diese Weise eine »sozialpsychische *Wirkungsmacht*«[122] entfalten und sollen daher als zentrale Aspekte ideologisch bereitgestellter Identitätsentwürfe untersucht werden. Dabei geht es vor allem darum, Kontinuität und Wandel sowie die Kontextgebundenheit von Feindbildern aufzuzeigen.

3. Quellen: Eingaben und Beschwerden

Die produktive Dimension sozialistischer Identitätsentwürfe offenbart sich für Historiker insbesondere in sogenannten Ego-Dokumenten, also Memoiren, Tagebüchern, aber auch Briefen und ähnlichen Schriftstücken. Tagebücher können dabei unter anderem den inneren Wandel ihrer Verfasser hin zu »neuen sozialistischen Menschen« verdeutlichen. In den Schriftstücken wiederum, die Grundlage für diese Arbeit sind, offenbart sich das Ausmaß der Ermächtigung, die Beschwerdeführer und Petenten durch die Aneignung der bereitgestellten Identitätsentwürfe erfuhren. Gleichzeitig finden sich darin wichtige Aushandlungsprozesse über die Gültigkeit dieser Entwürfe – nicht nur der Verfasser mit sich selbst, sondern auch mit den Repräsentanten verschiedener Staats- und Parteiinstitutionen.

Mit dem Anspruch der herrschenden KSČ, allein über das Wissen zu verfügen, wie die Gesellschaft in eine bessere Zukunft zu führen sei, ging auch die Deutungsmacht darüber einher, welche Eigenschaften »neue sozialistische Menschen« aufweisen sollten und damit darüber, wer Anteil an dieser Zukunft haben sollte und wer nicht. Und da der Diskurs über diese Eigenschaften alles andere als eindeutig war und viel Raum für individuelle Umdeutungen und Aneignung bot, gerieten Individuen bei ihren Bemühungen, sich in die sozialistische Gesellschaft einzuschreiben, immer wieder in Konflikt mit ebendiesen Repräsentanten oder anderen Mitgliedern der Gesellschaft. Oftmals geschah dies deshalb, weil ihre individuelle Auffassung sozialistischer Grundsätze im Widerspruch zur Realität stand, mit der sie konfrontiert waren.

In den Beschwerdebriefen (stížnosti) und Eingaben (žádosti), die die Grundlage für diese Arbeit darstellen, wurden also nicht nur die jeweiligen Sachverhalte verhandelt, mit denen sich die Verfasser an eine Institution gewandt haben, sondern auch sozialistische Subjektivität. Um diese Aushandlungen und die sich in den Briefen offenbarenden Identitätsentwürfe greifbar zu machen, sind einige methodologische Überlegungen zur Quellengattung der Beschwerde und Eingabe notwendig.

Briefen an Partei- und Regierungsvertreter und -institutionen wurde lange Zeit vor allem Misstrauen entgegengebracht. Grundlegend war dafür die Prämisse, die Bürger eines sozialistischen Staates würden lediglich in Form von Wi-

---

[122] *Satjukow/Gries*: Feindbilder des Sozialismus, 14 (Hervorhebung im Original).

derstand auf den Machtanspruch des Regimes reagieren oder – wie die sogenannten »Revisionisten« in der Sowjetforschung konstatierten – durch opportunistische Verhaltensweisen, um von der Aufwärtsmobilität der sozialistischen Revolution profitieren zu können.[123] Bedingt durch die Zweckgebundenheit der Quellengattung, also zumeist der Absicht, Hilfe in einer konkreten Situation zu bekommen, ging man davon aus, das Beschwerdewesen sei »ein durchweg bürokratisches, allein dem Herrschaftserhalt einer kleinen Parteielite verschriebenes Machtinstrument« gewesen, »das nur bei vorhandenen Beziehungen oder systemkonformem Lebenslauf überhaupt Aussicht auf Erfolg zeitigen hätte können«.[124]

Es ist sicherlich auch nicht falsch, dass in solchen Briefen der Adressat eine wichtige Rolle spielte und die »überzeugend vermittelte Einpassung der eigenen Person [...] in den Erwartungshorizont des Gegenübers«[125] für den Erfolg einer Beschwerde oder Eingabe mit entscheidend war. Beschwerden und Eingaben waren immer Teil eines Dialogs und somit auf das Gegenüber bezogen.[126] Was allerdings vielfach als Hindernis bei dem Versuch gesehen wird, sich dem »historischen ›Ich‹«[127] oder einem wie auch immer gearteten authentischen Selbst zu nähern, soll hier in eine positive Erkenntnismöglichkeit umgekehrt werden.

Sicherlich handelte es sich sowohl beim sowjetischen als auch beim tschechoslowakischen Beschwerde- und Eingabewesen um eine asymmetrisch angelegte Herrschaftsbeziehung, in der die Verfasser versuchten, sich in einem möglichst günstigen Licht darzustellen. Allerdings war der Adressat für die Verfasser in vielen Fällen mehr als nur ein Funktionär, der mit einem Hand-

---

[123] Die bekannteste Vertreterin dieser selbst ernannten »Revisionisten« ist Sheila Fitzpatrick. Vgl. *Fitzpatrick*, Sheila: Education and Social Mobility in the Soviet Union, 1921–1934. Cambridge 1979. Interessant ist, dass diese Sichtweise auf die sowjetische Geschichte in der Forschung zu den sozialistischen Gesellschaften Ostmitteleuropas nie wirklich rezipiert worden ist. Die hier vorgebrachte Charakterisierung ist eine sehr verkürzte und soll die Errungenschaften dieser Forschungsrichtung nicht schmälern, denn im Vergleich zum Totalitarismus-Paradigma haben die »Revisionisten« die Möglichkeit vielfältiger Erfahrungen und Persönlichkeiten innerhalb eines staatssozialistischen Systems in den Fokus der Aufmerksamkeit gerückt. Siehe dazu auch *Krylova*: The Tenacious Liberal Subject in Soviet Studies, 136–140.
[124] *Mühlbauer*, Julian: Kommunizieren und Partizipieren im »entwickelten Sozialismus«. Die Wohnungsfrage im Eingabewesen der Belorussischen Sowjetrepublik. Wiesbaden 2015, 17. Mühlbauer vertritt diese Ansicht nicht selbst, sondern konstatiert sie für ein Gros vor allem der westlichen Literatur zum Beschwerde- und Eingabewesen sozialistischer Staaten.
[125] *Rutz*, Andreas: Ego-Dokument oder Ich-Konstruktion. Selbstzeugnisse als Quellen zur Erforschung des frühneuzeitlichen Menschen. In: zeitenblicke 1/2, 2002, URL: http://www.zeitenblicke.historicum.net/2002/02/rutz/index.html (am 13.7.2019).
[126] Vgl. *Eckart*, Henning: Selbstzeugnisse. Quellenwert und Quellenkritik. Berlin 2012, 24–26.
[127] *Rutz*: Ego-Dokument oder Ich-Konstruktion.

strich über das Wohl der Individuen entschied. Die Repräsentanten des Regimes waren auch diejenigen, die auf theoretischer Ebene darüber entschieden, wer Teil der Gesellschaft war und wer nicht. Damit haben diese Funktionäre die diskursive Figur des »neuen Menschen« ebenfalls beeinflusst und verändert. Eine Beschwerde oder Eingabe an einen solchen Repräsentanten war daher nicht nur eine Bitte um Hilfe in einer Notsituation, sondern auch der Wunsch, eine bestimmte Deutung der Realität und damit auch die eigene Selbstwahrnehmung bestätigt zu bekommen. Die Selbstdarstellung des Absenders war somit ein wichtiger Teil der Aushandlung sozialistischer Subjektivität und spiegelte seine Auseinandersetzung mit den unterschiedlichen Ausprägungen des »neuen Menschen« wider.

Zudem ist nicht davon auszugehen, dass jeder, der eine Beschwerde oder Eingabe verfasste, sich der Normen der Selbstpräsentation sowie der Regeln und Gesetze des Genres bewusst war und diese entsprechend reproduzieren konnte. Dies gilt nicht nur für das sowjetische Eingabewesen, wie Heike Winkel am Beispiel der »Briefe der Werktätigen«[128] überzeugend nachgewiesen hat. Nur geübte Briefeschreiber hätten die Besonderheiten schriftlicher Kommunikation gekannt und entsprechend danach handeln können. Die meisten Autoren hätten sich laut Winkel erst an die Konventionen der Schriftsprache heranschreiben müssen und den korrekten Aufbau eines Briefes mit den Elementen Begrüßung, Darstellung des Anliegens und einigen Schlussworten zumeist missachtet. Auch die Normen der Selbstdarstellung hätten vielen Menschen Schwierigkeiten bereitet.[129] Hinzu kam, dass zu stringente Lebensläufe von den Empfängern durchaus kritisch beäugt wurden[130] und es von Seiten des Regimes kaum Vorgaben zur inhaltlichen und formalen Gestaltung der Eingaben gab, weil man die Bevölkerung zum Schreiben animieren wollte.[131]

Entscheidend für den Inhalt solcher Briefe ist auch die zumeist unmittelbare Nähe zu den Ereignissen, die sie thematisieren. Besonders in subjektiv empfundenen Notsituationen, in denen die meisten hier untersuchten Briefe entstanden sind, hatten die Verfasser kaum Zeit, sich damit auseinanderzusetzen, welche Darstellungsform die für sie günstigste sein könnte und wie sie sich selbst am besten präsentieren sollten. Daher sagen die Selbstdarstellungen in Briefen deutlich mehr über die Ideenwelt und Alltagsrealität ihrer Verfasser aus als retrospektiv verfasste Memoiren oder narrative Interviews, in denen

---

[128] *Winkel*, Heike: Schreibversuche. Kollektive Vorlagen und individuelle Strategien in den »Briefen der Werktätigen«. In: *Murašov*, Jurij/*Witte*, Georg (Hg.): Die Musen der Macht. Medien in der sowjetischen Kultur der 20er und 30er Jahre. München 2003, 59–79. Analog dazu findet sich im Zusammenhang mit Eingaben und Beschwerden in der Tschechoslowakei der Begriff *dopisy pracujících*.

[129] Vgl. *ebenda*, 71 f.; *Winkel*: Zwischen Emanzipation und Analphabetentum, 85.

[130] Vgl. *Alexopoulos*, Golfo: Stalin's Outcasts. Aliens, Citizens, and the Soviet State, 1926–1936. Ithaca, London 2003, 10.

[131] Vgl. *Winkel*: Zwischen Emanzipation und Analphabetentum, 83.

Selbstpräsentationen immer auch vom Wissen des Ausgangs der jeweiligen Situationen geprägt sind.[132]

Beschwerden und Eingaben sollen daher im Folgenden auch als mögliche »Biographiegeneratoren«[133] gedeutet werden, wobei eine strategische Verfasstheit natürlich nicht in jedem Fall ausgeschlossen werden kann. Insbesondere weil viele Briefe in Momenten geschrieben wurden, in denen die (sozialistische) Identität[134] der Verfasser infrage gestellt wurde, konnte der Schriftakt zu einem Moment der Identitätsstiftung werden, mit dem die Verfasser ihrem Dasein Sinn und Zusammenhang verliehen. Der Brief wird so zu einem autobiografischen Dokument, in dem der Verfasser handelnd in Erscheinung tritt und etwas über sich und das Verhältnis zu seiner Umwelt preisgibt.[135] Für die Subjektkonstitution ist vor allem der Schriftakt selbst von Bedeutung, nicht so sehr die textuelle Form, in der er erscheint. Damit zeigt sich in den Briefen genaugenommen nicht das so oft gesuchte »authentische Selbst«, sondern eine »Ich-Konstruktion«, die aber als das Ergebnis eines Reflexionsprozesses angesehen werden kann und Auskunft über die Identitätsmuster gibt, die für den jeweiligen Verfasser von Bedeutung waren. Das Schreiben eines Briefes kann daher als eine Praktik des Selbst angesehen werden, deren textuelles Ergebnis in dieser Arbeit untersucht werden soll.

Der Erkenntnisgewinn dieser Quellengattung liegt somit in der Vielfältigkeit der Darstellungsformen, die sich in den Dokumenten offenbart und die zeigt, wie unterschiedlich Handlungsmuster in einem trotz allem noch repressiven System ausfallen konnten. So konnten zum Beispiel nach eigener Angabe überzeugte Kommunisten scharfe Kritik an Partei und Regierung äußern, während jemand, der gegenüber dem Sozialismus eigentlich kritisch eingestellt war, dennoch bestimmten Maßnahmen zustimmen konnte. Eine Aufteilung von Briefeschreibern in eindeutige Kategorien würde daher an der Realität vorbeigehen und den Blick auf die unterschiedlichen Erfahrungen im tschechoslowakischen Sozialismus verstellen, die sich offenbaren, wenn man sich von einem strengen »entweder-oder«-Schema löst. Weder gab es eine klar umrissene Gruppe, die an den Machtstrukturen partizipierte und unhinterfragt allen Verlautbarungen der Partei zustimmte, noch eine Gruppe, die das System

---

132 Vgl. *Mühlberg*, Felix: Bürger, Bitten und Behörden. Geschichte der Eingabe in der DDR. Berlin 2004, 8.
133 *Winkel*: Zwischen Emanzipation und Analphabetentum, 85.
134 Identität soll hier als eine spezifische Form des Selbstverstehens angesehen werden, als innere Konstanz des Subjektes, also als etwas diesem inhärentes und kein von außen herangetragenes Modell. Siehe dazu *Reckwitz*: Das hybride Subjekt, 45 f.
135 Vgl. *Winkel*: Zwischen Emanzipation und Analphabetentum, 85; *Rutz*: Ego-Dokument oder Ich-Konstruktion; *Schulze*, Winfried: Ego-Dokumente: Annäherung an den Menschen in der Geschichte? Vorüberlegungen für die Tagung »Ego-Dokumente«. In: *Ders.* (Hg.): Ego-Dokumente. Annäherung an den Menschen in der Geschichte. Berlin 1996, 11–31, hier 11.

lediglich für ihre Zwecke manipulieren konnte oder eine eindeutig zu identifizierende Gruppe, die den Sozialismus und die Partei rundheraus ablehnte.[136]

Bislang wurden – abgesehen von Winkels Arbeiten – Beschwerden und Eingaben innerhalb sozialistischer Systeme hauptsächlich als Mittel der Konfliktkommunikation und Partizipation untersucht.[137] Die Bürger hatten die Möglichkeit, in dieser Form individuelle und kollektive »Wünsche, Interessen und Kritik«[138] zu äußern. Sie bekamen so den Eindruck, Einfluss auf wichtige Entscheidungsprozesse nehmen, die staatliche Verwaltung kontrollieren und die Probleme, mit denen sie in ihrem täglichen Leben konfrontiert waren, lösen zu können.[139] Dadurch erfüllte das Eingabewesen auch eine stabilisierende Funktion – und sei es nur, weil es den Menschen die Möglichkeit bot, Frustration und Unzufriedenheit zu äußern.[140]

Die Verfasser werden dabei häufig vor allem anhand der Form der Darstellung ihres Anliegens kategorisiert. So unterscheidet zum Beispiel Sheila Fitzpatrick primär zwischen dem *supplicant* (Bittsteller), der sich als Opfer äußerer Umstände darstellte und die eigene Machtlosigkeit betonte, und dem *citizen* (Bürger), der vor allem seine Meinung und Kritik äußerte und dabei auf seine Rechte als sowjetischer Bürger Bezug nahm.[141] Trotz der Kategorisierung anhand von Autorentypen steht dabei weiterhin die Form der Darstellung im Mittelpunkt und nicht so sehr der Autor als Subjekt. Einzig Golfo Alexopoulos untersuchte bisher anhand der Eingaben sogenannter sowjetischer »Entrechteter«, wie die abstrakten Kategorien der sozialistischen Ideologie von den Betroffenen in ihr tägliches Leben integriert und dabei mit Bedeutung gefüllt werden konnten.[142]

Für die sozialistische Tschechoslowakei ist die Quellengattung der Beschwerden und Eingaben lange Zeit nur am Rande thematisiert worden. Neben Jaromír Mrňka, der Beschwerden und Eingaben als eine Quelle seiner alltagsgeschichtlichen Studie nutzt,[143] ist in diesem Zusammenhang vor allem

---

[136] Zu ähnlichen Ergebnissen kommt auch Mary Fulbrook für die DDR. Siehe dazu u. a. *Fulbrook*: Ein ganz normales Leben, 284.
[137] *Massino*, Jill: »How Many Days Have the Comrades' Wives Spent in a Queue?« Appealing to the Ceausescus in Late-Socialist Romania. In: *Blaive*, Muriel (Hg.): Perceptions of Society in Communist Europe. Regime Archives and Popular Opinion. London 2019, 189–205; *Lehr*, Stefan: »Piště nám!« Dopisy diváků a posluchačů Československé televizi a rozhlasu [»Schreiben Sie uns!« Briefe von Zuschauern und Hörern an das Tschechoslowakische Fernsehen und Radio]. In: Marginalia Historica. Časopis pro dějiny vzdělanosti a kultury 3 (2012), 71–82; *Mühlbauer*: Kommunizieren und Partizipieren im »entwickelten Sozialismus«; *Mühlberg*: Bürger, Bitten und Behörden.
[138] *Mühlbauer*: Kommunizieren und Partizipieren im »entwickelten Sozialismus«, 2.
[139] Vgl. *ebenda*, 2–9.
[140] Vgl. *Lehr*: Piště nám, 80; *Pažout/Vilímek*: Barometr nálad, studnice informací, 11.
[141] Vgl. *Fitzpatrick*, Sheila: Supplicants and Citizens. Public Letter-Writing in Soviet Russia in the 1930s. In: Slavic Review 55/1 (1996), 78–105, hier 81–83 und 103 f.
[142] Vgl. *Alexopoulos*: Stalin's Outcasts.
[143] Vgl. *Mrňka*: Svéhlavá periferie.

Stefan Lehr zu nennen, der in einem kurzen Aufsatz Zuschriften an das Tschechoslowakische Fernsehen[144] und den Rundfunk untersucht, wobei auch er ihre stabilisierende Wirkung als Kommunikationsmedium betont.[145] Lehr liefert einige wichtige Erkenntnisse zur Funktion von Eingaben und Beschwerden für das Regime, auf die an dieser Stelle aufgebaut werden soll.

Im Jahr 2020 erschien erstmals eine umfassende Monografie, die die Quellengattung der Beschwerde in den Mittelpunkt stellt. Die Studie der Autoren Jaroslav Pažout und Tomáš Vilímek fokussiert dabei auf Briefe an Vertreter und Organe der KSČ in den Jahren 1988 und 1989 und ist primär als kritische Quellenedition anzusehen. Beschwerden werden darin als »weicher Stabilisator« der Macht, wertvolle Informationsquelle zur Stimmung in der Bevölkerung und Indikator für dringende gesellschaftliche Probleme angesehen.[146]

Anders als in der Sowjetunion, wo sich das sowjetische Beschwerdewesen stark vom zaristischen unterschied,[147] knüpfte man in der Tschechoslowakei an die bereits existierende Tradition an, an den Präsidenten zu schreiben. Diese Tradition setzte sich auch im Sozialismus fort, zunehmend wurde aber auch an den Parteivorsitzenden oder andere Repräsentanten geschrieben.[148] Von Seiten des Regimes wiederum wurde darauf geachtet, dass diese Zuschriften auch geprüft und bearbeitet wurden. Sie stellten eine Quelle von Informationen über in der Bevölkerung kursierende Ansichten dar und eine Möglichkeit, etwas über das Alltagsleben der Bürger zu erfahren.[149] Dementsprechend wurde die Bevölkerung immer wieder dazu aufgefordert, an die verschiedenen Staats- und Parteiinstitutionen zu schreiben. Dabei wurde explizit nicht zwischen Parteimitgliedern und Parteilosen unterschieden, sondern generell von Arbeitern gesprochen.[150]

Zu der Pflicht der adressierten Institutionen, Beschwerden und Eingaben sorgfältig zu bearbeiten, gehörte es auch, darauf angemessen und zeitnah zu reagieren.[151] Um dies überprüfen und gewährleisten zu können, ordnete das Zentralkomitee jährlich die Erstellung von Berichten an, die Auskunft über den Stand der Bearbeitungen in den einzelnen Abteilungen des Zentralkomi-

---

144 ČST: Československá televize (tschechisch)/Československá televízia (slowakisch).
145 Vgl. *Lehr*: Pište nám.
146 Vgl. *Pažout/Vilímek*: Barometr nálad, studnice informací, 5 und 9.
147 Vgl. *Winkel*: Zwischen Emanzipation und Analphabetentum, 83.
148 Vgl. *Lehr*: Pište nám, 71.
149 Vgl. *ebenda*, 71 f.; *Pažout/Vilímek*: Barometr nálad, studnice informací, 9–11. Ähnlich sahen es die Regime anderer sozialistischer Staaten. Siehe beispielsweise *Winkel*: Schreibversuche, 62; *Mühlbauer*: Kommunizieren und Partizipieren im »entwickelten Sozialismus«, 2.
150 Kritische Stimmen aus Briefen von Werktätigen zu Mängeln in der Wirtschaft. Národní archiv (Nationalarchiv, weiter NA) Prag, ÚV KSČ, fond 02/4, 1945–1989, sv. 110, a. j. 146/2, Schůze SÚV KSČ ze dne 22. listopadu 1956.
151 Vgl. *Pažout/Vilímek*: Barometr nálad, studnice informací, 9.

tees, aber auch regionaler und lokaler Parteiausschüsse gaben. Darin war vielfach die Rede davon, dass eine »[s]chlechte und nicht genügend gründliche Bearbeitung der Briefe das Vertrauen der Menschen in die Partei aufs Spiel setzen [würde]«.[152] Eine Verbesserung der Arbeit mit den Briefen wurde dabei gleichgesetzt mit einer Verbesserung der politischen Massenarbeit.[153] Problematisch war allerdings, dass Institutionen, die Gegenstand einer Beschwerde waren, oftmals selbst für deren Bearbeitung zuständig waren. Dies führte vielfach zu Schikane, Vetternwirtschaft und nachteiligen Bescheiden für die Beschwerdeführer.[154]

Neben der Möglichkeit, das Vertrauen der Bevölkerung in die Partei zu sichern und eine »persönlichere Beziehung«[155] zu den Arbeitern aufzubauen, sah man die Chance, die in den Briefen enthaltenen Informationen zur Lösung von Problemen in Wirtschaft und Verwaltung zu verwenden.[156] Auch wenn viele Briefe den Berichten an das Zentralkomitee zufolge entstanden, weil das persönliche Interesse der Verfasser betroffen war, enthielten sie doch Verbesserungsvorschläge und Anzeigen von Mängeln aller Art, die von der Partei weiter verarbeitet wurden.[157] Ein Zitat aus dem Jahre 1957 bringt die Position des Zentralkomitees auf den Punkt:

[Das Sekretariat des ÚV KSČ] betont, dass sich in den Briefen der Werktätigen, die an das ÚV KSČ gesendet werden, das kostbare Vertrauen der Menschen in unsere Partei und ihre Politik widerspiegelt, die Initiative zur Beseitigung von Unordnung, Missständen, Fehlern und Mängeln, ob bewusst oder unbewusst, die Teil von Kritik und Selbstkritik sind, deren Entfaltung die Partei immerfort anstrebt.[158]

Die »Briefe der Werktätigen« hatten also aus Sicht der Partei drei wichtige Funktionen: Sie boten eine Möglichkeit, etwas über Probleme in Wirtschaft und Verwaltung zu erfahren, sie sollten die Bevölkerung an der »Verwaltung des ganzen Landes«[159] beteiligen und das Vertrauen der Bevölkerung – egal ob Parteimitglieder oder nicht – in die KSČ und die Funktionsfähigkeit des Staats-

---

[152] Bericht über Briefe an die Kommission für parteiliche Kontrolle. NA, ÚV KSČ, fond 02/4, sv. 57, a. j. 29/17, Schůze SÚV KSČ ze dne 16. listopadu 1954.
[153] Bearbeitete Briefe von Werktätigen aus einzelnen Abteilungen des ÚV KSČ. NA, ÚV KSČ, fond 02/4, sv. 112, a. j. 152/9, Schůze SÚV KSČ ze dne 21. ledna 1957.
[154] Vgl. *Pažout/Vilímek*: Barometr nálad, studnice informací, 12.
[155] Informationen über bearbeitete Briefe von Werktätigen an das ÚV KSČ. NA, ÚV KSČ, fond 02/4, sv. 87, a. j. 91/13, Schůze SÚV KSČ ze dne 22. listopadu 1955.
[156] Vgl. *Pažout/Vilímek*: Barometr nálad, studnice informací, 10 f.
[157] Untersuchung bearbeiteter Briefe von Werktätigen der Kreisausschüsse der KSČ. NA, ÚV KSČ, fond 02/4, sv. 127, a. j. 185/6, Schůze SÚV KSČ ze dne 14. srpna 1957.
[158] Bearbeitete Briefe von Werktätigen aus einzelnen Abteilungen des ÚV KSČ. NA, ÚV KSČ, fond 02/4, sv. 112, a. j. 152/9, Schůze SÚV KSČ ze dne 21. ledna 1957.
[159] Untersuchung bearbeiteter Briefe von Werktätigen der Kreisausschüsse der KSČ. NA, ÚV KSČ, fond 02/4, sv. 127, a.j. 185/6, Schůze SÚV KSČ ze dne 14. srpna 1957.

apparates stärken. Insbesondere um Letzteres gewährleisten zu können, wurden umfassende Maßnahmen beschlossen, mit denen die Bearbeitung der Briefe optimiert und beschleunigt werden sollte.[160]

Nimmt man die reine Anzahl der eingegangenen Briefe als Maßstab, ist dies in großen Teilen gelungen. Trotz aller wirtschaftlichen und gesellschaftlichen Probleme schienen viele Menschen großes Vertrauen zumindest in die Reformierbarkeit eines Systems gehabt zu haben, das sich aus seinem Selbstverständnis heraus ohnehin noch in einer Entwicklungsphase befand.[161] Laut der vorliegenden Berichte gingen im Zeitraum von Januar bis September 1954 beim Zentralkomitee 6.566 Zuschriften ein, im selben Zeitraum des Folgejahres waren es 6.820.[162] Im Zusammenhang mit der Geheimrede Chruščëvs und dem XX. Parteitag der KPdSU 1956 stieg die Zahl deutlich an: 1956 erreichten 9.233 Briefe das Zentralkomitee, zwischen Januar und November 1957 sogar 13.248, was von den Verantwortlichen als Ausweis des Vertrauens in die Arbeit der Partei gewertet wurde.[163] In diese Zahlen sind die Briefe an die lokalen Parteiausschüsse, die regionalen und lokalen Nationalausschüsse sowie andere Behörden und Einrichtungen wie das Státní úřad sociálního zabezpečení (SÚSZ, Staatliches Institut für Sozialfürsorge) noch gar nicht eingerechnet.[164] Darüber hinaus fehlen Zahlen zu den Leserbriefen an Periodika wie die Tageszeitung »Rudé právo« (Rotes Recht) oder die Satirezeitschrift »Dikobraz« (Stachelschwein). Leider haben weder die Archivare noch die tschechischen Kollegen Kenntnis über den Verbleib der entsprechenden Bestände.

Wichtig ist an dieser Stelle noch der Hinweis auf die Unterscheidung zwischen den Briefen individueller Personen und den Briefen, die Arbeiterkollektive von Nationalbetrieben oder Landwirtschaftliche Einheitsgenossenschaft (Jednotné zemědělské družstvo, JZD) an Partei, Präsident, an Medien wie die Zeitung »Rudé právo« oder Fernsehen und Radio schrieben. Letztere waren deutlich schematischer verfasst als individuelle Schreiben und entstanden zumeist in Reaktion auf bedeutsame politische Entscheidungen. Die Verfasser drückten darin ihre Dankbarkeit über bestimmte Entwicklungen aus, zählten auf, was sie bereits alles für den sozialistischen Aufbau getan hatten, und gingen sogenannte »sozialistische Verpflichtungen« (socialistické závazky) ein.

---

160 *Ebenda.*
161 Zu einem ähnlichen Schluss kommt Felix Mühlberg für das Eingabewesen in der DDR. Vgl. *Mühlberg*: Bürger, Bitten und Behörden, 27.
162 Informationen über bearbeitete Briefe von Werktätigen an das ÚV KSČ. NA, ÚV KSČ, fond 02/4, sv. 87, a. j. 91/13, Schůze SÚV KSČ ze dne 22. listopadu 1955.
163 Bearbeitete Briefe von Werktätigen aus einzelnen Abteilungen des ÚV KSČ. NA, ÚV KSČ, fond 02/4, sv. 112, a. j. 152/9, Schůze SÚV KSČ ze dne 21. ledna 1957.
164 So erhielt die tschechische Abteilung der Behörde allein im IV. Quartal 1954 2.325 Briefe, die slowakische 1.713. Siehe dazu Bericht über bearbeitete Beschwerden im IV. Quartal 1954. NA, Státní úřad sociálního zabezpečení – zasedání kolegia ministra-předsedy, fond 999, kart. 2, inv. č. 3.

Im Falle der letzteren versprachen sie, die festgelegten Arbeitsnormen zu überbieten oder noch schneller zu erfüllen, als es im zentralen Wirtschaftsplan vorgesehen war. Solche Kollektivbriefe wurden vielfach in der Presse abgedruckt, sodass für diejenigen, die einen entsprechenden Brief schreiben wollten, ein Katalog an Versatzstücken existierte, an dem sie sich orientieren konnten. Dementsprechend waren diese Schriftstücke – ähnlich wie in der Sowjetunion – zumeist formal und stilistisch makellos.[165] Da sie aufgrund ihrer Standardisierung wenig über die Selbstwahrnehmung ihrer Verfasser aussagen, werden sie in dieser Arbeit nur am Rande betrachtet.

Mit der getroffenen Quellenauswahl habe ich versucht, alle Regionen der Tschechoslowakei gleichermaßen zu berücksichtigen. Dies ist in großen Teilen gelungen. Insbesondere die Bestände des Nationalarchivs (Národní archiv, NA) und des Archivs der Kanzlei des Präsidenten der Republik (Archiv Kanceláře prezidenta republiky, AKPR) enthalten Zuschriften aus allen Teilen der Republik, da die Institutionen, deren Archivalien dort lagern, als zentrale Verwaltungseinrichtungen für die gesamte Republik zuständig waren. Im Nationalarchiv habe ich insbesondere die Bestände des Ministeriums für Arbeitskräfte (Ministerstvo pracovních sil, MPS) und des Zentralkomitees der Kommunistischen Partei (Ústřední výbor KSČ, ÚV KSČ) gesichtet. Im Hinblick auf Zuschriften an das Zentralkomitee hat sich herausgestellt, dass die entsprechenden Bestände zwar im Nationalarchiv liegen, aber noch nicht systematisiert wurden. Anfragen dahingehend, ob eine Sichtung ausgewählter Bestände möglich sei, blieben mehrfach unbeantwortet. Inzwischen liegt mit »Barometr nálad, studnice informací« (Stimmungsbarometer, Informationsquelle) von Jaroslav Pažout und Tomáš Vilímek zwar eine erste Studie zu diesem Quellenkorpus vor, die aber primär die Jahre 1988 und 1989 in den Blick nimmt. Ihre Erkenntnisse sind daher nur sehr eingeschränkt auf die vorliegende Arbeit übertragbar.[166]

Ebenfalls Zuschriften aus der gesamten Republik erhielten das Tschechoslowakische Fernsehen[167] und der Tschechoslowakische Rundfunk. Diese Zuschriften sind insofern interessant, als dass sie vielfach Stellungnahmen zu Programmpunkten, aber auch politischen Entscheidungen und Ereignissen enthalten. Sie erfüllten zumeist keinen anderen Zweck, als die Ansicht des Verfassers mitzuteilen. Sie zeigen, inwiefern sozialistische Identitätsentwürfe abseits der direkten Kommunikation mit den Repräsentanten des Regimes bedeutsam waren, und offenbaren die große Bandbreite, die im Hinblick auf individuelle Formen der Selbstdarstellungen existierte. Zudem lassen sich im Vergleich zu den Briefen an staatliche Verwaltungsinstitutionen Aussagen darüber treffen,

---

[165] Vgl. *Winkel*: Schreibversuche, 69.
[166] Vgl. *Pažout/Vilímek*: Barometr nálad, studnice informací.
[167] Grundlage: Archiv a programové fondy České televize (Archiv und Programmfond des Tschechoslowakischen Fernsehens, APF ČT).

ob Briefe an letztere formalisierter waren als Zuschriften an Radio und Fernsehen. Im Zusammenhang mit den Beständen des Rundfunkarchives ist noch zu bemerken, dass dort die Zuschriften nicht mehr im Original vorliegen. Es existieren lediglich Berichte, die aber eine Vielzahl an Zitaten aus den entsprechenden Briefen enthalten. Auch wenn die Auswahl dieser Zitate vor allem die Ansichten der jeweiligen Redakteure bezüglich der Relevanz der Aussagen widerspiegelt, finden sich in ihnen doch eine erstaunliche Anzahl kritischer Äußerungen, die man, da die Berichte für höhere Parteiebenen vorgesehen waren, nicht immer erwarten konnte.[168] Sofern in der Auswahl und Einordnung der Zitate eine entsprechende Tendenz zu erkennen ist, wird dies in der Analyse entsprechend thematisiert.

Um eine regionale Bandbreite gewährleisten zu können, wurden zudem Bestände des Staatlichen Bezirksarchivs Olomouc (Státní okresní archiv Olomouc, SOkA Olomouc), des Staatlichen Bezirksarchivs Opava (Státní okresní archiv Opava, SOkA Opava), des Archivs der Stadt Ostrava (Archiv města Ostravy, AMO), des Landesarchivs Opava (Zemský archiv v Opavě, ZA Opava) und des Staatliches Gebietsarchiv Plzeň (Státní oblastní archiv v Plzni, SOA v Plzni) gesichtet. Leider waren viele der Besuche weitgehend ertraglos, da die Beschwerden und Eingaben nur unvollständig archiviert oder lediglich als Verzeichnisse überliefert sind. Ein Besuch in einem slowakischen Archiv konnte nicht realisiert werden. Auch wenn sich in den zentralen Prager Beständen eine Vielzahl an Briefen slowakischer Provenienz finden, sind mir die Grenzen meiner Arbeit an dieser Stelle nur zu deutlich bewusst.

Um die sinn- und damit auch legitimitätsstiftende Dimension sozialistischer Identitätsmuster aufzeigen zu können, werden die aus den untersuchten Beschwerden und Eingaben gewonnenen Ergebnisse mit dem offiziellen ideologischen Diskurs abgeglichen, so wie er sich den Individuen präsentierte. Auf diese Weise sollen Aneignungsprozesse, Umdeutungen und auch die Ablehnung der bereitgestellten Muster sichtbar gemacht werden. Die Grundlage für die Untersuchung dieses Diskurses liefern die Beiträge der Parteizeitung »Rudé právo«, die als zentrales Organ der Parteipresse ein wichtiger Bestandteil des herrschenden Diskurses war.[169] Als Sprachrohr der kommunistischen Partei war sie das Medium, mit dem die führenden Funktionäre ihre ideologische Botschaft am direktesten an die Bevölkerung bringen konnten. Die immer wiederkehrenden Bezüge in den untersuchten Briefen zeigen, dass die so vermittelten Inhalte auch rezipiert und vielfach als gültig anerkannt wurden. Soweit rekonstruierbar, werden an den entsprechenden Stellen auch die Botschaften von Fernsehen und Rundfunk als Teil des offiziellen Diskurses einbezogen.

---

[168] Vgl. *Lehr*: Pište nám, 75 f.
[169] Vgl. *Kaška*: Neukáznění a neangažovaní, 31.

4. Struktur der Arbeit

Die Arbeit ist in drei chronologische Hauptabschnitte gegliedert. Auf diese Weise soll den entscheidenden Wendepunkten im Untersuchungszeitraum im Hinblick auf die individuelle Auseinandersetzung mit ideologisch bereitgestellten Identitätsentwürfen Rechnung getragen und eine Möglichkeit geschaffen werden, Kontinuität und Wandel sowohl im Diskurs des »neuen Menschen« als auch im Hinblick auf individuell reproduzierte Eigenschaften sichtbar zu machen. Die Kapitel innerhalb dieser Abschnitte befassen sich jeweils mit Aspekten, die sich im Verlauf meiner Forschungen als für breite Bevölkerungsgruppen relevant herausgestellt haben.

Als erster wichtiger Wendepunkt hat sich dabei die Währungsreform vom 1. Juni 1953 erwiesen, die mit einem Wechselkurs von 50:1 insbesondere die Ersparnisse von Arbeiterfamilien betraf. Dies hat die Selbstwahrnehmung vieler Menschen, die sich als Teil der Arbeiterklasse betrachteten, nachhaltig erschüttert. Damit kann die Währungsreform nicht nur als das Ende der frühen Phase des Sozialismus in der Tschechoslowakei angesehen werden, sondern auch als Einschnitt im Hinblick auf zentrale Eigenschaften sozialistischer Subjektivität (I.1.).[170] Dabei wird die Reaktion der Bevölkerung auf die verschiedenen Versuche des Regimes in den Blick genommen, die angespannte gesellschaftliche Situation wieder zu beruhigen. Im darauffolgenden Kapitel wird die Rolle des Tschechoslowakischen Rundfunks thematisiert, der als »Anwalt gesellschaftlicher Interessen«[171] ebenfalls Legitimation für das Regime generieren konnte, aber vor allem eine wichtige Funktion bei der Schaffung des »neuen Menschen« innehatte (I.2.).

Diese Legitimation, die unter anderem aus der Reaktion der Partei nach der Währungsreform erwuchs, war auch mit dafür verantwortlich, dass es in der Tschechoslowakei nach der Geheimrede Nikita Chruščëvs 1956 zu keinen vergleichbaren Unruhen wie in Polen und Ungarn kam. Dies ermöglicht die Ergänzung der bereits von Muriel Blaive vorgebrachten Argumente für das »Nicht-Ereignis« 1956, die sich vor allem auf die gute Wirtschaftslage und das schlechte Bild Ungarns in der Bevölkerung beziehen.[172]

Der zweite Abschnitt der Arbeit befasst sich mit der Periode nach der Geheimrede, die in der Tschechoslowakei zwar in der Partei stark diskutiert

---

[170] In der Forschung ist das Ende der Frühphase des tschechoslowakischen Sozialismus noch umstritten. In dieser Arbeit folge ich der Ansicht Václav Kaškas, der 1953 als den Wendepunkt der radikalen Sowjetisierung der Gesellschaft ausmacht und in der Folge eine Stabilisierung des Regimes sieht. Vgl. *ebenda*, 20.

[171] *Bönker*, Kirsten: Fernsehkonsum, Zuschauerbeteiligung und politische Kommunikation in der späten Sowjetunion. In: *Breitenborn*, Uwe/*Frey-Vor*, Gerlinde/*Schurig*, Christian (Hg.): Medienumbrüche im Rundfunk seit 1950. Köln 2013, 199–217, hier 212.

[172] Vgl. *Blaive*, Muriel: Une déstalinisation manquée. Tchécoslovaquie 1956. Bruxelles 2005.

wurde,[173] in der Bevölkerung aber kaum Widerhall fand; ganz anders als der daraus resultierende ungarische Nationalaufstand.[174] Für die Frage nach der Bedeutung sozialistischer Subjektmodelle ist in diesem Zusammenhang insbesondere die sich verändernde Auffassung der sozialistischen Utopie hin zu einer prozessualen Vorstellung von Bedeutung, die eine bessere Zukunft greifbarer erscheinen ließ und die Einschreibung in das Master-Narrativ des Kommunismus so wieder attraktiv machte. Dies zeigte sich vor allem in der Diskussion um die anhaltende Wohnungsnot, die als Teil ideologischer Städteplanung auch die Vision einer sozialistischen Moderne präsentieren sollte.[175] Die Maßnahmen des Regimes zur Lösung der Problematik statteten den einzelnen Bewerber um Wohnraum mit zusätzlichen Rechten aus, was ihn wiederum in seinem Selbstverständnis stärkte, Teil einer privilegierten Bevölkerungsgruppe zu sein (II.1.). Ähnlich verhielt es sich mit den Zuschauern des Tschechoslowakischen Fernsehens, die zunehmend die Haltung vertraten, das Fernsehen diene nur ihrer individuellen Freizeitgestaltung. Damit machten sie gleichzeitig deutlich, dass Arbeit für sie primär eine Möglichkeit war, um einen bestimmten Lebensstandard zu erreichen, was der ideologischen Deutung von Arbeit als Form der Selbstverwirklichung entgegenstand (II.2.).

Mit der sozialistischen Verfassung von 1960 wurde dann zumindest auf dem Papier der erste Meilenstein der gesellschaftlichen Entwicklung hin zu einer besseren (kommunistischen) Zukunft erreicht. Diese machte nicht nur aus der tschechoslowakischen Republik eine sozialistische – aus der Československá republika (ČSR, Tschechoslowakische Republik) wurde die Československá socialistická republika (ČSSR, Tschechoslowakische Sozialistische Republik) – sondern stellte auch die Zugehörigkeitskategorien zur neuen Gesellschaft auf eine neue Basis, wodurch das Selbstbewusstsein vieler sozialistischer Bürger dem Regime gegenüber gestärkt wurde (III.1.). Neben der politisch beziehungsweise rechtlichen Dimension soll auch die Alltagsdimension sozialistischer Subjektivität Beachtung finden, die sich den Fernsehzuschauern in der beliebten Serie »Tři chlapi v chalupě« (Drei Männer unter einem Dach) präsentierte (III.2.). Dieses Kapitel nimmt bewusst eine andere Perspektive ein, indem es primär den Diskurs sozialistischer Subjektivität in den Blick nimmt, der sich

---

[173] Siehe dazu vor allem *Kolář*: Kommunistische Identitäten im Streit; *Mrňka*, Jaromír: Odhalením chyb ukazujeme svoji sílu. Proměny myšlenkového světa lokálních stranických elit v průběhu roku 1956 na příkladu Šumperska a Zábřežska [Indem wir Fehler aufdecken, zeigen wir unsere Stärke. Transformationen der Gedankenwelt der lokalen Parteieliten im Jahre 1956 am Beispiel von Šumperk und Zábřeh]. In: *Petráš*, Jiří/*Svoboda*, Libor (Hg.): Československo v letech 1954–1962 [Die Tschechoslowakei in den Jahren 1954–1962]. Praha, České Budějovice 2015, 465–474.
[174] Siehe dazu jüngst *Lachmann*, Hannes: Die »Ungarische Revolution« und der »Prager Frühling«. Eine Verflechtungsgeschichte zweier Reformbewegungen zwischen 1956 und 1968. Essen 2018.
[175] Vgl. *Zarecor*, Kimberly Elman: Manufacturing a Socialist Modernity. Housing in Czechoslovakia, 1945–1960. Pittsburgh 2011, 153; *Imre*: TV Socialism, 31.

in den Figuren der Serie widerspiegelte. Dabei wird die Anschlussfähigkeit der Diskursmodelle an das Alltagsleben der Menschen deutlich, was wiederum ein wichtiger Faktor für deren Rezeption war.

Der Alltag, in dem die Menschen versuchten, die gezeigten Subjektmodelle umzusetzen, gestaltete sich allerdings zu diesem Zeitpunkt bereits sehr schwierig, da sich 1962 die problematische wirtschaftliche Lage zunehmend bemerkbar machte, was das Vertrauen in die Botschaft des Regimes vielfach erschütterte. Im letzten Abschnitt (Epilog) soll diese Wahrnehmung der Alltagsrealität mit den Diskussionen der Kafka-Konferenz von Liblice in Bezug gesetzt werden, die 1963 die Frage nach der Entfremdung in der sozialistischen Gesellschaft stellte.[176] In beiden Zusammenhängen zeigte sich deutlich der Wunsch nach einer moderneren und menschlicheren Form des Sozialismus,[177] die wenige Jahre später im Reformprogramm des Prager Frühlings ihren Ausdruck finden sollte.

---

[176] Siehe dazu aktuell *Schulze Wessel*, Martin: Der Prager Frühling. Aufbruch in eine neue Welt. Ditzingen 2018. Die Beiträge der Konferenz in deutscher Sprache finden sich bei *Goldstücker*, Eduard: Franz Kafka aus Prager Sicht. Prag 1965; *Stromšík*, Jiří: Kafka aus Prager Sicht 1963. Ein Rückblick von 1991. In: *Winkler*, Norbert/*Kraus*, Wolfgang (Hg.): Franz Kafka in der kommunistischen Welt. Köln, Weimar, Wien 1993, 120–143; *Bahr*, Ehrhard: Kafka und der Prager Frühling. In: *Politzer*, Heinz (Hg.): Franz Kafka. Darmstadt 1973, 516–538.

[177] Vgl. *McDermott*, Kevin: Communist Czechoslovakia, 1945–89. A Political and Social History 2015, 107.

PROLOG: SOZIALISTISCHE SUBJEKTIVITÄT NACH DEM ZWEITEN WELTKRIEG

Die These, der Sozialismus in der Tschechoslowakei sei ein von oben oktroyiertes, sowjetisches Importprodukt gewesen, hält sich nicht nur im wissenschaftlichen Diskurs hartnäckig. In der hitzig geführten öffentlichen Debatte um die Verantwortung für die Verbrechen des tschechoslowakischen Sozialismus ist – zumindest in Tschechien – die Tendenz zu erkennen, ebendiese Verantwortung zu externalisieren und die Gesellschaft zum Opfer der sowjetischen Machtsphäre zu erklären.

Dies ist allerdings eine recht einseitige Sichtweise, denn ein genauerer Blick auf die Tschechoslowakei der Nachkriegszeit offenbart eine Situation, die von gesellschaftlicher Verunsicherung und dem Wunsch nach einer Neuordnung von Staat und Gesellschaft geprägt war. Das Bedürfnis nach neuen, grundlegenden Ordnungsmustern, an denen die Menschen ihre tägliche Lebensführung ausrichten konnten, war groß.[1]

Im Europa der Nachkriegszeit konnten Tschechen und Slowaken dabei zwischen zwei Ordnungs- und Wertesystemen auswählen, die bereits während der Zwischenkriegszeit in einem gewissen Konkurrenzverhältnis zueinander gestanden hatten: dem Sozialismus sowjetischer Prägung, der im Zuge der Oktoberrevolution in Russland entstanden war, und dem liberal-demokratischen System des Westens, das allerdings insbesondere durch die Appeasement-Politik Großbritanniens während der »Sudetenkrise« 1938 in der Tschechoslowakei deutlich an Legitimation eingebüßt hatte.

Natürlich darf und soll der sowjetische Druck und Einfluss bei der Einführung des sozialistischen Systems in der Tschechoslowakei nicht ignoriert werden. Es ist aber ebenso zu bedenken, dass die sozialistische Werteordnung mit ihrer klaren Zukunftsvision in einer Gesellschaft auf der Suche nach neuen Orientierungsmustern auf fruchtbaren Boden fiel.

Auf den folgenden Seiten möchte ich diese Entwicklung in groben Zügen darstellen und aufzeigen, anhand welcher Eckpunkte sozialistische Identitätsmuster in dieser frühen Phase des Sozialismus definiert wurden. Dabei gehe ich sowohl auf sozialistische Heldentypen ein, die von der Propaganda als leuchtende Vorbilder gelungener Subjektivität präsentiert wurden, als auch auf die im Sozialismus allgegenwärtigen Feindbilder, denn vielfach konnte die Ab-

---

[1] Vgl. *Donert*: »The Struggle for the Soul of the Gypsy«, 128.

grenzung von einem »kulturellen Anderen« zur Stärkung der eigenen Selbstwahrnehmung dienen. Erst die Kombination von positiven Selbst- und negativen Fremdbildern macht die Bandbreite sozialistischer Subjektivität sichtbar.

Auf diese Weise möchte ich die Referenzpunkte für die weitere Analyse aufzeigen und eine Basis dafür schaffen, Kontinuität und Wandel sozialistischer Subjektivität auch über den Untersuchungszeitraum hinaus bewerten zu können. Insbesondere in der Anfangsphase des tschechoslowakischen Sozialismus wurde die Grundlage für die sozialistischen Subjektmodelle geschaffen, die im Verlauf dieser Arbeit von Bedeutung sein werden.

Um die gesellschaftliche Stimmung in der Tschechoslowakei nach 1945 verstehen zu können, ist es wichtig, sich zunächst bewusst zu machen, dass beide Staaten zwar auf eine gemeinsame Geschichte in Gestalt der Ersten Tschechoslowakischen Republik (1918–1938) zurückblicken konnten, aber eben nicht auf eine gemeinsame Kriegs- beziehungsweise Okkupationserfahrung.[2] Die Erfahrungen der in den tschechischen Gebieten lebenden Bevölkerung, die nicht nur aus Tschechen, sondern auch zu großen Teilen aus Deutschen und Juden bestand,[3] war vor allem durch das »Trauma von München«, die anschließende Eingliederung der überwiegend deutsch besiedelten tschechoslowakischen Grenzregionen in das Deutsche Reich sowie die deutsche Besatzungsherrschaft im Protektorat Böhmen und Mähren (1939–1945)[4] geprägt. In der Slowakei entstand hingegen eine klerikal-faschistische Diktatur unter der Alleinherrschaft der Hlinka-Partei, die zeitweilig auch Verbündete der Achsenmächte war.[5]

Für das Selbstverständnis besonders der tschechischen Gesellschaft nach 1945 war die Konferenz von München 1938 entscheidend,[6] bei der die Tschechoslowakei größere, mehrheitlich von einer deutschsprachigen Bevölkerung bewohnte Landstriche entlang der tschechoslowakisch-deutschen Grenze, an das nationalsozialistische Deutschland hatte abtreten müssen. Diese Gebiete wurden in jener Zeit von deutscher Seite als »Sudetenland« bezeichnet und

---

2   Vgl. *Brenner*: Zwischen Ost und West, 147.
3   Zum Verhältnis zwischen Tschechen, Deutschen und Juden siehe vor allem *Koeltzsch*, Ines: Geteilte Kulturen. Eine Geschichte der tschechisch-jüdisch-deutschen Beziehungen in Prag, 1918–1938. München 2012.
4   Zur Geschichte des Protektorats siehe u. a. *Bryant*, Chad: Prague in Black. Nazi Rule and Czech Nationalism. Cambridge/MA 2007.
5   Zur Geschichte der Slowakei zwischen 1939 und 1945 siehe u. a. *Lemberg*, Hans u. a. (Hg.): Studia Slovaca. Studien zur Geschichte der Slowaken und der Slowakei. Festgabe zum 65. Geburtstag von Jörg K. Hoensch. München 2000; *Ward*, James Mace: Priest, Politician, Collaborator. Jozef Tiso and the Making of Facscist Slovakia. Ithaca 2013. Inwiefern die Slowakei in dieser Zeit als Satellitenstaat des Deutschen Reiches angesehen werden kann, ist Gegenstand anhaltender wissenschaftlicher Diskussionen. Siehe dazu auch *Tönsmeyer*, Tatjana: Das Dritte Reich und die Slowakei 1939–1945. Politischer Alltag zwischen Kooperation und Eigensinn. Paderborn 2003, 320–337.
6   Vgl. *Blaive*: Une déstalinisation manquée. Tchécoslovaquie 1956, 121 f.

werden im Tschechischen oftmals *pohraničí* (Grenzland, Grenzgebiet)[7] genannt. Entscheidend für die negative Bewertung des Münchner Abkommens in der Tschechoslowakei war aber vor allem die Tatsache, dass die Beschlüsse der Konferenz, an der das Vereinigte Königreich, Frankreich, Italien und das Deutsche Reich teilnahmen, ohne Beteiligung tschechischer Vertreter zustande gekommen waren.

Hier ist der Kern dafür zu suchen, dass sich die tschechische Gesellschaft nach Kriegsende nicht dem System zuwandte, dessen vermeintlich endgültige Durchsetzung Francis Fukuyama mit dem Zusammenbruch der Sowjetunion 1992 als das »Ende der Geschichte«[8] bezeichnen sollte. Mit dem »Trauma von München« wurde die Basis für die Abkehr der Tschechen vom Westen und ihre Hinwendung zu einer eigenen Kulturtradition des 19. Jahrhunderts gelegt.[9] Das Vorgehen der westlichen Staaten war vielfach als Verrat empfunden worden, was wiederum zu einem Vertrauensverlust in das westliche Modell liberaler Demokratie und Marktwirtschaft führte. So war ein Wertevakuum entstanden, in dem zentrale Begriffe wie Legitimität, Demokratie, Gerechtigkeit sowie nationale Identität einer Neuauslegung harrten.[10] Gleichzeitig machte sich eine gesellschaftliche Aufbruchstimmung breit, in deren Fahrwasser Staat und Gesellschaft neu aufgebaut werden sollten. Diese fiel mit einer starken Radikalisierung großer Bevölkerungsteile zusammen, die auf einer durch die Besatzungserfahrungen hervorgerufenen Verunsicherung beruhte. Die auf politischer Ebene ausgerufene Homogenisierung der Gesellschaft wurde dabei vor allem von den Bewohnern der Grenzgebiete begeistert aufgriffen.[11]

Ein Konsens herrschte in diesem Zusammenhang einzig darüber, eine radikale Neugestaltung der tschechoslowakischen Gesellschaft und Nation anzustreben. Ein erster Schritt auf diesem Weg war die Grundsatzerklärung der ersten Nachkriegsregierung der Nationalen Front (Národní fronta)[12] unter

---

[7] Mit dem Begriff »Grenzgebiet« wird ein unzusammenhängendes Gebiet an der Grenze der damaligen Tschechoslowakei zum Deutschen Reich und Österreich bezeichnet. Vielfach wird die Bezeichnung *pohraničí* daher auch eher als soziales Konstrukt, denn als konkrete geographische Bezeichnung angesehen. Siehe dazu *Mrňka*: Sveháva periferie, 10; *Spurný*: Nejsou jako my, 25–27; *Wiedemann*, Andreas: »Komm mit uns das Grenzland aufbauen!« Ansiedlung und neue Strukturen in den ehemaligen Sudetengebieten 1945–1952. Essen 2007; *McDermott*: Communist Czechoslovakia, 9 f.
[8] *Fukuyama*, Francis: Das Ende der Geschichte. Wo stehen wir? München 1992.
[9] Vgl. *Blaive*: Une déstalinisation manquée. Tchécoslovaquie 1956, 121 f.
[10] *McDermott*, Kevin: Communist Czechoslovakia, 1945–89. A Political and Social History. New York 2015, 25; *Brenner*: Zwischen Ost und West, 1.
[11] Vgl. *Spurný*, Matěj: Vielschichtige Loyalitäten. Tschechische Remigranten aus Wolhynien zwischen Staat, Sozialismus und traditioneller Gemeinschaft, 1945–1955. In: *Zimmermann*, Volker/*Haslinger*, Peter/*Nigrin*, Tomáš (Hg.): Loyalitäten im Staatssozialismus. DDR, Tschechoslowakei, Polen. Marburg 2010, 83–93, hier 83; *McDermott*: Communist Czechoslovakia, 40.
[12] Diese bestand aus der Kommunistischen Partei der Tschechoslowakei (Komunistická strana Československa, KSČ), der Partei der Nationalen Sozialisten (Česká strana národně

Präsident Edvard Beneš, welche bereits im April 1945 im slowakischen Košice (Kaschau) verkündet worden war. Das Programm versprach eine »ethnische Homogenisierung der Gesellschaft und eine Korrektur der sozialen Schieflage«[13] – Aspekte, die in den 1930er Jahren eine stete Quelle sozialer Spannungen gewesen waren – sowie eine Nationalstaatskonzeption, in der Tschechen und Slowaken als eigenständige Nationen einen gemeinsamen Staat bilden sollten. Zudem wurde die Ausrichtung vieler Umgestaltungsprozesse am sowjetischen Vorbild festgeschrieben, unter anderem in der Frage nach der Organisation der Armee.[14]

Bei der Umsetzung des Programms tat sich vor allem die Kommunistische Partei hervor, die die revolutionären Ansichten besonders der jüngeren Bevölkerung aufgriff. Die kommunistische Ideologie und das von ihr vertretene Gesellschaftsmodell entwarfen eine attraktive Perspektive, und viele Tschechen und Slowaken projizierten ihre Hoffnungen und Träume auf die von der Partei entworfene Zukunft.[15] Auf diese Weise gewannen auch die mit dieser Vision verbundenen Identitätsentwürfe an Attraktivität, die zunächst einmal auf der Zugehörigkeit zur Arbeiterklasse als treibende Kraft des sozialistischen Aufbaus und der Bereitschaft beruhten, die eigenen Interessen jenen des Kollektivs unterzuordnen. Dabei kam der Partei zugute, dass die Rote Armee weite Teile des Landes befreit hatte und viele Menschen dem sowjetischen Modell gegenüber durchaus aufgeschlossen waren.[16]

Der Sozialismus wurde in der Tschechoslowakei somit 1948 keineswegs von einer kleinen Gruppe kommunistischer Widerstandskämpfer über Nacht und gegen den Willen eines Großteils der Bevölkerung eingeführt. Vielmehr war ihm seit 1945 eine längere politische Debatte über die Beschaffenheit der Nachkriegs-Tschechoslowakei vorausgegangen.[17] Dabei verfolgte nicht nur die Kommunistische Partei die Idee eines sozialistischen Weges. Ihr war es nur am besten gelungen, die Ideale der anderen Parteien in die eigene Vision zu integrieren und sich als Vorreiterin einer nationalen und demokratischen Revolution zu positionieren. Das Ziel dieser Revolution war dabei durchaus in der

---

sociální, ČSNS), der Sozialdemokratischen Partei (Československá sociální demokracie, ČSSD), der slowakischen Demokratischen Partei (Demokratická strana, DS), der Tschechoslowakischen Volkspartei (Československá strana lidová, ČSL) und der Kommunistischen Partei der Slowakei (Komunistická strana Slovenska, KSS). Eine Opposition gab es nicht. Vgl. *McDermott*: Communist Czechoslovakia, 36.

13 Vgl. *Brenner*: Zwischen Ost und West, 2.
14 Vgl. *McDermott*: Communist Czechoslovakia, 26–28; *Brenner*: Zwischen Ost und West, 2.
15 Vgl. *McDermott*: Communist Czechoslovakia, 28.
16 Einzig die westböhmischen Gebiete um Plzeň herum waren von der amerikanischen Armee befreit worden, eine Tatsache, die immer wieder Anlass für Konflikte in der Region war. Siehe dazu vor allem *Šlouf*, Jakub: Spříznění měnou. Genealogie plzeňské revolty 1. června 1953 [Vereint in der Währung. Eine Genealogie der Pilsener Revolte vom 1. Juni 1953]. Praha 2016, 39–45.
17 Zu diesem Diskurs siehe ausführlich *Brenner*: Zwischen Ost und West.

Nähe eines sozialistischen Systems verortet worden, jedoch ohne daran unumstößlich festzuhalten.[18] Dadurch entstand der Eindruck einer beeinflussbaren, ergebnisoffenen Entwicklung, der sich ein nicht unerheblicher Teil der Bevölkerung bereitwillig anschloss.

Angesichts der Bedeutung der Frage nach dem nationalen Charakter des neuen Staates, die sich vor allem im Umgang mit der deutschen Minderheit stellte, betonte die Kommunistische Partei die Wichtigkeit des tschechischen Patriotismus und stilisierte sich als Vorkämpferin von Nation, Freiheit und Demokratie. Um all dies erreichen zu können, wurde die Notwendigkeit der ethnischen Reinheit des Nationalstaates proklamiert, die sich vor allem in der Forderung nach einer »Entgermanisierung« von Kultur und Gesellschaft ausdrückte. Diese Forderung mündete in die Vertreibung und Zwangsaussiedlung der deutschen Minderheit aus der Tschechoslowakei. Formell gestützt durch die »Dekrete des Präsidenten der Republik«, die sogenannten »Beneš-Dekrete«,[19] die die Grundlage für die Ausbürgerung und Enteignung der Deutschen und anderer als staatlich unzuverlässig angesehenen Personen bildeten, wurden bis 1946 circa drei Millionen Sudetendeutsche meist gewaltsam vertrieben, zwischen 19.000 und 30.000 verloren ihr Leben.[20] Die Basis für dieses Vorgehen war die Vorstellung einer deutschen Kollektivschuld und die Auffassung, nur ein ethnisch homogener Staat könne langfristige Stabilität garantieren. In Anbetracht der Tatsache, dass die Erste Tschechoslowakische Republik national, religiös und sozial äußerst divers gewesen war,[21] war dies ein starker Eingriff in das gesellschaftliche Gefüge. Trotz der dominanten Rolle, die die Kommunistische Partei innerhalb der Debatte um den nationalen Charakter des neuen Staates einnahm, muss aber betont werden, dass alle Parteien der Nationalen Front der Ausbürgerung der Deutschen und der Bestrafung von Kollaborateuren zugestimmt hatten.[22]

Da abgesehen von den katholischen Intellektuellen keine andere Partei in der Lage war, eine eigene, sinnhafte Vision der tschechischen Vergangenheit, Gegenwart und Zukunft zu generieren, gelang es den Kommunisten schnell, die Deutungshoheit in diesem Diskurs zu erlangen. Indem sie eine direkte Linie konstruierten, die vom tschechischen Nationalheiligen Jan Hus (ca. 1370–1415), der Schlacht am Weißen Berg (1620) über die tschechische National-

---

18 Vgl. *Abrams*: The Struggle for the Soul of a Nation, 178–198.
19 Es handelt sich dabei um 143 Dekrete, die zwischen 1940 und 1946 eigentlich von der gesamten tschechischen Exilregierung in London erlassen wurden und die den Wiederaufbau des Landes nach dem Ende des Zweiten Weltkrieges voranbringen sollten. Dabei sollten auch die ethnischen Konflikte zwischen den verschiedenen Bevölkerungsgruppen endgültig beseitigt werden. Siehe dazu u. a. *Beyerl*, Beppo: Die Beneš-Dekrete. Zwischen tschechischer Identität und deutscher Begehrlichkeit. Wien 2002.
20 Vgl. *Frommer*, Benjamin: National Cleansing. Retribution Against Nazi Collaborators in Postwar Czechoslovakia. Cambridge 2005, 33 f.
21 Vgl. *Donert*: »The Struggle for the Soul of the Gypsy«, 126.
22 Vgl. *McDermott*: Communist Czechoslovakia, 42–45.

bewegung bis hin zum ersten tschechoslowakischen Staatspräsidenten Tomáš Garrigue Masaryk (1850–1937) verlief, präsentierten sie sich als legitime Nachfolger nationaler Mythen und Symbole. Die vielfach beschworene tschechische Tradition von Demokratie und Humanismus wurde im Sinne der eigenen Ideologie umgedeutet.[23] Als Quelle, aus der die Legitimität für diese Umdeutungen abgeleitet wurde, wurden die Opfer angeführt, die Parteimitglieder und andere überzeugte Kommunisten in der Widerstandsbewegung gegen die nationalsozialistische Besatzung erbracht hatten.[24]

In der von dem Wunsch nach radikaler Umgestaltung von Gesellschaft und Staat geprägten Atmosphäre nach dem Zweiten Weltkrieg war es der Kommunistischen Partei somit gelungen, die Vision einer nationalen Zukunft zu präsentieren, die die Wünsche und Hoffnungen von vielen Tschechen und Slowaken aufgriff und die es ihnen attraktiv erscheinen ließ, sich der Realisierung dieser Vision zu verschreiben. Die Partei selbst erschien dabei als Garant dieser Zukunft. Die Attraktivität der kommunistischen Vision zeigte sich vor allem bei den Wahlen im Mai 1946, als die Partei 40 Prozent der Stimmen in Böhmen und Mähren sowie 30 Prozent in der Slowakei erreichen und mit Klement Gottwald den Premierminister stellen konnte.[25] Ein solches Ergebnis hatte bis dato keine kommunistische Partei bei weitgehend freien Wahlen erzielt und konnte es auch in der Folge nicht.[26] Mit dem Februarumsturz von 1948 gelang es der KSČ schließlich, die vollständige Macht im Staat an sich zu reißen und eine Einparteiendiktatur nach sowjetischem Vorbild zu errichten. So konnte sie die Kontrolle über die Medien erlangen und ungehindert die eigene Ideologie sowie die damit verbundenen Identitätsbilder verbreiten.

1. Helden der Arbeit und kommunistische Widerstandskämpfer

Nach der Machtübernahme von 1948 standen der Kommunistischen Partei alle Möglichkeiten offen, ihre Vision einer neuen, klassenlosen Gesellschaft in die Tat umzusetzen. Dazu brauchte es eine gesellschaftliche Vision und Perspektive, auf die die Menschen ihre Hoffnungen und Wünsche projizieren konnten, denn allein durch Zwang und Unterdrückung war die Transformation der Gesellschaft nicht zu erreichen. Mit dem allumfassenden Anspruch der kommunistischen Ideologie ging auch ein Menschenbild einher, das diese Perspektive und Vision in Form staatlich basierter Identitätsmuster bereitstellte, die eine Teilhabe an gesellschaftlichen Entwicklungsprozessen versprachen. Auf diese Weise sollte die Bevölkerung für den sozialistischen Aufbau gewonnen und die Bereitschaft gestärkt werden, die Entbehrungen, die dieser

---

[23] Vgl. *Schulze Wessel*: Zukunftsentwürfe und Planungspraktiken, 12–14.
[24] Vgl. *McDermott*: Communist Czechoslovakia, 40 f.
[25] Vgl. *Abrams*: The Struggle for the Soul of a Nation, 4.
[26] Vgl. *McDermott*: Communist Czechoslovakia, 37.

mit sich brachte, aus dem Glauben an den eingeschlagenen Weg heraus zu akzeptieren. Die Schaffung des »neuen Menschen« wurde zu einem der zentralen Ziele der gesellschaftlichen Transformation und zugleich ihre wichtigste Voraussetzung.[27]

Um der Bevölkerung die Eigenschaften des »neuen Menschen« vermitteln zu können, brauchte es Vorbilder, die konkreter waren als die sozialen Identitäten eines Arbeiters oder Kommunisten. Daher begann die Kommunistische Partei schon früh mit dem »Aufbau einer Galerie von Helden unterschiedlichen Typus«,[28] insbesondere auch, um den Wert von Tapferkeit, Mut und der Bereitschaft, Opfer für die Gesellschaft zu erbringen, zu vermitteln.[29] All dies brauchte »neue Menschen«, um die sehr konkreten Widrigkeiten der Nachkriegsgegenwart überwinden und optimistisch in die Zukunft blicken zu können. Damit erfüllte die Idee des »neuen Menschen« eine wichtige integrative Aufgabe. Dies war auch für den Erhalt der Vision einer besseren Zukunft essenziell, da der Bevölkerung auf diese Weise gegenwärtige Probleme als notwendiger Bestandteil der gesellschaftlichen Entwicklung vermittelt wurden, zu deren Überwindung sie selbst beitragen konnten.

In der frühen Phase des tschechoslowakischen sozialistischen Projektes gab es laut Christiane Brenner und Peter Heumos drei Bereiche, in denen heldenhafte Vorbilder geschaffen wurden: der Widerstand gegen die nationalsozialistische Besatzung, die auch unter dem tschechischen Begriff der *okupace* bekannt ist, der (Wieder-)Aufbau von Staat und Gesellschaft, insbesondere im Grenzland, sowie die Arbeit.[30] Diese Bereiche deckten die für diese Zeit wichtigen Elemente des Diskurses um sozialistische Subjektivität ab, denn es galt, sich mit der nationalsozialistischen Vergangenheit auseinanderzusetzen und die Aufbruchstimmung in der Bevölkerung für den Wiederaufbau des Landes zu nutzen. Durch die Schaffung eindeutiger Vorbilder wurden Anreize geschaffen, sich in das Projekt des sozialistischen Aufbaus, der gleichzeitig auch ein nationaler war, einzuschreiben und darin eine sinnstiftende Rolle einzunehmen, die über manche Widrigkeiten des Alltags hinwegtrösten würde.[31]

Im Zusammenhang mit dem Widerstand gegen die deutsche Besatzung waren die wichtigsten Figuren Jan Šverma, ein kommunistischer Funktionär, der im slowakischen Nationalaufstand ums Leben gekommen war,[32] sowie Julius

---

[27] Vgl. *Nečasová*: Nový socialistický člověk, 13.
[28] *Brenner*, Christiane/*Heumos*, Peter: Eine Heldentypologie der Tschechoslowakei. Zur Einführung. In: *Satjukow*, Silke/*Gries*, Rainer (Hg.): Sozialistische Helden. Eine Kulturgeschichte von Propagandafiguren in Osteuropa und der DDR. 1. Aufl. Berlin 2002, 235–243, hier 236.
[29] Vgl. *ebenda*, 237.
[30] Vgl. *ebenda*, 236 f.
[31] Vgl. *Uerz*: Zukunftsvorstellungen, 38.
[32] Vgl. *Zwicker*, Stefan: Der antifaschistische Märtyrer der Tschechoslowakei. Julius Fučík. In: *Satjukow*, Silke/*Gries*, Rainer (Hg.): Sozialistische Helden. Eine Kulturgeschichte von Propagandafiguren in Osteuropa und der DDR. Berlin 2002, 244–255, hier 248. Šverma

Fučík (1903–1943). Der kommunistische Journalist war nicht nur als Angehöriger der Widerstandsbewegung von Bedeutung, sondern auch als Autor seiner in Gestapo-Haft verfassten »Reportáž psaná na oprátce« (Reportage unter dem Strang geschrieben).[33] Fučík war Mitglied des illegalen Zentralkomitees der KSČ während der Besatzungszeit gewesen, 1942 von der Gestapo verhaftet und am 8. September 1943 in Berlin hingerichtet worden. Die »Reportage« erzählt von seiner Zeit im Prager Gefängnis Pankrác, wobei umstritten ist, ob er, wie er selbst schreibt, zum Schein mit der Gestapo zusammenarbeitete, um diese zu verwirren, oder ob er tatsächlich andere Widerstandskämpfer verraten hat. Um keine Zweifel an seiner Standhaftigkeit aufkommen zu lassen, wurden die entsprechenden Passagen ausgespart, als die »Reportage« nach 1945 unter anderem zur Erziehung der kommunistischen Jugend herausgegeben wurde.[34]

Als konkretes Vorbild eines »neuen Menschen« war Fučík aus verschiedenen Gründen bedeutsam. Zunächst einmal war er – trotz seiner Symbolfunktion für die kommunistische Widerstandsbewegung – eine Identifikationsfigur auch für Nicht-Kommunisten. In ihm verbanden sich Elemente eines Nationalhelden mit denen eines überzeugten und vorbildlichen Kommunisten, sodass er sich als Propagandafigur eignete, um den sozialistischen mit dem nationalen Aufstand zu verbinden: »[N]ur wer Kommunist war, so die Idee, konnte die Interessen der ›tschechoslowakischen Nation‹ vertreten.«[35] Dadurch wurde eine weitere Legitimitätsebene geschaffen und die Einschreibung in das kommunistische Master-Narrativ auch für diejenigen attraktiv, die nicht so sehr nach dem Aufbau einer sozialistischen Gesellschaft, sehr wohl aber des Vaterlandes strebten.

---

war eine der wenigen dezidiert slowakischen Heldenfiguren. Die Heldenmythen der Tschechoslowakei beruhten ansonsten meist auf tschechischen Vorbildern wie Fučík. Zur Bedeutung des Slowakischen Nationalaufstandes in der Erinnerungskultur nach 1945 siehe u. a. auch *Zavacká*, Marína: Frisch gestrichen. Literarische Darstellungen des Slowakischen Nationalaufstandes (1945–1955). In: *Zückert*, Martin/*Zarusky*, Jürgen/*Zimmermann*, Volker (Hg.): Partisanen im Zweiten Weltkrieg. Der Slowakische Nationalaufstand im Kontext der europäischen Widerstandsbewegungen. Göttingen 2017, 249–274.

[33] Die Reportage wurde 1995 erstmals in einer kritischen Ausgabe herausgegeben, in der sich auch die Passagen finden, die während der kommunistischen Version ausgespart wurden. *Janáček*, František/*Hájková*, Alena (Hg.): Fučík, J.: Reportáž psaná na oprátce. První úplné, kritické a komentované vydání [Reportage unter dem Strang geschrieben. Erste vollständige, kritische und kommentierte Ausgabe]. Praha 1995.

[34] Vgl. *Zwicker*: Der antifaschistische Märtyrer der Tschechoslowakei, 244–248; *Schulze Wessel*: Der Prager Frühling, 58. Die Auslassungen sind dokumentiert bei *Janáček*/*Hájková* (Hg.): Fučík, J.: Reportáž psaná na oprátce, 104–107.

[35] *Zwicker*: Der antifaschistische Märtyrer der Tschechoslowakei, 255. Der Begriff »tschechoslowakische Nation« ist in diesem Zusammenhang allerdings etwas problematisch. Auch wenn durch den Zusammenschluss beider Staaten so etwas wie eine tschechoslowakische Gesellschaft entstanden war, bezogen sich nationale Narrative zumeist auf dezidiert tschechische beziehungsweise slowakische Figuren, Ereignisse oder Mythen.

Prolog: Sozialistische Subjektivität

Zudem verkörperte Fučík, so wie er sich in der »Reportage« darstellte, wichtige Eigenschaften, die »neue Menschen« in der Konsolidierungsphase des tschechoslowakischen Sozialismus aufweisen sollten. Dieser durch Auslassungen konstruierten Erzählung zufolge hatte er sich heldenhaft geweigert, der Gestapo die Namen anderer Widerstandskämpfer zu verraten. Das damit verbundene Durchhaltevermögen und vor allem die Opferbereitschaft für »die gerechte Sache, vertreten durch den Kommunismus und die Sowjetunion«,[36] konnten in einer Zeit, die noch durch Kriegsschäden und gesellschaftliche Neuorientierung geprägt war, ein großes integratives Potenzial entfalten. Dies sollte die Menschen dazu motivieren, für den sozialistischen Aufbau selbst Opfer zu bringen.[37]

Nach 1945 entstand in der Tschechoslowakei ein regelrechter Fučík-Kult. Mit der Verbreitung der »Reportage« wurde zunächst versucht, den Primat des kommunistischen Widerstandes während der *okupace* zu belegen und alle anderen Widerstandsformen und -gruppen zu delegitimieren. Dadurch wurde das Buch zu einer Waffe im innenpolitischen Machtkampf der späten vierziger Jahre.[38] Mit einer Flut von Festakten, literarischen Werken und einer Fučík gewidmeten Auszeichnung für Pioniere und junge Kommunisten sollte er vor allem als Vorbild für die Jugend stilisiert werden. Die »Reportage« wurde Pflichtlektüre in der Schule und sollte, so der Publizist Lubomír Milde, nicht nur gelesen werden, »um die richtige Einstellung zu den sozialen und wirtschaftlichen Verhältnissen in der Ersten Republik[39] herauszubilden«.[40] Es ging auch darum, die Menschen zum Kampf für eine »höhere Arbeitsproduktivität, [...] gegen Vorurteile der Vergangenheit [und] gegen Verräter und Spione, gegen Kulaken und Saboteure«[41] zu motivieren.[42]

Julius Fučík war somit als Identifikationsfigur und Vorbild gelungener sozialistischer Subjektivität auf mehreren Ebenen relevant. Einerseits verkörperte er die ideale Vergangenheit eines »neuen sozialistischen Menschen«, die vor allem im heroischen – natürlich kommunistischen – Widerstand gegen die nationalsozialistische Besatzungsmacht bestanden hatte. Andererseits versprach das Beispiel Fučík denjenigen, die in der Nachkriegszeit neue, sinnstiftende Identifikationsangebote suchten, einen Ausweg aus der als mangelhaft emp-

---

36 *Ebenda*, 246.
37 Vgl. *ebenda*, 245–248.
38 Vgl. *ebenda*, 248.
39 Diese stellte innerhalb des kommunistischen Geschichtsbildes den kapitalistischen Gegenpol zur sozialistischen Tschechoslowakei dar.
40 *Milde*, Lubomír: Učíme se od Julia Fučíka [Wir lernen von Julius Fučík]. In: Naše vlast 8 (1953), 163–165, hier 163.
41 *Ebenda*, 165.
42 Vgl. *Zwicker*: Der antifaschistische Märtyrer der Tschechoslowakei, 248–252. Siehe dazu auch ausführlich *ders.*: Nationale Märtyrer. Albert Leo Schlageter und Julius Fučík. Heldenkult, Propaganda und Erinnerungskultur. Paderborn 2006, 189–227.

fundenen Gegenwart. Sie müssten nur Durchhaltevermögen und Opferbereitschaft zeigen, bis der Aufbau der neuen Gesellschaft abgeschlossen sein würde, denn die »Welt [würde] dann umso schöner und gerechter sein«.[43]

Die »Helden der Arbeit« – und damit die Identifikationsfiguren für alle Arbeiter – hatten hingegen laut Brenner und Heumos zunächst einmal nicht so sehr eine ideell-integrative, sondern vielmehr eine pragmatische Funktion. Sie waren keine herausragenden Persönlichkeiten wie Julius Fučík, sondern einfache Arbeiter, die dafür geehrt wurden, unter den gleichen Umständen wie ihre Kollegen herausragende Leistungen erbracht zu haben. So sollten sie primär zur Anhebung der Arbeitsleistung animieren und damit die in der Tschechoslowakei große Gruppe der Industriearbeiter mobilisieren. Bereits kurz nach Kriegsende, noch bevor die KSČ an die Macht kam, versuchte die tschechoslowakische Regierung, die Arbeiterschaft durch Sonderschichten und zusätzliche Einsätze an eigentlich freien Tagen zu mobilisieren und sie am Ausgleich für die während des Krieges entstandenen Schäden zu beteiligen. Indem diese Maßnahmen mit nationalen Motiven verbunden wurden, sollte der Enthusiasmus des Neuanfangs genutzt werden, um die Republik wirtschaftlich und sozial so schnell wie möglich wieder zu konsolidieren.[44]

Daran anknüpfend versuchte die Kommunistische Partei nach der Machtübernahme von 1948 mit Maßnahmen wie dem sozialistischen Wettbewerb oder der Einführung der Stachanow-Bewegung Anreize zu schaffen, die Arbeitsleistung des Einzelnen weiter zu erhöhen. Dies stieß allerdings nicht überall auf Zustimmung. Zum einen widersprach in den Augen vieler Arbeiter der Fokus auf die Quantität ihrem Verständnis von »qualitativ hochwertiger Facharbeit«,[45] zum anderen lehnten sie zum Beispiel den Titel des »Helden der Arbeit« ab, weil er sich gegen ihre Vorstellung einer solidarischen Arbeiterschaft richtete. Entsprechende Prämien wurden oftmals unter den Mitgliedern der jeweiligen Schicht oder Arbeitsgruppe aufgeteilt.[46]

Nichtsdestotrotz gelang es dem Regime, mit Hilfe einer gesteigerten Wertschätzung von Arbeit eine Brücke zur Lebenswelt der Arbeiter zu schlagen. Dabei spielten allerdings nicht so sehr materielle Boni oder symbolische Auszeichnungen eine Rolle, sondern vor allem die Wertschätzung von Arbeit als Tätigkeit an sich.[47] Als zentrales Element der gesellschaftlichen Entwicklung, die vor allem mittels wirtschaftlicher Umgestaltung stattfinden sollte, war Arbeit auch eine Möglichkeit individueller Emanzipation und Befreiung aus den ausbeuterischen Arbeitsverhältnissen des Kapitalismus.[48]

---

[43] *Zwicker*: Der antifaschistische Märtyrer der Tschechoslowakei, 246.
[44] Vgl. *Brenner/Heumos*: Eine Heldentypologie der Tschechoslowakei, 239; *Heumos*: Wenn Sie sieben Turbinen schaffen, 135.
[45] *Brenner/Heumos*: Eine Heldentypologie der Tschechoslowakei, 240.
[46] Vgl. *ebenda*, 240 f. Ausführlich siehe dazu *Heumos*: Wenn Sie sieben Turbinen schaffen, 164–170.
[47] Vgl. *Heumos*: Wenn Sie sieben Turbinen schaffen, 158.
[48] Vgl. *Nečasová*: Nový socialistický člověk, 77.

In der Tschechoslowakei traf die ideologische Vorstellung von der Arbeiterklasse als neue gesellschaftliche Elite[49] auf eine Arbeiterschaft, die recht klare Ideen von ihrer eigenen gesellschaftlichen Rolle hatte und Arbeit als etwas ansah, das über den reinen Zweck des Broterwerbs hinausging. Noch in den letzten Jahren der Habsburgermonarchie gehörten die Regionen Böhmen, Mähren und Schlesien zu den am stärksten industrialisierten und urbanisierten Gebieten Ostmitteleuropas und trugen maßgeblich dazu bei, dass sich in der Tschechoslowakei ein modernes, differenziertes Gesellschaftssystem entwickeln konnte, in dem Arbeit ein wichtiges Kriterium für Zugehörigkeit darstellte.[50] Bereits im Kontext der tschechischen Nationalbewegung des 19. Jahrhunderts war als »ehrlich« (poctivý)[51] beschriebene Arbeit ein Ausweis nationaler Gesinnung, die zumeist altruistisch zu Gunsten der nationalen Gemeinschaft ausgeübt wurde. Ähnlich wie die »deutsche Qualitätsarbeit«, die klassen-, generations- und geschlechterübergreifend zu einem Instrument der »Rache für Versailles« stilisiert wurde,[52] entwickelte sich »ehrliche Arbeit« zu einer Grundvorstellung der tschechischen *imagined community* und zu einer Zuschreibung, die die Mitglieder dieser Gemeinschaft näher definierte. Besonders in den späten 1930er Jahren, als die sozialen Spannungen in der Ersten Republik immer weiter zunahmen, war »ehrliche Arbeit« ein zentrales Attribut, wenn es darum ging, zwischen den produktiven Angehörigen der Nation und den »asozialen«, »arbeitsscheuen« und »parasitären« Elementen zu unterscheiden.[53]

Die Vorstellung von »ehrlicher Arbeit« wurde nach 1945 auch von der kommunistischen Partei aufgegriffen und in das Modell des vorbildlichen sozialistischen Arbeiters integriert. Diesem versprach die Partei ein zufriedenstellendes

---

[49] Vgl. *ebenda*.
[50] Vgl. *McDermott*: Communist Czechoslovakia, 4.
[51] Im wissenschaftlichen Diskurs hat sich als Übersetzung von *poctivý* »ehrlich« durchgesetzt. Diese Übersetzung drückt meines Erachtens aber nicht den Kern des Konzeptes aus, insbesondere da »ehrlich« im Deutschen eigentlich kaum als Attribut für die Beschreibung von Arbeit verwendet wird. Passender erscheint mir die von Jaromír Mrňka vorgeschlagene englische Übersetzung als *dutiful*, also pflichtbewusst oder pflichtgemäß. Da es für die vorliegende Arbeit aber nicht auf die genaue Übersetzung, sondern vielmehr die Verwendung des Begriffs *poctivý* in verschiedenen Kontexten ankommt, schließe ich mich den deutschen Kollegen an und werde in der Folge die Übersetzung »ehrlich« verwenden. Ein großer Dank geht an dieser Stelle an Jaromír Mrňka, nicht nur für die fruchtbaren Diskussionen über die entsprechenden Begrifflichkeiten, sondern auch für die Bereitstellung eines damals noch nicht veröffentlichten Papers Mrňka, Jaromír: Hegemony of »Dutiful Work«. (Trans-) Formation of Hegemonic Discourses and Post-war Czech Society between Nationalism and Socialism 1945–1960; inzwischen zugänglich unter URL: https://www.academia.edu/12625005/Hegemony_of_Dutiful_Work_Trans_Formation_of_hegemonic_Discourses_and_Post_war_Czech_Society_between_Nationalism_and_Socialism_1945_1960 (am 6.10.2022).
[52] Vgl. *Lüdtke*, Alf: People Working. Everyday Life and German Facism. In: History Workshop Journal 50 (2000), 75–92, hier 84.
[53] Vgl. *Mrňka*: Hegemony of Dutiful Work.

Leben als Teil der kommunistischen Zukunft. »Ehrliche Arbeit« wurde zu einer Form der Selbstermächtigung und einem wichtigen Aspekt in der Kommunikation mit dem Regime, da Beschwerdeführer und Antragsteller die versprochene ideologische Wertschätzung von Arbeit einfordern und sich darauf berufen konnten, etwas zur gesellschaftlichen Entwicklung beigetragen zu haben.[54]

Auch in der Diskussion über die Wertegrundlage der Nachkriegstschechoslowakei stellte Arbeit ein wichtiges Element dar, denn die sogenannten Beneš-Dekrete, auf deren Grundlage die Sudetendeutschen entrechtet wurden, richteten sich auch gegen NS-Funktionäre, tschechische Kollaborateure und andere »unzuverlässige« Elemente, die unter anderem darüber definiert wurden, dass sie nichts zum Wohl der Gesellschaft beitragen oder diese gar sabotieren wollten. »Ehrliche Arbeit« fungierte dabei erneut als Zugehörigkeits- beziehungsweise Abgrenzungskriterium, aber im Zusammenhang mit der gesellschaftlichen Neuordnung auch als schöpferische Kraft der nationalen Neuausrichtung. Denn wer bereit war, etwas für das nationale Wohl zu tun, konnte sich selbst als einen produktiven Teil der gesellschaftlichen Entwicklung wahrnehmen. Im von nationalen Motiven geprägten Enthusiasmus des Neuanfangs wurden Arbeiter so zur Hauptressource der Aufbruchstimmung.[55] Zudem wurde Arbeit im Kaschauer Programm als emanzipatorischer Motor dargestellt, mit dem vor allem Frauen eine materielle Verbesserung ihrer Lebenssituation und dadurch eine Gleichstellung mit den Männern erreichen konnten.[56] »Ehrlich« zu arbeiten war somit nicht nur eine Möglichkeit, seine Zugehörigkeit zur tschechoslowakischen nationalen Gesellschaft zu demonstrieren, sondern konnte auch als produktive Kraft dienen, um die eigene Lebenssituation sinnhaft zu gestalten und sich selbst im Prozess der gesellschaftlichen Entwicklung zu verorten.

Allerdings waren sowohl das propagierte Bild des »neuen Menschen« als auch die damit verknüpfte Vorstellung des sozialistischen Arbeiters in Ermangelung kanonischer Texte so vage definiert, dass sie sich den historischen Gegebenheiten immer wieder anpassen ließen.[57] So war aus der Perspektive der Partei mit der Machtübernahme von 1948 eine wichtige Etappe des Klassenkampfes abgeschlossen. Damit hatte auch der revolutionäre Arbeiter seine Pflicht erfüllt, da die größten Feinde des Systems besiegt waren.[58] Das primäre Ziel der Arbeiterklasse sollte es nun sein, durch die Arbeit in den Fabriken die neue Gesellschaftsordnung aufzubauen, wobei der »Revolutionär« (revolucionář) vom »Aktivisten« (úderník) abgelöst wurde, der zum »Hebel des Fortschritts« und als »Mittel zur Anhebung des Lebensstandards« stilisiert wurde.[59]

---

54 Vgl. *Mrňka*: Svéhlavá periferie, 195.
55 Vgl. *Heumos*: Wenn Sie sieben Turbinen schaffen, 135 f.
56 Vgl. *McDermott*: Communist Czechoslovakia, 53.
57 Vgl. *Nečasová*: Nový socialistický člověk, 12 und 77.
58 Vgl. *ebenda*, 79.
59 *Ebenda*, 92.

Sein wichtigstes Merkmal war seine hohe Arbeitsleistung, mit der er die festgelegten Arbeitsnormen übertreffen sowie die wirtschaftliche und gesellschaftliche Entwicklung voranbringen konnte.[60] Arbeit wurde in diesem Zusammenhang immer mehr zu einem Wert an sich, zum Lebensinhalt und gleichzeitig zu einem Instrument individueller Entwicklung und Emanzipation. Das Ziel dieser Entwicklung war eben der »neue Mensch«, der in der Arbeitswelt nun auch durch den »guten Arbeiter« verkörpert wurde. Er war bescheiden, hatte ein politisches Bewusstsein, zeichnete sich durch Wehr- und Standhafthaftigkeit sowie Beharrlichkeit aus. In Zeiten radikaler materieller und ideeller Veränderungen, die nicht immer sofort die versprochenen Verbesserungen brachten, war die wichtigste Eigenschaft eines sozialistischen Arbeiters allerdings seine Opferbereitschaft.[61]

Eine weitere Möglichkeit, Teil des sozialistischen Aufbaunarrativs zu werden, war die Beteiligung an der Wiederbesiedlung des ehemaligen Sudetenlandes, der tschechischen Grenzgebiete, der *pohraničí*. Dies war ein dezidiert tschechisches Narrativ, da in der Slowakei nach dem Ende des Krieges keine Bevölkerungsverschiebungen ähnlichen Ausmaßes stattgefunden hatten. Bereits 1945 hatte der neue Staatspräsident Beneš verkündet, dass es keine Alternativen zur Umsiedlung der Deutschen aus den Grenzgebieten gebe, wobei er das Wort Vertreibung nicht explizit verwendete. Ziel dieser Maßnahmen war besonders die Errichtung eines »Bollwerks gegen die germanische Gefahr«[62] und damit die Verhinderung einer Wiederholung der Ereignisse rund um das Münchener Abkommen von 1938.[63]

Die Wiederbesiedlung der *pohraničí* war somit eine Frage der staatlichen Sicherheit, aber auch ein wirtschaftliches Projekt, denn die Gebiete sollten möglichst schnell in die ökonomischen Strukturen der neuen Tschechoslowakei eingebunden werden.[64] Dementsprechend spielte auch für die circa 1,7 bis 2 Millionen Neusiedler[65] nicht nur die Vorstellung eine entscheidende Rolle, einen »slawischen Schutzwall«[66] zu errichten, sondern auch die Aussicht auf Arbeit, Eigentum und Boden. Angesichts der Tatsache, dass nicht nur Siedler

---

[60] Vgl. *ebenda*.
[61] Vgl. *ebenda*, 86–110.
[62] *Spurný*: Vielschichte Loyalitäten, 83.
[63] Vgl. *McDermott*: Communist Czechoslovakia, 42–45; *Wiedemann*: Komm mit uns das Grenzland aufbauen, 41; *Spurný*: Vielschichte Loyalitäten, 83.
[64] Vgl. *Wiedemann*: Komm mit uns das Grenzland aufbauen, 41.
[65] Die Zahlen variieren, je nachdem, welche Publikation man als Grundlage nimmt. Matěj Spurný berichtet von »[m]ehr als zwei Millionen Bürger[n] tschechischer Nationalität«, die sich zwischen 1945 und 1947 in den Grenzgebieten angesiedelt hätten, Andreas Wiedemann wiederum von circa 1,7 Millionen. Vgl. *Spurný*: Nejsou jako my, 11; *Wiedemann*, Andreas: Die Wiederbesiedlung der tschechoslowakischen Grenzgebiete. Loyalitäten von neuen Bevölkerungsgruppen in der Tschechoslowakei. In: *Zimmermann*, Volker/*Haslinger*, Peter/*Nigrin*, Tomáš (Hg.): Loyalitäten im Staatssozialismus. DDR, Tschechoslowakei, Polen. Marburg 2010, 69–82, hier 69.
[66] *Wiedemann*: Komm mit uns das Grenzland aufbauen, 41.

tschechischer Nationalität (circa 82 Prozent) in die Grenzgebiete zogen, sondern auch etwa 160.000 Slowaken, einige tausend Roma und tschechische Remigranten sowie circa 160.000 Deutsche dort blieben, entstand ein gesellschaftliches Konglomerat, das im Einklang mit Matěj Spurný durchaus als »soziales Laboratorium [und] Experiment« bezeichnen werden kann.[67]

Die Kommunistische Partei versuchte bereits früh, die Neusiedler an sich zu binden. Sie präsentierte sich als nationale Partei, die sich zur tschechischen Tradition bekannte und stilisierte sich so als Garant der Einheit im Grenzgebiet. Dabei versuchte sie, insbesondere die Elemente hervorzuheben, die die heterogene Gruppe der Neusiedler vereinte. Dies waren allen voran – auch in Anlehnung an Julius Fučík – der gemeinsame Widerstand gegen den Nationalsozialismus und die Erfahrung von »München«.[68] Wie sowohl Matěj Spurný als auch Andreas Wiedemann überzeugend dargelegt haben, gelang es der KSČ in großem Umfang, die Neusiedler für die eigene Sache zu gewinnen. Dabei spielten einerseits materielle Faktoren eine Rolle – die KSČ war eine treibende Kraft bei der Umverteilung von Besitz und Boden und viele Siedler zeigten sich der Partei gegenüber loyal, da sie ihr Wohlstand und sozialen Aufstieg verdankten –, aber auch die Tatsache, dass es der Partei gelungen war, das nationale Zugehörigkeitsgefühl der Siedler zur Tschechoslowakei in ein kommunistisches Loyalitätsangebot zu transformieren.[69] Hinzu kam, dass die Minderheitenpolitik der Partei in den Grenzgebieten vielfach den eigenen Gesellschaftsvorstellungen entsprechend umgedeutet und für die Legitimierung repressiver Maßnahmen verwendet wurde, die nicht mehr den internationalistischen Gedanken der Partei entsprachen.[70]

Sich als Neusiedler in die Grenzgebiete zu begeben, konnte somit in hohem Maße identitätsstiftend wirken. Der Wiederaufbau der *pohraničí* versprach nicht nur Besitz und sozialen Aufstieg, sondern vor allem eine sinnstiftende Rolle beim nationalen Wiederaufbau des Landes, der von der kommunistischen Partei mit dem sozialistischen Aufbau verknüpft wurde. Auf diese Weise wurde die Einschreibung in das kommunistische Master-Narrativ auch für Nicht-Kommunisten attraktiv, da sie mit dem Aufbau einer sozialistischen Gesellschaft auch eine nationale schaffen konnten. Die Teilnahme am Wiederaufbau der Grenzgebiete konnte so der Stärkung sozialistischer und nationaler Identitäten dienen, die selten wirklich klar voneinander zu trennen waren.

---

[67] Vgl. *Spurný*: Nejsou jako my, 11; *Wiedemann*: Die Wiederbesiedlung, 70 f.
[68] Vgl. *Wiedemann*: Komm mit uns das Grenzland aufbauen, 337–347.
[69] Vgl. *Wiedemann*: Die Wiederbesiedlung, 70 und 79–82.
[70] Vgl. u. a. *Spurný*: Nejsou jako my, 340.

2. Kollaborateure, Kulaken und Schädlinge – Feindbilder in der stalinistischen Tschechoslowakei

Im dichotom geprägten Weltbild des Sozialismus genügte es allerdings nicht, nur die genannten Eigenschaften zum Beispiel eines sozialistischen Arbeiters zu reproduzieren oder am Wiederaufbau der Grenzgebiete mitzuwirken. Es wurde erwartet, eine entsprechend klar in »Freund« und »Feind« gegliederte Sicht auf die Welt zu entwickeln und sich durch Abgrenzung von einem »kulturellen Anderen« zu definieren. Dies konnte auf individueller Ebene zur Stärkung der eigenen Identität beitragen. Die Verwendung von Feindbildern im Zusammenhang mit der eigenen Selbstdarstellung hatte also nicht nur die Funktion, sozialistische Subjektivität zu reproduzieren, sondern auch, sich dieser noch einmal zusätzlich zu versichern.[71]

Angesichts der damals jüngsten Vergangenheit und der Verknüpfung des sozialistischen mit dem nationalen Aufbau ist es wenig überraschend, dass nicht nur das ideologisch konstruierte, sondern auch das individuell wahrgenommene Feindbild kurz nach dem Zweiten Weltkrieg vor allem national definiert war.[72] Dem »freundlichen, demokratischen und vor allem nationalen«[73] Tschechen standen recht pauschalisiert der »Deutsche«,[74] der »Kollaborateur«, der in irgendeiner Weise mit den Besatzern zusammengearbeitet hatte, und der »Verräter«, im Grunde eine Steigerung des »Kollaborateurs«, gegenüber.[75] In der Slowakei waren es vor allem die im Land lebenden Ungarn, die als Vertreter der »Reaktion« bezeichnet wurden. Dabei spielte die Angst vor möglichen ungarischen Gebietsansprüchen, die aufgrund der Existenz dieser Minderheit potenziell hätten formuliert werden können, eine wichtige Rolle. Durch die Einbindung nationaler Feindbilder in die Rhetorik des Klassenkampfes konnte die Bevölkerung für letzteren mobilisiert werden, da sie sich davon auch eine Homogenisierung der Gesellschaft versprach.[76]

Was alle diese national konnotierten »Feinde« vereinte, war die Tatsache, dass sie der sozialistischen Propaganda zufolge die gesellschaftliche Entwicklung und damit die Aussicht auf einen besseren Lebensstandard der Bevölkerung sabotieren würden. Besonders in der Aufbau- und Konsolidierungsphase des tschechoslowakischen Sozialismus war daher das Subjektmodell des »Arbeiters« als Gegenpol und Repräsentant des »neuen Menschen« wichtig und wer sich als sozialistischer Arbeiter ansah, konnte diese Wahrnehmung auch durch Abgrenzung gegen die allgegenwärtigen Feinde der Partei stärken.[77]

---

71 Vgl. *Reckwitz*: Das hybride Subjekt, 45; *Satjukow/Gries*: Feindbilder des Sozialismus, 18.
72 Vgl. *Mrňka*: Svéhlavá periferie, 155.
73 *Ebenda*, 194.
74 *Zavacká*: Freund oder Feind, 136 f.
75 Vgl. *Mrňka*: Svéhlavá periferie, 194.
76 Vgl. *Wiedemann*: Komm mit uns das Grenzland aufbauen, 346 f. Zur Verbindung zwischen nationalen und sozialistischen Gesellschaftsvorstellungen *Spurný*: Nejsou jako my.
77 Vgl. *Nečasová*: Nový socialistický člověk, 82.

Für das kommunistische Regime hatte die Konstruktion von Feindbildern aber noch eine weitere integrative Funktion, denn diese konnten nicht nur das Zugehörigkeitsgefühl zur Gesellschaft stärken, sondern gleichzeitig auch als Sündenböcke für alle möglichen wirtschaftlichen und sozialen Probleme herhalten. So wurden zum Beispiel Probleme in der Landwirtschaft und die Misswirtschaft in JZDs dem Wirken von Klassenfeinden und Kulaken zugerechnet. Mit Hilfe dieser abstrakten Feindbilder konnte das Regime vom eigenen Fehlverhalten ablenken und die Unzufriedenheit der Bevölkerung kanalisieren, was ein hohes stabilisierendes Potenzial barg.[78]

In der Zeit der stalinistisch geprägten Herrschaft der frühen fünfziger Jahre wurde der Feind dann nicht mehr primär unter den Deutschen oder Ungarn gesucht, sondern im Inneren von Partei und Gesellschaft. Im Zusammenhang mit dem verschärften Klassenkampf, den der sowjetische Diktator Stalin ausgerufen hatte, wurde auch die tschechoslowakische Bevölkerung zu erhöhter »Aufmerksamkeit und Wachsamkeit« aufgerufen. Die wichtigsten Widersacher des Sozialismus waren nun der »Spion«, der »imperialistische Agent« und der »Schädling«, die den sozialistischen Aufbau von innen sabotieren wollten. Hinzu kamen die »Titoisten«, »bourgeoisen Nationalisten« und »Zionisten«, die sich gegen das sozialistische Lager in Gänze gewandt hätten.[79] Der Höhepunkt dieser nach innen gerichteten Suche nach dem allgegenwärtigen Feind war der größte stalinistische Schauprozess außerhalb der Sowjetunion.[80] 1952 wurden der ehemalige Generalsekretär der KSČ, Rudolf Slánský, sowie zehn weitere Angeklagte des angeblichen »staatsfeindlichen Verschwörerzentrums mit Rudolf Slánský an der Spitze«[81] zum Tode verurteilt, drei weitere Angeklagte erhielten lebenslange Freiheitsstrafen.[82]

Der Slánský-Prozess ist in diesem Zusammenhang insbesondere deswegen interessant, weil er einen wichtigen Bezugspunkt für diejenigen schuf, die sich auf Feinde innerhalb der Partei beziehen wollten. Gleichzeitig zeigte er aber auch deutlich die Grenzen der propagandistischen Feindbildkonstruktionen auf. Während Slánský offiziell als Spion und imperialistischer Agent verhaftet worden war und als Sündenbock für die schlechte sozio-ökonomische Lage im Land herhalten sollte, wurden die Anklagepunkte in der Bevölkerung durchaus unterschiedlich aufgenommen. Trotz einer ganzen Reihe von Forderungen,

---

[78] Vgl. *Mrňka*: Svéhlavá periferie, 146 f.; *Kaška*: Neukáznění a neangažovaní, 59.
[79] *Kaška*: Neukáznění a neangažovaní, 54; *Mrňka*: Svéhlavá periferie, 194; *McDermott*: A »Polyphony of Voices«?, 845.
[80] Vgl. *Kaška*: Neukáznění a neangažovaní, 59.
[81] *McDermott*: A »Polyphony of Voices«?, 840.
[82] *Ebenda*. Zum Slánský-Prozess siehe auch *McDermott*, Kevin: Stalinist Terror in Czechoslovakia. Origins, Processes, Responses. In: *Stibbe*, Matthew (Hg.): Stalinist Terror in Eastern Europe. Elite Purges and Mass Repression. Manchester 2010, 98–118; *Kaplan*, Karel: Report on the Murder of the General Secretary. Columbus 1990. Jüngst *Gerber*: Ein Prozess in Prag.

die »Verräter«, »Verbrecher« und »imperialistischen Agenten« hart zu bestrafen, zeigte sich laut Kevin McDermott auch viel Skepsis angesichts der offensichtlich konstruierten Vorwürfe. Vielfach wurde der Prozess als »Theater«[83] bezeichnet und die Regierung und nicht etwa das angebliche »Verschwörerzentrum« für die schwierige Lage im Land verantwortlich gemacht. Wurde doch Zustimmung zu den Urteilen geäußert, basierte diese nicht selten auf antisemitischen Ressentiments, die in der Bevölkerung deutlich verbreiteter waren als es die Kommunistische Partei zugeben wollte.[84]

Das Beispiel des Slánský-Prozesses zeigt sehr deutlich, dass die von Seiten der Partei konstruierten und mit großem Aufwand propagierten Feindbilder zwar durchaus in der Bevölkerung rezipiert wurden, dies aber vor dem Hintergrund der individuellen Alltagsrealität und des jeweiligen Erfahrungshorizontes geschah. Dies muss in der Folge immer mitbedacht werden, wenn es um die Bedeutung von Feindbildern in individuellen Subjektivierungsprozessen geht.

3. Ein kurzer Einblick in erste sozialistische Identitätsentwürfe

Identifikationsfiguren und Möglichkeiten, sich in das kommunistische Master-Narrativ einzuschreiben, existierten nicht nur auf diskursiver Ebene. Sie wurden auch von Teilen der Bevölkerung aufgegriffen und für die Deutung ihrer Alltagsrealität verwendet. Um dies zeigen zu können, sollen an dieser Stelle exemplarisch einige Selbstbeschreibungen in den Blick genommen werden, die in der Kommunikation mit dem Regime zustande gekommen sind. Sie verdeutlichen, dass Selbstbeschreibungen nicht immer im Einklang mit den ideologischen Vorgaben stehen mussten, um individuell bedeutsam sein zu können.

Eine wichtige Funktion der Reproduktion sozialistischer Identitätsmodelle war in der frühen Phase des Sozialismus die Einschreibung in die Arbeiterklasse. Diese war von der Partei als die zentrale Triebkraft der gesellschaftlichen Entwicklung bezeichnet worden, die unter Führung ebenjener Partei die bessere Zukunft aufbauen würde. Dabei bedeutete die Zugehörigkeit zur Arbeiterklasse nicht nur eine produktive Rolle innerhalb dieses Aufbauprojektes, sondern versprach auch eine Teilhabe an den Verheißungen der kommunistischen Zukunft. Ein wichtiger Ausweis, um als Mitglied der Arbeiterklasse gesehen werden zu können, waren dabei zunächst einmal die eigene Herkunft und die damit verbundenen Erfahrungen. Unter der Ausbeutung durch kapitalistische Verhältnisse gelitten zu haben, galt als Marker für eine proletarische Identität. Deren Träger würde angesichts seiner Vergangenheit den Kommunismus als heilsbringende Ideologie erkennen und den Kampf für das Proletariat und damit gegen kapitalistische Elemente aufnehmen.[85] Dieses Motiv findet sich in den Lebensläufen der Zeit auch durchaus wieder. So schrieb der

---

[83] *McDermott*: A »Polyphony of Voices«?, 856.
[84] Vgl. *ebenda*, 848–858.
[85] Vgl. *Alexopoulos*: Stalin's Outcasts, 186.

ehemalige Leiter einer Fleischfabrik: »In diesen tristen Verhältnissen von Armut und Mangel wuchs ich auf in unversöhnlicher Gegnerschaft zur bourgeoisen Klasse und zur kapitalistischen Fremdherrschaft.«[86] Dieser Umgang mit der eigenen Vergangenheit war zusätzlich eine Möglichkeit, den negativen Erfahrungen nachträglich einen Sinn zuzuschreiben, da sie so als notwendig für die eigene Persönlichkeitsentwicklung erschienen. Dabei half es auch, wenn die Eltern ebenfalls als Personen beschrieben wurden, die unter »Ausbeutung« gelitten hätten: »Mein Vater [...] trug die ganze Last der kapitalistischen Ausbeutung [...]«,[87] hieß es zum Beispiel in einem Brief an den Präsidenten.

Aber nicht nur die Herkunft erwies sich als Mittel der Einschreibung in die privilegierte Arbeiterklasse. Die Beschreibung der eigenen Arbeit lässt den Versuch erkennen, die ideologisch geforderten Attribute zu erfüllen und sich damit als »neuer Mensch« zu beschreiben: »Ich habe der Fleischindustrie alles gegeben, Opferbereitschaft, Ehrlichkeit, Fachwissen, Sparsamkeit, organisatorischen und politischen Inhalt.«[88] Mit solchen Selbstdarstellungen, die oft geschrieben wurden, um die bedrohte gesellschaftliche Position ihrer Verfasser zu verteidigen, sollte deren Zugehörigkeit zur Arbeiterklasse demonstriert werden. Dies geschah aber nicht nur aus der Hoffnung heraus, auf diese Weise Hilfe in der jeweiligen Angelegenheit zu erhalten und weiterhin Teil des ideologisch privilegierten Teils der Gesellschaft zu bleiben. Das Niederschreiben der eigenen Selbstwahrnehmung konnte auch der Identitätsstiftung in schwierigen Momenten dienen. Die vom sozialistischen Regime »gesponserten« Identitäten waren für die Menschen offenbar bedeutsam und gaben ihnen die Möglichkeit, Teil der gesellschaftlichen Entwicklung zu werden.

Der »neue Mensch«, wie er unter anderem durch den sozialistischen Arbeiter repräsentiert wurde, bot für Tschechen und Slowaken eine Reihe von Anknüpfungspunkten an ihr tägliches Leben, wodurch diesem ein Sinn und eine Perspektive verliehen wurde, für die es sich zu arbeiten lohnte. Für diese Perspektive – die kommunistische Gesellschaft – waren zahlreiche Menschen, ganz im Sinne des Fučík-Narrativs, bereit Opfer zu bringen und die Entbehrungen, die die Errichtung der neuen Ordnung mit sich brachte, auf sich zu nehmen. Die sozialistische Arbeitsauffassung und die damit verbundenen Identitätsmuster spielten somit eine wichtige Rolle bei der Frage nach der Legitimität des Regimes in den revolutionären Anfangsjahren.

---

[86] František J., Lebenslauf, undatiert. Archiv Kanceláře prezidenta republiky (Archiv der Kanzlei des Präsidenten der Republik, weiter AKPR), fond Kancelář prezidenta republiky (weiter KPR), (1919) 1948–1962, Protokol 200 000 – rok 1955, kart. 675, inv. č. 2544, sign. 204159.
[87] Karel H., Brief an den Präsideten vom 15.11.1953. *Ebenda.*
[88] František J., Brief an den Präsidenten vom 1.10.1953. *Ebenda.*

I. KRISE UND NEUAUSRICHTUNG SOZIALISTISCHER SUBJEKTIVITÄT (1953–1955)

Der Wunsch nach gesellschaftlicher und staatlicher Neuordnung nach den verheerenden Zerstörungen des Zweiten Weltkriegs, der nicht nur in der Tschechoslowakei groß war, traf auf eine Ideologie, die diesen Wunsch zumindest auf dem Papier erfüllen konnte. Als politische Utopie einer besseren und gerechten Zukunft und als ein Wertesystem, das das Potenzial hatte, alle Lebensbereiche neu zu strukturieren, versprach der Sozialismus den vermeintlichen Ausweg aus der gesellschaftspolitischen Krise nach 1945. Die sozialistische Vision gab den Menschen die Aussicht, aktiv am Wiederaufbau ihres Landes teilhaben und dabei einen Wertekanon etablieren zu können, der sich signifikant vom westlich-liberalen unterschied.

Ein wirklicher Ausweg war die sozialistische Vision aber nur auf den ersten Blick. Zwar konnte der Enthusiasmus des Neuanfangs in großen Teilen der Bevölkerung noch über die deutlich hervortretenden wirtschaftlichen und sozialen Probleme der Konsolidierungsphase des Regimes hinwegtäuschen, aber bereits kurze Zeit nach der kommunistischen Machtübernahme im Jahr 1948 war klar, dass sich diese Probleme zu einer manifesten sozio-ökonomischen Krise entwickeln würden, die ihre Ursache vor allem in der Ausrichtung der Produktion auf Rüstung und in den strengen Normen des ersten Fünfjahresplanes (1949–1953) hatte.[1] Hinzu kamen eine massive Veränderung der Bevölkerungsstruktur besonders in den Grenzgebieten, umfangreiche Landreformen und die massenhafte Verstaatlichung größerer Betriebe. Aufkommende Proteste aus der Arbeiterschaft, die sich in erster Linie gegen erhöhte Arbeitsnormen richteten und vom Regime mit Terror und Repression beantwortet wurden, deuteten das Ende der Euphorie des Wiederaufbaus an.[2]

Es war aber nicht, wie lange Zeit behauptet wurde,[3] einzig der vorgeblich übermäßige Staatsterror gewesen, der verhinderte, dass sich in der ČSR zu Beginn der fünfziger Jahre keine vergleichbare massenhafte Protestbewegung wie in der DDR entwickelte. Dort hatten im Juni 1953 Proteste gegen die Erhöhung von Arbeitsnormen zu einem landesweiten Aufstand geführt, der gewaltsam

---

[1] Vgl. *McDermott*: Communist Czechoslovakia, 42 und 58.
[2] Vgl. *ebenda*, 59; *Heumos*: Wenn Sie sieben Turbinen schaffen, 142–150.
[3] Mit dieser Behauptung hat u. a. Muriel Blaive aufgeräumt. Vgl. *Blaive*, Muriel: Internationalism, Patriotism, Dictatorship and Democracy. The Czechoslovak Communist Party and the Exercise of Power, 1945–1968. In: Journal of European Integration History 13/2 (2007), 55–68, hier 55.

von sowjetischen Truppen niedergeschlagen wurde. Vielmehr war es dem Regime offenbar gelungen, trotz der sich zuspitzenden Krisensituation im Land die eigenen Zukunftsversprechen als glaubwürdig erscheinen zu lassen. Es kam lediglich zu vereinzelten lokalen Protesten gegen die Währungsreform vom 1. Juni 1953, die sich vor allem auf die westböhmische Stadt Plzeň konzentrierten.

Die Frage, wie es dem Regime gelungen war, seine Herrschaft trotz dieser offensichtlichen Unmutsbekundungen seiner Bürger bis Mitte der fünfziger Jahre wieder konsolidieren zu können, steht im Zentrum dieses ersten Abschnitts. Der Fokus liegt dabei auf den Folgen der Währungsreform und auf der Reaktion derer, die sich dem sozialistischen Projekt verschrieben hatten und nun mit der Situation konfrontiert waren, dass sich die damit verbundenen Versprechen als leere Worte herausstellten. Die Reaktionen auf die Reform und die Versuche des Regimes, ihre Folgen aufzufangen, lassen Aussagen darüber zu, woraus die sozialistische Ideologie und die damit verbundenen Subjektmodelle ihre integrative Kraft schöpften. Dabei soll vor allem untersucht werden, wie die Betroffenen sich selbst im Verhältnis zum Regime definierten und welche Rolle die Politik des Regimes spielte, mit der der Lebensstandard der Bevölkerung wieder angehoben werden sollte.[4]

Das Jahr 1953 kann hierbei rückblickend als der Höhepunkt der erwähnten Krisenentwicklung angesehen werden. Sinkende Löhne der Arbeiterschaft, ein spürbares Absinken des Lebensstandards und ein Mangel an geeignetem Wohnraum überlagerten zunehmend die Errungenschaften des Systems wie soziale Aufwärtsmobilität, eine egalitäre Lohnstruktur sowie Arbeitssicherheit und verbesserte Bildungs- und Kulturangebote.[5] Um dieser Entwicklung entgegenzuwirken, führte das Regime am 1. Juni 1953 besagte Währungsreform durch, mit der auch das Markensystem – ein Überbleibsel aus der Zeit der Kriegswirtschaft – abgeschafft wurde.[6] Statt allerdings wie beabsichtigt die Ersparnisse der Bevölkerung in Einklang mit dem Markt zu bringen,[7] sorgte die Reform für eine weitere Verschlechterung der sozioökonomischen Lage vor allem der Arbeiterschaft.[8] Enttäuschung löste darüber hinaus auch das Vorgehen der Parteiführung aus, die in den Wochen vorher entgegen aller Gerüchte

---

4 Vgl. *Mrňka*: Svéhlavá periferie, 158.
5 Vgl. *McDermott*, Kevin: Popular Resistance in Communist Czechoslovakia. The Plzeň Uprising, June 1953. In: Contemporary History 19/4 (2010), 287–307, hier 290 f.
6 Das Markensystem hatte zur Entstehung zweier Preissysteme geführt: Die Preise im Rahmen des Markensystems waren weitgehend sozial akzeptabel, die des freien Marktes lagen hingegen deutlich höher. Vgl. *Šlouf*: Spříznění měnou, 156 f.
7 Vgl. *ebenda*, 158; *Kaplan*, Karel: Československo v letech 1953–1966. 3. část: Společenská krize a kořeny reformy [Tschechoslowakei 1953–1966. 3. Teil: Soziale Krise und Wurzeln der Reformen]. Praha 1992, 4.
8 Vgl. *McDermott*: Communist Czechoslovakia, 59; *ders.*: Popular Resistance in Communist Czechoslovakia, 290 f.

immer wieder beteuert hatte, dass es keine Reform geben werde und die Währung sicher sei.[9]

Gleichzeitig war 1953 aber auch das Jahr, in dem nicht nur der 50. Geburtstag Julius Fučíks, sondern auch der zehnte Todestag dieses »geschichtlich neue[n] Prototyp[s] des Nationalcharakters«[10] begangen wurde. Dementsprechend groß sollten die Feierlichkeiten ausfallen, zu deren Anlass zwei Literaturpreise und mehrere Denkmalprojekte ins Leben gerufen wurden.[11] Mit Fučík sollte nichts weniger gefeiert werden als das Idealbild des »neuen sozialistischen Menschen«, das für Durchhaltevermögen sowie die Hingabe und Opferbereitschaft für die gerechte Sache stand – Eigenschaften, die den Menschen helfen sollten, auch schwierige Situationen mit dem Wissen auszuhalten, dass die glorreiche kommunistische Zukunft kommen würde.

Die Ereignisse rund um die Währungsreform von 1953 waren somit eine Art Lackmustest für die integrative Dimension des Sozialismus und die Gültigkeit der von Fučík vertretenen Eigenschaften. Dadurch, dass die Reform viele Arbeiter, die sich eigentlich als Profiteure des sozialistischen Aufbaus wähnten, quasi über Nacht verarmen ließ, stellte sie deren Glauben an die Wohlstandsversprechen des Regimes auf eine harte Probe. Viele sahen die Leistungen abgewertet, die sie ihrer Ansicht nach für den sozialistischen Aufbau erbracht hatten, und fragten sich, warum sie eigentlich noch arbeiten sollten, wenn ihnen doch immer wieder alles weggenommen werde. Somit standen nach der Reform auch wichtige Eigenschaften des »neuen Menschen« zur Disposition.

1. Die Währungsreform vom 1. Juni 1953 und der Sinn und Zweck von Arbeit

Die sich immer weiter verschlechternde sozio-ökonomische Lage war sowohl für die Vertreter des Regimes als auch für die Bevölkerung nur schwer mit dem kommunistischen Master-Narrativ zu vereinbaren, das von stetigem Fortschritt und einer besseren Zukunft ausging. Auch wenn immer wieder betont wurde, dass im sozialistischen Aufbau Opfer zu erbringen seien, war es angesichts des wirtschaftlichen Abschwungs schwer zu vermitteln, dass nur weitere harte Arbeit und zusätzlicher Verzicht diesen Aufbau voranbringen konnten.

Um diesen Entwicklungen entgegenzuwirken, waren schon in den Jahren vor 1953 Maßnahmen diskutiert worden, die die Wirtschaft wieder ankurbeln

---

9 Vgl. *ebenda*, 292; *Bárta*, Milan: Peněžní reforma 1953 ve zprávách ministerstva národní bezpečnosti [Die Währungsreform von 1953 in den Berichten des Ministeriums für nationale Sicherheit]. In: Paměť a dějiny 3 (2013), 58–64, hier 58; *Kaplan*: Československo v letech 1953–1966, 5.
10 *Zwicker*: Der antifaschistische Märtyrer der Tschechoslowakei, 248 f.
11 Vgl. *ebenda*, 249.

sollten. Diese Pläne sollten zunächst geheim gehalten werden, jedoch erhielt die Bevölkerung Informationen über ausländische Rundfunkstationen. Die dadurch aufkommende Verunsicherung wuchs sich zur Panik aus, als ein Regierungsbeschluss vom 5. Mai 1953 festlegte, dass die Löhne in diesem Monat in zwei Teilen ausgezahlt werden sollen – der erste Teil zur Monatsmitte, der Rest zu Beginn des Folgemonats. Offiziell als Maßnahme im Sinne der betrieblichen Buchführung angekündigt, sollte die Bevölkerung so die Möglichkeit haben, sich bereits vor der Reform mit den notwendigsten Lebensmitteln einzudecken. Schnell machten Gerüchte um eine Abwertung der Währung und einen Wechsel zum russischen Rubel die Runde.[12]

Eine Schließung aller Geschäfte des freien Marktes am 25. Mai verstärkte diese Verunsicherung noch zusätzlich, da vielfach befürchtet wurde, dass die Preise nach der Wiedereröffnung steigen würden. Dies löste in vielen Städten Hamsterkäufe aus, bei denen vorrangig Waren gekauft wurden, die als kurzfristige Wertanlage galten.[13] Ziel waren vor allem die Geschäfte, deren Preise an das Markensystem gebunden waren. Wer keine Marken mehr besaß, versuchte sich in Gasthäusern und Betriebskantinen zu verpflegen.[14]

Verunsichert durch das Verhalten ihrer Mitbürger, bemühten sich vor allem diejenigen, für die die Parteilinie ein wichtiger Orientierungspunkt war, Erklärungen für die im krassen Widerspruch zu den Aussagen offizieller Stellen stehenden Ereignisse zu finden. Sie griffen dabei auch auf Erklärungsmuster zurück, die sie aus der Parteipresse kannten:[15] »Ich denke aber, dass die Ursache dafür ausländische und innere Feinde unserer Republik und des volksdemokratischen Staates sind, die auf verschiedene Art und Weise versuchen, den Aufbau des Sozialismus in unserer Republik zu sabotieren und zu untergraben.«[16]

Sicher ist es naheliegend, hier eine inhaltsleere, bewusste Verwendung ideologischer Phrasen zu vermuten. Allerdings ist dabei auch immer der Kontext zu bedenken, in dem solche Äußerungen entstehen. So war beispielsweise der hier zitierte Brief an den Tschechoslowakischen Rundfunk adressiert und enthielt keinerlei Wünsche oder Bitten des Absenders. Er war lediglich eine Meinungs-

---

[12] Vgl. *Šlouf*: Spříznění měnou, 161.
[13] Vgl. *Šlouf*, Jakub: Okradená strana. Protesty členské základny KSČ proti měnové reformě v roce 1953 [Die bestohlene Partei. Proteste der Mitglieder der Kommunistischen Partei gegen die Währungsreform 1953]. In: Securitas Imperii 32/1 (2018), 250–285, hier 257–260; *ders.*: Spříznění měnou, 162.
[14] Vgl. *ebenda*.
[15] Vgl. *Marek*, Pavel: Protikomunistické demonstrace v Československu v roce 1953 [Antikommunistische Demonstrationen in der Tschechoslowakei im Jahr 1953]. In: Securitas imperii 24/1 (2014), 10–34, hier 26.
[16] Veröffentlichung der Hauptredaktion für politische Sendungen des tschechoslowakischen Rundfunks, Nummer 6/IV vom 22.5.1953. AČRo, Vydává Hlavní redakce pol. vys. Čs. rozhlasu (Odd. dopisů), číslo 6/IV, 22.5.1953, 1.

äußerung zu den stattfindenden Hamsterkäufen. Warum also hätte der Absender an dieser Stelle ideologische Phrasen reproduzieren sollen, wenn er sie nicht genau so meinte? Briefe wie dieser zeigen sehr deutlich, dass die Verlautbarungen der Parteipresse den Betroffenen durchaus dazu dienen konnten, eine für sie sinnhafte Erklärung für die Situation zu finden, in der sie sich befanden.

Am 30. Mai kündigte Staatspräsident Antonín Zápotocký, Nachfolger des im März verstorbenen Klement Gottwald, schließlich über den Rundfunk die Durchführung der Währungsreform für den 1. Juni an und bestätigte damit die Spekulationen, die zuvor immer wieder dementiert worden waren.[17] Mit der Reform sollte wieder das Interesse der Arbeiter an der Produktion geweckt und die steigende Inflation aufgehalten werden.[18] Sie wurde dementsprechend als wichtiger Schritt auf dem Weg zum Aufbau des Sozialismus und als »Voraussetzung für den weiteren Anstieg des materiellen und kulturellen Niveaus aller Werktätigen«[19] präsentiert. Parteifunktionäre betonten dabei immer wieder die aktive Rolle des werktätigen Volkes für die positive Entwicklung im Land. Mit zusätzlicher, sorgfältiger Arbeit sollten die Menschen ihren Lebensstandard noch weiter anheben können. Die Werktätigen, so die Parteipresse, hätten verstanden, »dass ein schnellerer Anstieg der Produktion in den Fabriken und auf dem Land die Voraussetzung für den schnelleren Aufbau des Sozialismus, Preissenkungen auf die Güter des täglichen Lebens, den Anstieg des Wohlstands und ein glückliches Leben der Menschen ist«.[20]

Allerdings hob die Reform nicht den Wohlstand, sondern vor allem die Preise für Waren, die zuvor auf dem gekoppelten Markt verkauft worden waren. Diese verteuerten sich beinahe um das Doppelte – und das, obwohl der Nominallohn durch die Umrechnung angestiegen war. Gleichzeitig sank der Wert von Spareinlagen. Grund dafür war der angesetzte Wechselkurs. Barbestände bis zu 300 Kronen wurden im Verhältnis von 5:1 gewechselt, alle weiteren im Verhältnis 50:1. Während der Staat dabei circa 50 Milliarden Kronen einnahm, brachte die Reform vor allem Rentner mit niedrigen Bezügen, Familien mit Kindern und Arbeiter aus der Schwerindustrie an den Rand des Existenzminimums.[21]

---

[17] Vgl. *McDermott*: Popular Resistance in Communist Czechoslovakia, 292; *Bárta*: Peněžní reforma 1953 , 58.
[18] Vgl. *Šlouf*: Spřízněni měnou, 158; *Kaplan*: Československo v letech 1953–1966, 4.
[19] Peněžní reforma a zrušení lístků – cesta k dalšímu rozvoj našeho hospodářství [Die Währungsreform und die Abschaffung der Marken – der Weg zur weiteren Entfaltung unserer Wirtschaft]. Rudé právo vom 31.5.1953, 1 f., hier 2.
[20] Komunisté v čele [Kommunisten an der Spitze]. Rudé právo vom 5.6.1953, 1.
[21] Vgl. *Marek*: Protikomunistické demonstrace v Československu v roce 1953, 25; *Šlouf*: Spřízněni měnou, 159.

Gegen die Reform formierte sich breiter und teils gewaltsamer Widerstand, insbesondere in den Industriezentren Plzeň und Ostrava.[22] Die Demonstranten sahen die Reform als »staatlichen Diebstahl«[23] an und stellten mit Parolen wie »Wir wollen freie Wahlen«, »Wir wollen eine Arbeiterregierung« oder »Weg mit den Kommunisten«[24] die Legitimität des Regimes massiv infrage. Das Regime selbst war damit erstmals mit dem breiten Widerstand der Gruppe konfrontiert, die eigentlich seine Machtbasis bilden sollte.[25]

Für die meisten der Protestierenden bestand das Grundproblem der Reform darin, dass sie das auf vermeintlich wissenschaftlichen Entwicklungsgesetzen basierende Gesellschaftsmodell des Sozialismus delegitimierte. Die Aussicht auf eine bessere Zukunft, für die man nur hart genug arbeiten müsse, hatte über manche Entbehrungen der Gegenwart hinweggetröstet. Die teils enormen finanziellen Verluste, die viele nun erleiden mussten, erschütterten aber den Glauben an diese bessere Zukunft zusehends. Im Gegenteil – die Reform schien die Probleme der Gegenwart im Abgleich mit den Verheißungen der Zukunft sogar noch deutlicher offengelegt zu haben.[26]

Doch neben Frust, Resignation, Wut und Kritik zeigte sich auch ein erstaunliches Maß an Zustimmung:

> Mit ehrlichem Dank und Erleichterung haben wir den Beschluss von Partei und Regierung vom 30. Mai 1953 zur Währungsreform aufgenommen. Wir sind von der Richtigkeit dieses Schrittes überzeugt, durch den unsere Volkswirtschaft genesen und durch den dem Klassenfeind seine letzte heimtückische Waffe aus der Hand geschlagen wird [...] Hierbei ist es allerdings zu einigen Härtefällen bei der Umsetzung der Direktiven der Währungsreform gekommen, und eine solche Sache ist auch der Gegenstand unserer Eingabe. [...] Infolge der Währungsreform [...] haben wir nur deswegen, weil wir beide keine eigenen Ersparnisse haben, im Ganzen die Summe von 2.026,70 Kronen in der neuen Währung verloren.[27]

---

[22] Eine ausführliche Auflistung aller Orte, in denen es zu Protesten und Demonstrationen kam, findet sich bei *Marek*: Protikomunistické demonstrace v Československu v roce 1953, 13 f. und 30.
[23] *McDermott*: Popular Resistance in Communist Czechoslovakia, 292.
[24] *Šlouf*: Spřízněni měnou, 187.
[25] Vgl. *Kaplan*: Československo v letech 1953–1966, 5; *Marek*: Protikomunistické demonstrace v Československu v roce 1953, 12. Zu den Prostesten in Plzeň siehe ausführlich *Šlouf*: Spřízněni měnou; *McDermott*: Popular Resistance in Communist Czechoslovakia. Die Unzufriedenheit der Arbeiter als wichtige Basis des Regimes sollte kein singuläres Phänomen bleiben. So kamen zum Beispiel in den siebziger Jahren 30 Prozent aller Beschwerdebriefe an die Partei von jungen Industriearbeitern, also aus der Gruppe, auf die sich die Parteiführung primär stützte. Vgl. *Pažout/Vilímek*: Barometr nálad, studnice informací, 22.
[26] Vgl. *Uerz*: Zukunftsvorstellungen als Elemente der gesellschaftlichen Konstruktion der Wirklichkeit, 38.
[27] Brief von Anton und Vlasta K. an den Präsidenten vom 6.6.1953 (slowakisch). AKPR, fond Kancelář prezidenta republiky (weiter KPR), Protokol 600 000 – rok 1955, kart. 723, inv. č. 2677, sign. 607981.

Der erste Teil dieser Eingabe könnte auf den ersten Blick durchaus als ritualisierte, aber inhaltsleere Zustimmung angesehen werden, mit denen die Absender ihre sozialistische Gesinnung versichern wollten. Viele Phrasen fanden sich so oder ähnlich auch in der Parteipresse, wie zum Beispiel der Satz, dass mit der Reform den »Klassenfeinden« »ihre letzte Waffe aus der Hand [ge]schlagen«[28] werden sollte. Die Tatsache, dass die Absender mit ihrem Brief Präsident Zápotocký um Unterstützung baten, unterstreicht diesen Eindruck noch.

Doch der zweite Abschnitt revidiert diese Annahme, denn die Argumentation dieses Ehepaars aus Považská Bystrica in der Nordwestslowakei zielte primär darauf ab, die eigene Situation als eine Ausnahme einer an sich richtigen Maßnahme darzustellen. Auf diese Weise konnten sich die Verfasser auch selbst davon überzeugen, dass die Währungsreform trotz aller Probleme ein richtiger Schritt gewesen war. So konnte die Hoffnung aufrechterhalten werden, dass alles, was das sozialistische Regime tat, am Ende doch zu einer besseren Zukunft führen würde. In dieser Interpretation war der Grund dafür, dass die Verfasser nun unter einer Maßnahme zu leiden hatten, von der sie eigentlich hätten profitieren sollen, nicht die Maßnahme selbst, sondern individuelles, vielleicht sogar unbeabsichtigtes Fehlverhalten, das leicht zu korrigieren sei. Aus Sicht der Betroffenen blieb das Master-Narrativ des sozialistischen Aufbaus so unbeschädigt und sie selbst weiterhin Teil der bevorzugten Bevölkerungsgruppe. Die Richtigkeit der Reform konnten sie daher aus voller Überzeugung bestätigen.

Wir haben es somit mit einem Argumentationsmuster zu tun, das versucht, mit der durch die Reform ausgelösten kognitiven Dissonanz umzugehen. Die Ansicht – und Hoffnung – der Petenten, dass der eingeschlagene (sozialistische) Weg der einzig richtige war, war durch die Währungsreform zumindest infrage gestellt worden. Anzuerkennen, dass dadurch die ohnehin schon schwierige sozioökonomische Lage nicht wie versprochen verbessert, sondern sogar noch verschlechtert wurde, wäre für viele auch das endgültige Eingeständnis gewesen, sich auf dem falschen Weg zu befinden. Alternativen waren ohnehin nicht in Sicht. Die Betroffenen mussten sich also auch selbst von der Richtigkeit der Reform überzeugen und davon, dass die eigene Notlage wiederum nur einen Härtefall darstellte, der leicht zu korrigieren war.

Ebendies tat das hier zitierte Ehepaar. Um sich und dem Adressaten den eigenen Fall glaubhaft als eine Ausnahme präsentieren zu können, griffen sie auf das ideologische Vokabular zurück, das sie aus der Parteipresse kannten und hofften auf Bestätigung dieser Deutung durch den Empfänger, in diesem Fall den Staatspräsidenten. Diese Bestätigung sowie die Niederschrift der Situation selbst[29] konnten ihnen dabei helfen, auch mit der Verunsicherung ihrer

---

[28] Peněžní reforma – rozhodný útok proti zbytkům buržoasie [Die Währungsreform – der entscheidende Schlag gegen die Überbleibsel der Bougeoisie]. Rudé právo vom 5.6.1953, 1.
[29] Vgl. *Winkel*: Zwischen Emanzipation und Analphabetentum, 85.

Selbstwahrnehmung als Teil der Arbeiterklasse umzugehen, die die Reform mit sich brachte, denn eigentlich waren die Beschlüsse ja zum Wohle ebendieser getroffen worden.[30]

Diese Selbstversicherung war wichtig, weil die erlittenen Verluste die Verfasser theoretisch zu »Klassenfeinden« deklariert hatten, denn die Reform war nicht nur als »[f]este Basis für den weiteren Anstieg des Lebensstandards«[31] dargestellt worden. Sie galt auch als »Schlag gegen kapitalistische Elemente und Spekulanten«,[32] die die Versorgung der Bevölkerung sabotiert und sich auf deren Kosten bereichert hätten.[33] Implizit bedeutete das, dass jeder, der seine Ersparnisse durch die Reform verloren hatte, automatisch ein »Klassenfeind« sein musste und nicht legitim gegen diesen Verlust protestieren konnte. Dies stellte das Weltbild der Betroffenen auf den Kopf, da das, was sie eigentlich als wahr und richtig empfunden hatten, durch für sie widersprüchliche Fakten herausgefordert wurde.[34] Die Versuche, sich diese Situation zu erklären und damit die eigene Position innerhalb einer Gesellschaftsordnung zu sichern, die keine Zwischentöne kannte und die Menschen klar in Freund und Feind aufteilte, zeigen, wie stark individuelle Identitätsentwürfe offensichtlich am kommunistischen Master-Narrativ ausgerichtet waren.

Den eigenen Schadensfall als eine Ausnahme zu definieren, sollte somit nicht nur eine schnelle Lösung der Problematik ermöglichen, sondern bestätigte auch das ideologische Fortschrittsnarrativ sowie die Zugehörigkeit der Verfasser zu diesem. Der Wunsch, sich dieser Zugehörigkeit zu versichern, zeigt sehr deutlich, dass die finanziellen Schäden, die die Betroffenen infolge der Reform erleiden mussten, zwar als Problem benannt wurden, sie aber mit der damit verbundenen Infragestellung ihrer Selbstwahrnehmung beinahe noch mehr zu kämpfen hatten.

Die Einschreibung in die Arbeiterklasse und damit in den Teil der Bevölkerung, der im sozialistischen Fortschrittsnarrativ zu den Profiteuren gehören würde, war in den Reaktionen auf die Währungsreform ein wiederkehrendes Muster und eine weitere Strategie, um mit den negativen Folgen umzugehen:

> Ich bitte Sie, versetzen Sie sich in unsere Situation. Sie haben mit ehrlicher und ehrenvoller Arbeit Geld gespart [...] und dann kommt jemand und nimmt Ihnen alles weg. Wie oft haben wir Opfer gebracht, entsagt, wie oft sind wir um 4 Uhr morgens aufgestanden und zur Arbeit gegangen und jetzt ist das ganze Ergebnis unserer Arbeit fort.[35]

---

30 Brief von Anton und Vlasta K. an den Präsidenten vom 6.6.1953 (slowakisch). AKPR, KPR, (1919) 1948–1962, Protokol 600 000 – rok 1955, kart. 723, inv. č. 2677, sign. 607981.
31 Pevná základna k dalšímu růstu životní úrovně [Eine feste Basis für den weiteren Anstieg des Lebensstandards]. Rudé právo vom 1.6.1953, 1 f.
32 Komunisté v čele [Kommunisten an der Spitze]. Rudé právo vom 5.6.1953, 1.
33 Vgl. Pevná základna, 1 f.
34 Vgl. *Adler*: Keeping Faith with the Party, 20.
35 Brief von František V. an den Präsidenten vom 9.6.1953. AKPR, KPR, (1919) 1948–1962, Protokol 600 000 – rok 1955, kart. 723, inv. č. 2677, sign. 607981.

I. Krise und Neuausrichtung

Im Gegensatz zum oben zitierten Ehepaar handelt es sich bei diesem Beispiel allerdings um eine deutlich aktivere Einschreibung in die Arbeiterklasse. Der Verfasser beschreibt sich anhand zentraler Elemente sozialistischer Subjektivität, die vor allem durch die Figur Julius Fučíks vermittelt worden waren, hinterfragt sie dabei aber gleichzeitig auch. Arbeit war für ihn offensichtlich ein wichtiger Teil der eigenen Selbstwahrnehmung und bis zur Währungsreform war er davon überzeugt gewesen, dass die Opfer, die er dabei erbringen musste, einen Sinn gehabt hatten.

Mit den Zweifeln, ob es sich auch nach der Währungsreform noch lohnen würde, über die Maßen zu arbeiten, war er nicht allein. Andere Petenten gaben sogar an, nach der Reform an Depressionen und anderen Nervenkrankheiten zu leiden[36] oder ganz die Lust am Arbeiten verloren zu haben, wie ein Arbeiter aus Ostrava: »[M]ein eigenes Geld [habe] ich hart und ehrlich verdient und diese Reform hat mich vollkommen verelenden lassen und hat mir die Lust am Leben und der Arbeit genommen, die ich immer so gern und immer sorgfältig verrichtet habe.«[37]

Die zitierten Beispiele zeigen sehr deutlich, wie wichtig die tägliche Arbeit für die Selbstwahrnehmung der Petenten war. Auch wenn die eine oder andere Darstellung sicher von einer gewissen Überdramatisierung geprägt war, scheinen sich die Verfasser der Eingaben der Arbeitsethik des »neuen Menschen« verschrieben zu haben. Diese versprach einen selbstbestimmten Weg aus einer von Opfer und Verzicht geprägten Lebenssituation und wies so dem außerordentlichen Arbeitseinsatz, den sie leisteten, einen Sinn zu. Mit der Betonung dieses Einsatzes schrieben sie sich nicht nur in die Arbeiterklasse ein. Die »erzählende Vergegenwärtigung«[38] ihrer Leistungen kann auch als eine Form der Selbstversicherung angesehen werden. Sie konnte dabei helfen, in der durch die Reform ausgelösten Situation einen Sinn zu finden und die Hoffnung auf eine bessere sozialistische Zukunft aufrechtzuerhalten.

Einige Petenten gingen sogar noch einen Schritt weiter. Sie setzten ihre Arbeit in direkten Bezug zum sozialistischen Aufbau und präsentierten sich so auch als sozialistische Aktivisten, die einen Beitrag zu einer besseren Zukunft leisteten. So schrieb ein Betroffener aus der Industriestadt Chomutov:

Ich habe mich stolz für unsere neue Partei gemeldet. [...] Ich bin in die Grenzregionen gezogen, um dort etwas aufzubauen, ich hatte kein Eigentum und habe dort wahrhaftig begonnen zu arbeiten. In meinen Schichten [...] habe ich die schlechteste Arbeit im Kessel verrichtet, in großer Hitze und Staub. [...] Ich war Aktivist und bis heute bediene ich immer noch einen Boiler zusätzlich.[39]

---

36 So z. B. Brief von Mária K. an den Präsidenten vom 7.6.1953. *Ebenda*.
37 Brief von František N. an den Präsidenten vom 31.5.1953. *Ebenda*.
38 *Winkel*: Zwischen Emanzipation und Analphabetentum, 85.
39 Brief von František S. an den Präsidenten vom 9.6.1953. AKPR, KPR, (1919) 1948–1962, Protokol 600 000 – rok 1955, kart. 723, inv. č. 2677, sign. 607981.

Diesen übermäßigen Arbeitseinsatz hielt der Verfasser dieser Zeilen, wie im weiteren Verlauf seines Briefes deutlich wird, für durch die Währungsreform entwertet. Schließlich hatte diese ihn um seine Ersparnisse für einen möglichen Krankheitsfall gebracht. Anders als die zuvor zitierten Verfasser argumentiert er aber weniger wie ein Bittsteller, der sich als Opfer der äußeren Umstände wähnte. Er schlug vielmehr einen fordernden Ton an und war von seiner Interpretation vollkommen überzeugt. Seinen Beitrag zum sozialistischen Aufbau sah er dabei auch als Ermächtigung an, die getroffenen Maßnahmen kritisieren zu dürfen: »Die Partei lehrt uns, dass Kritik und Selbstkritik zulässig sind.«[40]

Noch einmal anders argumentierte ein Petent aus Žirovnice, einer kleinen Ortschaft nahe der österreichischen Grenze, der seinen Arbeitseinsatz vor allem mit der Aufzählung individueller Auszeichnungen betonte:

Meine Ersparnisse [...] habe ich tatsächlich nur durch ehrliche und sorgfältige Arbeit erlangt [...]. Ich bin 1946 im nationalen Wettbewerb zum Aufbau der Republik ausgezeichnet worden; bei dieser Gelegenheit hatte ich die Ehre, Deine [Präsident Zápotockýs, S. L.] persönliche Gratulation entgegenzunehmen. Im Jahr des revolutionären Umsturzes der Werktätigen 1948 ist mir diese Ehre erneut zuteilgeworden. Im selben Jahr 1948 habe ich im gesamtbetrieblichen Wettbewerb als bester Arbeiter die höchste Punktzahl erreicht [...].[41]

Mit dieser Selbstdarstellung beanspruchte er wichtige Eigenschaften des sich durch hohe Arbeitsleistung auszeichnenden »Aktivisten« (úderník), einer Ausprägung des »neuen Menschen«, die Denisa Nečasová beschreibt.[42] Und auch er beklagte im weiteren Verlauf seines Briefes die Herabwertung dieser Leistungen, allerdings vor allem im Hinblick darauf, dass er sich nun keine Theater- oder Konzertbesuche mehr leisten konnte.[43] Er verknüpfte damit seinen Beitrag zum sozialistischen Aufbau mit individuellen und in gewisser Weise materiellen Wünschen – ohne, dass dies für ihn einen Widerspruch darzustellen schien. Vielmehr betonte er mehrfach, verstanden zu haben, worum es im sozialistischen Projekt ging:

Als stets bewusster Sozialist und einer von denen, die mit ihren aktiven Tätigkeiten und ihrem Geld zum Sturz des Kapitalismus beigetragen haben, verstehe ich, dass solange der Sieg des werktätigen Menschen nicht vollkommen ist, weitere Opfer vor allem von den Werktätigen notwendig sind.[44]

Seine Fokussierung auf individuelle Auszeichnungen und Interessen ist dabei in mehrfacher Hinsicht interessant. Zunächst einmal stärkte er damit seine eigene Selbstwahrnehmung als Aktivist, der bereit war, Opfer für den »Sturz des

---

[40] Ebenda.
[41] Brief von Alois K. an den Präsidenten vom 12.6.1953. AKPR, KPR, (1919) 1948–1962, Protokol 600 000 – rok 1955, kart. 723, inv. č. 2677, sign. 607981.
[42] Vgl. Nečasová: Nový socialistický člověk, 85–110.
[43] Brief von Alois K. an den Präsidenten vom 12.6.1953. AKPR, KPR, (1919) 1948–1962, Protokol 600 000 – rok 1955, kart. 723, inv. č. 2677, sign. 607981.
[44] Ebenda.

I. Krise und Neuausrichtung

Kapitalismus«[45] zu bringen. Gleichzeitig war es für ihn selbstverständlich, dass er dafür auch individuelle Entlohnung beanspruchen konnte. Er sei »durch die Währungsreform schwer geschädigt«[46] worden und das gleich doppelt: Einerseits waren seine Opfer für den sozialistischen Aufbau abgewertet worden, andererseits nahm ihm der finanzielle Verlust die Möglichkeit, seinen persönlichen Vorlieben nachzugehen.

Zwischen dem Einsatz für das Kollektiv und der Verfolgung individueller Interessen gab es für diesen Petenten somit keinen Widerspruch. Aus ideologischer Sicht war seine Selbstbeschreibung allerdings äußerst widersprüchlich. Die Betonung individueller Auszeichnungen stand in Konflikt mit der sozialistischen Auffassung, dass wichtige Errungenschaften nur im Kollektiv möglich seien und übermäßiger Individualismus abzulehnen sei. Darüber hinaus entsprach dies auch nicht der in der damaligen Arbeiterschaft verbreiteten Deutung von Solidarität, die individuelle Auszeichnung vielfach ablehnte.[47] In seiner Selbstdarstellung und -wahrnehmung werden somit die Konfliktlinien und Paradoxe deutlich, innerhalb derer viele Arbeiter ihren Platz in der Arbeiterschaft, aber auch in der Gesellschaft finden mussten. Diese waren nicht in jedem Fall eindeutig aufzulösen, denn die individuellen Auszeichnungen waren ja ebenfalls durch das sozialistische Regime eingeführt worden.

Die Selbstdarstellung dieses Petenten aus Žirovnice ist aber noch aus einem anderen Grund interessant, denn sie stellt einen der wenigen Fälle dar, in denen der Verfasser die eigene Position – und Selbstwahrnehmung – durch Abgrenzung nach außen zu festigen versuchte: »Weil die Währungsreform vor allem Kapitalisten und Spekulanten betreffen sollte, hoffe ich, dass meiner Eingabe entsprochen wird.«[48] Auf diese Weise gab er dem Empfänger indirekt vor, wie dieser seinen Fall bewerten sollte. Indem er sich auf die Reform als Maßnahme des Klassenkampfes bezog, war es schwer, den Anspruch des Petenten zurückzuweisen, da dies auch eine Infragestellung der Reform von offizieller Seite aus bedeutet hätte.

Umso erstaunlicher ist es, dass ein solches Argumentationsmuster in den Briefen zur Währungsreform nur äußerst selten zu finden ist.[49] Dies deutet ebenfalls darauf hin, dass die Betroffenen die Erklärungsmuster aus der Parteipresse nicht einfach übernahmen, sondern die Aspekte auswählten, die ihnen bedeutsam erschienen. Die vermeintlichen »Klassenfeinde« waren dabei offen-

---

[45] *Ebenda.*
[46] *Ebenda.*
[47] Vgl. *Brenner/Heumos*: Eine Heldentypologie der Tschechoslowakei, 240 f.; *Heumos*: Wenn Sie sieben Turbinen schaffen, 164–170.
[48] Brief von Alois K. an den Präsidenten vom 12.6.1953. AKPR, KPR, (1919) 1948–1962, Protokol 600 000 – rok 1955, kart. 723, inv. č. 2677, sign. 607981.
[49] Vgl. Brief von František V. an den Präsidenten vom 9.6.1953. *Ebenda.* V. schrieb, dass die Reaktionäre in Gottwaldov schöne Wohnungen bekommen würden, während die alten Kommunisten leer ausgingen.

sichtlich eine zu abstrakte Kategorie, die im Alltag vieler Menschen keine konkrete Entsprechung hatte. Kapitalisten, Schwarzhändler, Spekulanten, Kulaken und ähnliche Elemente[50] wurden zwar als Feinde der sozialistischen Ordnung präsentiert, es wurde aber nicht genauer definiert, woran diese zu erkennen sein sollten. Damit bot sich einerseits die Möglichkeit, diese Kategorien individuell mit Eigenschaften und Bedeutung zu füllen, die einen Bezug zur Alltagsrealität der Menschen hatten. Andererseits – und das war hier der Fall – führte es dazu, dass die entsprechende Konstruktion von Feindbildern schlicht ins Leere lief. Vielmehr beriefen sich die Petenten bei der Begründung ihrer Anliegen auf die Aspekte, die sie klar benennen konnten. Dazu gehörten vor allem die eigenen, aktiv erbrachten Leistungen.

Die Reaktionen der Petenten aus den Reihen der Arbeiterschaft auf die Währungsreform zeigen, dass ihre Vorstellung vom sozialistischen Fortschrittsmodell infrage gestellt worden waren. Sie lassen dabei aber auch erste Rückschlüsse darauf zu, wie die Idee eines »neuen sozialistischen Menschen«, die das Regime spätestens seit 1948 aktiv propagiert hatte, von Teilen der Bevölkerung aufgegriffen und gedeutet wurden: In den zitierten Briefen wurden eindeutig zentrale Eigenschaften eines sozialistischen Arbeiters – beispielsweise ein außergewöhnlicher Arbeitseinsatz oder eine hohe Opferbereitschaft – reproduziert und in die individuelle Lebenssituation der Betroffenen eingefügt.

Auch wenn die dabei verwendeten Formulierungen oftmals sehr an ideologische Versatzstücke aus der Parteipresse erinnerten, legt dies nicht zwingend den Schluss nahe, dass es sich dabei um instrumentalisierte Darstellungen handelte, mit denen ein für die Verfasser möglichst günstiges Ergebnis erreicht werden sollte. Ebenso prägnant treten in den Briefen Widersprüche und Paradoxien hervor, die von den Betroffenen aber nicht unbedingt als solche wahrgenommen wurden. Dies zeigt deutlich, dass sie sich offenbar aktiv mit den Anforderungen, die an einen »neuen Menschen« gestellt wurden, befasst hatten. Dabei hatten sie selbst Deutungen entwickelt, die sie sinnhaft mit ihrer eigenen Lebenssituation in Einklang zu bringen versuchten. Während sie also in der sozialistischen Zukunftsnarration durchaus eine sinnstiftende Perspektive sahen, für die es sich Opfer zu bringen lohnte, schien eine vollständige Übernahme aller ideologischen Vorgaben für sie nicht notwendig zu sein. Vielmehr gab es anscheinend einen nicht geringen Interpretationsspielraum, der es den Petenten ermöglichte, auch offensichtliche Widersprüche, wie sie die Währungsreform produzierte, zu integrieren und eine für sie günstige Deutung aufrechtzuerhalten.

An dieser Stelle lag großes Potenzial für das sozialistische Menschenbild, integrierend und damit stabilisierend zu wirken. Die Selbstdarstellungen der Betroffenen – und der darin sich abzeichnende Wunsch, diese von den Adressaten bestätigt zu bekommen – zeigen sehr deutlich, dass durch die Währungsreform die Identität der Verfasser infrage gestellt worden war. Wer sich als

---

50 Vgl. Pevná základna, 1 f.

I. Krise und Neuausrichtung

Mitglied der Arbeiterklasse und damit der Gruppe, die sich Hoffnung auf eine bessere Zukunft machen konnte, ansah, musste beinahe zwangsläufig von den Folgen der Währungsreform in seiner Selbstwahrnehmung erschüttert werden. Schließlich brachte sie ihm nicht nur keinen Vorteil, sondern er erlitt einen solchen Schaden, wie ihn eigentlich nur Klassenfeinde erleiden sollten. Die Selbstbeschreibungen in einigen der zitierten Briefe können somit auch als eine nach innen gerichtete »erzählende Vergegenwärtigung«[51] angesehen werden, mit denen die Verfasser versuchten, eine sinnhafte Erklärung ihrer Lage zu finden. Hier zeigt sich, dass einige dieser Briefe – beziehungsweise der Akt ihrer Niederschrift – auch als Biographiegeneratoren fungieren konnten. Mit diesen sollte eine Selbstwahrnehmung gefestigt werden, die auf – wenn auch frei interpretierten – ideologischen Grundlagen beruhte. Auch dies deutet darauf hin, dass die sozialistischen Subjektmodelle eine wichtige Rolle spielten, wenn es darum ging, mit Krisensituationen wie der Währungsreform umzugehen.

Enttäuschte Kommunisten

Auch wenn die Infragestellung der Selbstwahrnehmung vieler Arbeiter infolge der Währungsreform für die Stabilität kommunistischer Herrschaft in der Tschechoslowakei ein nicht zu ignorierendes Problem darstellte, gab es weit bedenklichere Tendenzen, mit denen sich die Parteiführung befassen musste. War noch wenige Tage vor dem Inkrafttreten der Reform immer wieder beteuert worden, dass die Währung sicher sei und keine Reform geplant sei, stand die Partei nun also vor einem massiven Glaubwürdigkeitsproblem.

Dies zeigte sich unter anderem in Zuschriften, die an Präsident Zápotocký gerichtet waren:

[A]ber wir haben uns ermahnt, nicht in Panik zu geraten, weil ja im Rundfunk und auf den Parteiversammlungen Partei und Regierung, uns, den Arbeitern, versichert haben, dass die tschechoslowakische Krone, die Basis der Arbeit von uns Werktätigen, nicht fallen würde, dass die Währung fest sei. [...] Und wir zwei, mein Mann und ich, haben fest an Partei und Regierung geglaubt, weil wir beide Kommunisten sind. [...] Jetzt verspotten uns die Panikmacher und das mit Recht.[52]

In diesem Zitat wird deutlich, dass die Verfasser – ein Lehrerehepaar aus Příbor na Moravě – in ihrer Selbstwahrnehmung als Kommunisten erschüttert worden waren. Sie mussten fest daran geglaubt haben, dass alle Entscheidungen der Führungsebene im Sinne von Parteimitgliedern und Arbeiterschaft getroffen worden seien. Dieses Vertrauen schien angesichts der Währungsreform zunehmend erschüttert worden zu sein.

---

51 *Winkel*: Zwischen Emanzipation und Analphabetentum, 85.
52 Brief von Vladislava D. an den Präsidenten vom 2.6.1953. AKPR, KPR, (1919) 1948–1962, Protokol 600 000 – rok 1955, kart. 723, inv. č. 2677, sign. 607981.

Der Brief kann daher auch als ein Versuch gelesen werden, mit diesen Zweifeln an der kommunistischen Gesinnung umzugehen. Diese »autoreflexive [...] Selbsterkundung«[53] war scheinbar auch erfolgreich, zumindest, wenn man dem Ende des Briefes Glauben schenkt: »Trotzdem bleiben wir der Partei treu und arbeiten weiter, wie bisher.«[54] Die Überzeugung, wie Kommunisten gehandelt zu haben, gab den Verfassern somit offenbar Halt in einer für sie schwierigen Situation.

In der Partei hatte man offensichtlich schon damit gerechnet, dass die eigene Glaubwürdigkeit unter der Reform leiden würde. Bereits bei der Verkündung wurde davon gesprochen, dass es Probleme beim Geldwechsel geben könnte, die alle Bevölkerungsteile beträfen und nicht nur »Spekulanten« und »Kapitalisten«. Die dabei entstehenden Verluste würden aber in der Zukunft durch die höhere Kaufkraft der Krone und die sinkenden Preise wieder ausgeglichen.[55] Um die negativen Effekte abzufangen und an das Durchhaltevermögen der Bevölkerung zu appellieren, wurde die Reform in der Parteipresse als eine staatsmännische Prüfung für jeden Kommunisten präsentiert, bei der er seine »Loyalität, seine Disziplin, sein Bewusstsein und seine Kampfkraft unter Beweis stellen« konnte.[56]

Das gelang nicht jedem. Ein Arbeiter aus Ostrava schrieb beispielsweise, dass er als »bewusstes Parteimitglied seit 1923 und Funktionär der KSČ«[57] immer an die Beschlüsse der Partei geglaubt und sie umgesetzt habe. Weiter hieß es allerdings: »[D]iese Reform hat mich vollkommen verelenden lassen und mir die Lust am Leben und der Arbeit genommen.«[58] Eine Anmerkung seiner Frau, die diese dem Brief angefügt hat, verstärkt diesen Eindruck: »Die Propaganda verhöhnt er, dass sie nicht die Wahrheit sei, er [...] hat an die Partei geglaubt, das war sein Gott.«[59] Auch sie verwies darauf, dass sie auf die »Regierung der Arbeiterpartei« vertraut hätten, durch die Währungsreform aber »schwer geschädigt« worden seien. Beide beschrieben sich als »anständige Kommunisten«, die immer gehofft hätten, dass sie es im Sozialismus einfacher haben würden als in einem kapitalistischen Regime. Die Verzweiflung, die sich

---

[53] *Winkel*: Zwischen Emanzipation und Analphabetentum, 85.
[54] Brief von Vladislava D. an den Präsidenten vom 2.6.1953. AKPR, KPR, (1919) 1948–1962, Protokol 600 000 – rok 1955, kart. 723, inv. č. 2677, sign. 607981.
[55] Vgl. Usnesení vlády republiky Československé a Ústředního výboru Komunistické strany Československa ze dne 30. května 1953 o provedení peněžní reformy a zrušení lístků na potravinářské a průmyslové zboží [Beschluss der Regierung der Tschechoslowakischen Republik und des Zentralkomitees der Kommunistischen Partei der Tschechoslowakei vom 30. Mai 1953 über die Durchführung der Währungsreform und der Abschaffung der Marken für Lebensmittel und Industrieprodukte]. Rudé právo vom 31.5.1953, 1 f., hier 1.
[56] Komunisté v čele, 1.
[57] Brief von František N. an den Präsidenten vom 31.5.1953. AKPR, KPR, (1919) 1948–1962, Protokol 600 000 – rok 1955, kart. 723, inv. č. 2677, sign. 607981.
[58] *Ebenda*.
[59] *Ebenda*.

I. Krise und Neuausrichtung

sowohl im eigentlichen Brief als auch im Anhang ausdrückte (»Ich muss gestehen, dass ich keine Kraft habe, weiter zu leben«)[60] zeigt dennoch nachdrücklich, wie wichtig dieses Weltbild für die Verfasser war und wie groß das Bestreben, es aufrechtzuerhalten.

Ähnliche Schwierigkeiten, die Folgen der Währungsreform mit den eigenen Vorstellungen einer sozialistischen Gesellschaft in Übereinstimmung zu bringen, hatte auch ein laut eigener Angabe »alte[r] Kommunist«, der angab, bereits seit 25 Jahren Parteimitglied zu sein:

> Ich mache kein Geheimnis daraus, dass ich, auch wenn ich der Reform nicht zustimme, sehr gut ihre Bedeutung verstehe und die Maßnahme gutheiße und dass ich nicht nur als Parteimitglied, sondern auch als Außenstehender zustimmen würde. Nicht zustimmen kann ich jedoch einer solchen Situation, in der ich mich jetzt befinde.[61]

Die Währungsreform sei der »in der Tat schmerzhafteste Fall, der [ihm] im Leben widerfahren« sei – schlimmer noch als die Zeit, die er während des Zweiten Weltkrieges in einem Konzentrationslager habe verbringen müssen.[62]

Für die genannten Petenten war es auch auf einer kognitiven Ebene wichtig, die Reform als Etappe des sozialistischen Aufbaus ansehen zu können. Andere stimmten eher formell zu, da sie dies als Parteimitglieder und Kommunisten für ihre Pflicht hielten. Dies ist aber nicht als eine rituelle Zustimmung zu verstehen, die eine entsprechende Gesinnung bloß suggerieren sollte. Vielmehr war es den Betroffenen wichtig, ihre Identität als Kommunisten aufrechtzuerhalten, indem sie auch Maßnahmen zustimmten, die sich als Nachteil für sie erwiesen hatten. Von einem Parteimitglied wurde es eben so erwartet.

Dies zeigt beispielsweise der Brief einer Witwe eines Angestellten der tschechoslowakischen Bahn: Ihr Sohn sei während des Prager Aufstandes 1945 gefallen und ihrer Ansicht nach posthum nicht angemessen ausgezeichnet worden. Daraufhin habe dessen Arbeitskollektiv Geld für einen Grabstein gesammelt. Den Restbetrag sowie ihre Pension, so schrieb sie, habe nun die Währungsreform zunichtegemacht. Damit, dass ihr von ihrem Sohn nichts als eine Medaille und ein wertloser Geldbetrag geblieben war, konnte sie nicht fertig werden. Dennoch betonte sie, dass sie als Parteimitglied der Reform zustimme, die »[...] vom Standpunkt des besseren Aufbaus [der] Republik«[63] sicher richtig gewesen sei. Auch wenn es keinen direkten kausalen Zusammenhang zwischen der Währungsreform und der posthumen Würdigung ihres Sohnes gab, hob die Verfasserin ihre Zustimmung zur Reform besonders hervor. Dies weist darauf hin, dass sie eine solche Haltung als für eine Kommunistin verpflich-

---

60 *Ebenda.*
61 Brief von František V. an den Präsidenten vom 9.6.1953. AKPR, KPR, (1919) 1948–1962, Protokol 600 000 – rok 1955, kart. 723, inv. č. 2677, sign. 607981.
62 *Ebenda.*
63 Brief von Marie M. an den Präsidenten vom 3.6.1953. AKPR, KPR, (1919) 1948–1962, Protokol 600 000 – rok 1955, kart. 723, inv. č. 2677, sign. 607981.

tend ansah. Das Beispiel verdeutlich einmal mehr, wie tiefgehend die Überzeugung offensichtlich war, den Beschlüssen der Partei zustimmen zu müssen, und wie diese die Selbstwahrnehmungen in Krisensituation stabilisieren konnte.

Die Währungsreform löste vielfach also nicht nur eine wirtschaftliche Krise aus, sondern stellte die Selbstwahrnehmung der Betroffenen infrage. Die Vehemenz, mit der diese versuchten, ihre Situation trotz aller Widersprüche in das kommunistische Master-Narrativ einzufügen, um so die durch die Währungsreform entstandenen psychischen Spannungen aufzulösen, belegt die große Bedeutung dieses Narrativs für die Betroffenen. Ähnlich verhielt es sich mit denjenigen, die dem Empfänger ihrer Briefe ihre Selbstwahrnehmung als Arbeiter, Aktivist oder Kommunist in der Hoffnung präsentierten, dass dieser ihre Zweifel, die die Reform bei ihnen auslöste, ausräumen würde. Die Überzeugung, etwas zur gesellschaftlichen Entwicklung beigetragen zu haben, war für viele wichtig. Ihre Selbstdarstellungen drückten nicht nur ihr Bedürfnis aus, sich ihrer Identität selbst zu versichern, sondern auch die Hoffnung, diese von außen bestätigt zu bekommen.

Die Verwendung ideologischer Formulierungen spielte dabei eine wichtige Rolle. Sie kann in vielen Fällen als eine Form der Ermächtigung angesehen werden, die den Petenten die Möglichkeit gab, sich ganz im Sinne der Ideologie, der sie sich trotz allem zugehörig fühlten, darstellen zu können. Einige leiteten aus ihrer Selbstdarstellung selbstbewusst das Recht ab, die Partei kritisieren zu können. Hier haben die Eigenschaften der ideologisch basierten Identitätsmuster und »sozialistischen Helden« dazu beigetragen, dass sich die zitierten Verfasser trotz des großen Vertrauensverlustes, den sie empfanden, dem Regime gegenüber weiterhin loyal zeigte.

Dessen Vertreter erschienen dabei als die letzte Instanz, die über die Korrektheit dieser Identitätsentwürfe entscheiden sollte. Angesichts der verheerenden Wirkung, die die Währungsreform für viele hatte, ist das überraschend. In dieser Tatsache zeigt sich, dass die Betroffenen durchaus zwischen der Partei als ideologischem Akteur und dem Regime als politischem und wirtschaftlichem Entscheider trennen konnten. Während das Regime in seiner Rolle versagt hatte, konnten die Partei und vor allem der Sozialismus als Wertordnung und Zukunftsvision weiterhin Legitimität beanspruchen.

Allerdings wurde in den zitierten Briefen auch deutlich, dass nicht mehr jeder daran glaubte, dass die Kommunistische Partei noch in der Lage war, die Gesellschaft in die prophezeite bessere Zukunft zu führen. Viele Betroffene versuchten, mit ihren Erklärungsmustern die Lücke zwischen dem, woran sie glauben wollten, und ihren tatsächlichen Überzeugungen zu schließen. So konnten sie weiter davon ausgehen, dass alle Entscheidungen der Parteiführung zum Wohle der Werktätigen getroffen wurden.[64] Zahlreiche Petenten hatten damit aber zusehends Probleme. Während also die integrative Dimension des Sozialismus als Wertesystem und kulturelle Ordnung weiterhin stabilisierend

---

64 Vgl. *Brown*, Archie: Aufstieg und Fall des Kommunismus. Berlin 2009, 160.

wirken konnte und Menschen einen Rahmen bot, innerhalb dessen sie sich sinnhaft verorten konnten, war das Vertrauen in das Regime als Träger dieser Ordnung in Folge der Währungsreform merklich gesunken.

Die finanziellen Verluste, die viele Tschechen und Slowaken durch die Reform erlitten hatten, waren aber nur zum Teil dafür verantwortlich. Viele Betroffene beklagten vielmehr die Abwertung der Leistungen, die sie für den Aufbau der sozialistischen Gesellschaft erbracht hatten. Insbesondere Parteimitglieder fühlten sich zudem von ihrer Führung betrogen und hatten Probleme, weiter an die Korrektheit der Parteilinie zu glauben. Das wiederum wäre aber eigentlich Teil ihrer Parteidisziplin und damit eine ihrer wichtigsten Pflichten als Kommunisten gewesen. Damit wurde die wirtschaftliche Krise auch zu einer Krise sozialistischer Subjektivität.

»Neuer Kurs« vs. »harte Hand«

Die KSČ stand nun vor der schwierigen Aufgabe, nicht nur die wirtschaftliche Notlage großer Bevölkerungsteile lindern. Sie musste auch Vertrauen in die eigene Fähigkeit zurückgewinnen, das Land zu Wohlstand und Fortschritt führen zu können. Die Art und Weise, wie dies erreicht werden sollte, war aber durchaus umstritten. Der schließlich gewählte Weg war das Ergebnis zahlreicher Konflikte und Verhandlungen nicht nur innerhalb der Partei, sondern auch mit der sowjetischen Führung in Moskau. Dass sich mit dem sogenannten »Neuen Kurs« letztlich die Moskauer Linie durchsetzte, war für die Stabilität des sozialistischen Regimes allerdings sehr wichtig, hatte dies doch weitreichende Folgen für diejenigen, deren Selbstwahrnehmung in erheblichem Maße auf ideologischen Subjektmodellen beruhte.

Während der landesweiten Demonstrationen gegen die Reform hatte Präsident Zápotocký zunächst die Leitlinie ausgerufen, mit »harter Hand«[65] auf weiteren Protest und Widerstand zu reagieren. Dies zeigte allerdings kaum Wirkung. Immer wieder kam es zu Unmutsäußerungen in einzelnen Betrieben, Kritik am geringen Einkommen und der damit verbundenen niedrigen Kaufkraft. Auch das Interesse an öffentlichen Angelegenheiten nahm schlagartig ab, was sich in den geringen Teilnehmerzahlen bei Partei- und Gewerkschaftsversammlungen zeigte. Zudem wuchs der Widerstand gegen die Erhöhung von Arbeitsnormen.[66]

Hinzu kam, dass aus Moskau andere Vorgaben kamen. Bereits seit dem Tod Stalins im März 1953 war die dortige Führung um einen politischen Kurswechsel bemüht, der die durch Terror und Verfolgung entstandene Kluft zwischen der politischen Führungsschicht und der Bevölkerung schließen sollte. Dazu wurden primär eben solche Maßnahmen ergriffen, die den allgemeinen

---

[65] Zitiert nach *McDermott*: Popular Resistance in Communist Czechoslovakia, 298 und *Kaplan*: Československo v letech 1953–1966, 5.
[66] Vgl. *Kaplan*: Československo v letech 1953–1966, 9.

Lebensstandard der sowjetischen Bevölkerung heben sollte. Dies wurde als Leitlinie für die anderen sozialistischen Staaten im östlichen Europa ausgegeben. Die Priorisierung der Rüstungsindustrie sollte zurückgefahren und mit den freigewordenen Finanzmitteln wiederum die Konsumgüterindustrie und der Wohnungsbau gefördert werden. Letzteres war vor allem in der Tschechoslowakei dringend notwendig.[67]

Zápotocký musste schließlich einlenken – auf nicht unerheblichen Druck aus Moskau, aber vor allem, um das Band zwischen Partei und Arbeiterschaft wieder zu stärken. Mit dem »Neuen Kurs« legten Partei und Regierung den Fokus der (Wirtschafts-)Politik auf die Anhebung des Lebensstandards der Bevölkerung, um damit das Versprechen einzulösen, das in den Jahren zuvor bereits mehrfach gemacht worden war.[68]

Für die Bindung der Arbeiterschaft an das Regime war der »Neue Kurs« von großer Bedeutung, denn im Zuge dieses Politikwechsels ergaben sich neue Möglichkeiten, den in Verruf geratenen sozialistischen Arbeitsbegriff als einen der zentralen Aspekte des sozialistischen Weltbildes individuell neu auszudeuten und so anschlussfähig an die eigene Lebensrealität zu machen.

Auf den ersten Blick mag dies überraschend erscheinen, betreffen die Maßnahmen doch zunächst rein wirtschaftliche Aspekte. So war der wichtigste Beschluss in diesem Zusammenhang eine Reihe von Preissenkungen im Einzelhandel.[69] Interessant für die vorliegende Untersuchung ist vor allem das ideologische Framing der Maßnahmen. Sie wurden als das zentrale Instrument für den »Anstieg des materiellen und kulturellen Niveaus der Werktätigen«[70] dargestellt – ein Narrativ, in das rückblickend auch die Währungsreform eingeordnet wurde. Die »Fürsorge für den Menschen« und die Befriedigung seiner Bedürfnisse hätten schon immer im Mittelpunkt der Bemühungen des Regimes gestanden und die Währungsreform sei der erste Schritt dazu gewesen.[71]

Ferner wurden die genannten Maßnahmen, die sich laut Parteipresse als »sehr günstig im Haushaltsplan jeder Familie« erweisen würden, als das »Ergebnis der gemeinsamen Arbeit im sozialistischen Aufbau« dargestellt.[72] Diese Formulierung bot den Menschen die Möglichkeit, den eigenen Lebensentwurf wieder mit dem sozialistischen Fortschrittsnarrativ in Einklang zu

---

[67] Vgl. *ebenda*, 8.
[68] Vgl. *Pernes*, Jiří: Die ČSR. Von der verschleppten Reform zum beschleunigten Wandel. In: *Engelmann*, Roger (Hg.): Kommunismus in der Krise. Die Entstalinisierung 1956 und die Folgen. Göttingen 2008, 137–147, hier 142 f.; *McDermott*: Popular Resistance in Communist Czechoslovakia, 306; *Kaplan*: Československo v letech 1953–1966, 8.
[69] Vgl. *Pernes*, Jiří: Snahy o překonání politicko-hospodářské krize v Československu v roce 1953 [Bemühungen zur Überwindung der politisch-wirtschaftlichen Krise in der Tschechoslowakei 1953]. Brno 2000, 24.
[70] *Mrňka*: Svéhlavá periferie, 144.
[71] *Ebenda*.
[72] Snižování cen – cesta k zvýšení blahobytu pracujících [Preissenkungen – der Weg zur Erhöhung des Reichtums der Werktätigen]. Rudé právo vom 29.9.1953, 1.

bringen, da sie suggerierte, dass eine Verbesserung der eigenen finanziellen Lage durch individuellen Einsatz erreicht werden konnte. Auf diese Weise wurde den Arbeitern nicht nur ein besseres Leben in einer kommunistischen Zukunft versprochen, sondern auch aufgezeigt, dass dieses Leben mit Hilfe der eigenen täglichen Arbeit erreicht werden konnte. Ideologische Ziele wurden hier mit individuellen verknüpft, was es dem Einzelnen ermöglichte, den Wunsch nach individuellem Wohlstand mit dem sozialistischen Aufbau zu verbinden.

Die Wirksamkeit nicht nur der finanziellen Maßnahmen lässt sich anhand verschiedener Quellen nachvollziehen. Die Berichte der Sicherheitsbehörden, die die Reaktion der Bevölkerung auf die Regierungsbeschlüsse dokumentiert haben, legen nahe, dass die Maßnahmen des Regimes in der Bevölkerung Anklang fanden und die Bindung vor allem vieler Arbeiter an das sozialistische Projekt wieder stärken konnten.[73] Die Dankesbriefe, die unter anderem die Kanzlei des Präsidenten erhielt, bestätigen dieses Bild.

Absender solcher Briefe waren Arbeiterkollektive, JZDs oder Nationalausschüsse, aber auch Individualpersonen. Die Unterschiede zwischen den Briefen der beiden Gruppen verdienen besondere Aufmerksamkeit. Kollektivbriefe, wie sie Arbeiter- und andere institutionalisierte Kollektive verfassten, folgten einem wiederkehrenden Schema, welches durch entsprechende Beispielbriefe in der Parteipresse vorgegeben wurde. In diesen Briefen wurde nicht nur die Zustimmung des Kollektivs zu den Maßnahmen der Regierung suggeriert, sondern auch eine Reihe standardisierter Versatzstücke bereitgestellt, an denen sich die Verfasser ähnlicher Briefe – die in vielen Fällen politisch erwartet wurden – orientieren konnten.[74]

Solche Kollektivbriefe waren stark standardisiert und sagen wenig darüber aus, welche Haltung die einzelnen Mitglieder des jeweiligen Kollektivs tatsächlich vertraten. Doch geben die entsprechenden Versatzstücke, wenn sie in Individualbriefen – oder den Briefen nicht institutionalisierter Kollektive – erschienen, Auskunft darüber, inwiefern sich die Verfasser der Sprache des Regimes bedienten, um ihr Anliegen vorzubringen. So finden sich als Reaktion auf die Preissenkungsbeschlüsse in einigen Briefen, die im Rahmen von Bürgerversammlungen entstanden waren, entsprechende Formulierungen. Von diesen Versammlungen wurden eigentlich keine Dankesbriefe erwartet, sodass ein solcher Brief darauf hindeutet, dass die versammelten Bürger das Bedürfnis hatten, ihre Freude in schriftlicher Form kundzutun. Dazu bedienten sie sich der aus der Presse bekannten Phrasen. So schrieben beispielsweise die Teilnehmer einer Versammlung aus Moravský Beroun, sie seien sich bewusst, dass die Preissenkungen nur durch die »ehrliche Arbeit aller Bürger, sowohl in den

---

[73] Die Reaktion der Bevölkerung des Kreis České Budějovice auf die Regierungserklärung. ABS, fond HS VB (Hlavní správa Veřejné bezpečnosti), H1-6, inv. č. 5, kart. 1.
[74] Vgl. *Winkel*: Schreibversuche, 69.

Fabriken, als auch in der Landwirtschaft«[75] möglich geworden seien. Es sei ihnen aber auch klar, dass es noch viele Mängel gebe. Daher versprachen sie, den Plan »nicht nur zu erfüllen, sondern zu überbieten«.[76] Die Vertreter anderer Versammlungen betonten, alles dafür tun zu wollen, um den »Aufbau des Sozialismus im [...] Staat« zu unterstützen.[77]

In den Dankesbriefen von Einzelpersonen wiederum finden sich weitaus weniger an den Vorlagen aus der Parteipresse orientierte Formulierungen, auch wenn sich die Argumentationsmuster durchaus ähnelten. Diese Briefe zeigen, in welchem Ausmaß die Preissenkungen die verunsicherte Selbstwahrnehmung vieler Menschen neu ausrichteten und ihrer täglichen Arbeit wieder eine Perspektive geben konnten.

Dies gilt vor allem für eine Gruppe, die die Reform stark getroffen hatte: Arbeiterfamilien mit mehreren Kindern. Ein Teil der Briefe, die die Preissenkungen guthießen, stammte von Müttern. Sie bedankten sich dafür, dass die Maßnahmen sie in die Lage versetzt hätten »mehr einzukaufen«, und dass sie es »jetzt wirklich besser« hätten.[78] Wie von der Partei angekündigt, hatten die neuen Preise also offenbar einen spürbaren Einfluss auf das Haushaltsbudget vieler Verfasser, was diesen wiederum das Gefühl gab, es werde sich gut um ihre Bedürfnisse gekümmert.[79]

Dies zeigt sich in den Formulierungen von Dankesbriefen, die darauf verwiesen, dass die Verfasser etwas zu einem besseren Leben für sich und die Gesellschaft beitragen wollten: »Wir wissen, dass wir noch besser und noch mehr arbeiten müssen, denn nur dann können wir besser leben«,[80] schrieb zum Beispiel eine Petentin aus Bratislava.[81] Dies steht in deutlichem Kontrast zu Äußerungen in Reaktion zur Währungsreform, in denen Petenten beklagen, sie hätten durch den materiellen Verlust die Energie verloren, weiter zu arbeiten, obwohl sie gerne zum Aufbau des Sozialismus beigetragen hätten.[82] Diese Gegenüberstellung illustriert die mobilisierende Wirkung der Preissenkungen sehr gut und macht deutlich, dass Menschen zwar bereit waren, sich

---

[75] Brief einer Versammlung aus Moravský Beroun an den Präsidenten vom 2.4.1954. AKPR, KPR, (1919) 1948–1962, Protokol 200 000 – rok 1954, kart. 672, inv. č. 2527, sign. 202111.
[76] *Ebenda.*
[77] Brief der Bürger der Stadt Gottwaldov an den Präsidenten vom 30.3.1954. AKPR, KPR, (1919) 1948–1962, Protokol 200 000 – rok 1954, kart. 672, inv. č. 2527, sign. 202111.
[78] Brief von Božena D. an den Präsidenten vom 29.10.1953. AKPR, KPR, (1919) 1948–1962, Protokol 100 000 – rok 1953, kart. 599, inv. č. 2407, sign. 122415.
[79] Brief von Zdena B. an den Präsidenten, undatiert. AKPR, KPR, (1919) 1948–1962, Protokol 200 000 – rok 1954, kart. 672, inv. č. 2527, sign. 202111.
[80] Brief von Anna P. an den Präsidenten vom 17.10.1953 (slowakisch). AKPR, KPR, (1919) 1948–1962, Protokol 100 000 – rok 1953, kart. 599, inv. č. 2407, sign. 122415.
[81] Brief von Zdena B. an den Präsidenten, undatiert. AKPR, KPR, (1919) 1948–1962, Protokol 200 000 – rok 1954, kart. 672, inv. č. 2527, sign. 202111.
[82] Siehe zum Beispiel Brief von Mária K. an den Präsidenten vom 7.6.1953 (slowakisch). AKPR, KPR, (1919) 1948–1962, Protokol 600 000 – rok 1955, kart. 723, inv. č. 2677, sign. 607981.

I. Krise und Neuausrichtung

auch für kollektive Interessen einzusetzen und das ideelle Ziel des Sozialismus zu verfolgen, aber nur, wenn das Ergebnis ihrer Bemühungen auch absehbar war und ihre eigene Situation spürbar verbesserte. Die Preissenkungen konnten vielfach genau das bewirken und wurden entsprechend als ein Zeichen gedeutet, dass die Versprechungen des Regimes mehr als leere Worte sein konnten.

Von besonderem Interesse ist der Brief eines laut eigener Angabe »einfachen Arbeiters« aus Turnov, den dieser im April 1954 an Präsident Zápotocký schrieb. Er dankte dem Präsidenten für die Preissenkungen, die »so einschneidend das Lebensniveau aller unserer werktätigen Menschen« verbessert hätten. Aus diesem Grund hatte er ein Gedicht mit dem Titel »Unsere Regierung« verfasst.[83] Der Autor dankte darin der Regierung, dass sie die Menschen in eine bessere Zukunft führte (»[W]ir danken Dir, Regierung, dass Du mit uns gehst, denn die Leute glauben nur Dir«).[84] Offensichtlich war es ihm wichtig, Teil einer Bewegung zu sein, die von der Partei geführt wurde und dazu beitrug, dass sich die Lebenssituation verbesserte (»[S]chon schlägt mein Herz für die Partei, jeder Mensch kann jetzt leben«).[85]

Diese besondere Form des Dankesbriefes zeigt, dass viele Verfasser ein großes Bedürfnis hatten, ihrer Dankbarkeit angesichts der Preissenkungen Ausdruck zu verleihen. Auch wenn sie sich dabei teilweise ideologischer Formulierungen bedienten (»Das ist ein weiterer großer Schlag gegen all unsere Feinde, die einen Krieg wollen«),[86] sind diese kaum als leere Worthülsen zu bezeichnen. Vielmehr scheint eben dies die Form gewesen zu sein, in der Zustimmung am besten artikuliert werden konnte. Die Verwendung ideologischer Versatzstücke kann also durchaus als bewusste Entscheidung angesehen werden. Darüber hinaus konnte die ideologische Sprache dazu dienen, sich die dabei formulierten Werte und Verhaltensweisen zu eigen zu machen, weswegen ihre Verwendung nicht automatisch als rein strategisch angesehen werden kann.

Die Dankesbriefe entsprachen der vorgegebenen Struktur von Kollektivbriefen, ihre Verfasser orientierten sich zudem zumindest teilweise an den entsprechenden Formulierungen. Da diese Briefe nicht an bestimmte Erwartungen eines Betriebs oder eines Ausschusses gebunden waren, ist davon auszugehen, dass sie ihren aufrichtigen Dank und den Wunsch ausdrücken wollten, den eingeschlagenen Weg zu unterstützen. Sie ermöglichten es ihnen, die eigenen Wünsche und Bedürfnisse möglichst erfolgversprechend an das Regime heranzutragen.

---

83 Anonymer Brief an den Präsidenten vom 8.4.1954. AKPR, KPR, (1919) 1948–1962, Protokol 200 000 – rok 1954, kart. 672, inv. č. 2527, sign. 202111.
84 [D]ěkujeme Ti vládo, že s námi nyní jdeš, proto svému lidu Ty jen věř.
85 [V]ždyť mé srdce pro stranu teď bije, každý člověk může nyní žít.
86 Brief von Jana Č. an den Präsidenten vom 5.10.1953. AKPR, KPR, (1919) 1948–1962, Protokol 100 000 – rok 1953, kart. 599, inv. č. 2407, sign. 122415.

Die Maßnahmen des »Neuen Kurses« und die damit verbundene Betonung der »Hingabe und Arbeitsaktivität«[87] der Werktätigen hatten somit eine mobilisierende und stabilisierende Wirkung. Die tägliche Arbeit wurde für den Einzelnen nicht nur wieder zu einer Möglichkeit, sich in den sozialistischen Aufbau einzuschreiben. Sie war zugleich ein Instrument, mit dem die eigene Lebenssituation verbessert werden konnte, was ebendiesem Aufbau eine individuell bedeutsame Dimension zuwies. So wurden auch sozialistische Identitätsentwürfe, die auf dem Konzept von Arbeit als produktiver Kraft beruhten, wieder attraktiv.

Entscheidend dafür, dass der »Neue Kurs« sich auf lange Sicht positiv auf die Legitimität des Regimes auswirkte, waren somit nicht primär die finanziellen Erleichterungen, die die Maßnahmen mit sich brachten. Wichtiger war es, dass es dem Regime gelungen war, die Preissenkungen als Ergebnis der täglichen Arbeit der Bevölkerung darzustellen und weitere Verbesserungen in Aussicht zu stellen, wenn die Arbeitsproduktivität weiter ansteigen würde. Damit erhielten die eigenen Anstrengungen in den Augen vieler Arbeiter wieder eine Perspektive, nachdem die Währungsreform ihnen diese genommen hatte.

Von kollektiver zu individueller Arbeit

Mit den Preissenkungen und der Ausrichtung der Politik am Lebensstandard der Bevölkerung hatte das Regime somit den Anstrengungen für den sozialistischen Aufbau eine neue Dimension gegeben. Diese ermöglichte es dem Einzelnen, nicht nur als Teil des Kollektivs, sondern auch als Individuum an diesem teilzuhaben. Die individuelle Dimension des sozialistischen Aufbaus eröffnete einen Deutungsraum, innerhalb dessen der Sinn und Zweck von Arbeit – eigentlich zentrale Triebkraft der gesellschaftlichen Entwicklung – zunehmend unterschiedlich ausgelegt werden konnte.

Ein Beispiel für eine solche individuelle Deutung ist der Brief eines Ausbilders an einer Berufsschule in der Region Ostrava. Er forderte ein, nach Aufwand und nicht nach gesellschaftlicher Bedeutung seiner Tätigkeit bezahlt zu werden. Auslöser dafür war die Erkenntnis, dass er im Vergleich zu anderen Lehrern seines Alters 120 Kronen weniger verdienen würde. Diesen Unterschied empfand er als ungerecht, da er festgestellt habe, dass seine Arbeit viel schwerer und verantwortungsvoller sei als an einer normalen Schule.[88] Der Leiter seiner Berufsschule habe allerdings jede Frage nach der Höhe der Entlohnung damit beantwortet, dass Arbeit unabhängig vom Gehalt zu leisten war.

An dieser Stelle prallten somit die Ansicht, Arbeit diene primär dem eigenen Nutzen, und die Deutung, Arbeit müsse sich gesellschaftlichen Bedürfnissen unterordnen, aufeinander. Für den Verfasser stellte die Auffassung des Leiters

---

[87] K novým úspěchům [Zu neuen Erfolgen]. Rudé právo vom 30.9.1953, 1.
[88] Brief von Václav B. an den Arbeitsminister vom 30.10.1953. NA, MPS, fond 992, kart. 133, inv. č. 438, sign. 01-504/1-3.

einen Missstand dar, da seiner Ansicht nach in der sozialistischen Gesellschaft dem Verdienst entsprechend bezahlt werden sollte. Trotz allem sah er seine Arbeit nicht als reines Mittel zum Zweck an. Den Wert der Arbeit an der Berufsschule habe er erkannt und er nehme sich die Aussagen von Präsident Zápotocký zu Herzen, der offenbar die Zustände an den tschechoslowakischen Berufsschulen kritisiert hatte.[89]

Während dieser Ausbilder noch eine Interpretation von Arbeit präsentierte, in der ihr gesellschaftlicher Wert eine recht große Rolle spielt, verschwindet diese Dimension in anderen Briefen beinahe vollständig. Stattdessen wird das Recht, selbst darüber entscheiden zu können, welche Arbeitsstelle individuell die meisten Vorteile brachte, zunehmend selbstverständlich eingefordert. Dies geschah nicht nur in Fällen, die die Verfasser selbst betrafen, sondern auch, wenn es um Angehörige ging. So beklagte eine Mutter: »Ich habe einen Sohn, der von der Oberschule Nr. 4 abgeht und nicht dorthin gehen kann, wohin er möchte.«[90] Sie selbst sei in der Zeit der Ersten Republik nicht zur Lehre zugelassen worden, da ihr Vater Kommunist gewesen sei. Auch wenn diese Darstellung vom Empfänger nicht mehr geprüft werden konnte, stellte sie doch ein gewichtiges Argument dar, denn wer als Kommunist unter einem kapitalistischen System hatte leiden müssen, dem wurde ein besonderes proletarisches Bewusstsein nachgesagt. Auf dieser schwer zu widerlegenden Grundlage brachte die Verfasserin die Ansicht vor, »dass Kinder das Recht haben, das zu lernen, was ihnen gefällt«.[91] Damit griff sie Diskurse gesellschaftlicher Zugehörigkeit auf und leitete daraus ein Verständnis von Arbeit ab, das eher auf individuelle Selbstverwirklichung ausgerichtet war. War ihr selbst die Verwirklichung auch verwehrt worden, sollte es nun zumindest ihrem Sohn besser gehen.

Eine ähnliche Ansicht vertrat ein Vater, dessen Tochter beim Kreisnationalausschuss (Okresní národní výbor, ONV) in Frýdlant v Čechách angestellt war, allerdings mit dem Unterschied, dass er es als völlig selbstverständlich ansah, eine Arbeit nach ihrem Nutzen auszuwählen. Er beklagte, dass seine Tochter beim ONV andere Tätigkeiten ausüben musste, als ihr ursprünglich zugesichert worden sei. Zudem sei die Lohnerhöhung, die sie bekommen sollte, nie erfolgt. Die Familie brauche aber das Geld, weil unter anderem seine Frau nicht arbeiten könne, da sie sich um die andere Tochter kümmern müsse. Deswegen hätten sie die Kündigung beim ONV eingereicht. Als Gründe wurden familiäre Angelegenheiten und die »ziemlich geringe Bezahlung«[92] angegeben. Beim ONV sei ihnen die Auflösung des Arbeitsverhältnisses versprochen worden, beim Referat für Arbeitskräfte hätten sie aber erfahren, dass die

---

[89] *Ebenda.*
[90] Brief von Eliška P. an den Arbeitsminister vom 18.6.1953. NA, MPS, fond 992, kart. 133–134, inv. č. 439, sign. 01-600/1101-1398.
[91] *Ebenda.*
[92] Brief von Ludvík H. an den Arbeitsminister vom 22.6.1953. NA, MPS, fond 992, kart. 133–134, inv. č. 439, sign. 01-600/1101-1398.

Tochter nicht an eine neue Arbeitsstelle übergeben werden könne. Erneut war es dabei die Auseinandersetzung mit einem konkreten Funktionär, die die sich verändernden Auffassungen über Arbeit zum Vorschein kommen ließ: »[U]nd auf einmal sagte der Genosse [...] dass sie dahin gehen müsse, wo man sie zuteilt. Ich nannte ihm die Gründe, warum ich darauf bestehe, dass sie dorthin geht, wo sie möchte und wo sie mit der Arbeit zufrieden ist.«[93]

Während der zuständige Funktionär also auf der Ansicht beharrte, dass Arbeitskräfte sich den wirtschaftlichen und gesellschaftlichen Erfordernissen unterzuordnen hatten, vertrat der Vater der Betroffenen eine andere Position. Seiner Meinung nach sollte jeder selbst entscheiden können, wo er arbeitet. Ausschlaggebend für die Wahl des Arbeitsplatzes waren nicht mehr gesellschaftliche oder wirtschaftliche Gründe, sondern das eigene Wohlbefinden, finanzielle Aspekte und individuelle Wünsche. Damit offenbarte er eine zunehmend an individuellen Bedürfnissen ausgerichtete Arbeitsauffassung: »Was wäre, wenn das Kind keinen Anspruch mehr auf das hat, was ihm gefallen würde?«[94]

Die Umdeutung des Arbeitsbegriffes vollzog sich somit dahingehend, dass Arbeit nicht mehr primär eine kollektive, sondern eine individuelle Bedeutungsebene erhielt. Wie verbreitet diese Umdeutung war, wird deutlich, wenn die Äußerungen von Parteimitgliedern und jenen, die sich selbst als Kommunisten bezeichneten, hinzugezogen werden. Exemplarisch sei hier auf den Brief eines Bäckers aus dem nordwestböhmischen Aš verwiesen. Er sei seit 1945 in der Partei und wisse laut eigener Aussage daher genau, »was Partei-, Staats- und Arbeitsdisziplin«[95] sei. Entsprechend beanspruchte er für sich, die Wahrheit zu schreiben.[96] Auf Grundlage dieser Selbstbeschreibung forderte er – ähnlich wie die oben zitierten Petenten – ein, seinen Arbeitsplatz frei wählen zu können. Um seinen Anspruch zu begründen, berief er sich auf Parteileitlinien und fügte damit der Debatte um Sinn und Zweck (sozialistischer) Arbeit eine ideologische Dimension hinzu:

[I]ch denke nämlich, dass in unserem Staat jeder anständige Bürger an jedem Ort unserer Republik arbeiten kann und zweitens, dass er nicht daran gehindert werden soll, wenn er seinen Lebensstandard erhöhen will. Drittens haben wir ja die Linie »Jedem nach seiner Fähigkeit und der Qualität seiner verrichteten Arbeit«, was bedeutet, dass ich, wenn ich in einen Bäckereibetrieb als Bäcker eintrete, dort besser eingesetzt werden kann, als in der Textilindustrie.[97]

Grund für seine Äußerungen war die Tatsache, dass sein Einkommen als Mitarbeiter in einer Wäscherei aufgrund einer Neuzuordnung der Entlohnungsgruppen im Monat zuvor verringert worden war, weswegen wiederum sein

---

[93] *Ebenda.*
[94] Brief von Eliška P. an den Arbeitsminister vom 18.6.1953. NA, MPS, fond 992, kart. 133–134, inv. č. 439, sign. 01-600/1101-1398.
[95] Brief von Václav C. an den Arbeitsminister vom 17.6.1953. *Ebenda.*
[96] *Ebenda.*
[97] *Ebenda.*

»Lebensstandard um 35 % gesunken« sei.[98] »Selbstverständlich« habe er solchen Einbußen nicht zustimmen können und daher begonnen, sich eine neue Arbeitsstelle zu suchen. Er habe auch eine Stelle in Mariánské Lázně in Aussicht gestellt bekommen, einzig der Vorsitzende des Kreisreferates für Arbeit habe seinem Umzug nicht zugestimmt.[99]

Interessant ist dieser Fall insbesondere deswegen, weil der Betroffene seine Ansicht, Arbeit diene primär der Verbesserung des eigenen Lebensstandards, mit sozialistischen Leitlinien begründete. Diese Ansicht stand eigentlich in krassem Gegensatz zu ideologischen Vorgaben, die Arbeit vor allem als Dienst am Kollektiv definierten und die Interessen des Einzelnen denen der Gemeinschaft unterordneten. Dieser Gegensatz war auch in den oben zitierten Fällen die Ursache des jeweiligen Konfliktes, durch die Verbindung mit sozialistischen Leitlinien erhielt er hier aber eine neue Dimension.

Ein weiteres Beispiel für die Bedeutungsverschiebung von Arbeit im Nachgang der Währungsreform zeigt sich im Brief eines Angestellten der Waffenwerke in Brno. Dieser war – seiner Ansicht nach unberechtigt – entlassen worden und beklagte die mangelnde Wertschätzung seiner individuellen Arbeitsleistung:

Erst nach meinen zahlreichen Nachfragen wurde mir mitgeteilt, dass es zu meiner Entlassung gekommen sei, weil es hieß, dass ich mich gegen die Versendung einer Dankes-Resolution an die Regierung im Zusammenhang mit der Währungsreform ausgesprochen haben soll. [...] Da ich mir keiner Schuld bewusst bin, sondern im Gegenteil, da meine Arbeit von einer positiven Einstellung zeugt, – nehme ich an, dass meine Entlassung ein Akt persönlichen Hasses einzelner Funktionäre ist [...] ich selbst habe von der Fabrik Vsetín keine Anerkennung erhalten [...], obwohl es durch meinen Vorschlag möglich war, den Produktionsplan zu erfüllen, der ansonsten nicht hätte erfüllt werden können!!!![100]

Auslöser für diese Worte war ein so genannter »Verbesserungsvorschlag«, den der Absender in die Arbeit im Betrieb eingebracht hatte. Dieses Instrument sollte die Arbeiter besser in den Produktionsprozess einbinden und zur aktiven Mitarbeit motivieren.[101] Statt nun aber seinen Vorschlag als Beitrag zum sozialistischen Aufbau anzusehen, deutete der zitierte Petent an, dass er vor allem seine individuelle Leistung anerkannt haben wollte: »Ich habe begründet

---

[98] *Ebenda*. Wie er auf diese Zahl gekommen ist, geht aus dem Brief nicht hervor.
[99] Aufgrund des Mangels an Wohnraum musste jeder Umzug von den Ortsnationalausschüssen genehmigt werden. Dies wurde im »Gesetz zur Verwaltung von Wohnungen« vom 27.12.1956 festgeschrieben. Siehe Gesetz 67/1956 zur Verwaltung von Wohnungen. Sbírka zákonů republiky Československé, částka 35, ročník 1956, Zákon č. 67/1956 Sb. o hospodaření s byty.
[100] Brief von Albin P. an den Präsidenten vom 25.9.1953. AKPR, KPR, (1919) 1948–1962, Protokol 200 000 – rok 1955, kart. 675, inv. č. 2544, sign. 204159.
[101] Vgl. *Zupka*, František: Kupředu za splnění druhé pětiletky, za další růst životní úrovně. Referát předsedy Ústřední rady odborů Františka Zupky [Vorwärts zur Erfüllung des zweiten Fünfjahresplans, zum weiteren Anstieg des Lebensstandards. Referat des Vorsitzenden des Zentralgewerkschaftsrates František Zupka]. In: Odborář. Časopis pro funkcionáře ROH 9/11 (1956), 1022–1055, hier 1030.

[...], dass es meine eigene Arbeit ist, aber das wurde von niemandem berücksichtigt.«[102]

Wie schon in den vorherigen Beispielen stand auch diese Sichtweise in Konflikt mit offiziellen Deutungen und Bewertungen individueller Arbeit, wie aus einem Brief der »Kontrollkommission« (kontrolní inspekční skupina) des Ministeriums für Schwermaschinenbau hervorgeht. Darin heißt es, dass die Tätigkeiten, die der Verfasser für sich beanspruchte, nicht ohne das Arbeiterkollektiv hätten durchgeführt werden können. Deswegen seien die damit erzielten Einsparungen nicht seinem Erfolg zuzuschreiben.[103] Der Verfasser wiederum sah darin eine Abwertung seiner Leistungen für den Betrieb. Bemerkenswert ist, dass dieser Konflikt bis auf die höchste Ebene des Staates getragen wurde, denn der Petent wandte sich an niemand Geringeren als Präsident Zápotocký. Er schien seine Interpretation von Arbeit und deren Wertschätzung – und das damit verbundene Subjektmodell des sozialistischen Arbeiters – trotz des erheblichen Widerstandes von offizieller Seite für korrekt und als mit sozialistischen Leitlinien vereinbar angesehen zu haben.

Während dieser Petent vor allem auf die Wertschätzung seiner Arbeit abhob und damit sicherlich seine Wiedereinstellung erreichen wollte, zielten andere eher darauf ab, sich mit geleisteter Arbeit (wieder) in die sozialistische Gesellschaft einzuschreiben. Dies zeigt der Brief eines Lehrers aus Plzeň, der vor der kommunistischen Machtübernahme von 1948 – die er selbst als Schlüsseldatum seiner Biografie hervorhebt – als Redakteur einer Tageszeitung der »Partei der Nationalen Sozialisten« gearbeitet hatte und dementsprechend auch Mitglied dieser Partei war. Er schrieb, dass diese Mitgliedschaft trotz seiner langjährigen Bemühungen ihm und seiner Familie immer wieder Schwierigkeit bereitete und ihnen die Freude an der ehrlichen Arbeit genommen habe.[104]

In seinem Brief an Präsident Zápotocký erläuterte der Verfasser diese langjährigen Bemühungen und legte dar, dass er mit seiner »sorgfältigen und ehrlichen Arbeit« die Fehler, die er in der Vergangenheit begangen hatte, wiedergutmachen wollte. Er bediente sich dabei eines Mechanismus, mit dessen Hilfe die Betroffenen ihre symbolische Wiederaufnahme in die Gesellschaft beantragen konnten: Durch besonderen Aktivismus und sozial sinnhafte Arbeit sollten sie ihre Loyalität zum Sozialismus beweisen.[105]

Der Versuch, die Mitgliedschaft in der Partei der Nationalen Sozialisten durch geleistete Arbeit wieder auszugleichen, stellt das zentrale Narrativ des

---

[102] Brief von Albin P. an den Präsidenten vom 25.9.1953. AKPR, KPR, (1919) 1948–1962, Protokol 200 000 – rok 1955, kart. 675, inv. č. 2544, sign. 204159.
[103] Brief der Kontrollkommission des Ministeriums für Schwermaschinenbau in der Angelegenheit Albin P. vom 3.1.1954. *Ebenda*.
[104] Brief von Václav Š. an den Präsidenten vom 25.9.1953. AKPR, KPR, (1919) 1948–1962, Protokol 100 000 – rok 1955, kart. 649, inv. č. 2503, sign. 124978.
[105] Vgl. *Alexopoulos*: Stalin's Outcasts, 186.

Briefes dar: »[...] [I]ch habe im Verlauf von fünf Jahren niemanden gefunden, der meine Arbeit sei dem Jahr 1948 berücksichtigen und gerecht bewerten würde [...].«[106] Das stellte in seinen Augen eine besondere Abwertung seiner Tätigkeiten dar, da er auch schwere und erschöpfende Aufgaben immer »gern, ehrlich und sorgfältig« verrichtet habe, so wie jede Arbeit, die ihm anvertraut wurde. So habe er auch seine Aufgaben in der »Lánská akce« (Aktion Lány), die der Anwerbung von Arbeitskräften für die Schwerindustrie diente, erfolgreich erfüllt.[107]

Obwohl ihn der Dank für seine dortige Arbeit »tief berührt« habe, sei er »aus Liebe zur Sache und aus der Überzeugung, gute Arbeit für den Aufbau [der] Republik zu leisten« ins Westböhmische Kohlerevier[108] gegangen, um den Ausbau des Bergbaus zu unterstützen.[109] Dort habe er vor allem mit dem Misstrauen zu kämpfen gehabt, das seiner »wichtigen und verantwortungsvollen Arbeit«[110] entgegengebracht wurde. All dies sah er als eine Folge seiner Mitgliedschaft in der Partei der Nationalen Sozialisten an und beklagte sich darüber, dass diese Tatsache seine »aufrichtige, fünfjährige Arbeit« entwertet habe, bei der er sogar seine Gesundheit eingebüßt habe.[111]

Der Verfasser beklagte in seinem Brief somit zweierlei: Zum einen ging es ihm um »die gerechte Bewertung sorgfältiger und ehrlicher Arbeit«,[112] die ihm verwehrt worden sei. Zum anderen klagte er an, dass der Mechanismus der Loyalitätsbekundung qua »ehrlicher Arbeit« in seinem Fall nicht funktioniere. Der Brief ließ ihn als einen engagierten Arbeiter erscheinen, der alle seine Anstrengungen auf den Aufbau der Republik ausrichtete und bereit war, dabei auch seine Gesundheit zu opfern. Diese Anstrengungen, mit denen er sich direkt an die Führungsebenen von Staat und Partei wandte, waren für ihn eine Handlung, die seine Loyalität offenkundig werden lassen sollte.[113] Arbeit war für ihn somit vor allem eine Möglichkeit, sich wieder in die sozialistische Gesellschaft einzuschreiben, wobei er sich stark am Vorbild des »revolutionären Arbeiters«[114] aus der Zeit vor 1948 orientierte. Dessen Eigenschaften scheinen aber fünf Jahre später nicht mehr in dem Ausmaß gefragt gewesen zu sein, wie

---

[106] Brief von Václav Š. an den Präsidenten vom 25.9.1953. AKPR, KPR, (1919) 1948-1962, Protokol 100 000 – rok 1955, kart. 649, inv. č. 2503, sign. 124978.
[107] *Ebenda.*
[108] Západočeský uhelný revír (ZUR).
[109] Brief von Václav Š. an den Präsidenten vom 25.9.1953. AKPR, KPR, (1919) 1948-1962, Protokol 100 000 – rok 1955, kart. 649, inv. č. 2503, sign. 124978.
[110] *Ebenda.*
[111] *Ebenda.*
[112] *Ebenda.*
[113] Zur analytischen Kategorie der »Loyalität« siehe ausführlich *Schulze Wessel*, Martin: »Loyalität« als geschichtlicher Grundbegriff und Forschungskonzept. Zur Einleitung. In: *Ders.* (Hg.): Loyalitäten in der Tschechoslowakischen Republik, 1918-1938. Politische, nationale und kulturelle Zugehörigkeiten. München 2004, 1-22, hier 2.
[114] Vgl. *Nečasová*: Nový socialistický člověk, 78-85.

er annahm. Dennoch kann dieser Brief als mögliches Beispiel für das Briefeschreiben als Biographiegenerator angesehen werden. Konfrontiert mit einer zutiefst verunsichernden Situation versuchte der Petent, sich der eigenen Leistungen im Verlaufe des Lebens noch einmal zu versichern. Dies unterstreicht einmal mehr die Bedeutung, die das Subjektmodell des »revolutionären Arbeiters«, das im Brief hervortritt, für den Verfasser gehabt haben muss.

Es war aber nicht nur die sozialistische Gesellschaft, in die sich die Menschen durch Arbeit einschreiben wollten. Wie der Brief einer Prager Künstlerin zeigt, war Arbeit auch ein wichtiges Zugehörigkeitskriterium der tschechisch-nationalen Gesellschaft. Obwohl sie »schon immer eine Tschechin und Angehörige der tschechoslowakischen Republik«[115] gewesen sei, wartete die Petentin im März 1954, als sie sich mit ihrem Fall an den Präsidenten wandte, nach eigener Angabe bereits mehr als neun Jahre auf ihre Staatsbürgerschaft.[116] Um ihren Anspruch zu belegen, beschrieb sie ihre Familie als eine tschechische Arbeiterfamilie und verknüpfte damit sozialistische Kriterien mit nationaler Zugehörigkeit.[117]

1942 habe sie einen Mann geheiratet, der »deutscher Staatsangehöriger (heute DDR)«[118] gewesen sei und der die Vaterschaft für ihr Kind habe übernehmen wollen.[119] Diese Hochzeit wurde ihr einige Jahre später offenbar zum Verhängnis, als ihr mitgeteilt wurde, dass sie ihre Leitungsfunktion in dem Betrieb, in dem sie arbeitete, aufgrund dieser Verbindung nicht mehr ausüben konnte, und ihr die Kündigung ausgesprochen wurde. Seitdem sei es für sie schwierig, eine neue Arbeit zu finden, da ihre Kaderbefunde »unvorteilhaft«[120] seien.

Dieser Tatsache versuchte die Verfasserin, mit ihrer Selbstdarstellung als »guter Arbeiter«[121] entgegenzuwirken, die sich als Narrativ durch den gesamten Brief zieht. Sie beschrieb, dass sie »vollkommen in die Bemühungen des Aufbaus« eingebunden gewesen sei und das »ordentliche Leben eines werktätigen Bürgers« gelebt habe.[122] Da sie als Künstlerin keine Anstellung finden konnte, habe sie Arbeit in einem Großmarkt gesucht und durch ihre »ehrliche

---

[115] Brief von Marie L.-B. an den Präsidenten vom 28.3.1954. AKPR, KPR, (1919) 1948–1962, Protokol 100 000 – rok 1955, kart. 649, inv. č. 2503, sign. 124978.
[116] Genauere Informationen, warum die Verfasserin keine Staatsbürgerschaft besaß, obwohl sie laut eigener Angabe aus einer tschechischen Familie stammte, lassen sich dem Brief nicht entnehmen. Da sie aus den ehemals mehrheitlich deutschsprachigen Gebieten kam und später einen Deutschen heiratete, ist der Grund vermutlich in einem dieser Faktoren zu suchen.
[117] Brief von Marie L.-B. an den Präsidenten vom 28.3.1954. (s. Anm. 115).
[118] *Ebenda.*
[119] Über den leiblichen Vater schreibt die Verfasserin nichts.
[120] Brief von Marie L.-B. an den Präsidenten vom 28.3.1954 (s. Anm. 115).
[121] Die Verfasserin wählte hier aus ungeklärten Gründen die männliche Form.
[122] Brief von Marie L.-B. an den Präsidenten vom 28.3.1954 (s. Anm. 115).

Arbeit« sei sie zur Leiterin einer Abteilung berufen worden. Mit dieser Abteilung habe sie am sozialistischen Wettbewerb teilgenommen und ihre Selbstverpflichtung sei sogar in der Zeitschrift »Československý obchod« (Der tschechoslowakische Handel) veröffentlicht worden.[123]

Diese Beschreibung könnte als Musterbeispiel für das bereits im Kaschauer Programm verankerte Versprechen, »ehrliche Arbeit« sei der Motor weiblicher Emanzipation, angesehen werden. Allerdings schien es der Verfasserin gar nicht primär darum zu gehen, sich als mustergültige sozialistische Arbeiterin, sondern vielmehr als produktives Mitglied der nationalen Gesellschaft zu präsentieren. Sie verband auf diese Weise sozialistische und nationale Vorstellungen und griff dabei auch auf die Idee der »ehrlichen Arbeit« zurück, die bereits während des 18. Jahrhunderts ein wichtiger Ausweis dafür gewesen war, im Sinne der tschechischen Nation zu handeln. »Ehrliche Arbeit« war für sie dabei vor allem eine nationale Kategorie und mit ihrem individuellen Verständnis der »Staatsbürgerin« (občan) orientierte sie sich mehr an tschechisch geprägten Vorstellungen als an sozialistischen.[124]

Interessant ist zudem, dass sich ihre Selbstbeschreibung als »gute Arbeiterin« im Grunde nicht von den Selbstbeschreibungen männlicher Petenten unterscheidet. »Ehrliche Arbeit«, Selbstverpflichtungen und die Teilnahme am sozialistischen Wettbewerb sind die zentralen Kategorien, die sowohl die hier zitierte Verfasserin anwendet als auch viele ihrer männlichen Kollegen. Die Ursache dafür kann in der Tatsache gesehen werden, dass – obwohl im sozialistischen Subjektdiskurs eine *pracovnice* (Arbeiterin) existierte – der männliche Arbeiter der eigentliche Bezugspunkt war. Alle Maßnahmen, die Frauen von häuslichen Pflichten befreien und in die Erwerbstätigkeit bringen sollte, waren darauf angelegt, dass diese Arbeiter sein konnten wie Männer (»so that they could be workers like men«).[125] Die Eigenschaften männlicher Arbeiter wurden also schlicht auf ihre weiblichen Kolleginnen übertragen. Dies galt auch für die Berufswahl, denn Frauen standen prinzipiell alle Berufe offen.[126] Beispiele wie das hier zitierte zeigen, dass dies nicht nur ein Aspekt des Diskurses war, sondern in den zugehörigen Praktiken auch so reproduziert wurde. Inwiefern es eine Auseinandersetzung mit dieser Konnotation gab, insbesondere von Seiten weiblicher Petentinnen, kann an dieser Stelle nicht geklärt werden.

---

[123] *Ebenda*.
[124] Vgl. *Luft*, Robert/*Havelka*, Miloš/*Zwicker*, Stefan: Zur Einführung. In: *Dies*. (Hg.): Zivilgesellschaft und Menschenrechte im östlichen Europa. Tschechische Konzepte der Bürgergesellschaft im historischen und nationalen Vergleich. München 2014, V–XIV, hier IX; sowie *Sokol*, Jan: »Bürger« und »občan«. Zu Eigenheiten der tschechischen Zivilgesellschaft. In: *Luft/Havelka/Zwicker* (Hg.): Zivilgesellschaft und Menschenrechte im östlichen Europa, 189–197, hier 193 f.
[125] Vgl. *Feinberg*, Melissa: Elusive Equality. Gender, Citizenship, and the Limits of Democracy in Czechoslovakia, 1918–1950. Pittsburgh 2006, 197.
[126] Vgl. *Nečasová*: Nový socialistický člověk, 142–149.

Die zunehmende Offenheit, mit der der Arbeitsbegriff nach der Verkündung der Preissenkungen gedeutet wurde, hatte somit weitreichende Folgen. Die Tatsache, dass Arbeit nun eine Möglichkeit darstellte, etwas für den eigenen Lebensstandard zu tun, hatte innerhalb kürzester Zeit eine Fülle neuer Deutungsmuster hervorgebracht. In diesen galt Arbeit nicht mehr nur als Beitrag zum sozialistischen Aufbau, sondern zunehmend als Mittel individueller Selbstverwirklichung, Einschreibung in die Gesellschaft oder Nation oder schlicht Verbesserung der finanziellen Situation. Es lässt sich somit ein Wandel von einer kollektiven hin zu einer individuellen Dimension von Arbeit beobachten.

Zentral war in diesem Zusammenhang die Tatsache, dass der Anstieg der Arbeitsproduktivität als das entscheidende Mittel für die Anhebung des kollektiven – und damit individuellen – Lebensstandards präsentiert worden war: »Mit dem Anstieg der Arbeitsproduktivität steigt der Lohn, sinken die Preise der Waren, steigt der Lebensstandard der Werktätigen. Der Anstieg der Arbeitsproduktivität dient dem Anstieg des Wohlstands der Werktätigen«,[127] hieß es in der Parteipresse. Der Zusammenhang zwischen der Arbeit des Einzelnen und einer besseren Lebenssituation für alle – und damit eben auch für jeden einzelnen Arbeiter – ist hier evident. Dass viele Arbeiter sich nun wieder zunehmend als »Gestalter und der Ursprung ihres Glücks und Wohlstands«[128] fühlen konnten, war für ihr Verhältnis zu Sozialismus und Regime von großer Bedeutung.

Bemerkenswert bei vielen der vorgestellten Deutungsmuster ist, dass diese theoretisch in starkem Widerspruch zu ideologischen Leitlinien standen. Insbesondere die Fragen, wofür gearbeitet wurde und wer darüber zu entscheiden hatte, wo jemand arbeitete, führten immer wieder zu Konflikten zwischen den Petenten und ihren Vorgesetzten oder lokalen Entscheidungsgremien. Dennoch wandten sich die Betroffenen mit ihren Anliegen an höhere Instanzen wie den Präsidenten der Republik und machten damit deutlich, dass für sie ein solcher Widerspruch nicht zu existieren schien. Vielmehr sahen sie ihre individuellen Deutungen von Arbeit als absolut vereinbar mit sozialistischen Leitlinien an und zogen letztere sogar vielfach zur Begründung ihrer Anliegen heran.

All dies deutet darauf hin, dass der – sicherlich eher nicht intendierte – Wandel des Arbeitsbegriffes in Folge der Währungsreform eine wichtige Rolle für die Stabilität des Regimes spielte. Arbeit nahm einen Großteil des alltäglichen Lebens von Tschechen und Slowaken ein und die Tatsache, mit dieser Arbeit nicht nur einen Beitrag für den Aufbau einer besseren Gesellschaft zu leisten, sondern auch die eigene Lebenssituation verbessern zu können, schien

---

[127] Červinka, A./Zahrádka, E.: Proč zvyšovat produktivitu práce [Warum die Arbeitsproduktivität angehoben werden muss]. Rudé právo vom 26.9.1954, 2.
[128] Poctivá práce – základ našich úspěchů [Ehrliche Arbeit – die Basis unseres Erfolgs]. Rudé právo vom 5.10.1953, 1.

für viele eine große Bedeutung zu haben. Indem das Regime vielfältige Verbindungen zwischen individueller Arbeitsleistung und Teilhabe am sozialistischen Narrativ ermöglichte, konnte es die eigene Position in einer veritablen Krisensituation entscheidend stärken.

»Neuer Kurs« – Neue Identitäten?

Die durch die Währungsreform von 1953 entstandenen massiven finanziellen Verluste stellten selbst die Identität von Personen infrage, deren Selbstwahrnehmung auf Opferbereitschaft und Arbeit im gesellschaftlichen Interesse beruht hatte. Es brauchte also dringend neue Identifikationsangebote. Mit dem »Neuen Kurs« und der damit einhergehenden Um- und Neudeutung von Arbeit gelang es dem Regime, ebendiese zu schaffen.

Diese Umdeutung spielte dabei auch deswegen eine so große Rolle, weil sie die Möglichkeit schuf, mit dem eigenen Beitrag zum sozialistischen Aufbau auch etwas für die eigene (materielle) Situation tun zu können. Auf diese Weise wurde es für mehr Menschen attraktiv, sich in das kommunistische Narrativ einzuschreiben, da sie die eigenen Bedürfnisse nicht mehr vollständig denen des Kollektivs unterordnen mussten. Der Wunsch nach einer solchen Lockerung im Rahmen der Vorstellungen sozialistischer Subjektivität schien in der Gesellschaft schon länger vorgeherrscht zu haben. Anders ist es nicht zu erklären, wie schnell die mit dem »Neuen Kurs« verbundenen Prämissen Eingang in die zitierten Beschwerden und Eingaben fanden.

Dennoch haben vor allem die Reaktionen auf die Währungsreform gezeigt, dass es vielen Betroffenen wichtig war, ihre Identitäten im Sozialismus verankert zu sehen. Sie versuchten, sinnhafte Erklärungen dafür zu finden, dass sie aus der Arbeiterklasse ausgeschlossen wurden und zeigten große Verzweiflung angesichts der Tatsache, dass die Partei sie offenbar enttäuscht hatte. Dementsprechend kann auch die teilweise erfolgte Loslösung des Arbeitsbegriffs vom sozialistischen Aufbau nicht als eine Abwendung von sozialistischen Subjektmodellen angesehen werden. Im Gegenteil: Die Möglichkeit, den Sinn und Zweck von Arbeit individuell deuten zu können, schien eher neue Formen der Einschreibung in die sozialistische Gesellschaft zu produzieren.

Dass viele Petenten bei diesen Versuchen auf Formulierungen und Kategorien zurückgriffen, die ihnen in der Parteipresse präsentiert wurden, deutet in diese Richtung. Diese Praxis kann als eine Form der Ermächtigung angesehen werden, da diese Kategorien es ihnen ermöglichten, ihr Anliegen vorzubringen. Die zuständigen Funktionäre und andere Vertreter des Regimes erschienen dabei vielfach als kompetente Instanzen, die diese Identitäten im Sinne des Sozialismus bestätigen sollten. Allerdings ist auch hier ein Wandel erkennbar, denn mit der Überzeugung, Arbeit den eigenen Bedürfnissen entsprechend ausdeuten zu können, ging ein zunehmendes Selbstbewusstsein einher, die Anerkennung dieser Ansicht einfordern zu können. Grundlage waren dabei oftmals eben die ideologischen Leitlinien, von denen die jeweiligen Deutungen eigentlich grundlegend abwichen. Darin zeigte sich nicht nur die produktive Dimension des sozialistischen Wertesystems, sondern auch die Entstehung individueller Auffassungen des Sozialismus, die in den Augen derer, die sie vertraten, als legitim angesehen wurden.

Vor allem das Vorgehen des Regimes im Rahmen der Währungsreform führte dazu, dass sich eine zunehmende Diskrepanz zwischen diesen individuellen Deutungen und dem offiziellen Sozialismus auftat, den das Regime vertrat. Nicht mehr jeder sah die Partei noch dazu in der Lage, den Sozialismus, wie er ihn selbst deutete, auch in die Tat umzusetzen. Vom System an sich wandten sie sich dabei allerdings nicht ab, sondern forderten vielmehr zunehmend seine Anpassung an die eigenen Lebensumstände.

2. Der »neue Mensch« im Radio

Mitte des Jahres 1953 stand das kommunistische Regime in der Tschechoslowakei vor einem Paradox. Einerseits hatte seine Glaubwürdigkeit massiv unter der Währungsreform gelitten, andererseits hatten aber gerade ideologisch fundierte Identitätsmuster dafür gesorgt, dass viele Menschen trotz allem noch ein Teil des sozialistischen Projekts sein wollten. Dabei hatte sich gezeigt, dass die Betroffenen durchaus eigene Vorstellungen davon entwickelten, welche Eigenschaften sozialistische Subjekte aufweisen sollten.

Aber woher kamen diese Vorstellungen? Auf welcher Grundlage entwickelten die Menschen ihre Ideen eines Sozialismus, der ihnen materiellen Wohlstand und individuelle Selbstverwirklichung ermöglichte? Auf Grundlage des Anspruchs, möglichst ganzheitlich in das Leben von Tschechen und Slowaken eindringen zu wollen, nutzte das Regime eine ganze Bandbreite an Kanälen und Medien, um seine Vorstellungen zu verbreiten. Neben der bereits thematisierten Parteipresse – insbesondere ist dabei die »Rudé právo« zu nennen – war in der ersten Hälfte der fünfziger Jahre dabei vor allem der Tschechoslowakische Rundfunk ein wichtiger Multiplikator. Er sollte zur »Erziehung [des Volkes] zum Sozialismus«[129] beitragen und so den sozialistischen Menschen mitschaffen.

Als Institution unterstand der Rundfunk direkt dem Regime und war damit theoretisch der »Parteilichkeit«[130] verpflichtet. Nichtsdestotrotz entwickelte er sich mit der Zeit zu einer Institution, die eine Vermittlerrolle zwischen den Vertretern des Regimes und der breiten Bevölkerung einnahm und teilweise Aufgaben übernahm, für die eigentlich Verwaltungseinrichtungen wie Nationalausschüsse zuständig waren. Diese Rolle war für die Verbreitung der Idee des »neuen Menschen« von großer Bedeutung, da die Botschaft des Rundfunks

---

[129] *Končelík*, Jakub/*Večeřa*, Pavel/*Orság*, Petr: Dějiny českých médií v 20. století [Tschechische Mediengeschichte im 20. Jahrhundert]. Praha 2010, 142.
[130] Vgl. *ebenda*, 137 f.

so deutlich glaubwürdiger war als die von Parteifunktionären. Dies wird in den zahlreichen Zuschriften deutlich, die das Medium erreichten. So schrieb 1954 ein Hörer beispielsweise an die »Redaktion für politische Sendungen«:[131]

Radio zu hören ist für mich eine Quelle von Unterhaltung, eine Schule der Entdeckung des weltweiten Fortschritts, Träger und Verbreiter einer national bewussten Disziplin, Zucht und Kultur, verbindendes Zentrum internationaler Solidarität und Vorkämpfer für den Weltfrieden.[132]

Diese enthusiastische Stellungnahme leitete übrigens nicht etwa eine umfassende Auseinandersetzung mit dem politisch-erzieherischen Programm des Rundfunks ein, sondern die recht pragmatische Frage, wie der Verfasser sich vor den Ameisen schützen könne, die seine Vorräte befallen hatten. Neben einer ideologisch-erzieherischen Botschaft lieferte der Rundfunk also auch lebenspraktische Hilfestellungen und ein umfassendes Unterhaltungsprogramm. Damit stand er in enger Verbindung zur alltäglichen Lebensrealität seiner Hörer und konnte Glaubwürdigkeit dadurch gewinnen, dass sich die gesendeten Hinweise, unter anderem eben zur Schädlingsbekämpfung, auch tatsächlich umsetzen ließen.

Die Kommunikation zwischen Hörerschaft und Rundfunk ist somit nicht nur gut geeignet, um nachzuvollziehen, wie Vertrauen in Staat und Partei abseits politischer und behördlicher Strukturen entstehen konnte. Sie kann auch dazu dienen, einen Einblick zu gewinnen, wie die im vorherigen Kapitel beschriebene Idee des »neuen Menschen« abseits einer konkreten Krisensituation von Teilen der Bevölkerung aufgegriffen wurde und wie die Hörer sie in ihre individuelle Lebensrealität integrieren konnten. Anhand der Reaktion auf ausgewählte Programmpunkte kann gezeigt werden, inwiefern Radiohören das Potenzial einer »Technik des Selbst«[133] hatte, die dazu beitragen konnte, dass Hörer individuelle Vorstellungen vom »neuen sozialistischen Menschen« entwickelten.

Der Rundfunk als Anwalt gesellschaftlicher Interessen

Um die Selbstdarstellungen der Hörer, die sich in den Briefen an den Tschechoslowakischen Rundfunk finden, interpretieren und einordnen zu können, ist es notwendig, zunächst einen kurzen Exkurs vorzunehmen und einen genaueren Blick auf die Kommunikation zwischen dem Rundfunk und seinen Hörern zu werfen. Dies gibt Aufschluss darüber, welchen Stellenwert die Botschaft des Rundfunks in der Gesellschaft hatte und welche Glaubwürdigkeit sie beanspruchen konnte. Nur, wenn die Eigenschaften des »neuen Menschen« als legitim erachtet wurden, hatten sie die Chance, adaptiert zu werden.

---

131 Hlavní redakce politického vysílání (HRPV).
132 Monatsbericht 5/1954. AČRo, Ústřední dopisové oddělení, Měsíční přehled, 5/1954, 15 f.
133 Vgl. *Reckwitz*: Das hybride Subjekt, 58 f.

Wie bereits angedeutet, standen die Redakteure des Rundfunks in einem dauerhaften Austauschprozess mit ihren Hörern. Im laufenden Programm wurde immer wieder dazu aufgefordert, sich mit Briefen an den Rundfunk zu wenden und die eigene Meinung zum Programm mitzuteilen. Die eingehenden Zuschriften sollten dabei einerseits dazu dienen, das Programm zu verbessern, andererseits waren sie auch für führende Funktionäre interessant, die hofften, daraus etwas über die Ansichten der Zuhörer zu den jeweiligen Themen und über ihr alltägliches Leben zu erfahren.[134] Die Hörerpost sollte den Redakteuren also dabei helfen, ein Programm zu entwickeln, das »von politischer, propagandistischer und erzieherischer Seite wirkungsvoll«[135] war. So hieß es in einem Bericht, dass man durch die Lektüre der Briefe »die Eigenschaften [der] Hörer«[136] kennenlernen würde. Diese würden Wissbegierde und Verständnis für gestalterische Arbeit zeigen und auf Grundlage dieser Erkenntnis müsse man nun das Programm verbessern.[137]

Für die Bearbeitung der Zuschriften war seit 1945 unter wechselnden Bezeichnungen die Zentrale Abteilung für Briefe (Ústřední dopisové oddělení, ÚDO) zuständig.[138] Diese leitete nicht nur alle eingehenden Schreiben an die zuständigen Redaktionen weiter und überwachte deren Erledigung, sondern musste auch eigene Zusendungen bearbeiten.[139] Diese waren laut der Abteilungsberichte »allgemeiner Natur«[140] und betrafen Fragen zu Bezügen, Män-

---

[134] Vgl. *Lehr*: Pište nám, 72 und 80–82; *Spurný*: Nejsou jako my.
[135] Bericht »Offene Beziehungen mit den Hörern und eine erhöhte Aufmerksamkeit für Briefe – für qualitativere Sendungen«. AČRo, Ústřední dopisové oddělení, přehledy, 1/1954, 1 f.
[136] *Ebenda*.
[137] *Ebenda*.
[138] Vgl. *Běhal*: Rozhlas po nástupu totality, 255.
[139] Zur Aufgabe des ÚDO siehe vor allem die Berichte der Zentralen Abteilung für Briefe (Ústřední dopisové oddělení – přehledy), wie zum Beispiel aus Januar und Mai 1954 (AČRo, Ústřední dopisové oddělení, přehledy 1/1954, Přímým stykem s posluchači a zvýšenou pozorností k dopisům – ke zkvalitnění vysílání!, sowie Ústřední dopisové oddělení, Měsíční přehled, 5/1954, 3 f.). Darin wird die Arbeit und Aufgabe der Abteilung beschrieben, die vor allem darin bestand, aus den Zuschriften Vorschläge zur Programmverbesserung abzuleiten und die Beziehung zu den Hörern zu optimieren. Immer wieder wurde in diesen Berichten auch Kritik daran geübt, dass die einzelnen Redaktionen kein oder wenig Interesse zeigten, sich mit den Zuschriften auseinanderzusetzen. Um deren Bearbeitung zu gewährleisten und überwachen zu können, wurden Fristen festgelegt und Formulare bereitgestellt. Jede Antwort aus den Redaktionen wurde wiederum von der zentralen Abteilung geprüft und an die Redaktionen zurückgegeben, wenn die Antwort als unzureichend befunden wurde. Dieses Vorgehen zeigt – ebenso wie die regelmäßige Bewertung, welche Redaktion die Briefe am sorgfältigsten bearbeitete – welche Bedeutung den Hörerzuschriften beigemessen wurde und als wie wichtig die Beziehung zu den Hörern erachtet wurde.
[140] Bericht »Offene Beziehungen mit den Hörern und eine erhöhte Aufmerksamkeit für Briefe – für qualitativere Sendungen«. AČRo, Ústřední dopisové oddělení, přehledy, 1/1954, 1 f.

I. Krise und Neuausrichtung 93

geln im öffentlichen Leben, Wohnungsproblemen oder Renten- und Krankenversicherung. Viele Briefe enthielten darüber hinaus konkrete Bitten um Rat oder Hilfe in den entsprechenden Angelegenheiten sowie kritische Anmerkungen zur mangelhaften Qualität von Lebensmitteln, anderen Produkten und zu Missständen in der Landwirtschaft.[141] Die meisten Zuschriften erhielt der Rundfunk allerdings als Reaktionen auf Wettbewerbe, bei denen Zuhörer Fragen aus dem laufenden Programm beantworten oder Vorschläge für neue Sendeformate machen sollten. Auch Musikwünsche und Anfragen zu Liedtexten oder Skripten zu gesendeten Reportagen machten einen großen Teil der Zuhörerbriefe aus.[142] Die ÚDO legte großen Wert darauf, dass alle Zuschriften sorgfältig bearbeitet wurden und die Verbesserungsvorschläge in die Programmgestaltung einflossen.

Durch den Einbezug der Hörer wurde also ein Kommunikationsraum geschaffen, in dem nicht nur Programminhalte, sondern auch Fragen und Probleme des gesellschaftlichen Alltags und der politischen Ordnung verhandelt werden konnten. Da Partei und Regierung sich die Gunst der Bevölkerung auch dadurch sichern mussten, dass sie auf ihre Wünsche und Bedürfnisse eingingen, kommt den in den Briefen an den Rundfunk übermittelten Informationen eine große Bedeutung zu. Stabilisierend wirkten die Zuschriften zudem dadurch, dass die Verfasser auf diesem Wege ihren Frust über die Probleme auslassen konnten, mit denen sie in ihrem alltäglichen Leben konfrontiert waren.[143]

Diese Wirkung wurde durch die Tatsache verstärkt, dass die Forderungen der ÚDO nach einer sorgfältigen Bearbeitung von einzelnen Anfragen auch tatsächlich in die Tat umgesetzt wurden. Dies war besonders bei Anfragen wichtig, die nichts mit dem eigentlichen Programm zu tun hatten, sondern zum Beispiel Probleme der Hörer mit Behörden betrafen. Die Monatsberichte der ÚDO zeigen, dass die meisten Anfragen weiterverfolgt und die entsprechenden Nationalausschüsse, Behörden oder auch Ministerien kontaktiert wurden. Oftmals konnte dabei eine für den Verfasser günstige Lösung gefunden werden, wie im Fall einer Beschwerde über die Parteiorganisation in einer kleinen Gemeinde. Auf Initiative des Rundfunks hin wurde hier der beschuldigte Funktionär abgesetzt.[144]

Dieses Engagement führte dazu, dass der Rundfunk in vielen Fällen als der entscheidende Akteur angesehen wurde, der Verbesserungen initiiert hatte und von den Hörern entsprechend Vertrauen und Wertschätzung erhielt. Dies zeigt sich auch in der Tatsache, dass sich manche Hörer mehrfach und in unterschiedlichen Angelegenheiten an den Rundfunk wandten: »Verehrte Genossen,

---

141 *Ebenda*, 8.
142 *Ebenda*, 1 f.
143 Vgl. *Lehr*: Pište nám, 80.
144 Bericht »Offene Beziehungen mit den Hörern und eine erhöhte Aufmerksamkeit für Briefe – für qualitativere Sendungen«. AČRo, Ústřední dopisové oddělení, přehledy, 1/1954, 17.

ich wende mich erneut mit der Frage nach Hilfe an sie, aber dieses Mal in einer ein wenig anderen Angelegenheit. Immer habe ich bei ihnen ein gutes Herz gefunden, großes Verständnis, Rat und Hilfe.«[145]

Kurz nach der Währungsreform war dieses Vertrauen für das Regime – von dem der Rundfunk weiterhin ein Teil war – von großer Bedeutung. Staatlichen Einrichtungen war nach der Reform vielfach die Kompetenz abgesprochen worden, sich angemessen um die Bedürfnisse der Menschen kümmern zu können. Dies war ein Trend, der bereits in den Jahren vor der Reform eingesetzt hatte und der sich nun verstärkte. Viele Funktionäre nahmen nicht an den Sitzungen von Regionalausschüssen oder Fabrikkomitees teil, da sie das Gefühl hatten, dort sowieso kein Gehör zu finden.[146] Eingaben und Beschwerden an öffentliche Institutionen blieben vielfach unbeantwortet. Hier entstand eine Lücke, die der Rundfunk füllen konnte:

Die Aufmerksamkeit, die der Rundfunk seinen Hörern widmet und mit der er ihre Anfragen und Wünsche bearbeitet, sollten anderen öffentlichen Institutionen ein Vorbild sein, die oft auf schwerwiegendere Anfragen und Eingaben erst nach mehrfacher Nachfrage reagieren oder manchmal auch überhaupt nicht [...].[147]

Vor allem das Gefühl, dass sich jemand für ihr Schicksal interessierte, schien für viele Hörer von großer Bedeutung zu sein:

Niemals hätte ich erwartet, dass meinem Brief eine solche Aufmerksamkeit gewidmet wird. Ich bin es nicht gewohnt, dass sich jemand so selbstlos jemandem widmet, den er nicht kennt. [...] Es ist ersichtlich, dass sich wirklich neue Beziehungen zwischen den Menschen bilden [...]. Ich kann daher nur unserer Wissenschaft viel Erfolg wünschen und ihnen, Genossen, aus ganzem Herzen herzlichst danken [...].[148]

Ähnlich wie das sowjetische Fernsehen konnte sich der Tschechoslowakische Rundfunk auf diese Weise als »Anwalt gesellschaftlicher Interessen«[149] präsentieren. Durch die sorgfältige Bearbeitung der Briefe gelang es, Vertrauen zu generieren, wodurch der Rundfunk zu einem wichtigen Faktor der politischen Kommunikation zwischen seinen Hörern und dem Regime wurde.[150] Dabei erfüllte er Aufgaben, für die eigentlich Verwaltungsinstitutionen wie die Nationalausschüsse zuständig waren. Inwiefern dies auf eine Überforderung dieser Institutionen zurückzuführen ist oder den Unwillen der dort tätigen Personen, lässt sich an dieser Stelle nicht abschließend klären. Interessant ist jedoch, dass die politische Führung offenbar kein Problem damit hatte, dass der Rundfunk diese Aufgaben übernahm, obwohl dabei in vielen Fällen die Kritik aus der Bevölkerung gebündelt wurde. So wurde ein Mechanismus geschaffen, der diese

---

[145] Bericht »Offene Beziehungen mit den Hörern und eine erhöhte Aufmerksamkeit für Briefe – für qualitativere Sendungen«. AČRo, Ústřední dopisové oddělení, přehledy, 1/1954, 16.
[146] Vgl. *Šlouf*: Spřízněni měnou, 124–129.
[147] Monatsbericht 4/1954. AČRo, Ústřední dopisové oddělení, Měsíční přehled, 4/1954, 13.
[148] Monatsbericht 3/1954, AČRo, Ústřední dopisové oddělení, 16.
[149] *Bönker*: Fernsehkonsum, 212.
[150] Vgl. *ebenda,* 208 und 212.

Kritik kanalisieren und Unzufriedenheit abbauen konnte. Gleichzeitig traten aber auch Mängel in der öffentlichen Verwaltung noch deutlicher hervor. Die politische Führung griff an dieser Stelle nicht ein. Dies legt nahe, dass sie aufgrund des desaströsen Zustandes der öffentlichen Verwaltung keine andere Wahl hatte, als die Dinge so weiterlaufen zu lassen.

Indem der Rundfunk also durch die sorgfältige Bearbeitung von Zuschriften das Vertrauen seiner Hörerschaft gewinnen konnte, steigerte er gleichzeitig die Glaubwürdigkeit seiner Inhalte. Für die Vermittlung der ideologischen Botschaft des Regimes und die »Schaffung des neuen Menschen«,[151] der eigentlichen Hauptaufgabe des Rundfunks, hatte dies eine entscheidende Bedeutung. Die gesendeten Inhalte wurden deutlich öfter als legitim erachtet als die Aussagen von Partei- oder Gewerkschaftsfunktionären, denen man insbesondere nach der Währungsreform skeptisch gegenüberstand.

Bildung und Unterhaltung

Vor allem die Bildungsangebote des Rundfunks, die ein zentrales Vehikel zur Erziehung »neuer sozialistischer Menschen« darstellten, erfreuten sich großer Beliebtheit. In den untersuchten Hörerzuschriften wird deutlich, dass sie produktiv aufgenommen und individuell gedeutet wurden. Der Wunsch nach sinnstiftenden Identifikationsangeboten war also offensichtlich groß, und mit der Idee des »neuen Menschen« gelang es dem Regime, dieses Bedürfnis zu stillen.

Davon, was genau die »neuen Menschen« ausmachen sollte und wie man die Bevölkerung zu solchen erziehen konnte, hatten die Zuhörer allerdings keine einheitliche Vorstellung. Beispielhaft verdeutlich das die Auseinandersetzung über den Anteil klassischer Musik am Radioprogramm. Dies ist insofern eine relevante Debatte, als dass sich der »neue Mensch« – in Anlehnung an das sowjetische Vorbild – neben Aspekten, über die gesellschaftsübergreifend ein Konsens existierte, wie Auftreten und Körperhygiene – durch eine gewisse Kultiviertheit auszeichnen sollte. Hierzu gehörte ein bestimmter kultureller Wissenskanon. Dieser umfasste literarische sowie mathematische Kenntnisse, aber auch einen künstlerischen und eben einen gewissen musikalischen Sachverstand.[152] All diese Aspekte waren Teil der sowjetischen *kul'turnost'*, ein Begriff, der das Niveau persönlicher Kultur und Bildung einer Person bezeichnete. Wer sich durch *kul'turnost'* auszeichnete, zeigte sich als zivilisiert und den eigenen Werten – die auch die der Gesellschaft waren – verschrieben. Diese waren allerdings keine spezifisch sowjetischen Eigenschaften, sondern sie charakterisierten auch im Westen das zeitgenössische Mitglied einer modernen Gesellschaft.[153]

---

[151] *Běhal*: Rozhlas po nástupu totality, 264.
[152] Vgl. *Volkov*, Vadim: The Concept of kul'turnost'. Notes on the Stalinist Civilizing Process. In: *Fitzpatrick*, Sheila (Hg.): Stalinism. New Directions. London 2000, 210–230.
[153] Vgl. *ebenda*, 211–216.

Die Auseinandersetzung um klassische Musik im Radio war damit auch eine Auseinandersetzung um die Eigenschaften des »neuen Menschen«. Gemessen an den Zuschriften zum Musikprogramm wurde diese durchaus kontrovers geführt. So schrieb ein Hörer: »Wenn der Rundfunk unterhalten und gleichzeitig die breite Masse erziehen will, warum macht man dann nicht klassische Musik populärer [...]?«[154] Ein anderer äußerte sich wiederum genau gegenteilig:

> Die Sonntagssendungen bestehen zumeist aus klassischer Musik [...]. Es wäre besser, fröhliche Sendungen zu senden, natürlich politisch ausgerichtete. [...] Man sollte nicht nur darüber sprechen, wie gut wir arbeiten und die positiven Seiten unserer Arbeit zeigen, [...] sondern auch über die Mängel, die bei unserer Arbeit auftauchen.[155]

Einig waren sich die Hörer zumindest dahingehend, dass Musik ein wichtiges Element der Erziehung der »neuen Menschen« darstellte. So fragte eine Hörerin aus der Nähe von Brno etwas ironisch, ob denn der Rundfunk nur für Spaß und Zerstreuung der Hörer da sei oder auch dafür, die Hörer zu erziehen: »Kann der tschechoslowakische Rundfunk den sozialistischen Menschen nicht anders erziehen [...]? Ihr Bemühen wird einmal dahin führen, dass das Volk in der Musik Unterhaltung sieht und kein erzieherisches und moralisches Mittel des neuen Menschen.«[156]

In einigen Zuschriften wurde besonders betont, dass auch auf dem Land klassische Musik gehört wurde. Es sei nicht wahr, dass sie auf dem Land den Empfänger abschalten würden, wenn klassische Musik laufe, schrieb zum Beispiel ein Hörer im Jahr 1953. Man würde gern Blasmusik hören, aber genauso gern würde man die Musik der »Meister der Welt«[157] hören. Darin zeigt sich ein starkes Bestreben, die eigene musikalische Bildung herauszustellen, sich gegen offenbar verbreitete Stereotype der ungebildeten Landbevölkerung zu wehren und so als ein »neuer Mensch« zu erscheinen.

Interessant ist bei dieser ganzen Debatte, dass trotz des stets betonten Anspruchs einer Hebung des kulturellen Niveaus der Bevölkerung kein Bemühen der KSČ überliefert ist, so nachhaltig in den musikalischen und kulturellen Konsum seiner Bürger einzugreifen, wie es beispielsweise die KPdSU in der Sowjetunion tat. Die Bestrebungen, die Kenntnis klassischer Musik zu einer Eigenschaft des »neuen Menschen« zu machen, können daher eher als bottom-up-Initiative aus der Hörerschaft selbst angesehen werden. Immer wieder wurde ein gestiegenes Interesse der Arbeiterschaft am Opernprogramm betont

---

[154] Monatsbericht 2/1954. AČRo, Ústřední dopisové oddělení, 15.
[155] Bericht »Die Briefe der Hörer zum Programm des Tschechoslowakischen Rundfunks dienen der Abteilung für die Beziehung zu den Hörern als ergänzendes Bulletin für die Programmgestalter.« AČRo, Dopisy posluchačů o programu Čs. rozhlasu vydává Oddělení pro styk s posluchači jako pomocný bulletin pro programové pracovníky, 2/1953, 6.
[156] Monatsbericht 4/1954. AČRo, Ústřední dopisové oddělení, 16 f.
[157] Bericht »Die Briefe der Hörer zum Programm des Tschechoslowakischen Rundfunks dienen der Abteilung für die Beziehung zu den Hörern als ergänzendes Bulletin für die Programmgestalter.« AČRo, Dopisy posluchačů o programu Čs. rozhlasu vydává Oddělení pro styk s posluchači jako pomocný bulletin pro programové pracovníky, 2/1953, 5.

und auf die Bedeutung musikalischer Bildung für Kinder und Jugendliche verwiesen.[158] All das zeigt deutlich, dass innerhalb des Publikums eigene Vorstellungen vom »neuen Menschen« entstanden, die die jeweiligen Hörer auch versuchten, als allgemeingültig zu etablieren.

Das galt nicht nur für die Kenntnis klassischer Musik. Auch das weitere Bildungsprogramm des Rundfunks fand großen Anklang: »Ihre Form der Gesprächssendungen bringt den Hörern die wichtigen Probleme nah und sie haben eine wirklich gute Art und Weise gewählt, mit der sie [...] jeden durchschnittlichen Hörer mit komplizierten Problemen von Wissenschaft und Technik vertraut machen.«[159] Um ihrer Begeisterung über dieses Programm Ausdruck zu verleihen, griffen die Hörer auch auf ideologische Rhetorik und Narrative zurück, wie das der Überwindung von »ausbeuterischen Verhältnissen« durch aufgeklärte Arbeiter. So schrieb ein Hörer aus Louny in Nordböhmen, er habe darüber nachgedacht, dass sich nun mehr um die Kultur und die Bildung der Bevölkerung gekümmert werde. Er habe gesehen, »wie arm die Bildung in Österreich und in der Vormünchener Republik gewesen sei«, da die herrschende Klasse nicht habe zulassen wollen, dass »die Menschen sich der Kraft ihres Verstandes bewusst seien«.[160] »Ein freier, aufgeklärter Mensch« würde alle Hindernisse überwinden, die ihm beim Aufbau eines besseren Lebens im Wege stehen würden. »Es lebe die Rundfunkuniversität!«[161] Mit dieser Selbstdarstellung zeigte der Hörer, dass er sich selbst als »freier, aufgeklärter Mensch« ansah. Das Rundfunkprogramm schien für ihn der Anstoß gewesen zu sein, um ein solches Bewusstsein entwickeln zu können.

Die hier gelobte »Rundfunkuniversität«[162] war das Zentrum des Bildungsprogrammes und damit auch der Erziehung des »neuen Menschen«. Sie war 1947 ursprünglich aus der Idee heraus entstanden, den Hörern nach Ende der sechsjährigen Besatzung Erkenntnisse aus Wissenschaft und Forschung nahezubringen. Dies sollte in halbstündigen Lektionen geschehen, in denen die bei der Übertragung Anwesenden durch die Möglichkeit, Nachfragen zu stellen und Zusammenfassungen zu liefern, aktiv eingebunden werden sollten. So entstand der Eindruck einer Unterrichtsstunde. Am Ende jeder Lektion wurden Kontrollfragen gestellt, zu denen die Hörer ihre Antworten und Anmerkungen einschicken konnten. Als der Rundfunk 1952 nach sowjetischem Vorbild umstrukturiert wurde, wurde die RU den Abteilungen für marxistisch-leninistische Propaganda sowie Wissenschaft und Technik der politischen Redaktion unterstellt. Während die Abteilung für Propaganda vor allem Kurse über den

---

158 *Ebenda*, 4.
159 Monatsbericht 5/1954. AČRo, Ústřední dopisové oddělení, 14.
160 Monatsbericht 1/1954. AČRo, Ústřední dopisové oddělení, 10.
161 *Ebenda*.
162 Rozhlasová univerzita (RU). Es handelt sich hier um das tschechische Pendant zur bereits erwähnten slowakischen »Volksuniversität« (ľudová univerzita).

Marxismus-Leninismus oder die Schriften von Stalin, Gottwald oder Lenin anbot, befassten sich die Beiträge der Wissenschaftsabteilung mit technischen und naturwissenschaftlichen Themen.[163]

Die Beliebtheit der RU beruhte wiederum auf der Art und Weise, mit der die Inhalte vermittelt wurden. Die Hörer lobten, dass die Beiträge auf »absolut unauffällige Art und Weise, ohne politische Phrasen« die »richtige Weltanschauung« festigen würden.[164] Andere begrüßten es, dass sich die Wissenschaft »aller Standesdünkel« entledigt habe und nicht mehr Einzelnen gehören würde: »Die sozialistische Wissenschaft gehört allen!«[165]

Kulturelle Inhalte – ganz egal ob in Form von Musik oder wissenschaftlichen Vorlesungen – erfreuten sich bei den Hörern des Tschechoslowakischen Rundfunks also offenbar großer Beliebtheit.[166] Dabei ging es aber nicht nur darum, dass bestimmte Geschmäcker oder Interessen bedient wurden. Vielmehr setzten sich viele Hörer aktiv mit dem Programm auseinander, da sie es auch als Möglichkeit ansahen, sich ihrer Rolle in der Gesellschaft bewusst zu werden und sich so zu »neuen Menschen« zu entwickeln. Auch eine Hörerin aus der Slowakei schrieb, dass das Programm des Rundfunks sie dazu gebracht habe, frei und unabhängig zu denken und die Aneignung sozialistischer Subjektivität als Ausweg aus dem sie einschränkenden Gottesglauben zu erkennen.[167] Dabei entstanden ganz unterschiedliche Vorstellungen davon, wie der »neue Mensch« zu erziehen sei und welche Art der Musik er zum Beispiel bevorzugen sollte. Ihre Ansichten sahen die Hörer dabei aber weiterhin in der sozialistischen Sinnwelt verankert und sie bezogen sich in ihren Zuschriften häufig auf Regierungsbeschlüsse oder -erklärungen.[168]

»Vysílání pro ženy« (Sendung für Frauen)

Obwohl der Rundfunk mit seinem Programm grundsätzlich alle Werktätigen ansprach, gab es doch Programmpunkte, die auf bestimmte Bevölkerungsgruppen zugeschnitten waren. Neben Inhalten, die Schulkinder und Jugendliche ansprechen und im sozialistischen Geist erziehen sollten,[169] waren dabei

---

[163] Vgl. *Běhal*: Rozhlas po nástupu totality, 266–268.
[164] Monatsbericht 5/1954. AČRo, Ústřední dopisové oddělení, 15.
[165] *Ebenda*, 14.
[166] Vgl. *Končelík/Večeřa/Orság*: Dějiny českých médií v 20. století, 151.
[167] Sammlung der Zuschauerzuschriften zum Programm des Tschechoslowakischen Rundfunks. AČRo, Listy poslucháčov o programe čs. rozhlasu. Vydáva ústredné listové oddelenie, ročník III., číslo 2, Bratislava, 12.9.1953, 4 (slowakisch).
[168] »Nach der Regierungserklärung aus dem Herbst, die auch von der Gestaltung des Rundfunkprogramms sprach und die Anhebung des kulturellen Niveaus überhaupt [...]«, siehe Monatsbericht 4/1954. AČRo, Ústřední dopisové oddělení, 15.
[169] So wurden zum Beispiel ab 1952 wöchentliche Konzerte gesendet, die der Jugend russische und tschechische Klassiker näherbringen sollten. Siehe dazu *Běhal*: Rozhlas po nástupu totality, 268–272, besonders 270.

vor allem die »Sendung für Frauen«[170] von Bedeutung, da diese ihren Hörerinnen den Weg zur Gleichberechtigung und sozialistischer (weiblicher) Subjektivität weisen sollten.

Innerhalb des sozialistischen Projekts spielte die Emanzipation der Frau beziehungsweise die Herstellung von Gleichheit zwischen den Geschlechtern eine zentrale Rolle. Die Gleichstellungsfrage wurde als Meilenstein der Überwindung der Klassengesellschaft angesehen. Besonders in den frühen fünfziger Jahren dominierte die Ansicht, dass sich die Gleichstellung der Geschlechter im Grunde gemeinsam mit der sozialistischen Revolution ergeben würde. Diese Zeit war daher von den Versuchen des Regimes geprägt, ideologische Vorstellungen umzusetzen, die die Emanzipation der Frau zum Ziel hatten. So sollten beide Entwicklungen beschleunigt werden. Dies schlug sich sowohl in der Festschreibung der Geschlechtergleichheit im Kaschauer-Programm 1945 nieder als auch in einem neuen Familiengesetz, das bereits vor der kommunistischen Machtübernahme ausgearbeitet worden war und 1949 in Kraft trat.[171]

Diese Bemühungen – und das ist für die Einordnung dezidiert weiblicher Subjektivitätsprozesse ein entscheidender Aspekt – trafen auf einen weiblichen Teil der Gesellschaft, der sich auf eine »Tradition des demokratischen Feminismus«[172] berief. Bereits die Verfassung der Ersten Tschechoslowakischen Republik aus dem Jahr 1920 hatte »gleiche Rechte für alle Bürger unabhängig von Geschlecht, Rasse oder Religion«[173] verkündet, was eine starke politische Aktivität von Frauen zur Folge hatte. Dies betraf nicht nur die Wahlbeteiligung, die bei den ersten Wahlen zum Abgeordnetenhaus 1920 bei Frauen höher war als bei Männern. Damit verbunden war auch ein ausgeprägtes staatsbürgerliches Bewusstsein sowie ein wachsendes Selbstbewusstsein vor allem junger Frauen, die nach höherer Bildung und besseren Anstellungen strebten.[174]

Als zentrales Mittel weiblicher Emanzipation galt die Arbeit. In Bezug auf Friedrich Engels wurde auch in der Tschechoslowakei die ökonomische Abhängigkeit der Frau vom Mann als Ursache ihrer Unterordnung aufgefasst. Lohnarbeit sollte dabei Abhilfe schaffen. Dementsprechend wurde nach 1948 versucht, Frauen in Arbeit zu bekommen, womit gleichzeitig auch dem Ar-

---

170 Vgl. *ebenda*, 264.
171 Vgl. *Wagnerová*, Alena: Women as the Object and Subject of the Socialist Form of Women's Emancipation. In: *Jusová*, Iveta/*Šiklová*, Jiřina (Hg.): Czech Feminism. Perspectives on Gender in East Central Europe. Bloomington 2016, 77–94, hier 83 f.; *Jusová*, Iveta: Introduction. Gender, Sexuality, and Ethnicity Issues in the Czech Culture. Past and Present. In: *Dies.*/*Šiklová* (Hg.): Czech Feminism, 1–26, hier 15.
172 *Jechová*, Květa: Die Repräsentation der Frauen in der tschechischen Gesellschaft des 20. Jahrhunderts. In: *Kraft*, Claudia (Hg.): Geschlechterbeziehungen in Ostmitteleuropa nach dem Zweiten Weltkrieg. Soziale Praxis und Konstruktion von Geschlechterbildungen. München 2008, 23–41, hier 29.
173 *Ebenda*, 24.
174 Vgl. *ebenda*, 24–27.

beitskräftemangel beim Wiederaufbau der Wirtschaft nach dem Krieg begegnet werden sollte.[175] Weibliche Erwerbstätigkeit als Zeichen von Gleichberechtigung war zudem aus Sicht der Kommunistischen Partei ein weiterer Beweis für die Überlegenheit der sozialistischen Gesellschaftsordnung gegenüber dem Westen.[176]

Allerdings zeigte sich sehr bald, dass die Geschlechtergleichheit zwar de jure festgeschrieben worden war, traditionelle Geschlechterrollen in den Familien aber fortlebten. Die etablierten Rollenmuster ließen sich nicht über Nacht überwinden und eine Neuaufteilung der Aufgaben im Haushalt oder bei der Kindererziehung stand nicht zur Debatte. Letztere wurde auch dadurch verhindert, dass die Männer ebenfalls den ganzen Tag arbeiten mussten.[177] Da Haushalt und Kindererziehung auch von vielen Frauen als traditionell weibliche Aufgaben angesehen wurden, führte die Aufnahme einer Erwerbstätigkeit bei vielen Frauen zu einer Mehrfachbelastung. Dieser sollte durch die Verstaatlichung von Hausarbeit und Kindererziehung Abhilfe geschaffen werden, die Frauen durch Kindergärten, kommunale Mensen und Kantinen oder Waschsalons unterstützen sollte. Vorgeblich traditionell weibliche häusliche Pflichten sollten so praktisch verschwinden. Viele dieser Ideen blieben aber reine Theorie oder wurden nicht angenommen, da viele Eltern ihre Kinder nicht bereits mit sechs Monaten in den Kindergarten schicken wollten.[178]

Das Radioprogramm sollte Frauen auf ihrem emanzipatorischen Weg unterstützen und ihnen die Werkzeuge an die Hand geben, mit denen sie tatsächliche Emanzipation erreichen konnten. Die »Halbe Stunde für Frauen«, das wichtigste Format in diesem Zusammenhang, thematisierte Fragen der Kindererziehung, medizinische und soziale Probleme sowie die Haushaltsführung. Da die entsprechende Redaktion allerdings ein Teil der Redaktion für politisches Programm war, kamen nach der Umstrukturierung des Rundfunks 1952 verstärkt auch politische Inhalte und Fragen des sozialistischen Aufbaus hinzu. So sollte den Frauen offensichtlich das vom Regime vorgesehene »Befreiungsprogramm«[179] vermittelt werden, das sie nur zu befolgen hätten, um Gleichstellung zu erreichen.[180]

---

[175] Vgl. *Jusová*: Introduction, 16; *Wagnerová*: Women as the Object and Subject, 80.
[176] Vgl. *Schulze Wessel*: Der Prager Frühling, 192.
[177] Vgl. *Frýdlová*, Pavla: Women's Memory. Searching for Identity under Socialism. In: *Jusová/Šiklová* (Hg.): Czech Feminism, 95–107, hier 100 f.; *Zábrodská*: Mezi ženskostí a feminismem, 303.
[178] Vgl. *Jusová*: Introduction, 16 f.; *Wagnerová*: Women as the Object and Subject, 85 f.
[179] *Wagnerová*: Women as the Object and Subject, 78.
[180] Vgl. *Běhal*: Rozhlas po nástupu totality, 264; Zu den Eigenschaften, die der »neuen Frau« (nová žena) auf diskursiver Ebene zugeschrieben wurden, siehe ausführlich *Nečasová*, Denisa: Buduj vlast – posíliš mír! Ženské hnutí v českých zemích 1945–1955 [Baue Deine Heimat – Stärke den Frieden! Frauenbewegung in den tschechischen Ländern 1945–1955]. Brno 2011, 348–374.

I. Krise und Neuausrichtung

Das Programm wurde dankbar angenommen. Einem Bericht zu den Zuhörerzuschriften aus dem März 1954 zufolge betraf zwar die Hälfte der 676 Briefe, die die Redaktion erhielt, Fragen zum »Kochen, Saubermachen, Einkaufen, Kindererziehung und Gesundheit«, die andere Hälfte seien allerdings »Anzeigen und Beschwerden zu verschiedenen Missständen und Mängeln« gewesen.[181] Das deutet darauf hin, dass die Absenderinnen hier ihr politisches Bewusstsein unter Beweis stellen wollten.

Ein zentraler Kritikpunkt waren Diskrepanzen zwischen dem, was gesendet worden war, und den eigenen Erfahrungen der Hörerinnen:

> Ich habe genug Erfahrung mit tatsächlichen Sitzungen von Elternverbänden an der Schule, die meine Tochter besucht, und die sehen ganz anders aus. [...] Zudem würde ich gern den Lehrer kennenlernen, der sich in einem so hohen Jahrgang, vielleicht dem sechsten, wirklich so ausführlich mit jedem Schüler beschäftigt, wie es im Gespräch aus Brno beschrieben wurde.[182]

Die gesendeten Inhalte wurden nicht einfach hingenommen, sondern mit den eigenen Erfahrungen abgeglichen, was offenbar nicht immer zugunsten der Programminhalte ausging.

Besonders groß war die Diskrepanz zwischen Anspruch und Realität innerhalb des sozialistischen Systems im Hinblick auf die Erwerbstätigkeit von Frauen. Trotz der angesprochenen Mehrfachbelastung nahmen viele Frauen die Pflicht zu arbeiten gerne an, da es für sie eine Möglichkeit der Selbstverwirklichung darstellte. Und auch die Mehrfachbelastung wurde vielfach als Möglichkeit umgedeutet, das eigene Selbstbewusstsein zu stärken. Alle Pflichten einer Frau bewältigen zu können, wurde als große Leistung angesehen und aus diesem Bewusstsein erwuchs nicht selten das Gefühl, nun wiederum dem Mann überlegen zu sein.[183]

Dies war auch Thema in den Zuschriften an den Rundfunk. Bereits 1952 wurde für die »Halbe Stunde« ein weiterer Sendeplatz am Samstag um 17:30 Uhr eingerichtet, da viele Hörerinnen beklagt hatten, dass sie das Programm zur wöchentlichen Sendezeit um 11 Uhr nicht hören konnten, da sie bei der Arbeit waren.[184] Aber auch der zusätzliche Sendeplatz schien das Problem nicht vollständig lösen zu können, denn noch zwei Jahre später baten Hörerinnen »für alle werktätigen Frauen« weiterhin darum, die Sendezeit der »Halben Stunde« grundsätzlich auf 18 Uhr oder später zu verschieben.[185] Eine andere Hörerin fragte provokativ, für wen man denn die Beiträge für Frauen produzieren würde, »wenn der Weg von der Arbeit mindestens eine Stunde dauert,

---

[181] Monatsbericht 3/1954. AČRo, Ústřední dopisové oddělení, 5 f.
[182] *Ebenda*, 12 f.
[183] Vgl. *Frýdlová*: Women's Memory, 101–105; *Zábrodská*: Mezi ženskostí a feminismem, 295 und 309.
[184] Vgl. *Běhal*: Rozhlas po nástupu totality, 264.
[185] Monatsbericht 2/1954. AČRo, Ústřední dopisové oddělení, 12.

weil es notwendig ist, noch verschiedene Einkäufe zu erledigen«.[186] An dieser Stelle zeigt sich auch noch einmal deutlich die angesprochene Mehrfachbelastung und Persistenz traditioneller Rollenmuster, da die Hörerin es hier als selbstverständlich betrachtete, dass sie den Einkauf erledigen musste.[187]

Viele Frauen standen zudem vor dem Problem, dass sie trotz aller Bemühungen keine Arbeitsstelle fanden: »Schon seit Oktober strebe ich erfolglos nach irgendeiner Arbeit«,[188] schrieb eine Hörerin, die eigentlich als Verkäuferin arbeiten wollte. Sie sei sich sicher, dass sie dies nicht allein beträfe und dass es immer mehr werden würden, die keine Arbeit fänden. Ähnliches beklagte eine Pragerin, die davon berichtete, dass circa 200 der in ihrem Betrieb angestellten Frauen entlassen wurden. Es habe keine Aufträge mehr gegeben und Frauen, die eine Arbeit suchten, hätten keine bekommen. Dieser Status würde ihren Feinden dienen und Menschen gegen das System aufbringen, was sie, der »das Wohl [der] Republik am Herzen [lag]«, nicht zulassen konnte.[189]

Die speziell auf Frauen zugeschnittenen Programme des Rundfunks fanden unter anderem auch deswegen großen Anklang, weil sie die Möglichkeit boten, sich zu den Widrigkeiten im Alltag vieler Frauen zu äußern. Die Inhalte, die darauf ausgelegt waren, eine sozialistische Umerziehung zu erreichen,[190] wurden aktiv rezipiert und von den Hörerinnen als Anlass genommen, sich mit ihrer Situation als Frau in der sozialistischen Gesellschaft auseinanderzusetzen. Viele Hörerinnen hatten offensichtlich ein großes Bedürfnis, ihre eigene Situation zu verbessern. Das Vorbild der »neuen sozialistischen Frau«,[191] wie es im Rundfunk vermittelt wurde, schien sie dazu zu ermutigen, selbst etwas dafür zu tun. So schrieb eine Prager Hörerin, dass das Programm eine »Stärkung für [...] einfache Mitglieder der Partei, die seit Jahren für ein besseres Leben des armen Menschen arbeiten«, gewesen sei und sie nun »[m]it neuer Lust Egoismus und Gleichgültigkeit überwinden« würden.[192]

Ein wichtiger Faktor war in diesem Zusammenhang, dass es dem Rundfunk gelang, seinen Hörerinnen Identifikationsangebote zu machen, an denen sie sich in vielerlei Hinsicht orientieren konnten. So beschrieb eine Hörerin, wie sehr ihr eine Erzählung im Radio geholfen habe, mit ihrer privaten Situation nach einer Scheidung umzugehen, da sie sich stark mit der Heldin der Geschichte habe identifizieren können.[193] Eine andere berichtete davon, dass ein

---

[186] Monatsbericht 3/1954. AČRo, Ústřední dopisové oddělení, 20.
[187] Vgl. *Zábrodská*: Mezi ženskostí a feminismem, 297 f., 303 und 308.
[188] Berichterstattung des Tschechoslowakischen Rundfunks vom 2.4.1953. AČRo, Vydává zpravodajství Československého rozhlas (odd. dopisů) IV, 3.
[189] Berichterstattung des Tschechoslowakischen Rundfunks vom 28.1.1953. AČRo, Vydává zpravodajství Československého rozhlas (odd. dopisů) 2/IV, 5.
[190] Vgl. *Běhal*: Rozhlas po nástupu totality, 235; *Lehr*: Pište nám, 81.
[191] Siehe dazu ausführlich *Nečasová*: Nový socialistický člověk, 125–167; *dies.*: Buduj vlast.
[192] Monatsbericht 1/1956. AČRo, Ústřední dopisové oddělení, 11. Dort hieß es zudem: »Ihre Sendungen sind ein wichtiger Faktor bei der Erziehung der Frauen.«
[193] Monatsbericht 4/1954. AČRo, Ústřední dopisové oddělení, 19.

I. Krise und Neuausrichtung

Beitrag über zwei »alte Kämpferinnen« sie daran erinnert habe, dass die Errungenschaften von »Freiheit, Gleichheit [und] Brüderlichkeit« in ihrer Zeit auf Kampf und »brennendem Eifer« beruht hätten.[194] Als Zustand, der durch diesen Kampf überwunden wurde, wurde vielfach die Erste Republik angeführt.[195] Eine Sendung zum internationalen Frauentag habe ihr den »Unterschied zwischen dem Leben der Frauen und Kinder früher und heute« noch einmal bewusst gemacht, da sie in ihrer Erinnerung »bis in die Jahre der Ersten Republik« zurückgegangen sei, schrieb eine weitere Hörerin.[196]

Die Bedeutung von ideologisch basierten Identitätsmustern, die Eigenschaften eines »neuen Menschen« aufwiesen, zeigte sich aber nicht nur darin, dass diese auf individueller Ebene reproduziert wurden. Oft wurde auch betont, dass man die eigenen Kinder als produktive Mitglieder der sozialistischen Gesellschaft erziehen wollte, wobei das Rundfunkprogramm offensichtlich die notwendigen Ratschläge gab:

> Es ist sehr gut, dass sie in letzter Zeit damit begonnen haben, sich so viele Fragen der Kindererziehung zu widmen. Das ist doch das Wichtigste, und uns als Mitgliedern der KSČ liegt sehr viel daran, dass gerade unsere Jungen gut für das Leben erzogen werden. Gerade die Parteilosen schauen doppelt auf die Kinder von Kommunisten und sehen sofort alles Schlechte.[197]

In diesem Zitat zeigt sich deutlich der Wunsch der Verfasser, einem Ehepaar aus Plzeň, ihre Kinder als gute Kommunisten und damit als Vorbilder für andere zu erziehen. Der Rundfunk fungierte dabei als wichtiger Multiplikator der Ideale des »neuen Menschen«, indem er Erziehungsratschläge gab, mit denen Kindern die gewünschten Charaktereigenschaften anerzogen werden konnten.

Dies zeigt sich auch in einem Brief einer Hörerin aus Liberec, die ihren Sohn allein aufzog:

> Ich bin Ihnen dankbar für die Hilfe, die sie nicht nur mir, sondern auch anderen Familien zukommen lassen, in denen Kinder heranwachsen. Bei uns ist die Frage komplizierter, da wir alleine leben, ohne Vater, und dass hier das normale Vorbild fehlt, das die meisten Jungen vor Augen haben, das ist das Vorbild des guten Vaters. Ich habe es zuweilen nicht leicht, wenn ich darüber nachdenke, welche Erziehungsprobleme mich in der nahen Zukunft erwarten, aber auf der anderen Seite glaube ich fest, dass es mir gelingt, meinen Sohn zu einem guten Menschen zu erziehen, hat doch daran nicht nur die Mutter ein Interesse, sondern die ganze Gesellschaft.[198]

Die Aneignung von Eigenschaften des »neuen Menschen« war in diesem Fall also nicht nur für die Verfasserin selbst erstrebenswert. Auch ihren Sohn wollte zu einem solchen erziehen. Die sozialistische Gesellschaft erscheint dabei als

---

[194] Monatsbericht 6/1956. AČRo, Ústřední dopisové oddělení, 7 f.
[195] Laut der Monatsberichte der ÚDO verglichen viele Hörer in ihren Zuschriften ihr Leben in der Ersten Republik mit dem in der sozialistischen Tschechoslowakei. Siehe z. B. Monatsbericht 2/1954. AČRo, Ústřední dopisové oddělení, 4 und Monatsbericht 5/1954. AČRo, Ústřední dopisové oddělení, 7.
[196] Monatsbericht 2/1955. AČRo, Ústřední dopisové oddělení, 11.
[197] Monatsbericht 2/1954. AČRo, Ústřední dopisové oddělení, 20.
[198] Monatsbericht 5/1954. AČRo, Ústřední dopisové oddělení, 15.

die entscheidende Bezugsgröße, denn sie definierte die Erziehung ihres Sohnes als etwas, das von gesamtgesellschaftlichem Interesse war. Die Erziehungsratschläge, die sie im Rundfunk gehört hatte, gaben ihr dafür die notwendigen Werkzeuge an die Hand.[199]

In der sich für viele Hörerinnen schwierig darstellenden Lage von Frauen in der sozialistischen Tschechoslowakei war das Rundfunkprogramm somit ein wichtiges Hilfsmittel, um sich in der neuen Gesellschaft zurechtzufinden. Durch die Vermittlung von Vorbildern, an denen sich Frauen orientieren konnten, wurden diese dazu animiert, sich zu »neuen sozialistischen Frauen« zu entwickeln. Dies geschah insbesondere deswegen, weil diese Entwicklung vermeintlich eine Befreiung aus der Mehrfachbelastung versprach, die das sozialistische Regime selbst erst herbeigeführt hatte. Auch die nächste Generation sollte in diesem Sinne erzogen werden.

Aber auch an dieser Stelle kann man nicht von einer reinen Übernahme der gesendeten Botschaft sprechen. Die Zuschriften zeugten vielmehr von einer aktiven Auseinandersetzung mit dem Gehörten und können als Ausdruck eines großen Bedürfnisses nach gleichwertigem Austausch angesehen werden, das nicht nur weibliche Hörerinnen hatten.[200] Dies führte dazu, dass die gesendeten Inhalte vor dem Hintergrund der eigenen Lebensumstände gedeutet und, wenn sie mit diesen nicht vereinbar waren, zurückgewiesen wurden. Das Rundfunkprogramm kann daher zwar durchaus als Multiplikator des »neuen Menschen« angesehen werden, die Hörerinnen nahmen es vielfach aber eher zum Anlass, sich mit ihrer Rolle in der Gesellschaft auseinanderzusetzen und eigene Vorstellungen davon zu entwickeln, wie diese auszusehen hatte. Auch wenn dies nicht immer deckungsgleich mit den Vorstellungen des Regimes war, unterstreicht dieser Prozess umso mehr, dass sozialistische Identitätsmuster zur sinnhaften Verortung innerhalb der Gesellschaft beitragen konnten.

Der Rundfunk und die Wahlen zu den Nationalausschüssen 1954

Der Rundfunk spielte aber nicht nur eine wichtige Rolle, wenn es darum ging, die Hörer bei ihrer Entwicklung zu »neuen Menschen« zu unterstützen. Es gelang ihm in seiner Rolle als Vermittler zwischen Bevölkerung und Regime auch, manche Menschen wieder zur politischen Partizipation zu mobilisieren.

---

[199] Ähnlich drückte sich auch eine Hörerin aus, die sich in ihrem Brief für die Unterstützung des Rundfunks in einer nicht mehr nachzuvollziehenden Angelegenheit bedankte und angab, sich bemühen zu wollen, dass aus ihren Jungen »richtige Mitglieder ihrer Volksdemokratischen Republik« (správní členové své lidově demokratické republiky) werden. Siehe *ebenda*, 13.

[200] *Ebenda*, 6.

Besonders deutlich zeigt sich dies am Beispiel der Wahlen zu den Nationalausschüssen 1954, mit denen das Regime dem eigenen Legitimitätsverlust nach der Währungsreform entgegenwirken wollte.[201]

Die Wahlen sollten die Position der Nationalausschüsse als »lokale Organe der Staatsmacht«[202] festigen sowie das Vertrauen der Bevölkerung in diese Institutionen und die dazugehörigen Funktionäre wieder stärken. Für die Legitimität des Regimes hatten die Funktionäre auf lokaler und regionaler Ebene eine große Bedeutung, denn sie stellten zumeist den ersten Kontakt der Bürger mit dem Regime dar. Ihre Fähigkeiten im Umgang mit den alltäglichen Problemen der Menschen und ihr Handeln im Sinne von Recht und Gesetz waren somit für das Verhältnis zwischen Regime und Bevölkerung zentral.[203]

Das Radio war neben der Parteipresse das wichtigste Instrument des Regimes, um die Bedeutung der Wahlen an die Bevölkerung vermitteln und durch die Zustimmung zur Einheitsliste einen Teil der 1953 verlorengegangenen Legitimität zurückgewinnen zu können.[204] Diese Zustimmung wurde als »tiefes Interesse an der weiteren Festigung [des] Vaterlandes«[205] präsentiert und als eine Entscheidung für das eigene Glück und das Glück Anderer in der Zukunft. Der Gang zur Urne wurde so zu einer Möglichkeit stilisiert, sich aktiv in den Prozess und das Narrativ des sozialistischen Aufbaus einbringen zu können. Frauen würden »das Glück [ihrer] Kinder«[206] wählen und die Wahl für die Kandidaten der Nationalen Front würde bedeuten, die Partei zu unterstützen,

---

[201] Vgl. *Hradecký*, Tomáš: Mechanismus přípravy voleb do národních výborů v 50. letech na příkladu Ústeckého kraje (srovnání let 1954 a 1957). České, slovenské a československé dějiny 20. století IX [Der Mechanismus zur Vorbereitung der Wahlen zu den Nationalausschüssen in den 50er Jahren am Beispiel der Aussiger Region (ein Vergleich er Jahre 1954 und 1957). Tschechische, slowakische und tschechoslowakische Geschichte des 20. Jahrhunderts IX]. Hradec Králové 2014, 89–114, hier 95 und 102. Gemeinsam mit den Wahlen zu den Nationalausschüssen wurden für 1954 auch der X. Parteitag der KSČ und die Wahlen zur Nationalversammlung angekündigt. Da die Archivierung der Berichte der ÚDO sehr unvollständig ist, kann an dieser Stelle nur die Reaktion auf die Wahlen zu den Nationalausschüssen untersucht werden. Für das Jahr 1954 liegen lediglich die Berichte der Monate Januar bis Mai vor.
[202] Vgl. Gesetz 14/1954 über die Wahlen zu den Nationalausschüssen. Sbírka zákonů republiky Československé, částka 6, ročník 1954, Zákon č. 13/1954 Sb., o volbách do národních výborů §1(1).
[203] Vgl. *Heberer*, Thomas/*Schubert*, Gunter: Politische Partizipation und Regimelegitimität in der VR China. Band I: Der urbane Raum. Wiesbaden 2008, 30–35.
[204] Zur Bedeutung von Wahlen innerhalb des sozialistischen Herrschaftssystems siehe ausführlich *Vilímek*, Tomáš: »Všichni komunisté do uren!« Volby v Československu v letech 1971–1989 jako společenský, politický a státněbezpečnostní fenomén [»Alle Kommunisten an die Urnen!« Wahlen in der Tschechoslowakei in den Jahren 1971–1989 als soziales, politisches und staatssicherheitliches Phänomen]. Praha 2016.
[205] Všichni k volbám [Alle zu den Wahlen]. Rudé právo vom 7.5.1954, 1.
[206] *Ebenda*.

die »ihre Bemühungen in die richtige Richtung führt, zur Lösung der brennendsten und dringlichsten Fragen des sozialistischen Aufbaus«.[207]

Die eigenen Interessen selbstbestimmt vertreten zu können, stellt für die Bürger eines jeden Staates einen wichtigen Faktor in der Beziehung zu diesem dar. Auch das sozialistische Regime der Tschechoslowakei wollte durch die Wahlen zu den Nationalausschüssen dieses Gefühl von Autonomie und Selbstbestimmung bei seinen Bürgern stärken und es ihnen so ermöglichen, ihre Interessen eigenmächtig zu vertreten. Das stärkte wiederum ihre Position als Individuen dem Staat gegenüber.[208]

Wie groß das Bedürfnis vieler Menschen war, am politischen Entscheidungsprozess teilzuhaben, offenbart sich in den Zuschriften, die die Briefabteilung des Rundfunks im Mai 1954 erreichten. Eine Hörerin aus Poběžovice berichtete zum Beispiel von einer großen Gruppe, die bereits um 10 Uhr am Wahltag vor dem Wahllokal wartete. Sogar Musik sei gespielt worden.[209] Noch deutlicher formulierte es eine Hörerin aus Gottwaldov (heute Zlín), einem mährischen Industriezentrum:

Der Vorabend der Wahl war schön, mit einer Sonne, die unterging, um morgens noch heller für einen so freudigen Tag zu erstrahlen. Und morgens, sofort um 7 Uhr ging ich los, um meine Stimme den Kandidaten für den Nationalausschuss zu geben. Liebe Genossen, ich ging nicht barfuß, wie zu den goldenen Zeiten. Ich hatte ein neues Kostüm und Schuhe und freudig trat ich an die Urne, ohne dass ich vor Angst davor zitterte, dass unsere Arbeiterklasse gewinnt, dass wir gequält werden, ich fürchtete auch nicht, dass mich jemand beschimpft, [...].

All das habe ich am Wahltag vergessen, an dem Tag, der in unserer ganzen Kreisstadt und im ganzen Kreis so schön erlebt wurde, an dem es so viel feierliches Lächeln, Musik, Schüsse und abendliches Feuerwerk gab.

Jetzt, nach dem so großen Sieg gehen wir mit noch größerer Lust zur Arbeit, damit unsere Arbeiterklasse und das Vaterland unter der Führung der Arbeiterregierung weiter wachsen und erstarken.[210]

Die Verfasserin verstärkte die Bedeutung dieses Wahltages noch zusätzlich, indem sie ihn in einen scharfen Kontrast zu den Wahlen in der vorkommunistischen Zeit setzte.[211] Somit scheint sie den Gang zur Wahl als eine wichtige Verbesserung und eine Erweiterung ihrer Einflussmöglichkeiten als Bürgerin eines sozialistischen Systems wahrgenommen zu haben. Auch wenn es sich nicht um eine Wahl im demokratischen Sinne handelte, bei der wirkliche Veränderungen herbeigeführt werden konnten, muss man eine solche Wahrnehmung doch ernstnehmen. Das, was für uns heute als ein »gescheitertes Experiment,

---

[207] Po slavném 1. máji k vítězným volbám do národních výborů [Vom glorreichen 1. Mai zu den siegreichen Wahlen zu den Nationalausschüssen]. Rudé právo vom 3.5.1954, 1.
[208] Vgl. *Herriger*: Empowerment-Landkarte.
[209] Monatsbericht 5/1954. AČRo, Ústřední dopisové oddělení, 17.
[210] *Ebenda*, 11.
[211] *Ebenda*.

das uns mutmaßlich nichts lehren kann, außer den Fehlern, die es zu vermeiden gilt«,[212] erscheinen mag, konnte auf individueller Ebene durchaus als bedeutsame Stärkung der eigenen Position innerhalb der Gesellschaft wahrgenommen worden sein.

Das mobilisierende Potenzial, das die Wahlen offenbar hatten, zeigt sich auch in Zuschriften, die nicht den Wahltag selbst thematisierten. Sowohl Individuen als auch politische Institutionen wandten sich mit der Bitte um Zusendung von Agitationsmaterial an verschiedene Redaktionen. Oftmals gingen diese Anfragen aber nicht an die Politikredaktionen, sondern zum Beispiel an die Redaktion für Humor und Satire.[213] Bemerkenswert ist zudem, dass auch Institutionen beim Rundfunk anfragten, die eigentlich selbst für die Koordination der Wahl zuständig waren, wie zum Beispiel der Ortsnationalausschuss (Místní národní výbor, MNV) aus Radnice in der Nähe von Plzeň. Von dort hieß es: »Da wir bisher weder die Erfahrung noch Material haben, bitten wir sie um Rat und gleichzeitig um die Zusendung einiger agitatorischer Materialien, die wir in der Vorwahlkampagne verwenden können.«[214]

Dass sich eine Institution an den Rundfunk wandte, die eigentlich für die Einrichtung einer Wahlkommission zuständig war,[215] zeigt, wie unkoordiniert die Wahlvorbereitungen abliefen und dass den zuständigen Institutionen kaum eine korrekte Durchführung der Wahl zugetraut wurde. Vielmehr war es der Rundfunk, dem zugetraut wurde, die Prozesse im Sinne aller zu koordinieren. Zwar war die Durchführung per Gesetz offiziell festgelegt und eine Broschüre herausgegeben worden, mit der eine Diskussion darüber angeregt werden sollte, aber aufgrund des mangelhaften Informationsflusses von oben hatten viele Nationalausschüsse an der Basis Schwierigkeiten, das Gesetz umzusetzen. Dies war auch deswegen der Fall, weil dessen juristische Sprache viele Mitglieder vor Probleme stellte.[216]

Dennoch war es aus Sicht der Führung gelungen, eine »stärkere Bindung mit dem Volk«[217] zu erreichen. Diese manifestierte sich unter anderem in den zahlreichen, »zumeist fröhlichen Äußerungen der Wähler«,[218] die beim Rundfunk eingingen. Allein die Möglichkeit zur Wahl zu gehen und damit laut der Parteipresse von »einem der bedeutsamsten Bürgerrechte« Gebrauch zu ma-

---

[212] *Wagnerová*: Women as the Object and Subject, 79.
[213] Vor allem im Aprilbericht der entsprechenden Redaktion ist von »vielen Wünschen nach satirischen Erzählungen« die Rede. Siehe AČRo, Ústřední dopisové oddělení, Měsíční přehled, 4/1954, 9.
[214] Monatsbericht 3/1954. AČRo, Ústřední dopisové oddělení, 14 f.
[215] Gesetz 14/1954 über die Wahlen zu den Nationalausschüssen. Sbírka zákonů republiky Československé, částka 6, ročník 1954, Zákon č. 14/1954 Sb. o volbách do národních výborů, § 38, § 48 und *Hradecký*: Mechanismus přípravy voleb, 94.
[216] Vgl. *ebenda*, 92 f.
[217] Vgl. *Hradecký*: Mechanismus přípravy voleb, 92.
[218] Monatsbericht 5/1954. AČRo, Ústřední dopisové oddělení, 5.

chen – dem Recht, über die Organe der staatlichen Macht entscheiden zu können[219] –, konnte bei manchen Wählern eine große Begeisterung auslösen. Dies ist deswegen beachtlich, weil es bei den Wahlen lediglich darum ging, die Einheitsliste der Nationalen Front zu bestätigen. Eine wirkliche Wahlentscheidung wurde nicht verlangt.[220] Indem sie wählen gingen, konnten Individuen aber bewusst die sozialistische Ordnung bestätigen, mit der ihre eigene Selbstwahrnehmung eng verknüpft war. Auch wenn der Wahlgang und damit die Bestätigung der Einheitsliste Bürgerpflicht waren, kann dies somit im Einzelfall durchaus als ein bewusster Akt angesehen werden, der dem Wähler das Gefühl gab, das eigene Schicksal selbst in der Hand zu haben.

Die Institutionen, die für die Durchführung der Wahl verantwortlich waren, genossen allerdings nicht immer das notwendige Vertrauen. Vielmehr schienen viele Wähler bestrebt, sich auch deswegen aktiv an den Wahlen zu beteiligen, weil sie dachten, so die eigenen Vorstellungen von der sozialistischen Ideologie besser umsetzen zu können. Die Wahlen konnten also offensichtlich das Gefühl vermitteln, aktiv an der Gestaltung der sozialistischen Ordnung mitwirken zu können. Dadurch wurde wiederum die Selbstwahrnehmung gestärkt, ein wichtiger Teil dieser Ordnung zu sein.

Teilhabe am sozialistischen Aufbau

Die Wahlen zu den Nationalausschüssen 1954 hatten vielen Hörern des Tschechoslowakischen Rundfunks einen gewissen Grad an Autonomie und damit das Gefühl zurückgegeben, Einfluss auf gesellschaftliche Prozesse nehmen zu können. Die beste Möglichkeit dazu war weiterhin, den sozialistischen Aufbau aktiv zu unterstützen, wozu auch der Rundfunk seine Hörer auf ganz unterschiedliche Art und Weise anhielt. Dabei wurde die Bandbreite möglicher Interpretationen des sozialistischen Aufbaus offengelegt.

Ein Hörer aus Košice schrieb zum Beispiel, dass er sich darüber gefreut habe, »dass Lieder gesendet werden, die [den] Aufbau im sozialistischen Vaterland besingen«.[221] Er habe wenig am Rundfunk zu kritisieren, da dieser jeden Tag die Zufriedenheit des werktätigen Volkes verbessere.[222] Andere äußerten sich positiv über eine Estrade, »die die Absicht hatte, [...] zu unterhalten, zu belehren und nicht zuletzt zur weiteren Arbeit anzuspornen«,[223] oder gaben an, dass

---

[219] Všichni k volbám, 1.
[220] Vgl. *Hradecký*: Mechanismus přípravy voleb, 91.
[221] Bericht »Die Zuhörer schreiben« vom 12.9.1953 (slowakisch). AČRo, Posluchači píšu... Listy posluchačov o programe čs. rozhlasu. Vydáva ústredné listové oddelenie, ročník III., číslo 2, 9.
[222] *Ebenda*.
[223] Monatsbericht 1/1954. AČRo, Ústřední dopisové oddělení, 13.

I. Krise und Neuausrichtung

sie das Rundfunkprogramm von der »Richtigkeit der kommunistischen Lehre« überzeugt und zur weiteren Arbeit motiviert habe.[224]

Es war aber nicht nur die Musik, die die Menschen dazu bringen sollte, sich am sozialistischen Aufbau zu beteiligen. Sie habe früher nicht geglaubt, dass eine solche Sendung helfen könne, die Leistung am Arbeitsplatz zu verbessern, schrieb eine Hörerin aus Harrachov in der Nähe der polnischen Grenze über einen Beitrag, in dem ein von ihr verfasstes Schreiben thematisiert worden war. Sie sei froh, dass sie diesen Brief geschrieben habe, da sich nun andere daran ein Beispiel nehmen könnten.[225] Diese Zuschrift, aus der leider nicht hervorgeht, wovon der ursprüngliche Brief handelte, zeigt, wie wichtig die Arbeit der ÚDO für das Ansehen und die Rolle des Rundfunks in der Gesellschaft war.

Auch die Umsetzung von im Programm präsentierten Arbeitsmethoden war von Bedeutung: »Ich bin froh, dass ich im Rundfunk hören kann, nach welcher Methode ich bei meiner Arbeit schöne Erfolge mit der Mast von Kühen und Schweinen erreichen kann«[226] schrieb ein Mitarbeiter ungarischer Herkunft eines Staatsgutes. Er und die anderen ungarischen Arbeiter wollten daher weiter zum Aufbau des Sozialismus beitragen.[227]

Andere zogen ihre Motivation aus der Hoffnung auf eine bessere, selbstgestaltete Zukunft. So zum Beispiel eine Hörerin aus Prag:

Bei uns in Břevnov haben wir eine sozialistische Baustelle, in der Straße der Pioniere, die schon das dritte Jahr unter den fleißigen Händen der freiwilligen Arbeiter der Brigade wächst. Das ist wirklich das Mindeste, das wir tun können, um uns an diesen Arbeitsbestrebungen zu beteiligen – und es gibt doch noch so viele Zauderer. [...] Und auch wenn wir glücklich sind, dass wir in freudigen Zeiten voller Streben nach Aufbau leben, in denen unsere Kinder glücklich aufwachsen, lehrt es uns, dass wir uns nach Kräften bemühen – wir dürfen nicht so eigennützig sein, dass wir nur an »unsere eigenen Dinge« denken. Wir müssen wirklich alle unsere Fähigkeiten entfalten, wie unsere ruhmreiche Gegenwart und das glückliche und freudige Morgen unserer Kinder es verlangt und braucht.[228]

In ihren Formulierungen zeigt sich nicht nur, dass es für die Verfasserin eine sinnhafte Perspektive war, eine bessere Zukunft besonders für ihre Kinder zu schaffen. Sie macht auch deutlich, dass der solidarische Gedanke der kollektiven Arbeit für gemeinsame Ziele für sie einen wichtigen Bezugspunkt darstellte.

Auch ein Brief des tschechoslowakischen Feuerwehr-Verbandes drückte das Bedürfnis der Verfasser aus, Teil des sozialistischen Aufbaus sein zu wollen. Gleichzeitig offenbart er aber auch, wie vielfältig dieser Aufbau interpre-

---

224 Zum Beispiel Monatsbericht 1/1956. AČRo, Ústřední dopisové oddělení, 11.
225 Monatsbericht 4/1954. AČRo, Ústřední dopisové oddělení, 15.
226 Monatsbericht 2/1954. AČRo, Ústřední dopisové oddělení, 13.
227 *Ebenda.*
228 Monatsbericht 5/1954. AČRo, Ústřední dopisové oddělení, 12.

tiert wurde. Der Brief beklagte, dass der Rundfunk kein Interesse an der Thematik des Feuerschutzes habe und die Bedeutung der Feuerwehr beim »Aufbau des Sozialismus im [...] Vaterland« unterschätzen würde.[229]

Gewissermaßen im Nebensatz gaben die Verfasser dem sozialistischen Aufbau hier also eine nationale Dimension und vermischten die Vorstellung des Aufbaus einer sozialistischen Gesellschaft mit dem (Wieder-)Aufbau des Heimatlandes. Damit waren sie keinesfalls allein:

> Aus diesen neuen Paneelen, die wir hier produzieren, werden neue Wohnungseinheiten errichtet. Wir sind froh, dass solche Häuser, die schon jetzt gebaut werden, eben in unserer Fabrik produziert werden und dass meine Mutter und ich mit unserer Arbeit beim Aufbau unseres Vaterlandes helfen.[230]

Die Beispiele zeigen deutlich die Wirkung des sogenannten *socialist patriotism*,[231] der spätestens nach 1956 eine wichtige Legitimationsstrategie in allen osteuropäischen Staaten werden sollte. Indem sich das Regime immer wieder auch als ein nationales präsentierte und unter anderem versuchte, die vermeintliche tschechische Tradition einer demokratischen und friedlichen Nation zu bedienen, konnte es größere Gruppen der Bevölkerung erreichen und für das sozialistische Projekt gewinnen.[232] Diese Vermischung sozialistischer und national geprägter Rhetorik zeigt, dass eine produktive Verbindung beider Einflüsse möglich war, wodurch die kommunistische Ideologie – und mit ihr das tschechoslowakische Regime – wiederum an Legitimität gewinnen konnte. So wurde das Bedürfnis der Menschen nach nationaler Zugehörigkeit aufgegriffen, was es ihnen ermöglichte, sich gesellschaftlich zu verorten.

Mit seinem Programm gelang es dem Tschechoslowakischen Rundfunk somit, seine Hörer auf ganz unterschiedlichen Ebenen zu mobilisieren. Eindrücklich zeigt dies der Brief einer Hörerin aus Zákupy in Nordböhmen:

> Wir haben ihren Vortrag gehört und gesagt, dass wir ihnen schreiben und darum bitten, uns mitzuteilen, welche Voraussetzungen wir erfüllen müssen und was nötig ist, damit wir unsere Kräfte für die derzeit wichtigste Aufgabe einsetzen können – die Verbesserung der landwirtschaftlichen Produktion –, indem wir in die Grenzgebiete umsiedeln.[233]

Die Teilnahme an der Besiedlung der Grenzgebiete, die immer wieder als Möglichkeit dargestellt wurde, sich zu einem sozialistischen Subjekt zu entwickeln, hatte ihre mobilisierende Wirkung also keinesfalls verloren. Als wichtiger Bestandteil des gesellschaftlichen Neuaufbaus boten die Grenzgebiete einen passenden Rahmen, um aktiv an diesem teilhaben zu können. Die freiwillige Beteiligung daran war aber auch eine Möglichkeit, Anerkennung als »Patriot und

---

[229] Monatsbericht 2/1954. AČRo, Ústřední dopisové oddělení, 14.
[230] Monatsbericht 1/1956. AČRo, Ústřední dopisové oddělení, 18.
[231] *McDermott*: Communist Czechoslovakia, 122.
[232] Vgl. *Kolář*, Pavel: Communism in Eastern Europe. In: *Smith*, Stephen A. (Hg.): The Oxford Handbook of the History of Communism. Oxford 2014, 203–219, hier 207.
[233] Monatsbericht 3/1954. AČRo, Ústřední dopisové oddělení, 16 f.

Pionier« zu erhalten, also als jemand, der das eigene Vaterland wieder aufbaute.[234]

Der Wunsch, Teil des sozialistischen Aufbaus zu sein, blieb vielfach ungebrochen, was darauf hindeutet, dass zumindest bei den hier zitierten Petenten das Bedürfnis bestand, sich die Eigenschaften des »neuen sozialistischen Menschen« anzueignen, wovon sie sich wiederum eine bessere Zukunft zu erhoffen schienen. Unterstrichen wird dies dadurch, dass die untersuchten Zuschriften offenbar aus freien Stücken verfasst wurden, denn sie enthielten oftmals keine konkrete Forderung oder Bitte, die eine Instrumentalisierung ideologischer Phrasen nahelegen könnten.

Die Möglichkeiten, sich über eine Beteiligung am sozialistischen Aufbau in die Gesellschaft einzuschreiben, wurden allerdings durchaus individuell gedeutet, mit national geprägten Vorstellungen des Wiederaufbaus des Landes vermischt und den Lebensumständen der Verfasser angepasst. Hier zeigt sich eine gewisse Offenheit des ideologischen Diskurses, der solche individuellen Ausdeutungen ermöglichte, wodurch der Sozialismus wiederum für diejenigen attraktiv wurde, die primär an nationalen Zielen interessiert waren. Dem Rundfunkprogramm kam dabei eine entscheidende Rolle zu: Es steckte den Rahmen teilweise neu ab, innerhalb dessen die Gestaltung einer besseren Zukunft unter sozialistischen Bedingungen möglich war, und motivierte die Hörer auf unterschiedlichen Wegen zu einer aktiven Teilnahme an diesem Projekt.

Die Kriegstreiber von Radio Free Europe

Der Rundfunk konnte seine Hörer aber nicht nur zu weiterer Arbeit oder den Wiederaufbau der Grenzgebiete mobilisieren. Viele Hörer drückten in ihren Briefen auch das Bedürfnis aus, das politische System des Sozialismus gegen äußere Feinde verteidigen zu wollen. Als Symbol dieser äußeren Feinde galt besonders Radio Free Europe (RFE, ab 1964 Radio Liberty), ein Sender, der sein Programm seit Mai 1951 aus München ausstrahlte. Dieses sollte die Werte der westlich-liberalen Demokratie und des Kapitalismus in den Ländern des östlichen Europas verbreiten und den Menschen dort das Recht auf freien Nachrichtenzugang ermöglichen. Die Berichterstattung hatte dementsprechend eine politische und propagandistische Dimension und war auch auf eine Diskreditierung der Verhältnisse in der Tschechoslowakei ausgerichtet.[235] Die KSČ wiederum stellte Radio Free Europe als Instrument westlicher Reaktionäre und Kriegstreiber dar, was darauf hindeutet, dass man eine destabilisierende Wirkung durch den Sendebetrieb befürchtete. Diese Argumentation

---

[234] *Spurný*: Nejsou jako my, 59. Siehe auch *Wiedemann*: Die Wiederbesiedlung der tschechoslowakischen Grenzgebiete, 81.
[235] Siehe dazu ausführlich *Bischof*, Anna/*Jürgens*, Zuzana (Hg.): Voices of Freedom – Western Interference. 60 Years of Radio Free Europe. Göttingen 2015.

griffen viele Hörer des Tschechoslowakischen Rundfunks auf. Ihre Briefe offenbaren einen weiteren Teil des großen Spektrums an Funktionen, die solche Zuschriften haben konnten: Angesichts der Tatsache, dass die Verfasser nicht aktiv gegen RFE vorgehen konnten, wurden ihre Briefe zu Akten der Partizipation an der Verteidigung der sozialistischen Ordnung.

Dies zeigt sich besonders darin, dass die Verfasser in ihren Briefen RFE direkt adressierten:

> Ich habe Ihre aufhetzende Sendung gegen unser Vaterland gehört und antworte Ihnen darauf: Wir, die Jugend der ČSR, lassen niemals das zu, was sie – Verräter und [...] Lügner sich wünschen. Niemals werden sie ihre Pläne, unser Vaterland von der Sowjetunion zu lösen und an den Westen zu binden, umsetzen, niemals werden sie den Plan, einen Weltkrieg zu entfachen, umsetzen. Die Jugend der ČSR ist wachsam, gemeinsam mit allen Völkern der Welt! Es ist lächerlich, was sie über unser Vaterland sagen.[236]

Andere schlugen einen regelmäßigen Programmpunkt »Es ruft sie Freies Europa« vor, um Zweiflern »den Mund zu stopfen«.[237] Dieses Programm solle dem Publikum einige der angeblichen Lügen von RFE vorstellen. Es sei nicht schwer, für jeden Tag etwas auszuwählen, da so viele Lügen gesendet würden.[238]

Eine dieser Lügen war der Hörerschaft zufolge die Behauptung, dass die Menschen in der Tschechoslowakei unterdrückt würden. Radio Free Europe könne das weiter behaupten und hetzerische Flugblätter abwerfen. Die Menschen in der Tschechoslowakei aber hätten ein Leben in Freiheit gewollt und das habe die Regierung gemeinsam mit der UdSSR garantiert. In den Schulen wachse eine neue Intelligenz heran, die frei von kapitalistischen Vorurteilen sei und die Garantie für das weitere Wachstum der Landwirtschaft und den Wohlstand im Land darstelle.[239]

In einigen dieser Zuschriften wurde die Verurteilung von RFE als Teil einer konkreten Identität artikuliert. Ein Mitglied des tschechoslowakischen Jugendverbandes ČSM[240] aus Čímice in Südwestböhmen schrieb, »dass alle [...] werktätigen Menschen an der Seite von Partei und Regierung« stünden und besonders die »junge Tschechoslowakei« gegen den Kapitalismus kämpfen würde. Man werde nicht zulassen, dass das Land zu den Zeiten der »Ersten kapitalistischen Republik« zurückkehre, als die jungen Leute arbeitslos waren und an Hunger gestorben seien. Als Mitglied des ČSM und Kommunist würde er gegen alle Mängel kämpfen, die dem Aufbau entgegenstünden. Der Kampf gegen

---

[236] Monatsbericht 4/1954. AČRo, Ústřední dopisové oddělení, 11 f.
[237] Monatsbericht 2/1955. AČRo, Ústřední dopisové oddělení.
[238] *Ebenda*, 7 f. Ähnliches hat auch bereits Rosamund Johnston festgestellt. Siehe dazu *Johnston*, Rosamund: Secret Agents. Reassessing the Agency of Radio Listeners in Czechoslovakia (1945–1953). In: *Blaive*, Muriel (Hg.): Perceptions of Society in Communist Europe. Regime Archives and Popular Opinion. London, New York 2019, 15–31, hier 21.
[239] Monatsbericht 1/1956. AČRo, Ústřední dopisové oddělení, 9.
[240] ČSM, Československý svaz mládeže.

den Kapitalismus und für den Frieden waren zentrale Bestandteile seiner Identität als junger Kommunist: »[W]ir werden für den Frieden kämpfen und den Frieden mit unserer Arbeit schützen.«[241]

Die Identität eines Kommunisten, der gegen die angeblichen Versuche von RFE kämpfte, »einen neuen Weltkrieg zu entfachen«, hatte für den Verfasser dieser Zeilen offensichtlich eine große Bedeutung, denn sein Brief war quasi ein Vollzug dieser Identität. Der Kampf »gegen Versuche imperialistischer Kreise, das friedliche Zusammenleben zu gefährden«,[242] war ihm ein wichtiges Anliegen. Sein Brief war eine der wenigen Möglichkeiten, einen Beitrag dazu zu leisten. Sowohl die produktive Dimension sozialistischer Identitätsentwürfe als auch die partizipative Funktion der Hörerzuschriften werden an diesem Beispiel besonders deutlich.

Die Ablehnung von RFE diente einigen Hörern auch dazu, die Errungenschaften des sozialistischen Systems noch einmal hervorzuheben. Besonders aussagekräftig ist dabei ein Brief, der die Kritik an RFE mit der Freude über die Wahlen zu den Nationalausschüssen vom 16. Mai 1954 verband: Man wisse selbst am besten, wem man glauben könne und wem nicht, schrieb die Hörerin, die aus dem westböhmischen Ort Poběžovice stammt: »Wir wissen uns in unserem Staat selbst zu helfen und müssen nichts von einer ›Volksopposition‹ hören, die sich dreckige Lügen über unseren Staat und die Volksdemokratie ausdenkt.«[243] Sie hätten ein »schönes und freudiges Leben«, was ihnen die »Herren aus dem Westen« verderben wollten.[244] Um zu zeigen, dass die westliche Propaganda sinnlos war, beschrieb sie, dass alle Flugblätter von den Bürgern der Stadt eingesammelt und vernichtet worden seien.[245] Damit zeigte die Verfasserin, dass sie die Hoffnung in die Versprechungen des Sozialismus noch nicht verloren hatte und selbst etwas zu ihrer Verwirklichung beitragen wollte. Anders als viele ihrer Mitbürger glaubte sie zudem noch daran, dass es die Partei war, die ihr ein besseres Leben bringen würde: »Wer gab uns das bessere Leben – das ist unsere KSČ und unser Präsident Genosse Zápotocký.«[246] Deswegen habe sie diesem am Wahltag ihre Stimme gegeben.[247]

Die Zuschriften, die den Tschechoslowakischen Rundfunk in den das RFE-Programm betreffenden Angelegenheiten erreichten, deuten also die partizipative Dimension solcher Briefe an. Die Loyalitätsbekundungen – die zumindest laut der monatlichen Berichte des Rundfunks bei Weitem keine Ausnahme

---

[241] Monatsbericht 4/1954. AČRo, Ústřední dopisové oddělení, 11 f.
[242] *Ebenda.*
[243] Monatsbericht 5/1954. AČRo, Ústřední dopisové oddělení, 17.
[244] *Ebenda.*
[245] *Ebenda.*
[246] *Ebenda.*
[247] *Ebenda.*

waren[248] – belegen, dass viele Hörer von der Legitimität und Richtigkeit ebendieses Systems überzeugt waren. Die offiziellen ideologischen Darstellungsweisen wurden als rechtmäßig angesehen, adaptiert und auch entsprechend artikuliert. Den Verfassern schien das kommunistische Master-Narrativ zumindest an dieser Stelle eine aussichtsreiche Perspektive zu bieten, sodass sie etwas zu seiner Realisierung beitragen wollten.

Subjektivierung am Empfangsgerät

Der Tschechoslowakische Rundfunk spielte beim Bestreben seiner Hörer, sich zu »neuen Menschen« zu entwickeln, eine wichtige Rolle. Das Bildungsprogramm, das speziell auf die Erziehung dieser »neuen Menschen« ausgelegt war, wurde vielfach aufgegriffen und als Möglichkeit gesehen, die eigene Rolle in der Gesellschaft neu zu justieren sowie ein Bewusstsein für diese zu entwickeln. Mit ihren Briefen an den Rundfunk zeigten die Hörer nicht nur, dass sie ebendiesen Prozess durchlaufen hatten, sondern vollzogen ihn auch auf performativer Ebene, indem sie sich zum Beispiel gegen RFE positionierten. Den Zuschriften kam damit eine wichtige Rolle als bewusste Akte der Partizipation und Loyalitätsbekundung zu.

In ihren Briefen zeigten die Hörer aber auch, dass sie sich mit den gesendeten Inhalten aktiv auseinandersetzten und sie nicht einfach unreflektiert übernahmen. Sie versuchten, das Programm dahingehend zu beeinflussen, dass es ihren Vorstellungen einer angemessenen Erziehung »neuer Menschen« entsprach und offenbarten dabei ihre Ansicht davon, welche Eigenschaften ein solcher »neuer Mensch« aufweisen sollte. Das deutet darauf hin, dass es ein großes Bedürfnis nach sinnstiftenden Identifikationsangeboten in der Bevölkerung gab. Um die Menschen dazu anregen zu können, sich zu »neuen Menschen« entwickeln zu können, mussten diese aber an die Lebensrealität der Individuen anpassbar sein, was die im Radio vermittelten Modelle offenbar nur teilweise waren. Immer wieder wiesen die Hörer auf Diskrepanzen zwischen den Inhalten, die sie hörten, und der sich ihnen bietenden Realität hin und versuchten, beides in Einklang zu bringen.

Die Anziehungskraft der Botschaft, die über den Rundfunk verbreitet wurde, basierte vor allem darauf, dass dieser als Vermittlungsinstanz zwischen dem Regime, zu dem er eigentlich gehörte, und der Bevölkerung fungierte. Hier zeigen sich die Folgen der Währungsreform besonders deutlich, da Institutionen wie die Nationalausschüsse offensichtlich kaum noch Legitimität besaßen und

---

[248] Entsprechende Vermerke, dass die Hörer die »hetzerische Übertragung« von RFE verurteilen würden, finden sich im monatlichen »Bericht über Briefe einzelner Redaktionen« (Zpráva o dopisech jednotlivých redakcí), zum Beispiel zu Mai 1954. Siehe Monatsbericht 5/1954. AČRo, Ústřední dopisové oddělení, 5 sowie Monatsbericht 4/1954. AČRo, Ústřední dopisové oddělení, 4.

ihren Aufgaben nicht nachzukommen schienen. Indem der Rundfunk hier gewissermaßen in die Bresche sprang, sorgte er zwar dafür, dass das System an sich funktionsfähig blieb, ließ aber dessen Schwächen umso deutlicher hervortreten.

Als Sinnsystem und kulturelle Ordnung spielte der Sozialismus also weiterhin eine wichtige Rolle im täglichen Leben der Hörer, die sich durch die Aneignung der vermittelten Eigenschaften sinnhaft in der Gesellschaft verorten konnten. Die – von der KSČ sicherlich eher tolerierte als gewollte – Rolle des Rundfunks im sozialistischen System deutet aber darauf hin, dass das Regime selbst nicht mehr umfassend bestimmen konnte, wie diese Verortung vonstattengehen sollte. Vielmehr entwickelten die Individuen eigene Vorstellungen von sozialistischer Subjektivität, was die Bedeutung des sozialistischen Menschenbildes allerdings nur noch deutlicher hervortreten lässt.

3. Zwischenfazit

Nachdem sowohl die gesellschaftspolitische Lage als auch die sozialistische Subjektkultur in der Tschechoslowakei in der Konsolidierungsphase des Systems weitgehend stabil geblieben waren, brachte das Jahr 1953 einen massiven Einschnitt mit sich. Vor allem die Währungsreform und die damit verbundene Infragestellung ideologisch basierter Identitätsentwürfe stießen eine Entwicklung an, die grundlegende Veränderungen innerhalb der sozialistischen Subjektkultur mit sich brachte. Dies war für die Stabilität des Sozialismus in der Tschechoslowakei von großer Bedeutung.

Vor allem erweiterten sich die Möglichkeiten, Arbeit als Teil der sozialistischen Weltsicht – und damit auch diese selbst – individuell auslegen und in die eigene Alltagsrealität integrieren zu können, die es auch für diejenigen attraktiv machte, sich in das kommunistische Narrativ einzuschreiben, die nicht alle Eigenschaften des »neuen Menschen« adaptieren wollten. Insbesondere die Hingabe und Opferbereitschaft, die noch ein Heldentypus à la Julius Fučík verkörpert hatte, verloren zusehends an Bedeutung, auch wenn sie nicht vollständig aus dem Diskurs verschwanden. An ihre Stelle traten der Wunsch nach Anerkennung der eigenen Leistungen und die Möglichkeit, mit der Arbeit für das Kollektiv auch etwas für die Verbesserung der eigenen Situation bewirken zu können.

Ebenfalls zeigt die umfassende Auseinandersetzung mit den Bildungs- und Erziehungsangeboten des Rundfunks deutlich, dass ein nicht geringer Teil der Bevölkerung sich weiterhin die Eigenschaften sozialistischer Identitätsentwürfe zu eigen machte. Dies geschah aber eben nicht immer in der Form, die das Regime vorgesehen hatte. Vielmehr entstanden ganz unterschiedliche Vorstellungen davon, welche Eigenschaften ein »neuer sozialistischer Mensch« aufweisen sollte. Die Tatsache, dass solche Vorstellungen überhaupt entstanden und die Briefeschreiber versuchten, sie in Einklang mit ihrer Lebensrealität zu bringen, macht deutlich, dass das sozialistische Projekt trotz der zahlreichen negativen Entwicklungen nichts von seiner Strahlkraft eingebüßt hatte. Vielmehr konnte es auch in Krisensituationen als Ordnungs- und Wertesystem stabilisierend wirken.

Allerdings hat die wegen der Währungsreform entstandene Krise offensichtlich werden lassen, dass viele Briefeschreiber eine differenzierte Sicht auf das Regime entwickelten. Vor allem die Regierung und die Verwaltungsinstitutionen, aber auch die KSČ hatten sich in den Augen vieler Betroffener selbst delegitimiert, weil sie ihrer eigentlichen Machtbasis – der Arbeiterschaft – massiv Schaden zugefügt hatten. Der »Neue Kurs« konnte dies nur marginal auffangen, auch wenn das gesellschaftliche Entwicklungsmodell des Sozialismus durch die veränderte Politik wieder an Glaubwürdigkeit gewinnen konnte. Die Partei und ihre Funktionäre sowie Präsident Zápotocký wurden zwar weiterhin zumindest auf der ideologischen Ebene als wichtige Instanzen angesehen, die die Deutungen der Petenten bestätigen sollten. Besonders bei den Wahlen von 1954 zeigte sich aber, dass Partei und Regierung längst nicht mehr in allen Belangen als kompetent erachtet wurden, insbesondere wenn es darum ging, individuelle Vorstellungen vom Sozialismus umzusetzen. Die zunehmend offensive Art und Weise, in der Beschwerdebriefe und Eingaben nach der Währungsreform verfasst wurden, deutet gleichzeitig an, dass die Verfasser ebensolche Vorstellungen entwickelt hatten und von ihrer Richtigkeit überzeugt waren.

Dabei nahm der Rundfunk ebenfalls eine besondere Rolle ein. Als Vermittlungsinstanz zwischen den Betroffenen und den zuständigen Institutionen legte er das Versagen vieler Verwaltungsinstitutionen offen und bot seinen Hörern eine Vergleichsfolie, anhand derer sie sehen konnten, dass Lösungen in ihrem Sinne möglich waren. Dadurch gewann das Radioprogramm ein hohes Maß an Glaubwürdigkeit, was wiederum die Bedeutung des Sozialismus als kulturelle Ordnung stärken konnte. Das Beispiel des Rundfunks scheint vielen Betroffenen Hoffnung gegeben zu haben, den Sozialismus im Land nach ihren Vorstellungen mitgestalten zu können. Deswegen strebten sie auch weiterhin danach, sich die Eigenschaften des »neuen Menschen« anzueignen. Sozialistische Subjektivität kann in der ersten Hälfte der fünfziger Jahre also durchaus als ein wichtiger Faktor für die Stabilität sozialistischer Herrschaft in der Tschechoslowakei angesehen werden.

II. SELBSTBEWUSSTE SUBJEKTE AUF DEM WEG IN EINE NEUE GESELLSCHAFT (1956–1959)

Die vorherigen Kapitel haben das Potenzial des Sozialismus und der damit verbundenen Subjektmodelle als individuell sinnstiftende Orientierungsmuster für die Tschechoslowakei aufgezeigt. Es konnte sich vor allem deswegen entfalten, weil die Menschen bei der Auslegung ideologischer Leitlinien einen gewissen Spielraum hatten, der es ihnen ermöglichte, diese individuell sinnhaft in ihre Alltagsrealität einzubinden. Auch für die Tschechoslowakei gilt somit, dass man »den Staatssozialismus als eine prinzipiell instabile, sich in einer permanenten Krise befindende Ordnung betrachten« muss, die »sich wandelnde Legitimationsbedürfnisse stillen und deshalb stets neue Sinnorientierungen suchen musste«.[1]

Mit dem neuen Kurs und den vielfältigen Deutungsmöglichkeiten von Arbeit hatte man in der Tschechoslowakei gerade erst eine solche neue Sinnorientierung gefunden, als sich im Februar 1956 der Erste Sekretär der KPdSU, Nikita Chruščëv, auf dem XX. Parteitag der KPdSU in seiner »Geheimrede« mit dem Personenkult um Stalin auseinandersetzte. Mit dieser Rede stellte er nicht nur die sozialistische Zukunftsvision indirekt infrage, sondern auch die Rolle der kommunistischen Parteien Ost(mittel)europas als diejenigen Instanzen, die diese Vision umsetzen sollten. Damit brachte er die entscheidenden Bezugsgrößen sozialistischer Subjektmodelle massiv ins Wanken und in der Folge – zumindest in der Tschechoslowakei – auch die Stabilität des Regimes. Entscheidend war dabei insbesondere die Erreichbarkeit der sozialistischen Zukunftsvision, da diese den Menschen ein Ziel geben sollte, auf das sie ihre täglichen Anstrengungen richten konnten.[2]

In den folgenden Unterkapiteln soll untersucht werden, wie sich die Bedeutung ideologischer Zukunftsversprechen innerhalb der sozialistischen Sinnwelt im Nachgang zur Geheimrede veränderte und wie dies das Verhältnis der Individuen zur Partei beeinflusste. Anders als man vielleicht erwarten konnte, so die These, stärkten die Prozesse, die im Februar 1956 ihren Anfang nahmen, die Position des Einzelnen dem Regime gegenüber. Sie sorgten dafür, dass sich die Vertreter von Partei und Regierung zunehmend mit selbstbewussten Subjekten konfrontiert sahen, die ganz eigene Vorstellungen einer sozialistischen Gesellschaft hatten und diese einzufordern wussten.

---

[1] *Kolář*: Kommunistische Identitäten im Streit, 233.
[2] Vgl. *Uerz*: Zukunftsvorstellungen als Elemente der gesellschaftlichen Konstruktion der Wirklichkeit, 37.

II. Selbstbewusste Subjekte

Um diesen Vorgang verstehen zu können, ist es zunächst notwendig, die Geheimrede und ihre direkten Folgen in Ost(mittel)europa in Grundzügen zu erläutern. In diesem Zusammenhang verschob sich die utopische Dimension der sozialistischen Gesellschaftsentwicklung entscheidend, was auch die Grundkoordinaten sozialistischer Subjektmodelle sowie das Verhältnis zwischen Individuum, Ideologie und Regime veränderte.

In seiner Rede kritisierte Chruščëv vor allem den Personenkult um seinen Vorgänger Stalin und wies diesem sowie dem Geheimdienstchef Lavrentij Berija die Verantwortung für die Verbrechen und den Terror der Vorjahre zu.[3] Mit dieser Deutung versuchte er, sich selbst und die anderen Führungskräfte der Partei von einer Beteiligung an Terror und Gewalt freizusprechen. Er eliminierte damit aber gleichzeitig auch die bis dato gültigen »ideologischen Orientierungsgrößen«,[4] die sowohl für die Glaubwürdigkeit des kommunistischen Versprechens als auch für die Identitäten vieler überzeugter Kommunisten maßgeblich gewesen waren.[5] Als eine solche Orientierungsgröße war vor allem Stalin selbst angesehen worden, der bis dato eine Art externer »Master« außerhalb des Diskurses – und somit auch eine über jeden Zweifel erhabene – schwebende Kontrollinstanz gewesen war. Indem Chruščëv also seinen Vorgänger mit seiner Rede gewissermaßen entthronte, stellte er die Unfehlbarkeit der Partei und ihrer Führer infrage, womit die gesamte gesellschaftliche Entwicklung unter Stalin und die absolute Sicherheit hinsichtlich der Erreichbarkeit des Kommunismus zur Disposition standen.[6]

Auch wenn die Bezeichnung »Geheimrede« suggeriert, dass die Debatten des XX. Parteitages nicht an die Öffentlichkeit dringen sollten, war das schon allein aufgrund der Brisanz des Themas kaum möglich. Chruščëvs *not-so-secret Speech*[7] wurde dementsprechend bald nicht nur in der Sowjetunion diskutiert, sondern prägte auch die Debatten und Ereignisse in den anderen sozialistischen Staaten des östlichen Europa. Insbesondere die bewaffneten Proteste in Ungarn und deren blutige Niederschlagung führten dazu, dass das Jahr 1956

---

[3] Dazu u. a. *Wojnowski*, Zbigniew: De-Stalinization and Soviet Patriotism. Ukrainian Reactions to East European Unrest in 1956. In: Kritika. Explorations in Russian and Eurasian History 13/4 (2012), 799–829, hier 799; *Engelmann*, Roger/*Großbölting*, Thomas/*Wentker*, Hermann: Einleitung. In: *Dies.* (Hg.): Kommunismus in der Krise. Die Entstalinisierung 1956 und die Folgen. Göttingen 2008, 9–31.
[4] *Kolář*: Kommunistische Identitäten im Streit, 241.
[5] Vgl. *Engelmann/Großbölting/Wentker*: Einleitung. In: *Dies.* (Hg.): Kommunismus in der Krise, 10; *Kolář*: Kommunistische Identitäten im Streit, 241.
[6] Vgl. *Yurchak*, Alexei: Everything Was Forever, Until It Was No More. The Last Soviet Generation. Princeton 2005, 39–44; *Kolář*, Pavel: Der Poststalinismus. Ideologie und Utopie einer Epoche. Köln u. a. 2016, 14; *ders.*: Kommunistische Identitäten im Streit, 233.
[7] *Wojnowski*: De-Stalinization and Soviet Patriotism, 799.

rückblickend als »internationale[s] Krisenjahr«[8] wahrgenommen wird.[9] In Polen rief der neue Erste Sekretär der Polska Partia Robotnicza (PPR, Polnische Arbeiterpartei), Władysław Gomułka, nach anfänglich entschiedenen Bemühungen um eine Entstalinisierung den polnischen Weg zum Sozialismus aus. Dieser sollte schließlich in die »kleine Stabilisierung« des Landes münden.[10] In der Tschechoslowakei wiederum blieben vergleichbare Proteste trotz der angesprochenen erneuten Legitimationskrise aus.[11]

Stattdessen entspann sich eine lebhafte Diskussion rund um die einzelnen Elemente der Geheimrede, die noch einmal verdeutlichte, wie stark insbesondere die Selbstwahrnehmung von Parteimitgliedern an ideologischen Leitlinien orientiert war. Gleichzeitig belegt sie, dass die Teilnehmer an diesen Debatten durchaus individuelle Ansichten zu diesen Leitlinien und zur Geheimrede an sich hatten.

Besonders die Diskussion um den Personenkult, den Stalin um seine eigene Person herum aufgebaut hatte, zeigt die tiefe Verunsicherung, die die Enthüllungen der Geheimrede bei Kommunisten und Parteimitgliedern auslöste. Es war nun nicht mehr ohne weiteres möglich, sich unhinterfragt am sowjetischen Vorbild zu orientieren.[12] Statt aber die neuen Verhältnisse hinzunehmen und sich nun nach außen hin als Antistalinisten zu geben, machten einige Betroffene deutlich, dass sie eigene Ansichten zur Personenkult-Debatte hatten. Einige traten sogar aus der Partei aus, da sie sich nicht in der Lage sahen,

---

[8] *Heinemann*, Winfried/*Wiggershaus*, Norbert Theodor (Hg.): Das internationale Krisenjahr 1956. Polen, Ungarn, Suez. München 1999.

[9] Vgl. *Wojnowski*: De-Stalinization and Soviet Patriotism, 800; *Lachmann*: Die »Ungarische Revolution« und der »Prager Frühling«; *Varga*, László: Der Fall Ungarn. Revolution, Intervention, Kádárismus. In: *Engelmann/Großbölting/Wentker* (Hg.): Kommunismus in der Krise, 127–136.

[10] Nicht vergessen werden sollte hier, dass es auch in Polen zu gewaltsamen Protesten kam. Ein Arbeiterstreik in Posen im Juni 1956 wurde von der Armee blutig niedergeschlagen. Siehe dazu *Wojnowski*: De-Stalinization and Soviet Patriotism, 799 f. Ausführlich siehe auch *Czubiński*, Antoni: Das Jahr 1956 in Polen und seine Konsequenzen. In: *Kircheisen*, Inge (Hg.): Tauwetter ohne Frühling. Das Jahr 1956 im Spiegel blockinterner Wandlungen und internationaler Krisen. Berlin 1995, 84–96; *Machcewicz*, Pawel: Polski rok 1956 [Das polnische Jahr 1956]. Warszawa 1993.

[11] Vgl. *Mrňka*: Svéhlavá periferie, 158. Mit der Frage nach den Gründen für das Ausbleiben entsprechender Proteste wurde sich schon verschiedentlich auseinandergesetzt. Siehe dazu u. a. *Blaive*: Une déstalinisation manquée. Tchécoslovaquie 1956; *McDermott/Sommer*: The Club of Politically Engaged Conformists; *Kaplan*, Karel: Sociální souvislosti krizí komunistického režimu v letech 1953–1957 a 1968–1975 [Soziale Zusammenhänge der kommunistischen Regimekrisen von 1953–1957 und 1968–1975]. Praha 1993; Lachmann: Die »Ungarische Revolution« und der »Prager Frühling«; *Pernes*: Československý rok 1956; *ders.*: Die ČSR; *ders.*: Krize komunistického režimu v Československu v 50. letech 20. století [Die Krise des kommunistischen Regimes in der Tschechoslowakei in den 1950er Jahren]. Brno 2008.

[12] Vgl. *Kolář*: Kommunistische Identitäten im Streit, 248–253; *McDermott/Sommer*: The Club of Politically Engaged Conformists, 13–15.

ihre Ansicht über Stalin zu ändern und die Vorwürfe gegen ihn nicht glauben wollten. Diese Fälle zeigen, dass die Selbstdarstellungen überzeugter Kommunisten keinesfalls per se als Opportunismus angesehen werden können, sondern eine sinnstiftende Dimension haben konnten, die sogar in einen offenen Konflikt mit der Partei münden konnte.

In diesem Zusammenhang wurde auch die Vorbildfunktion der Sowjetunion offen problematisiert und es wurden Fragen dahingehend gestellt, warum man dort denn nicht gegen den Personenkult vorgegangen war.[13] Die Diskussion um die Bedeutung Stalins offenbart somit eine ganze Bandbreite an Deutungsmustern, die sehr klar belegen, dass ein Gefühl der Zugehörigkeit zur sozialistischen Gesellschaft eine kritische Haltung der Partei gegenüber keinesfalls ausschließen musste. Vielmehr konnten sich beide Faktoren gegenseitig bedingen.[14]

Die Versuche, sich die Erschütterung des »auf Stalin ausgerichteten Glaubenssystems«[15] zu erklären und die eigene Identität neu zu justieren, offenbarten aber vor allem ein starkes Bedürfnis der Betroffenen nach Einheit, Zugehörigkeit zur Partei und der Gewissheit, sich auf diese verlassen zu können. Dies unterstreicht noch einmal die sinnstiftende Bedeutung kommunistischer Identitäten. Bemerkenswert ist dabei, dass es der KSČ gelang, trotz aller Zweifel und Enttäuschungen, die ihr in den Jahren zuvor entgegengebracht worden waren, wieder zu einem wichtigen Bezugspunkt für ihre Mitglieder zu werden. In den Diskussionen über die Geheimrede etablierte sie sich erneut als Autorität, die Ordnung schaffen konnte. Im Zusammenhang mit dem Personenkult wurde die Partei gar als Opfer wahrgenommen. Ausschlaggebend war hierbei, dass die Parteiführung sich angesichts der gewaltsamen Unruhen in Ungarn als die Instanz präsentieren konnte, die Frieden und die territoriale Integrität des tschechoslowakischen Staates garantierte.[16]

Entscheidend dafür, dass die hier nur grob skizzierte Bandbreite an Kritik- und Deutungsmustern überhaupt so geäußert werden konnte, war ein Wandel der innerparteilichen Diskussionskultur. Auf diese Weise wurden auch Mitglieder an der Basis ermutigt, sich auf Versammlungen zu äußern und dabei ihre Ängste und Sorgen offen anzusprechen. Dabei zeigte sich, dass viele die Partei als einen »erkrankten Organismus«[17] ansahen, der geheilt werden musste. Dieser Prozess, dessen Ziel eine Rückkehr zur Partei sein sollte, wie Lenin sie gefordert hatte, wurde auch von den Mitgliedern an der Basis von vornherein als langwierig angesehen.[18]

---

[13] Vgl. *ebenda*, 21; *Kolář*: Kommunistische Identitäten im Streit, 256 f.
[14] Dass sich ein Engagement in einem sozialistischen System und eine kritische Haltung diesem gegenüber keinesfalls ausschließen müssen, hat Mary Fulbrook auch für die DDR konstatiert. Siehe dazu u. a. *Fulbrook*: Ein ganz normales Leben, 284.
[15] *Kolář*: Kommunistische Identitäten im Streit, 256.
[16] Vgl. *McDermott/Sommer*: The Club of Politically Engaged Conformists, 41–49.
[17] Zitiert nach *Kolář*: Kommunistische Identitäten im Streit, 54.
[18] Vgl. *ebenda*, 253–255.

II. Selbstbewusste Subjekte

Bei der Stabilisierung der Verhältnisse mit Hilfe der Partei stand für viele Kommunisten somit primär der Prozess des Aufbaus der sozialistischen Gesellschaft und nicht so sehr sein abstraktes Ziel im Mittelpunkt. Die bestehende Krise erschien als eine, die mit eigenen Kräften und den Mitteln der Gegenwart bewältigt werden konnte.[19] Die Fokussierung auf den Prozess war laut Pavel Kolář ein entscheidender Faktor im Wandel der ideologischen Grundlagen sozialistischer Subjektivität, da die absolute Sicherheit der Erreichbarkeit des Kommunismus durch die Geheimrede an Geltungskraft verloren hatte.[20] Vor dem Hintergrund der Erkenntnisse der vorherigen Kapitel war dies für die Legitimität sozialistischer Herrschaft ein schwerer Schlag, da viele Menschen sich vor allem aufgrund der Aussicht auf unwiderrufliche Erreichbarkeit der neuen Gesellschaftsordnung dem sozialistischen Projekt verschrieben hatten.

Allerdings verschwand die utopische Dimension der sozialistischen Gesellschaftsentwicklung mit der Geheimrede nicht vollkommen. Vielmehr wandelte sich die ideologische Zukunftsvision von einer »programmatischen Utopie«,[21] die auf einen abstrakten, unwandelbaren Zielzustand ausgerichtet war und »auf der Vorstellung der unumkehrbaren, linearen Geschichte gründet[e]«,[22] zu einer prozessualen. Diese beinhaltete zwar weiterhin eine »Vision der Erneuerung« oder einer »besseren Zukunft«,[23] war aber stärker auf den Prozess ausgerichtet, mit dem diese bessere Zukunft erreicht werden sollte. Eine prozessuale Utopie bot somit Raum für Kontingenzen, Ambivalenzen und Fehlentwicklungen, die das sozialistische Projekt aber nicht unmittelbar infrage stellen mussten.[24]

Diese Veränderung war für Individuen, die Teil des kommunistischen Master-Narrativ sein wollten, von großer Bedeutung. Durch die Umdeutung der Utopie wurde dies wieder attraktiver, da eine bessere Zukunft in Reichweite und mit den bereits vorhandenen Mitteln erreichbar schien. Spätestens 1958 wurde das Ziel, eine kommunistische Gesellschaft errichten zu wollen, schließlich durch die Vision des zeitnahen Aufbaus einer sozialistischen ersetzt, die zumindest auf dem Papier 1960 Realität werden sollte.[25]

Die Frage, inwiefern diese prozessuale Utopie grundlegend für eine »poststalinistische Sinnwelt«[26] und die damit verbundenen Identitätsmuster war, soll im Zentrum der folgenden Kapitel stehen. Ob sich die Umdeutung der sozialistischen Utopie auf individuelle Selbstwahrnehmungen und das Verhältnis des Einzelnen zum Regime auswirkte, soll anhand von zwei Aspekten untersucht werden, in denen sich die sozialistische Vision der Zukunft mit am

---

[19] Vgl. *ebenda*, 254.
[20] Vgl. *Kolář*: Der Poststalinismus, 8–12.
[21] *Ebenda*, 329.
[22] *Ebenda*, 10.
[23] *Ebenda*, 329.
[24] Vgl. *ebenda*, 328–330.
[25] Vgl. *Mrňka*: Svéhlavá periferie, 158.
[26] *Kolář*: Der Poststalinismus, 10.

deutlichsten widerspiegelte: dem Wohnungs- und Städtebau, der den »neuen Menschen« ein Umfeld bieten sollte, um Kraft für neue Arbeit zu schöpfen, sowie dem Fernsehen, das sich in den fünfziger Jahren immer mehr zu einem Massenmedium entwickelte und seinen Zuschauern ebenfalls eine spezifische sozialistische Version von Modernität vermitteln sollte.[27]

1. Das Recht auf angemessenen Wohnraum

Als ein »Labor der sozialistischen Moderne«[28] beschreibt der tschechische Historiker Matěj Spurný das, was sich zwischen 1965 und 1985 in der nordböhmischen Stadt Most abspielte. Um die Kohlevorkommen abbauen zu können, die sich unter der Stadt befanden, wurde innerhalb von zwanzig Jahren das gesamte historische Zentrum abgerissen und zwei Kilometer weiter südlich wieder aufgebaut. Einige Gebäude, wie die spätgotische Marienkirche, wurden aufwendig umgesetzt, während große Teile der Stadt gesprengt wurden und Most als zentral geplante sozialistische Musterstadt neu entstand.[29]

Durch seine Radikalität in der Zerstörung und dem Wiederaufbau einer historisch bedeutsamen Stadt sticht das Projekt Most aus der Fülle utopischer Stadtplanungen in der Tschechoslowakei heraus. Mit seiner Zielsetzung hingegen fügte es sich gut in die Vision einer sozialistischen Moderne ein, die ihre Manifestation unter anderem im sozialistischen Städte- und Wohnungsbau finden sollte. Der Wiederaufbau von Most wurde von einer rational geprägten Utopie begleitet, die eine verbesserte Hygiene sowie die Lösung für die in beinahe allen tschechoslowakischen Großstädten angespannte soziale Lage versprach. Diese Vision, so Spurný, löste bei der Bevölkerung eine authentische Hoffnung auf ein besseres Leben im neuen Most aus und fungierte so als wirksame Rechtfertigung für die Liquidierung der historischen Altstadt.[30]

Das ideologische Narrativ einer besseren Zukunft, die unter der Führung der Kommunistischen Partei in jedem Fall erreicht werden würde, war also auch nach dem Prager Frühling noch in der Lage gewesen, die Bevölkerung von der Richtigkeit weitreichender Entscheidungen der Partei- und Staatsführung zu überzeugen. Die Grundlage dafür war aber bereits in der zweiten Hälfte der fünfziger Jahre geschaffen worden.

Das mag angesichts der einleitenden Erläuterungen für diesen Abschnitt auf den ersten Blick paradox wirken, besonders, da das Regime zusätzlich zu den Nachwirkungen der Geheimrede mit einer prekären Wohnungssituation zu kämpfen hatte, die vielerorts zu sozialen Spannungen führte. Darauf reagierte

---

27 Vgl. *Imre*: TV Socialism, 2.
28 *Spurný*, Matěj: Most do budoucnosti. Laboratoř socialistické modernity na severu Čech [Brücke in die Zukunft. Ein Laboratorium der sozialistischen Moderne in Nordböhmen]. Praha 2016.
29 Vgl. dazu ausführlich *ebenda*.
30 Vgl. *ebenda*, 123–133.

die politische Führung allerdings mit einer Reihe von Maßnahmen, die der Bevölkerung das Gefühl vermitteln sollten, dass sich die Lage spürbar verbessern werde und die versprochene glorreiche Zukunft somit in der Gegenwart bereits angelegt sei. Mit diesen Maßnahmen und Gesetzen konnte die Unzufriedenheit im Zusammenhang mit der Wohnungskrise, die bis zum Zusammenbruch des kommunistischen Regimes 1989 – ähnlich wie in anderen Staaten des östlichen Europa[31] – nie vollständig gelöst werden konnte, tatsächlich in gewissen Grenzen aufgefangen werden. Angesichts der Tatsache, dass die Stadt- und Wohnraumplanung ein wichtiger Faktor bei der Schaffung des »neuen Menschen« darstellte, hatten diese Maßnahmen großen Einfluss auf individuelle Subjektivierungsprozesse sowie das Verhältnis zwischen dem sozialistischen Staat und den Individuen, die darin lebten und wohnten. Es erscheint somit lohnenswert, die Wohnungspolitik und insbesondere die Reaktionen auf sie in den Blick zu nehmen. Auf diesem Feld zeigt sich konkret, wie die Politik des Regimes im Hinblick auf die Schaffung geeigneter Umstände für die Entwicklung der Menschen zu »handlungsfähigen Instanzen«[32] aufgenommen wurde und welche Wirkung sie hatte.

Die sozialistischen Planstädte, die in allen sozialistischen Staaten Europas entstanden, waren Orte, an denen offiziell die besten Umstände für die Herausbildung »allseitig entwickelte[r] sozialistische[r] Persönlichkeit[en]«[33] herrschen sollten und damit Orte »allgemeinen Glücks nach fröhlicher Arbeit«.[34] Der zentrale Gedanke dieser nach ideologischen Grundsätzen konzipierten Städte war es, eine Umgebung zu schaffen, die ganz auf die Bedürfnisse der Arbeiter ausgerichtet war und es ihnen ermöglichen sollte, bestmögliche Leistungen für den sozialistischen Aufbau zu erbringen.[35]

Die bekanntesten Beispiele für diese »Arbeits- und Fortschrittsstädte, bewohnt von ›neuen Menschen‹ voller Vertrauen in den Sozialismus und die Zukunft«[36], waren das 1929 gegründete Zentrum der sowjetischen Eisen- und Stahlproduktion Magnitogorsk, der Krakauer Vorort Nowa Huta, Sztálinváros in Ungarn und – in deutlich geringerem Ausmaß – die tschechische Siedlung Kunčice nahe Ostrava. All diesen Städten und Siedlungen war gemein, dass sie

---

31 Vgl. *Mühlbauer*: Kommunizieren und Partizipieren im »entwickelten Sozialismus«, 13.
32 *Reckwitz*: Das hybride Subjekt, 10.
33 *Mühlbauer*: Kommunizieren und Partizipieren im »entwickelten Sozialismus«, 300.
34 *Przybylová*, Blažena u. a.: Ostrava. Historie – kultura – lidé [Ostrava. Geschichte – Kultur – Menschen]. Praha 2013, 522.
35 Vgl. *Zarecor*: Manufacturing a Socialist Modernity, 115; *Jajesniak-Quast*, Dagmara: Die sozialistische Planstadt Eisenhüttenstadt im Vergleich mit Nowa Huta und Ostrava-Kunčice. In: *Bohn*, Thomas M. (Hg.): Von der »europäischen Stadt« zur »sozialistischen Stadt« und zurück? Urbane Transformationen im östlichen Europa des 20. Jahrhunderts. München 2009, 99–114, hier 103; *Mühlbauer*: Kommunizieren und Partizipieren im »entwickelten Sozialismus«, 189.
36 *Lebow*: Unfinished Utopia, 2.

II. Selbstbewusste Subjekte

um einen großen Industriebetrieb herum errichtet und vollkommen den Prinzipien sozialistischer Stadtplanung unterworfen wurden.[37] Aber auch bereits existierende Städte sollten mit dem Ziel umgestaltet werden, die Lebensqualität der Arbeiterschaft zu verbessern. Besonders nachhaltig wurden diese Pläne bereits 1935 in Moskau mit Stalins »Generalplan« verfolgt, ebenso wie im heutigen Poruba, einem Stadtteil Ostravas, der als »Nová Ostrava« (Neu Ostrava) zum Vorzeigeprojekt sozialistischer Stadtplanung in der Tschechoslowakei werden sollte.[38] Den Stadtplanern zufolge standen dabei der Slogan »Fürsorge für den Menschen« und damit die Bedürfnisse des »neuen sozialistischen Menschen« im Mittelpunkt.[39]

Die Kehrseite dieser verheißungsvollen Vision war für die sozialistischen Regime die Tatsache, dass die entsprechenden Städte und Siedlungen zu Orten wurden, in denen Anspruch und Wirklichkeit der sozialistischen Zukunftsvision direkt aufeinandertrafen. Die Individuen, die dort wohnten oder wohnen wollten, konnten die vollmundigen Versprechen der Städteplaner quasi am Objekt überprüfen. Die Versorgung der Bevölkerung mit Wohnraum war nicht nur in der Tschechoslowakei[40] ein großes Problem und stand den Bemühungen im Weg, in den neu gestalteten sozialistischen Städten das Leben des »neuen Menschen« in kollektiver Lebensweise verwirklichen zu können. So entstand wiederum ein Diskussionsraum, dessen Analyse wichtige Erkenntnisse darüber verspricht, welche Auswirkungen eine Politik, die die Bedürfnisse der Menschen in den Mittelpunkt stellte, auf Individuen und ihre Entwicklung zu »sozialistischen Subjekten« hatte.

Die Wohnungsbaupolitik betraf somit den Kern des Selbstverständnisses sozialistischer Staaten. Sie war Teil der Bemühungen von Partei und Regierung um das Wohl der Werktätigen und die Lösung sozialer Probleme[41] und fand ihren Ausdruck in dem übergreifenden Slogan »Fürsorge für den Menschen«. Die Schaffung von Wohnraum war daher nicht nur aus rein pragmatischer Perspektive notwendig, sondern auch aus ideologischer Sicht, denn eine Lösung dieser Problematik sollte die Entwicklung der Bevölkerung hin zu »neuen

---

[37] Vgl. *Zarecor*: Manufacturing a Socialist Modernity, 152. Zur Entstehung und Bedeutung sozialistischer Planstädte für die Entwicklung des »neuen Menschen« siehe u. a. *Kotkin*: Magnetic Mountain. Stalinism as a Civilization; *Lebow*: Unfinished Utopia; *Jajesniak-Quast*: Die sozialistische Planstadt Eisenhüttenstadt.

[38] Vgl. *Schlögel*, Karl: Terror und Traum. Moskau 1937. München 2008, 62–69; *Zarecor*: Manufacturing a Socialist Modernity, 154; *Przybylová* u. a.: Ostrava Historie – kultura – lidé.

[39] Vgl. *Zarecor*: Manufacturing a Socialist Modernity, 152.

[40] Ähnliche Probleme gab es auch in der Belorussischen Sowjetrepublik, der DDR und der Sowjetunion. Siehe dazu u. a. *Mühlbauer*: Kommunizieren und Partizipieren im »entwickelten Sozialismus«, 190; *Rau*, Christian: Stadtverwaltung im Staatssozialismus. Kommunalpolitik und Wohnungswesen in der DDR am Beispiel Leipzigs. 1957–1989. Stuttgart 2017, 21 und 263; *Schlögel*: Terror und Traum, 68.

[41] Vgl. *Mühlbauer*: Kommunizieren und Partizipieren im »entwickelten Sozialismus«, 183.

Menschen« begünstigen und die Überlegenheit dem kapitalistischen System gegenüber beweisen.[42]

Sozialistische Subjekte und das Recht auf Wohnraum

Wie bereits angedeutet, stand diesen Bemühungen aber zunächst ein eklatanter Mangel an Wohnraum gegenüber. Trotz aller Versicherungen der Partei, dass schon bedeutende Erfolge erzielt worden seien und die Bautätigkeit im Land zugenommen habe,[43] verzögerten sich viele Vorhaben teilweise um mehrere Jahre. Viele Antragsteller mussten daher bis zu zehn Jahre auf eine versprochene Wohnung warten.[44] Die Verlautbarungen der Partei über eine zunehmende Bautätigkeit waren dabei keine rein propagandistischen Phrasen – die diesbezüglichen Bemühungen konnten schlicht nicht mit dem demographischen Wandel Schritt halten.[45]

Die Versuche des kommunistischen Regimes, dieser Problematik beizukommen, bestanden zunächst in der Umverteilung von Immobilienbesitz, Enteignungen und der Aufteilung sogenannter »übergroßer Wohnungen«.[46] Dies waren Wohnungen, in denen die Zahl der Wohnräume die der Bewohner überstieg. Aufgrund des weiterhin bestehenden wirtschaftlichen Fokus auf die Schwerindustrie hatte der Bau neuer Wohnhäuser zunächst keine Priorität. Erst nach der gesellschaftlichen Krise der frühen fünfziger Jahre wurde wieder zunehmend in Neubauten investiert. Die Wohnraumfrage entwickelte sich zu einem wichtigen Element der angestrebten Erhöhung des Lebensstandards der Bevölkerung und damit der Befriedigung individueller Bedürfnisse.[47]

Um diese Versprechen trotz der langsamen Bautätigkeit zumindest teilweise einlösen zu können, ergriff die sozialistische Regierung eine Reihe von Maßnahmen, die als Teil der »Fürsorge für den Menschen« proklamiert wurden und die die Rechte von Mietern und Wohnungssuchenden deutlich stärkten. Zu diesen Maßnahmen zählten das »Gesetz über die Verwaltung von Wohnungen«, das Ende 1956 veröffentlicht wurde und am 1. Januar 1957 in Kraft trat, der »Brief des Zentralkomitees der Kommunistischen Partei der

---

[42] Vgl. *Åman*, Anders: Architecture and Ideology in Eastern Europe during the Stalin Era. An Aspect of Cold War History. New York 1992, 82.
[43] Usnesení ústředního výboru Komunistické strany Československa k řešení bytového problému v ČSR do roku 1970 [Beschluss des Zentralkomitees der Kommunistischen Partei der Tschechoslowakei zur Lösung des Wohnungsproblems in der ČSR bis zum Jahr 1970]. Rudé právo vom 8.3.1959, 3 f.
[44] Vgl. *Rákosník*: Sovětizace sociálního státu, 458–462; *Zarecor*: Manufacturing a Socialist Modernity, 137; *Mrňka*: Svéhlavá periferie, 182.
[45] Vgl. *Rákosník*: Sovětizace sociálního státu, 458.
[46] *Ebenda*, 441.
[47] Vgl. *ebenda*, 441–445.

II. Selbstbewusste Subjekte

Tschechoslowakei«[48] vom November 1958, in dem die Partei sich an Parteimitglieder und Arbeiter wandte und zentrale Fragen zum Lebensstandard der Bevölkerung zur Diskussion stellte[49] und schließlich der »Beschluss des Zentralkomitees der KSČ zur Anhebung des Lebensstandards« von März 1959, der auf der Analyse der Diskussion des Briefes vom November des Vorjahres beruhte. Der Beschluss versprach unter anderem eine erneute Senkung von Einzelhandelspreisen, eine Anhebung der Renten[50] und die »Lösung des Wohnungsproblems in der ČSR bis zum Jahr 1970«.[51] Als »eine der grundlegenden Aufgaben bei der Anhebung des materiellen und kulturellen Niveaus des Volkes«[52] sollte der Lösung der Wohnungsfrage besondere Aufmerksamkeit zukommen. Ziel war es, bis 1970 1,200.000 neue Wohnungen zu errichten und damit jedem Haushalt eine eigene Wohnung zu sichern. Dadurch solle auch das »fatale Erbe des Kapitalismus« endgültig beseitigt werden.[53]

Für die direkt von der Wohnungsproblematik betroffen Menschen war die Tatsache wichtig, dass die Kommunistische Partei sich in diesen Dokumenten immer mehr als der entscheidende Akteur präsentierte, der die versprochenen Verbesserungen herbeiführen würde und den Bürgern eine passive Rolle zuwies. Dies wird besonders im Brief des Zentralkomitees von 1958 und dem dazugehörigen Beschluss von 1959 betont. Es war zwar weiterhin die Rede davon, dass die »Beteiligung der Werktätigen, der Nationalausschüsse, der Wirtschaftsorgane [...] und anderen Massenorganisationen«[54] unerlässlich sei, aber anders als noch im Zusammenhang mit dem »Neuen Kurs« einige Jahre zuvor wurden

---

[48] Der Brief wurde am 20.11.1958 unter anderem in der Parteizeitung Rudé právo veröffentlicht und bis weit in den Dezember hinein öffentlich diskutiert. Siehe u. a. Dopis ústředního výboru Komunistické strany Československa všem organizacím strany a všem pracujícím [Brief des Zentralkomitees der Kommunistischen Partei der Tschechoslowakei an alle Parteiorganisationen und alle Werktätigen]. Rudé právo vom 20.11.1958, 1; Dopis ÚV KSČ v rukou pracujících [Der Brief des ZK der KSČ in der Hand der Werktätigen]. Rudé právo vom 21.11.1958, 1; Šik, Otto: Několik poznámek k otázkám zvyšování životní úrovně. K dopisu KSČ [Einige Anmerkungen zur Frage der Anhebung des Lebensstandards]. Rudé právo vom 6.12.1958, 2; Architekti na pomoc bytové výstavbě [Architekten über die Hilfe im Wohnungsbau]. Rudé právo vom 7.12.1958, 1; Diskuse k dopisu ústředního výboru KSČ [Die Diskussion um den Brief des Zentralkomitees der KSČ]. Rudé právo vom 9.12.1958, 2.

[49] Ve všenárodní diskusi budou posouzena opatření ke zvyšování životní úrovně lidu. Zítra bude uveřejněn dopis ÚV KSČ všem pracujícím [Die Maßnahmen zur Anhebung des Lebensstandards werden in der gesamtstaatlichen Diskussion bewertet. Morgen erscheint ein offener Brief des ZK der KSČ an alle Werktätigen]. Rudé právo vom 19.11.1958, 1.

[50] Významná usnesení ÚV KSČ o zvýšení životní úrovně [Ein bedeutender Beschluss des ZK KSČ zur Anhebung des Lebensstandards]. Rudé právo vom 7.3.1959, 1.

[51] Usnesení ústředního výboru, 3 f.

[52] *Ebenda*, 3.

[53] *Ebenda*.

[54] *Ebenda*.

II. Selbstbewusste Subjekte

das Engagement der Werktätigen und die aufopferungsvolle Arbeit des Einzelnen nicht mehr als der entscheidende Motor der Entwicklung angesehen. Die Position des einzelnen Bürgers im Verhältnis zu den Tätigkeiten des Regimes verschob sich somit dahingehend, dass der Einzelne zunehmend als passiver Empfänger staatlicher Unterstützung erschien. Zwar musste er sich seinen Platz in der Gesellschaft erarbeiten, aber keinen elementaren Beitrag mehr leisten, um diese Unterstützung überhaupt erst zu ermöglichen. »Das Ziel aller unserer Bemühungen unserer kommunistischen Partei ist das Wohl der Bevölkerung, die fortwährende Sorge um die maximale Befriedigung ihrer Bedürfnisse«,[55] hieß es entsprechend in der Parteipresse. Hier zeigt sich deutlich ein Wandel der dominanten Subjektkultur, eine Verschiebung der Position des Subjektes auf der Diskursebene, die wiederum starke Auswirkungen auf die individuelle Reproduktion von Subjektmodellen in der Kommunikation von Bürgern mit dem Regime hatte.[56]

Auch wenn sowohl der Brief des Zentralkomitees als auch der darauf folgende Beschluss in der Bevölkerung umfassend diskutiert wurden,[57] war das »Gesetz über die Verwaltung von Wohnungen«[58] in diesem Zusammenhang das bedeutsamste Dokument. Es stärkte die Rechte der betroffenen Bürger, indem es unter anderem festlegte, dass niemand mehr ohne die Bestätigung eines Gerichtes aus seiner Wohnung ausquartiert werden durfte,[59] und betonte die aktive Rolle von Staat und Partei: »Gesundes Wohnen ist eine der Lebensbedingungen jedes Einzelnen und damit auch ein grundlegender Bestandteil des Lebensstandards der Bevölkerung [...].«[60] Die »kontinuierliche [...] Steigerung dieses Niveaus«[61] wurde als staatliche Aufgabe definiert. Ferner wurde festgelegt, was als angemessener Wohnraum galt,[62] welche Charakteristika ein Bewerber um eine Wohnung erfüllen musste, um die Chancen auf eine Zuteilung zu erhöhen (§ 9 Nr. 2, § 18),[63] und unter welchen Voraussetzungen ein Bewohner aus seiner Wohnung ausquartiert werden konnte (§§ 49–58).[64] Im

---

55 Cílem všeho našeho snažení je člověk [Das Ziel all unserer Bestrebungen ist der Mensch]. Rudé právo vom 21.11.1958, 1. Siehe auch Pro blaho lidu [Zum Wohl des Volkes]. Rudé právo vom 8.3.1959, 1.
56 Vgl. *Reckwitz*: Das hybride Subjekt, 73 f.
57 Davon zeugt allein schon die große Anzahl an Briefen, die den Tschechoslowakischen Rundfunk zu diesem Thema erreichten. Siehe dazu u. a. Zusammenstellung aus Hörerbriefen an den Tschechoslowakischen Rundfunk vom 24.12.1958. AČRo, Svodka z dopisů posluchačů Čs. rozhlasu, č. 50, 1 f.
58 Gesetz 67/1956 zur Verwaltung von Wohnungen. Sbírka zákonů republiky Československé, částka 35, ročník 1956, Zákon č. 67/1956 Sb., o hospodaření s byty (§ 1), 277.
59 Vgl. *Rákosník*: Sovětizace sociálního státu, 447.
60 Gesetz 67/1956 zur Verwaltung von Wohnungen (s. Anm. 58), 277.
61 *Ebenda*.
62 *Ebenda* (§§ 62, 75, 76), 287 und 289.
63 *Ebenda* (§ 9 Nr. 2, § 18), 277–280.
64 *Ebenda* (§§ 43–58), 283–286.

II. Selbstbewusste Subjekte

Zusammenspiel mit den Maßnahmen der Partei zur Anhebung des Lebensstandards schuf das Gesetz so eine Grundlage, auf die sich Betroffene berufen konnten, wenn sie sich in verschiedenen Wohnungsangelegenheiten an den Staat wandten.

Die entsprechenden Briefe zeigen, dass davon auch reichlich Gebrauch gemacht wurde. Viele Verfasser von Eingaben und Beschwerden in Wohnungsangelegenheiten – noch bis in die achtziger Jahre eines der häufigsten Themen in Beschwerden[65] – bezogen sich direkt und indirekt auf das Wohnungsgesetz von 1956/57[66] und versuchten so, ihre eigenen Interessen durchzusetzen. Mit den nur auf den ersten Blick klar festgelegten Kriterien, anhand derer Wohnraum verteilt werden sollte, ließ das entsprechende Gesetz aber nicht nur viel Spielraum für individuelle Auslegung. Es förderte auch Korruption und unerlaubte Einflussnahme, was die Frage nach der Wohnraumzuteilung zu einem Aushandlungsfeld sozialer Gerechtigkeit machte, die viele Betroffene – auch dank des Gesetzes – zunehmend vehement einforderten.[67]

So finden sich nach Verabschiedung des Gesetzes in Hörerbriefen vermehrt Gesuche, in denen die Absender um Hilfe baten. So hofften sie durchsetzen zu können, was ihnen ihrer Ansicht nach laut Gesetz zustand.[68] Ein Hörer beklagte sich zum Beispiel darüber, dass ein angestrebter Wohnungstausch aufgrund des Widerstands einer anderen Mietpartei nicht zustande gekommen sei, obwohl sein Anspruch eine »gesetzliche Grundlage«[69] habe.

Eher indirekt zeigte sich der Bezug auf das Wohnungsgesetz im Falle eines Ehepaars, dem anlässlich der Hochzeit – eigentlich nur vorübergehend – Wohnraum zur Verfügung gestellt worden war:

<small>Solange wir allein waren, hat es gereicht. Aber jetzt haben wir 11 Monate alte Zwillinge, für die die Wohnung aus gesundheitlichen Gründen nicht geeignet ist. Es sind zwei Zimmer im Ausmaß von 3,5x5 m². In das erste Zimmer gelangt man direkt durch die Tür und es ist ohne Fenster, sodass die Beleuchtung künstlich sein muss. Im zweiten Zimmer ist zwar ein Fenster,</small>

---

65 Vgl. *Pažout/Vilímek*: Barometr nálad, studnice informací, 21.
66 Die aktive Auseinandersetzung vieler Tschechen und Slowaken mit dem Wohnungsgesetz lässt sich zahlenmäßig vor allem anhand der Briefe an den Rundfunk ablesen, die zu dieser Thematik dort eingingen. So geht aus einem Bericht der Briefabteilung aus Dezember 1956 hervor, dass sich 98 Zuschriften mit dem neuen Gesetz befassten, im Januar 1957 waren es dann bereits 378. Siehe dazu den Bericht der zentralen Abteilung für Briefe für Dezember 1956. AČRo, Zpráva ústředního dopisového oddělení za prosinec 1956, 1 sowie Bericht der zentralen Abteilung für Briefe für Januar 1957, AČRo, Zpráva ústředního dopisocého [sic!] oddělení leden 1957, 1.
67 Vgl. *Rau*: Stadtverwaltung im Staatssozialismus, 263; *Rákosník*: Sovětizace sociálního státu, 447.
68 Zusammenstellung aus Hörerbriefen an den Tschechoslowakischen Rundfunk vom 16.7.1958. AČRo, Svodka z dopisů posluchačů Čs. rozhlasu 34, 1.
69 Zusammenstellung aus Hörerbriefen an den Tschechoslowakischen Rundfunk vom 24.12.1958. *Ebenda* 50, 12.

aber im Abstand von 5,5 m steht ein zweigeschossiges Haus, Sonne dringt gar nicht in die Wohnung und die Wohnung ist sehr feucht. Auf diesem Weg sind unsere Kinder erkrankt.[70]

Bei der Beschreibung ihrer Wohnsituation bedienten sich die Verfasser recht eindeutig der Kategorien, die das Wohnungsgesetz als grundlegd für geeigneten Wohnraum festlegte: »Als bewohnbar wird ein direkt beleuchteter und direkt belüfteter Raum mit einer Grundfläche von wenigstens 8 m² angesehen, der direkt oder ausreichend indirekt beheizt ist und der im Hinblick auf seine innere Gestaltung und Ausrüstung darauf ausgelegt ist, bewohnt zu werden.«[71]

Zudem sollte eine Wohnung »gesundheitlich einwandfrei« und »gesundheitlich geeignet« sein sowie eine »übliche Nutzung ermöglichen«.[72] Dies war hier offensichtlich nicht der Fall. Dabei wird deutlich, dass die Wohnungspolitik des Regimes an dieser Stelle das Gefühl der Betroffenen, Anspruch auf angemessenen Wohnraum zu haben, gestärkt und ihnen Mittel an die Hand gegeben hat, um diesen Anspruch durchsetzen.

Dieses Beispiel ist vor allem deswegen bedeutsam, weil die Institutionen, die eigentlich dafür verantwortlich waren, Wohnraum zu verteilen, nicht entsprechend gehandelt hatten:

[U]ns wurde gesagt, dass sie keine Wohnungen haben, und selbst wenn sie welche hätten, dass es einen ernsteren und wichtigeren Fall als unseren gibt. [...] Der Leiter der Fabrik, der Genosse Púćik, hat eine Gespielin, die in anderen Umständen war. Und weil es die »Gespielin des Leiters« war, konnte sie nicht im Ledigenwohnheim wohnen und der Betriebsausschuss hat ihr die Wohnung gegeben. Unseren Fall hat der Betriebsausschuss mitnichten bearbeitet, weil mein Mann kein Leiter, sondern nur einfacher Ofensetzer ist.[73]

Der Ansicht der Verfasser zufolge hätte ein solcher Fall nach Inkrafttreten des Wohnungsgesetzes nicht mehr vorkommen dürfen. Die Tätigkeit des Mannes, der als Ofensetzer der Arbeiterklasse angehörte, führten die Verfasser als Nachteil an, obwohl die Zugehörigkeit zu dieser Gruppe eigentlich eine Privilegierung mit sich bringen sollte. Damit wurde aus ihrer Sicht eine der grundlegenden Funktionsweisen der sozialistischen Gesellschaft infrage gestellt.

Die mutmaßliche Verletzung geltenden Rechts war auch über den genannten Fall hinaus ein wichtiges Thema in Beschwerden und Eingaben. Das Wohnungsgesetz war ein elementarer Bestandteil der »sozialistischen Gesetzlichkeit« (socialistická zákonnost),[74] einem etwas schwer greifbaren Konzept. Dieses beschrieb im Prinzip einen Rechtsraum, der auf sozialistischen Gesetzen und

---

70 Zusammenstellung aus Hörerbriefen an den Tschechoslowakischen Rundfunk vom 25.2. 1958. *Ebenda* 15, 1.
71 Gesetz 67/1956 zur Verwaltung von Wohnungen (s. Anm. 58) § 76 Nr. 1, 289.
72 *Ebenda* (§ 62 Nr. 1), 287.
73 Zusammenstellung aus Hörerbriefen an den Tschechoslowakischen Rundfunk vom 25.2. 1958. AČRo, Svodka z dopisů posluchačů Čs. rozhlasu 15, 1.
74 Vgl. *Rákosník*: Sovětizace sociálního státu, 447 f.

Verordnungen basierte und in dem norm- und regelgeleitetes und damit planbares Handeln insbesondere durch staatliche Organe – natürlich immer im Sinne der Partei – möglich sein sollte. Indem sich die Kommunistische Partei der Einhaltung dieser Gesetzlichkeit verschrieben hatte, wurden die Rechte des Einzelnen dem Regime gegenüber gefestigt.

Das Wohnungsgesetz von 1956/57 wirkte sich somit stark auf die Debatte um die Position von Individuen innerhalb des Feldes von Recht und sozialistischer Gesetzlichkeit aus und trug dazu bei, diese Position zu stärken. Dies wird besonders deutlich im Brief eines Ehepaars aus Litoměřice. Die Verfasser beklagen, dass sie aus ihrem Haus ausquartiert worden seien, da der Mann aufgrund einer schweren Erkrankung nicht mehr habe arbeiten können. Damit hätten sie laut Rechtslage von vor 1957 keinen Anspruch auf den Besitz eines Hauses gehabt. Nun habe sich zwar ein Mechaniker gefunden, »der das Rad [der Staatsmaschine, S. L.] repariert hat (das neue Wohnungsgesetz ist herausgegeben worden)«,[75] sie hätten allerdings noch niemanden gefunden, der das erlittene Unrecht wiedergutmachen würde. Jede Behörde habe anerkannt, dass Fehler gemacht worden seien, aber niemand sei in der Lage, diese zu beheben.[76]

Obwohl das Ehepaar das Haus trotz allem nicht zurückerhielt, hatte es das neue Wohnungsgesetz doch als entscheidenden Faktor wahrgenommen, der das »Rad der Staatsmaschine« wieder reparieren und damit eine aus ihrer Sicht gerechte Ordnung garantieren konnte. Dieses Beispiel zeigt, dass das Wohnungsgesetz die Betroffenen zwar dazu ermächtigte, ihre Ansprüche nun offensiver zu formulieren, die damit verbundenen Probleme aber nicht zwangsläufig beheben konnte. Dass es trotzdem von vielen Betroffenen als wichtig wahrgenommen wurde, verdeutlicht noch einmal seine große Rolle für die Position der Betroffenen dem Regime gegenüber.

Im Zusammenhang mit dem neuen Wohnungsgesetz wurden somit auch die Frage nach einer gerechten Gesellschaftsordnung, das korrekte Verhalten von Behörden und Funktionären sowie die Bedeutung des Einzelnen als Träger spezifischer Rechte verhandelt. Für die Selbstverortung von Individuen innerhalb des sozialistischen Systems war diese Frage von besonderer Wichtigkeit, weil Maßnahmen wie das Wohnungsgesetz ihre Position den oft unwilligen und scheinbar willkürlich entscheidenden Behörden gegenüber stärkten. Dadurch festigte sich auch ihre Vorstellung, zu dem Teil der Gesellschaft zu gehören, dessen Wohlergehen dem Staat wichtig war. Auf diese Weise wurde die Partei, die als Urheber des Gesetzes galt, auch als Stabilisator gesellschaftlicher Verhältnisse wahrgenommen, die eng mit der Wohnungssituation zusammenhingen.[77]

---

[75] Zusammenstellung aus Hörerbriefen an den Tschechoslowakischen Rundfunk vom 18.2. 1958. AČRo, Svodka z dopisů posluchačů Čs. rozhlasu 14, 1.
[76] *Ebenda.*
[77] Vgl. *Mrňka*: Svéhlavá periferie, 191.

II. Selbstbewusste Subjekte

Dementsprechend offensiv und selbstbewusst traten viele Antragsteller und Beschwerdeführer auf – und das nicht nur in der Kommunikation mit den lokalen Behörden, sondern unter anderem auch mit dem Staatspräsidenten und dessen Kanzlei. So schrieb ein Prager Rentner, dessen Wohnung bereits zweimal aufgeteilt worden war, an ebendiese Kanzlei:

> Bei der Vorlage einer Kopie der Beschwerde [die er bereits zuvor an die Kanzlei geschickt hatte, Anmerkung S. L.] habe ich erwartet, dass mir mitgeteilt wird, wer sich mit dieser Angelegenheit befassen wird, beziehungsweise wohin ich mich wenden kann, damit nach 9 Jahren voller Beschwerden und Anträgen schließlich irgendeine Wiedergutmachung beschlossen wird. [...] Die Vertreter dieser Kirche und die Referenten der Kirchenabteilung des ÚNV[78] und der Staatlichen Behörde für kirchliche Angelegenheiten haben sich gar so grob verhalten, dass ich mit vollem Recht annehmen muss, dass es sich hier nur um Korruption[79] und Protektionismus handeln kann, sodass von einer objektiven Prüfung des ganzen Falles niemals die Rede sein konnte.[80]

Der Verfasser beklagte zudem, dass die zuständigen Funktionäre ihren Aufgaben nicht nachkamen, die in seinem Fall in der Sorge um Wiedergutmachung und der Verfolgung widerrechtlichen Verhaltens bestanden. Dadurch würde er, wie er in einem weiteren Brief einen Monat später noch einmal deutlich formulierte, um seine Bürgerrechte gebracht:

> Der Aufbau der tschechoslowakischen Republik garantiert jedem Bürger unseres Staates ohne Unterschied des politischen Denkens, dass er das Recht hat, sich nach geltendem Recht zwecks Gerechtigkeit und Wiedergutmachung angesichts der Verletzung der Gesetzlichkeit an unsere Behörden und die sogenannten Volksvertreter zu wenden.[81]

Diese sehr nachdrücklich formulierte Beschwerde ist Teil einer umfassenden Akte ähnlich lautender Schriftstücke in derselben Angelegenheit und zeigt exemplarisch, wie fordernd einige Briefeschreiber Ende der fünfziger Jahre dem Regime und seinen Vertretern gegenüber auftraten. Sie gaben den Empfängern ihre Deutung der Situation vor und forderten auf Grundlage des Gesetzes die Erfüllung ihrer Wünsche. Das vorab zitierte Schreiben war kein unterwürfiges Bittgesuch eines geschädigten Bürgers mehr, wie man es aus den Jahren zuvor kannte. Vielmehr handelte es sich um eine offensive Forderung nach Gerechtigkeit eines sich seiner Rechte bewussten Bürgers, der klare Vorstellungen davon hatte, wie die Rechtsprechung in seiner Angelegenheit auszusehen hatte.

---

[78] Ústřední národní výbor (Zentraler Nationalausschuss).
[79] Das Vorgehen der Behörden auf den unteren Ebenen der Verwaltung wurde häufig als von Korruption, Vetternwirtschaft (strýčkování) und Bestechung (uplatkářství) geprägt beschrieben. Siehe z. B. Zusammenstellung aus Hörerbriefen an den tschechoslowakischen Rundfunk vom 18.2.1958. AČRo, Svodka z dopisů posluchačů Čs. rozhlasu 14, 4.
[80] Brief von Bedřich S. an die Kanzlei des Präsidenten vom 21.8.1959. AKPR, KPR, (1919) 1948–1962, Protokol 600 000 – rok 1962, kart. 858, inv. č. 3084, sign. 669671.
[81] *Ebenda.*

Leistungen für die Gesellschaft

Viele Personen, die unter unzureichenden Wohnverhältnissen litten, sahen sich somit offensichtlich dazu ermutigt, die Einlösung offizieller Versprechen einzufordern. Ein Recht auf Wohnraum und die damit zusammenhängenden Leistungen des Staates standen allerdings nicht automatisch jedem zu, sondern nur den Mitgliedern der sozialistischen Gesellschaft. Spekulanten, Kapitalisten und andere angebliche Feinde der volksdemokratischen Ordnung waren davon ausgeschlossen.

Für den einzelnen Bewerber war es daher umso wichtiger, als ein solches Mitglied zu erscheinen. Um dies zu erreichen, griffen die Verfasser entsprechender Briefe auf Elemente der Selbstbeschreibung zurück, die ihnen aus der Parteipresse bekannt waren. Wie sich bereits in Reaktion auf den »Neuen Kurs« gezeigt hat, deuteten sie diese aber individuell um und versuchten, sie in Übereinstimmung mit ihrer Lebensrealität zu bringen. Das zeigt, dass es sich dabei nicht um eine reine Übernahme oder taktische Selbstbeschreibungen handelte, sondern auch darum, die eigene Selbstwahrnehmung zu festigen.

Dementsprechend finden sich in den Selbstdarstellungen von Wohnungsbewerbern im Vergleich zu den Vorjahren sowohl Kontinuitäten als auch Brüche. Insbesondere Arbeit blieb ein wichtiges Element, das mit dem Wohnungsgesetz korrespondierte, denn die Bedeutung der Arbeit eines Bewerbers wurde als ein zentraler Faktor für seine Position auf der Warteliste angeführt (§ 9 Nr. 2).[82]

Auf diese Paragraphen bezog sich unter anderem eine Rundfunkhörerin, die beklagte, dass jemand anderes der Behörde zufolge aufgrund seiner Tätigkeit ein größeres Anrecht auf die Wohnung habe, auf die sie sich beworben hatte:

> Genosse Bláha hat deswegen ein Anrecht auf diese Wohnung, weil er ein öffentlicher Funktionär ist und für den Staat förderlich? Sind wir heute nicht alle gleich, wenn wir gewissenhaft arbeiten? Mein Mann ist Angestellter des Nationalbetriebs Fruta. Schon einmal wurde er zum besten Lageristen von Polabská Fruta ernannt. Wenn es nötig ist, arbeitet er auch sonntags und spät am Abend.[83]

Die Verfasserin sah in ihrem Fall eines der Grundprinzipien der sozialistischen Ideologie verletzt. Dieses besagte, dass gewissenhafte Arbeit als Garantie für einen angemessenen Lebensstandard und damit auch Wohnraum diente: »Aber warum teilt man nicht gerecht nach der Reihe zu?«[84] Aus ihrer Sicht sollte die Arbeit ihres Mannes mindestens die gleiche Bedeutung haben wie die Tätigkeit eines Funktionärs.[85]

---

[82] Vgl. Gesetz 67/1956 zur Verwaltung von Wohnungen (s. Anm. 58) § 9 Nr. 2, 278.
[83] Zusammenstellung aus Hörerbriefen an den Tschechoslowakischen Rundfunk vom 15.4.1958. AČRo, Svodka z dopisů posluchačů Čs. rozhlasu 22, 1.
[84] *Ebenda*.
[85] *Ebenda*. Siehe auch Gesetz 67/1956 zur Verwaltung von Wohnungen (s. Anm. 58) § 9 Nr. 2, 278.

II. Selbstbewusste Subjekte

Wie dieses Beispiel zeigt, war Arbeit weiterhin ein wichtiges Element in den Selbstdarstellungen von Petenten und Beschwerdeführern. Gleichzeitig wird aber auch offensichtlich, dass die Betroffenen den Arbeitsbegriff zunehmend individuell auslegten und offensichtlich davon überzeugt waren, dass diese Deutungen im Einklang mit den Vorstellungen der Partei standen. Der vorliegende Fall lässt dies besonders klar erkennen, da in der Abwägung zwischen der Arbeit des Lageristen und der eines öffentlichen Funktionärs aus Parteisicht sicherlich die Arbeit des Funktionärs höher eingeschätzt wurde. Dennoch stellte die Petentin diese Sichtweise zur Diskussion.

Solche Briefe öffneten einen Diskursraum, innerhalb dessen der ideologisch geprägte Arbeitsbegriff zunehmend zur Disposition gestellt und sich im Rahmen der aufkommenden Debatte veränderte – auch auf Seiten der zuständigen Behörden. Deutlich wird dieser Prozess im Fall einer alleinstehenden Mutter, die sich 1957 an die Kanzlei von Präsident Zápotocký wandte, weil ein Zimmer der Zweiraumwohnung, die sie mit ihrem Sohn bewohnte, gegen ihren Willen an eine Rentnerin ohne Anstellung vermietet worden war:

> Mein Sohn ist jetzt 15 Jahre alt [...]. Er ist im Rezitationszirkel der Schule, hat bereits etliche Diplome bei Wettbewerben bekommen und arbeitet gelegentlich auch beim Rundfunk in České Budějovice. [...] Die Küche unserer Wohnung misst 12 m². Ich arbeite als Lohnbuchhalterin im Verkehrswesen [...] und bringe sehr oft Arbeit und einen elektrischen Taschenrechner mit nach Hause. Dann hat wirklich nur einer von uns Platz [...]. Für diese Überstunden, die sehr viele sind, bekomme ich keine Entlohnung, ich kann auch alternativ nicht frei nehmen, weil ich mit der Arbeit nicht an den festgelegten Terminen fertig bin.[86]

Um ihren Anspruch auf geeigneten Wohnraum geltend zu machen, führte die Betroffene vor allem ihren außergewöhnlichen Arbeitseinsatz und die Auszeichnungen ihres Sohnes an, allerdings ohne dabei – wie es noch in den Jahren zuvor der Fall gewesen wäre – einen Bezug zum sozialistischen Aufbau herzustellen oder den gesellschaftlichen Nutzen ihrer Arbeit zu betonen. Vielmehr werden die (Arbeits-)Leistungen von Mutter und Sohn als Argumente für das Recht auf eine ihren Lebensumständen angemessene Wohnung herangezogen, also primär individuell und nicht kollektiv gedeutet. Hinzu kommt, dass die Petentin ihre Arbeit angeblich nicht mehr ordentlich ausüben konnte, da in der Wohnung kein Platz für zwei Schreibtische war.

Die zuständige Abteilung für Wohnungsangelegenheiten des Ortsnationalausschusses in České Budějovice sah diese Argumentation allerdings nicht als ausreichend an, um ihrer Beschwerde zu entsprechen. Dem Leiter der Abteilung zufolge war die Wohnung der Antragstellerin »*vollkommen ausreichend*«.[87]

---

[86] Auszug aus der Beschwerde von Vlasta L. (undatiert). AKPR, KPR, (1919) 1948–1962, Protokol 600 000 – rok 1962, kart. 858, inv. č. 3084, sign. 669671.
[87] Schreiben des Leiters der Wohnungsabteilung im Rat des Ortsnationalausschusses in České Budějovice in der Angelegenheit Vlasta L. vom 1.7.1957. *Ebenda* (Hervorhebung im Original).

Andere Bewerber hätten überhaupt keine Wohnung oder würden in gesundheitsschädlichen Umständen leben. Teilweise würden in einer Wohnung so viele Personen leben, dass jeder Bewohner nur noch zwei Quadratmeter Wohnfläche zur Verfügung habe.[88]

An dieser Stelle prallten unterschiedliche Vorstellungen vom Anspruch auf angemessenen Wohnraum aufeinander. Dem Leiter der Wohnungsabteilung schien es wichtig zu sein, dass möglichst viele Menschen ausreichend Wohnfläche bekamen, während die Antragstellerin für sich eine Sonderstellung beanspruchte. Sie nahm dabei den Staat in die Pflicht, ihr eine angemessene Umgebung für die Erledigung ihrer Tätigkeit bereitzustellen. Der zuständige Funktionär wiederum vertrat eine Ansicht, in der Arbeit – eigentlich eines der wichtigsten Zugehörigkeitsmerkmale in der sozialistischen Gesellschaft – eben nicht die herausragende Stellung einnahm, wie in der Vorstellung der Antragstellerin, die sich im Einklang mit ideologischen Leitlinien wähnte. Somit unterlagen zentrale Aspekte der sozialistischen Subjektkultur auch auf Seiten der Funktionäre einem Veränderungsprozess.

Auf Seiten der Antragsteller entwickelte sich Arbeit primär zu einem Argument, mit dem ein bestimmter Lebensstandard eingefordert wurde. Die tägliche Arbeitsleistung als Fabrikarbeiter oder Angestellter blieb vielfach eines der zentralen Elemente von Selbstdarstellungen in Anträgen und Beschwerdebriefen (»Unser ganzes Leben war erfüllt von ehrlicher Arbeit«).[89] Dabei ging es aber nicht mehr darum, zu zeigen, dass man etwas zum sozialistischen Aufbau beigetragen hatte. Vielmehr wurde so eine gestiegene Anspruchshaltung begründet. So schrieb zum Beispiel eine Pragerin an den Rundfunk:

Mein Ehemann arbeitet sehr hart als Fahrer und Beifahrer [...] und ich als Verkäuferin [...]. Der Wohnungsausschuss ist taub, antwortet nicht einmal auf meine Lösungsvorschläge, in denen ich darauf hingewiesen habe, dass in dem Haus, in dem wir wohnen, ein Zimmer im Ausmaß von 21 m² ist, in dem 2 junge Eheleute mit Kind gemeldet sind, aber praktisch dort seit 4 Jahren überhaupt nicht wohnen [...] oder dass dort ein alleinstehender Mieter ist, der ein Zimmer und eine Küche hat und der beinahe unterbrochen außerhalb von Prag ist, sodass seine Wohnung weiterhin unbewohnt ist. Wäre es denn nicht möglich, dass unser kleines Zimmer so brachliegt und wir, beide Arbeiter, die Möglichkeit haben, uns nach der Arbeit auszuruhen? Was ist entscheidend, wenn nicht die politische Zugehörigkeit? Denn andere Gründe dürfte der Wohnungsausschuss nicht haben! Wir sind nämlich beide parteilos, aber seit langen Jahren ununterbrochen beschäftigt.[90]

Auch in dieser Beschwerde stehen die Kategorien, denen zufolge jemand Anrecht auf eine seinen Lebensumständen angemessene Wohnung hatte, zur Disposition. Den Verfassern zufolge sollte Arbeit das entscheidende Kriterium

---

[88] *Ebenda.*
[89] Brief von Marie M. an den Präsidenten vom 28.3.1956. AKPR, KPR, (1919) 1948–1962, Protokol 600 000 – rok 1962, kart. 858, inv. č. 3084, sign. 669671.
[90] Zusammenstellung aus Hörerbriefen an den Tschechoslowakischen Rundfunk vom 4.3. 1958. AČRo, Svodka z dopisů posluchačů Čs. rozhlasu 16, 1.

sein. Sie beanspruchten völlig selbstverständlich das Recht für sich, eine Wohnung zu haben, in der sie sich nach getaner Arbeit ausruhen können. Sie offenbarten dabei eine Vorstellung von Arbeit, die allein aus sich selbst heraus die Grundlage für Forderungen nach geeignetem Wohnraum darstellte und nicht etwa einen gesellschaftlichen Mehrwert bringen oder zum sozialistischen Aufbau beitragen sollte.

Dieser Fall steht exemplarisch für die Tendenz, dass viele Petenten und Beschwerdeführer nicht mehr unbedingt aufopferungsvolle Erbauer der sozialistischen Gesellschaftsordnung sein wollten, sondern sich ein »ruhiges sozialistisches Zusammenleben« wünschten.[91] Eine geeignete Wohnsituation war eine wichtige Voraussetzung für ein solches Leben, da sie unter anderem Ruhe nach der Arbeit ermöglichte, die von vielen deutlich eingefordert wurde: »Ich hoffe, dass es angesichts all dieser schwerwiegenden Gründe nur gerecht wäre, wenn wir nach der Arbeit in der Schule und im Beruf zu Hause ein wenig Ruhe und Behaglichkeit finden würden.«[92]

Genau dies wünschten sich auch die Bewohner zweier Mehrfamilienhäuser in Ostrava-Vítkovice. Sie wollten »in sozialistischer Koexistenz in Ruhe und Frieden« leben, was aber offensichtlich nicht möglich war, da ihre Häuser, in denen sie »sehr zufrieden gelebt« hätten, verkauft werden sollten.[93] Diesen Verkauf erachteten sie besonders deswegen als ungerecht, da sie selbst viele unbezahlte Arbeitsstunden in die Renovierung des Hauses und damit aus ihrer Sicht auch in das Wohl des Staats investiert hatten.[94]

Arbeit war somit, unabhängig davon, für wen oder wofür sie geleistet wurde, zunehmend zur Grundlage einer gestiegenen Anspruchshaltung geworden. Primär bedingt war dies sicherlich durch die Maßnahmen zur Anhebung des Lebensstandards. Anders als noch zu Beginn der fünfziger Jahre nahmen die Petenten den Staat in die Pflicht, dafür Sorge zu tragen, dass sie »weiterhin freudig für [...] das teure Vaterland arbeiten«[95] konnten. Dabei verwiesen sie auf die auch von Seiten des Regimes immer wieder beschworene Gleichheit und Gerechtigkeit in einer sozialistischen Gesellschaft. Sie offenbarten damit ein Verständnis von Gerechtigkeit, das primär auf Arbeitsleistung beruhte, wobei diese nicht mehr unbedingt einen gesellschaftlichen Wert haben musste.

Bemerkenswert ist, dass sich der Rückgang der gesellschaftlichen Dimension in Bezug auf Arbeit als Argument für den Anspruch auf Wohnraum nicht ohne weiteres auf andere Argumente übertragen lässt. Arbeit war nicht der einzige Aspekt, mit dem Antragsteller versuchten, ihren Anliegen Nachdruck

---

[91] Vgl. *Mrňka*: Svéhlavá periferie, 184.
[92] Auszug aus der Beschwerde von Vlasta L. (undatiert) (s. Anm. 86). Siehe auch Brief von Marie M. an den Präsidenten vom 28.3.1956 und Brief von Břetislav V. an den Präsidenten vom 5.2. 1956. *Ebenda*.
[93] Brief der Bewohner des Hauses Obránců míru 26, Ostrava vom 15.3.1958. Zemský archiv v Opavě (Landesarchiv Opava, weiter ZAO), fond KNV Ostrava II, MH, sign. 60.
[94] *Ebenda*.
[95] *Ebenda*.

zu verleihen. Auch andere Beiträge für die sozialistische Gesellschaft wurden herangezogen, um den eigenen Anspruch belegen zu können.

Diese konnten dabei ganz unterschiedlicher Natur sein. So nahm unter anderem der Staatsbeamte Bedřich S., dessen Auseinandersetzung mit der »Kirche der Böhmischen Brüder« über die »illegale Aufteilung einer Wohneinheit« bereits im vorherigen Abschnitt thematisiert wurde, für sich in Anspruch, ein »weitaus bewussterer Kommunist« gewesen zu sein als diejenigen, mit denen er sich im Streit befand.[96] Sein Vater sei Gründungsmitglied der KSČ gewesen, was wiederum die Verwurzelung des Petenten in der Arbeiterklasse belegen sollte. Um seine kommunistische Gesinnung zu verdeutlichen, merkte er an, dass er schon öfter darauf hingewiesen habe, dass die Kirche illegalen Tätigkeiten nachgehen würde. Er beklagte, dass seine Hinweise nicht als Akt von »Aufmerksamkeit und Wachsamkeit«[97] ausgelegt worden seien, womit er seine Pflicht als Kommunist hatte erfüllen wollen, sondern als Angeberei. Statt Anerkennung dafür zu erhalten, sei er als Rentner dargestellt worden, der nicht habe arbeiten wollen.[98]

Der Verfasser präsentierte sich somit als Kommunist und sozialistischer Arbeiter, der seine Pflicht als Parteimitglied erfüllte und die entscheidenden Eckpunkte der kommunistischen Geschichte der Tschechoslowakei kannte. Dies schienen für ihn die entscheidenden Voraussetzungen zu sein, um die ihm zustehenden Rechte in Anspruch nehmen zu können. Seine politische Überzeugung versuchte er zudem nachzuweisen, indem er die gesamte Angelegenheit mit der als »kapitalistisch« und »bourgeois« geltenden Ersten Republik und dem Slánský-Prozess verknüpfte. Mit seiner Selbstdarstellung versuchte er, seinen Beitrag zur sozialistischen Gesellschaft zu betonen und die ihm damit zustehenden Rechte einzufordern. Dies tat er aus einer Position heraus, in der er sich seiner Leistungen deutlich bewusst gewesen zu sein schien, denn er präsentierte dem Empfänger nicht etwa unterwürfig ein Narrativ, das dieser bestätigen sollte, sondern forderte offensiv die Anerkennung seiner kommunistischen Identität ein.

Eine weitere zentrale Komponente des tschechoslowakisch-kommunistischen Geschichtsbildes, die herangezogen wurde, um die eigenen Argumente in verschiedenen Kontexten zu untermauern, war die Teilnahme am kommunistischen Widerstand während der *okupace*. Im Selbstverständnis der KSČ nahm dieser einen hohen Stellenwert ein, was sich beispielsweise in der posthumen Verehrung von Julius Fučík widerspiegelte. In einer kommunistischen Biografie kam den Tätigkeiten der Betreffenden während der Jahre 1939 bis 1945 daher eine zentrale Bedeutung zu. Deshalb überrascht es nicht, dass die

---

[96] Brief von Bedřich S. an die Kanzlei des Präsidenten vom 16.7.1959. AKPR, KPR, (1919) 1948–1962, Protokol 600 000 – rok 1962, kart. 858, inv. č. 3084, sign. 669671.
[97] *Ebenda*.
[98] *Ebenda*.

II. Selbstbewusste Subjekte

entsprechenden Verdienste auch als Argument herangezogen wurden, um den eigenen Anspruch auf Wohnraum geltend zu machen.

Dabei kamen ganz unterschiedliche Nuancen zum Tragen. Während einige Antragsteller auf ihr Durchhaltevermögen im Widerstand verwiesen, das auch Fučík ausgezeichnet habe (»Trotz des Drucks, der auf mich ausgeübt wurde, bin ich [...] während der Zeit der Besatzung Mitglied keiner der heute verurteilten politischen Parteien oder Organisationen gewesen«),[99] zogen andere direkte Verbindungen zwischen dieser Zeit und ihrer jetzigen Wohnsituation. So beklagte sich ein Angestellter einer Prager Brauerei beim Rundfunk, dass er schon mehrfach, unter anderem beim Betriebsausschuss, um eine neue Wohnung gebeten habe. Seine sei von Schimmel befallen und seine Frau würde unter einer Lungenkrankheit leiden. Allerdings habe niemand Zeit für sein Anliegen gehabt. Wenn er nun daran denke, dass er es während der *okupace* als seine Ehre erachtet hatte, »unter Einsatz des eigenen Lebens, gemeinsam mit anderen das Eigentum [seines] Arbeitgebers« zu retten, dann fühle er Bitterkeit, schrieb er.[100]

Ausführlicher legte ein Prager Bürger, dessen Wohnung seiner Ansicht nach unrechtmäßig beschlagnahmt worden war, seine umfassende Beteiligung am Widerstand dar:

Während der Besatzung wurde ich beim Widerstand verletzt, ich bin ein Mitglied des Verbandes antifaschistischer Kämpfer [Svaz protifašistických bojovníků] seit 1946. Ich besitze den Roten Stern als Partisan, die Palacký Medaille und das Korpskreuz [im Original »medaili Palackého a sborový kříž«, S. L.] [...] für meinen furchtlosen Verdienst im Widerstand. [...] Das habe ich bekommen, weil ich unser teures Vaterland, die sozialistische Republik, verteidigt habe.[101]

Er formulierte somit seine Ansprüche dem Empfänger gegenüber auf Grundlage der Opfer, die er angeblich für die sozialistische Republik gebracht hatte. Das ist insofern überraschend, als dass diese während des Zweiten Weltkrieges noch gar nicht existiert hatte. Es handelt sich hier also um eine rückblickende Konstruktion von Verdiensten, die der Verfasser sicherlich erbracht haben mag, aber eben nicht für die sozialistische Republik. Diese Konstruktion zeigt, dass er die Identitätsmuster, die ihm in der Parteipresse präsentiert wurden, rezipiert und auf die eigene Biografie angewandt hat. Ähnlich argumentierten auch griechische Arbeiter, die sich über die Zustände ihrer Wohnräume beklagten: »[F]ür die neue Ordnung haben wir Blut vergossen

---

[99] Einspruch von Rudolf H. gegen die Entscheidung der Prüfkommission der Westböhmischen Papierwerke, Nationalunternehmen Plzeň vom 20.3.1959. AKPR, KPR, (1919) 1948–1962, Protokol 600 000 – rok 1962, kart. 858, inv. č. 3084, sign. 669671.

[100] Zusammenstellung aus Hörerbriefen an den Tschechoslowakischen Rundfunk vom 25.1.1958. AČRo, Svodka z dopisů posluchačů Čs. rozhlasu 15, 2.

[101] Brief von Karel F. an den Präsidenten vom 20.1.1960. AKPR, KPR, (1919) 1948–1962, Protokol 600 000 – rok 1962, kart. 858, inv. č. 3084, sign. 669671.

II. Selbstbewusste Subjekte

im Ersten und Zweiten Krieg, aber es gibt heute immer noch Menschen, die das Gesetz des volksdemokratischen Staates verletzen.«[102]

Aber nicht nur die Teilnahme an der Verteidigung, sondern auch am Aufbau der sozialistischen Ordnung war für viele Petenten ein wichtiges Argument, um die Rechte einzufordern, die ihnen als Mitglieder dieser Ordnung zustanden. So argumentierten die griechischen Arbeiter aus Karviná nicht nur, dass sie für die bestehende Ordnung gekämpft hätten, um ihre Ansprüche geltend zu machen. Sie gingen auch davon aus, dass man die Anstrengungen, die sie unternommen hätten, um »so bald wie möglich den Sozialismus zu erreichen«, berücksichtigen und ihre Angelegenheit in kürzester Zeit bearbeiten würde.[103]

Als weniger aussichtsreich beschrieb ein Bewohner des westböhmischen Rokycany seine Situation:

Ärgern sie sich nicht, dass ich sie behellige, aber ich möchte wissen, ob wir – Zigeuner [im Original »cikáni«, S. L.], die gleichen Rechte haben wie Tschechen und Slowaken. Wenn ein Tscheche oder Slowake irgendwo zu einem Amt geht, dann spricht man anständig und freundlich mit ihm, aber wenn wir gehen, dann möchte man uns am liebsten hinauswerfen. Meine Frau war beim Amt [...] und man sagte ihr, dass man uns nie eine Wohnung geben würde. Sie sagen uns, dass man uns in einen Waggon stecken und erschießen soll. Genossen, wir haben schon die Okkupation überlebt, haben sie wie Hunde erduldet. Ich denke, dass wir auch unsere Heimat haben [...], wo wir gern hinziehen würden. Es wäre das Beste, wenn es zwischen uns keinen Unterschied gäbe, wenn wir alle gleich wären. [...] Ich denke, dass wir eine Seele haben wie jeder Mensch, ebenso arbeiten und den Sozialismus aufbauen wie jeder Werktätige, aber es ist so, dass ein fremder Mensch immer minderwertiger ist, auch wenn das nicht wahr ist. Wir bauen auf, aber nicht ein Zigeuner wohnt bisher in einer Wohneinheit, weil eure Leute nicht mit uns wohnen wollen.[104]

Dieser Fall ist besonders interessant, weil er die Diskrepanz zwischen Anspruch und Wirklichkeit nicht nur der sozialistischen Wohnungsbaupolitik, sondern des ideologischen Gleichheits- und Emanzipationsversprechens verdeutlicht. Der Umgang mit der Bevölkerungsgruppe der Roma in der Tschechoslowakei war zwar auf der einen Seite von Bemühungen geprägt, Angehörige dieser Gruppe zu »neuen Menschen« zu erziehen und so in die Gesellschaft zu integrieren. Auf der anderen Seite wurden in der Praxis Vorurteile und Stereotype weiterhin reproduziert, wie im obigen Zitat sehr deutlich wird.[105] Der Verfasser hatte sich offenbar die Aussage, dass sorgfältige Arbeit beim Aufbau des Sozialismus eine Verbesserung des Lebensstandards und ein Leben ohne Diskriminierung ermögliche,[106] zu Eigen gemacht. Nun stieß er aber – ähnlich wie die Betroffenen der Währungsreform fünf Jahre zuvor – an

---

[102] Brief Angehöriger griechischer Nationalität an den Präsidenten vom 15.5.1957. Eine ähnliche Argumentation findet sich auch im Brief von Karel F. vom 20.1.1960: »Ich bin 65 Jahre alt, ich verteidige nur mein Recht und das Gesetz des Staates.« Beide *ebenda*.
[103] Brief Angehöriger griechischer Nationalität an den Präsidenten vom 14.9.1958. *Ebenda*.
[104] Zusammenstellung aus Hörerbriefen an den tschechoslowakischen Rundfunk vom 4.10.1958. AČRo, Svodka z dopisů posluchačů Čs. rozhlasu 40, 3.
[105] Vgl. *Donert*: Creating »Citizens of Gypsy Origin«, 89–96.
[106] Vgl. *ebenda*, 92; *Donert*: »The Struggle for the Soul of the Gypsy«.

die Grenzen der praktischen Umsetzung. Er sah in dieser Tatsache, verbunden mit der offenen Diskriminierung, die er erfahren hatte, eine Verletzung des sozialistischen Gleichheitsgrundsatzes.

An dieser Stelle wird die Grenze des erklärten Ziels des Regimes, schon in der Frühphase des tschechoslowakischen Sozialismus eine ethnisch homogene Gesellschaft aus Tschechen und Slowaken zu schaffen, sehr deutlich.[107] Insbesondere im Hinblick auf die Bevölkerungsgruppe der Roma, die, um den diskriminierenden Begriff »Zigeuner« (cikán) zu vermeiden, ab den frühen 1950ern offiziell als »Bürger mit Zigeuner-Herkunft« (občané cikánského původu) bezeichnet werden sollte, wurden große Anstrengungen unternommen. Diese »linguistically, ethnically and socially heterogeneous [...] population« sollte in sozialistische Bürger verwandelt werden, die voll in die Gesellschaft assimiliert waren.[108] Dazu wurde unter anderem ein Gesetz zur »permanenten Ansiedlung nomadischer Personen« (1958) erlassen, das als ein wichtiger Baustein der Erziehung dieser Personen zu »neuen sozialistischen Menschen« bezeichnet wurde. Es waren allerdings besonders solche Gesetze und Beschlüsse, die existierende Stereotype reproduzierten, indem sie die vorgebliche Heimatlosigkeit der Roma betonten und dies als Ausweis ihrer Rückständigkeit deuteten.[109] Eine Gleichbehandlung von Roma, die nicht als nationale Minderheit, sondern als ethnische Gruppe galten und daher keine eigene kulturelle Organisation erhielten,[110] war so fast unmöglich. Gleichzeitig verdeutlichen die umfassenden Bemühungen um die Roma, dass Personen, die nicht als Tschechen oder Slowaken galten, einem deutlich höheren Druck ausgesetzt waren, wenn es darum ging, zu »sozialistischen Menschen« zu werden.

Diese Unvereinbarkeit einer ethnisch homogenen und gleichzeitig sozialistisch-gerechten Gesellschaft, wie sie zumindest unter den gegebenen Umständen in der Tschechoslowakei existierte, war dem oben zitierten Petenten zum Verhängnis geworden. Sein Brief problematisierte also nicht nur die sozialistische Wohnungspolitik, sondern vor allem die Grenzen der Politik des Regimes, eine Gesellschaft nach dessen Vorstellungen zu schaffen. Wie sehr er davon überzeugt war, dass die Behandlung, die ihm widerfahren war, sozialistischen Grundsätzen widersprach, zeigt sich darin, dass sein Brief nicht unterwürfig bittend formuliert ist. Er enthält vielmehr eine klare Forderung, die auf der Grundlage zentraler sozialistischer Prinzipien basierte. Damit nahm er für sich in Anspruch, diese besser zu kennen als die Parteiführer. Über den Rundfunk, der hier abermals als Sprachrohr individueller Interessen fungierte, wollte er dafür sorgen, dass der Sozialismus, wie er ihn verstand, auch in der Realität durchgesetzt wird.

---

[107] Vgl. *Spurný*: Nejsou jako my, 11.
[108] *Donert*: Creating »Citizens of Gypsy Origin«, 89.
[109] Vgl. *ebenda*, 96.
[110] Vgl. *Donert*: »The Struggle for the Soul of the Gypsy«, 135.

Eine konkrete Möglichkeit, um am sozialistischen Aufbau teilhaben zu können, war der Wiederaufbau der *pohraničí*. Die Mitwirkung am Aufbau dieser Gebiete konnte für den Einzelnen daher in hohem Maße identitätsstiftend wirken, auch wenn sich die Wahrnehmung der Grenzgebiete im öffentlichen Diskurs im Laufe der fünfziger Jahre von einer Vorreiter- zu einer Problemregion wandelte.[111]

Ein Faktor, der zu diesem Wahrnehmungswandel beitrug, war die Wohnsituation vor Ort. Viele Häuser waren nach dem Krieg in einem äußerst schlechten Zustand, sodass die »Neusiedler« zunächst in Hotels oder bei Bekannten unterkommen mussten.[112] Und auch die Zuteilung von Wohnraum an die Neuankömmlinge verlief oft nicht reibungslos:

Bei der Übergabe der Wohnung wurde mir versprochen, dass ich nach einem halben Jahr eine andere, größere bekomme, die meiner Familie entsprechen würde. Vergeblich warte ich schon zwei Jahre auf einen Tausch der Wohnung. [...] Dreimal habe ich um eine Wohnung gebeten [...]. Eine kinderlose Familie hat sie dann bekommen. Ich denke, dass diese Entscheidung der Wohnungskommission nicht korrekt war, und ich würde eher sagen, dass hier noch Vetternwirtschaft gilt, um nicht zu sagen Bestechung. [...] Ich bin gezwungen, ins Inland zurückzukommen, ohne dass ich meine Verpflichtung einhalten kann, die ich bei meiner Ankunft in den Grenzgebieten abgeschlossen habe.[113]

In dieser Argumentation wird ein zentraler Wandel deutlich. Grundsätzlich wollten die Petenten zwar etwas für die Gesellschaft leisten, aber eben nicht mehr um jeden Preis und vor allem nicht, wenn die zuständigen Behörden ihren Bemühungen im Weg standen und nicht im Sinne der vom Staat proklamierten Gerechtigkeit handelten. Opferbereitschaft und Durchhaltevermögen, eigentlich zentrale Elemente sozialistischer Subjektivität, verloren somit an Bedeutung und waren nur noch dann relevant, wenn das Regime dafür in absehbarer Zeit etwas zurückgab.

Kapitalisten und Hausbesitzer – kulturelle Differenzmarker in der Wohnungsfrage

Ähnlich wie schon bei der Währungsreform ist auch in der Wohnungsfrage ein enger Zusammenhang zwischen der jeweiligen Angelegenheit und der erbrachten (Arbeits-)Leistung der Betroffenen und Antragsteller zu beobachten. Bei der Vergabe von Wohnungen nicht berücksichtigt zu werden, wertete die eigenen Anstrengungen ab, die als wichtiger Ausweis für den Anspruch angesehen wurden. Um mit dieser Verunsicherung der eigenen Selbstwahrnehmung umgehen zu können, griffen Betroffene darauf zurück, diese durch die

---

[111] Zu dieser Ansicht kommt unter anderem Jaromír Mrňka. Vgl. *Mrňka*: Svéhlavá periferie, 194.
[112] Vgl. *Zarecor*: Manufacturing a Socialist Modernity, 11.
[113] Zusammenstellung aus Hörerbriefen an den Tschechoslowakischen Rundfunk vom 18.2. 1958. AČRo, Svodka z dopisů posluchačů Čs. rozhlasu 14, 4.

Herabwürdigung anderer zu stabilisieren.[114] Die Einschreibung in ein »grandioses, kollektives Selbstbild«[115] funktionierte dabei primär über Abgrenzung nach außen.

Die der sozialistischen Ideologie inhärente Zuordnung von Menschen in die Gruppen »Freund« und »Feind« gab Antragstellern zumindest auf dem Papier klare Muster an die Hand, mit denen sie aufzeigen konnten, warum sie und nicht jemand anderes die Wohnung bekommen sollte.[116] Indem sich die Verfasser von Anträgen und Beschwerdebriefen von anderen Bewerbern, Hausbesitzern oder Nachbarn abgrenzten, stärkten sie aber nicht nur ihre eigene Position in der jeweiligen Angelegenheit. Sie festigten auf diese Weise auch ihre eigene Selbstwahrnehmung als diejenigen, die einen besonderen Anspruch auf staatliche Zuwendungen, also in diesem Falle Wohnraum, hatten.

Die primären Abgrenzungskategorien, die Petenten in Wohnungsangelegenheiten heranzogen, waren zunächst einmal die primären sozialistischen Feindbilder des »Klassenfeindes« und des »Kapitalisten«. Sie waren universell anwendbar und versprachen die größtmögliche Wirkung, da Zugehörige beider Kategorien keinerlei Anrecht auf Wohnraum hatten, vor allem nicht im Vergleich zu »neuen Menschen«. Die Zuordnung von Personen zu diesen existenziellen Feindkategorien machte dementsprechend auch nicht vor den Vertretern des Regimes halt. Da zumeist Nationalausschüsse und andere administrative Institutionen vor Ort für die Verteilung von Wohnraum zuständig waren, wurden die beteiligten Funktionäre schnell zu Schuldigen erklärt, die aus ihrer privilegierten Position einen Vorteil gezogen und sich so über die Grundsätze der sozialistischen Gesellschaftsordnung hinweggesetzt hätten. So klagte eine Rundfunkhörerin aus Kokořín u Mělníka, dass ihr Antrag auf ein Haus abgelehnt worden sei, obwohl alle Mitglieder der Genossenschaft, zu der das Gebäude gehörte, ihrem Einzug zugestimmt hätten. Das Problem lag ihrer Ansicht nach darin, dass in dem Haus zuvor ein Funktionär des Ortsnationalausschusses gewohnt habe, der es nun seinem Bruder überlassen wolle, wenn dieser in den Ferien aus Prag komme.[117]

Ähnlich verhielt es sich bei einer Familie aus Žatec im Nordwesten Böhmens:

Schon im fünften Jahr wohnen wir nicht in einer Wohnung, sondern in einem »Erdloch«, das uns als vorübergehend zugeteilt wurde. [...] Die Gesundheitskommission war bereits hier und viele andere, die unsere Wohnung als schlechterdings gesundheitsschädlich und daher für unbewohnbar erachten. Als ich den Genossen Krejzla von der Wohnungsverwaltung Nr. 1 in

---

114 Vgl. *Satjukow/Gries*: Feindbilder des Sozialismus, 18 f. und 48 f.
115 *Jordan*, Thomas: Territorialität und ihre Funktionen in Konflikten. Eine psychogeographische Betrachtung. In: *Jüngst*, Peter (Hg.): Identität, Aggressivität, Territorialität. Zur Psychogeographie und Psychohistorie des Verhältnisses Subjekt, Kollektiv und räumliche Umwelt. Kassel 1996, 35–75, hier 40.
116 Vgl. *Reckwitz*: Das hybride Subjekt, 45 und 84 f.; *Satjukow/Gries*: Feindbilder des Sozialismus, 14 f. und 22–24.
117 Zusammenstellung aus Hörerbriefen an den Tschechoslowakischen Rundfunk vom 4.3.1958. AČRo, Svodka z dopisů posluchačů Čs. rozhlasu 13, 5 f.

II. Selbstbewusste Subjekte

Žatec gebeten habe, dass wenigstens die notwendigsten Reparaturen durchgeführt werden [...] dann verspricht dieser Genosse schon 3 Jahre alles Mögliche und in letzter Zeit macht er sich nur noch einen Spaß mit mir. Vor allem, da er gut lebt und schon die dritte Wohnung hier in Žatec bewohnt.[118]

Persönliche Vorteilsnahme durch die zuständigen Funktionäre stellte somit – zumindest aus der Perspektive der Petenten – ein zentrales Problem in der Wohnungskrise dar. Dies machte die Verantwortlichen zu Projektionsflächen negativer Zuschreibungen und Vergleiche. So wurde über den Leiter eines Staatsgutes geschrieben, er habe eine Familie behandelt »wie [...] arme Leute in der Ersten Republik«,[119] eine der stärksten abwertenden Zuschreibungen, die das Spektrum sozialistischer »Anti-Subjekte« bereithielt.

Indem die Betroffenen den zuständigen Funktionären die Schuld an ihrer Notlage zuwiesen, machten sie zudem die große Diskrepanz deutlich, die zwischen den Vorstellungen vom Leben in einer sozialistischen Gesellschaft und deren Umsetzung durch offizielle Stellen existierte. Aus Sicht der Petenten und Beschwerdeführer verletzten die beschuldigten Funktionäre zentrale Ideen von Gerechtigkeit, indem sie ihre Position zu ihrem eigenen Vorteil nutzten. Die Verfasser selbst schienen keine Angst vor Repressionen aufgrund ihrer Kritik zu haben, sondern es vielmehr als ihr Recht anzusehen, dieses sozialistischen Idealen widersprechende Vorgehen aufzudecken.

Eine andere Gruppe, der vielfach die Schuld an individuellen Notsituationen zugewiesen wurde, waren Hausbesitzer, also diejenigen, die neben den Nationalausschüssen die meiste Macht bei der Verteilung von Wohnraum hatten. Diese galten besonders nach einer massiven Enteignungswelle nach dem Zweiten Weltkrieg eigentlich als Überbleibsel aus kapitalistischen Zeiten. Nichtsdestotrotz gab es noch eine ganze Reihe von Personen, die Wohnhäuser besaßen, da das Regime zu dieser Zeit auf privaten Wohnungsbau angewiesen war, um der Krise irgendwie Herr werden zu können.[120]

In den Augen derer, die auf die Zuteilung einer Wohnung warteten, waren diese Eigentümer Teil der staatsfeindlichen Gruppe schlechthin: der Kapitalisten, die überhaupt keine Macht mehr haben sollten. Bedingt durch ihren vermeintlichen Reichtum wurden Kapitalisten als diejenigen angesehen, die die hart arbeitende Bevölkerung ausbeuteten und sich dadurch noch weiter bereicherten.[121] Als eine solche Ausbeuterin wurde unter anderem eine Hausbesitzerin aus Klatovy in der Nähe von Plzeň beschrieben:

Über Klatovy erhebt sich ein Gespenst, das Gespenst der Frau Hausbesitzerin Melicharová [im Original »Nad Klatovy zdvihá se strašidlo, strašidlo pí. domácí Melicharové«, S. L.] [...].

---

[118] *Ebenda* 16, 1. Siehe zudem Zusammenstellung aus Hörerbriefen an den Tschechoslowakischen Rundfunk vom 22.9.1958. *Ebenda* 38, 1.
[119] Zusammenstellung aus Hörerbriefen an den Tschechoslowakischen Rundfunk vom 25.2.1958. *Ebenda* 15, 1.
[120] Vgl. *Rákosník*: Sovětizace sociálního státu, 451 f.
[121] Vgl. *Satjukow/Gries*: Feindbilder des Sozialismus, 34.

Diese Frau ist sehr mächtig, zusätzlich besitzt sie heute in Klatovy 7 (sieben) Mietshäuser, obwohl sie in Plzeň wohnt. Und würde ich mich überhaupt nicht wundern, geehrte Genossen, wenn die Frau Besitzerin so lange Finger hätte, dass diese auch bis zu ihnen in den Rundfunk reichen?[122]

Ähnlich wie die hier beschriebene Hausbesitzerin aus Klatovy erfüllte auch ein Mieter aus einer anderen Angelegenheit alle Kriterien eines auf Kosten anderer lebenden und auf den eigenen Vorteil ausgerichteten Kapitalisten. Ein Prager Straßenausschuss[123] beschrieb gegenüber dem Rundfunk den Fall eines Untermieters, der aus seiner Wohnung ausquartiert werden sollte, da er dort »ohne Dekret«[124] lebte. Er sei nicht einmal die ganze Zeit zu Hause gewesen und habe eine »schöne, sonnige Wohnung«[125] leer stehen lassen. »[S]o viele arme Menschen warten auf eine Wohnung und diese Wohnung bewohnt ein gewissenloser Mensch«, schrieben die Ausschussmitglieder an den Rundfunk, von dem sie sich offensichtlich Unterstützung erhofften, nachdem der zuständige Wohnungsreferent keine Abhilfe hatte schaffen können.[126] An dieser Stelle kritisierte sich die öffentliche Verwaltung somit selbst und es zeigt sich, dass nicht jeder, der eigentlich die Aufgabe hatte, für die gerechte Verteilung von Wohnraum zu sorgen, seiner Aufgabe nachkam. Zudem wird deutlich, dass sich die Trennlinie zwischen »Regime« und »Bevölkerung« nicht in jedem Fall eindeutig ziehen lässt. Nicht alle Verwaltungsorgane bestanden aus korrupten, auf den eigenen Vorteil bedachten Beamten, die eine andere Form des Sozialismus vertraten als die Bürger. Auch Funktionäre waren ein Teil der Bevölkerung und entwickelten individuelle Vorstellungen davon, wie eine sozialistische Gesellschaft funktionieren sollte.

---

[122] Zusammenstellung aus Hörerbriefen an den tschechoslowakischen Rundfunk vom 9.12. 1957. AČRo, Svodka z dopisů posluchačů Čs. rozhlasu 4, 1. Auch wenn es auf den ersten Blick naheliegend erscheint, handelt es sich hierbei nicht um eine direkte Zitation des Kommunistischen Manifests von Karl Marx und Friedrich Engels. In der Einleitung der tschechichen Version heißt es: »Evropou obchází strašidlo – strašidlo komunismu«, *Marx, Karel/Engels*, Bedřich: Manifest komunistické strany. V českém překladu Ladislava Štolla [Manifest der Kommunistischen Partei. Ins Tschechische übersetzt von Ladislav Štoll]. Praha 1974, 1. Ob der Verfasser des Beschwerdebriefes sich auf das Manifest bezogen hat, lässt sich somit nicht eindeutig sagen.
[123] Als Straßenausschuss wurde sowohl ein Teil der lokalen KSČ-Organisation bezeichnet, der das Verhalten der Anwohner einer Straße überwachen und konterrevolutionäres Verhalten nach oben melden sollte, oder laut »Vládní nařízení o organisaci výkonných orgánů národních výborů č. 23/1954 Sb.« (Regierungsverordnung über die Organisation ausführender Organe der Nationalausschüsse) ein Bürgerbeirat, der den zuständigen Nationalausschuss unterstützen sollte. In jedem Fall handelte es sich um einen Teil der öffentlichen Verwaltung beziehungsweise des Regimes.
[124] Zusammenstellung aus Hörerbriefen an den tschechoslowakischen Rundfunk vom 14.9. 1958. AČRo, Svodka z dopisů posluchačů Čs. rozhlasu 36, 1.
[125] *Ebenda*.
[126] *Ebenda*.

Mit ähnlichen Kategorien arbeitete auch der bereits mehrfach zitierte Beschwerdeführer, dessen Wohnung zugunsten der Kirche der Böhmischen Brüder aufgeteilt worden war. In seinen zahlreichen Briefen stellte er die Frau des zuständigen Vorsitzenden des Kreisnationalausschusses als »ehemalige Gewerbetreibende« dar und sprach dem Funktionär dessen Zugehörigkeit zum Arbeiterkader ab.[127] Sich selbst versuchte er durch die Beschreibung der Kirchenvertreter als »unzuverlässige[...] Kommunisten«, die »in staatsfeindliche Tätigkeiten eingebunden« gewesen seien,[128] als »bewussteren Kommunisten«[129] zu präsentieren. Seine »wahrhaftige Arbeiterherkunft«[130] und damit sein Anspruch auf die Wohnung traten durch diese Abgrenzung umso stärker hervor.

Eine besonders eindringliche Beschreibung eines »Anti-Subjektes« findet sich schließlich in der Beschwerde eines ehemaligen kommunistischen Widerstandskämpfers aus Prag, der laut eigener Angabe den Stadtteil Lhotka »vor einem Blutbad«[131] bewahrt hatte. Er beklagte, dass seine Wohnung bereits 1950 unrechtmäßig beschlagnahmt worden sei und ein Mitglied der Nationalverwaltung bei der Wohnungsbehörde gegen ihn vorgegangen sei, obwohl sowohl die Generalstaatsanwaltschaft als auch das »Ministerium für innere Wirtschaft« ihm Recht gegeben hätten. Das benannte Mitglied der Nationalverwaltung beschrieb er als »Zerstörer« und »Unruhestifter«.[132] Zudem habe diese Person während der nationalsozialistischen Besatzung mit den Deutschen kollaboriert, eine Hakenkreuzfahne im Fenster hängen gehabt und braune Hemden getragen. Solche Menschen sollten dem Verfasser zufolge gar nicht erst in die Partei aufgenommen werden.[133]

Mit dieser Beschreibung, die zentrale Feindbilder des tschechoslowakischen Sozialismus reproduzierte, stellte der Verfasser seine Leistungen als Widerstandskämpfer in den Vordergrund, indem er sie dem Bild eines – tatsächlichen oder angeblichen – Kollaborateurs gegenüberstellte. Seinem Anliegen verlieh er so besondere Dringlichkeit, da er als Idealbild sozialistischer Subjektivität durch einen vermeintlichen Feind geschädigt worden war. Sein Fall kann darüber hinaus als ein weiteres Beispiel dafür gedeutet werden, wie Briefe als Biographiegeneratoren fungieren konnten. Offenbar in seiner Selbstwahrnehmung als Widerstandskämpfer erschüttert, wird die Niederschrift der eigenen Selbstdarstellung für den Petenten zu einem Akt der Identitätsstiftung.

Bemerkenswert an diesen Beispielen ist, dass die Verwendung beziehungsweise die Abgrenzung von mehr oder weniger konkreten Feindbildern in der

---

[127] Brief von Bedřich S. an die Kanzlei des Präsidenten vom 16.7.1959 (s. Anm. 96).
[128] Brief von Bedřich S. an die Kanzlei des Präsidenten vom 21.8.1959 (s. Anm. 80).
[129] Brief von Bedřich S. an die Kanzlei des Präsidenten vom 16.7.1959 (s. Anm. 96).
[130] Brief von Bedřich S. an die Kanzlei des Präsidenten vom 21.8.1959 (s. Anm. 80).
[131] Brief von Karel F. an den Präsidenten vom 4.12.1956. *Ebenda*.
[132] *Ebenda*.
[133] *Ebenda*.

Darstellung der Wohnungsproblematik durch die KSČ kaum eine Entsprechung hatte. Zwar wurden in der zweiten Hälfte der fünfziger Jahre vom Regime immer wieder Kampagnen gestartet, die das Bild des Klassenfeindes, der die sozialistische Gesetzlichkeit störte, beschworen. Zu diesen gehörten neben ehemaligen Gewerbetreibenden und Besitzenden auch die sogenannten »gestrigen Menschen«, denen aufgrund ihrer rückwärtsgewandten Einstellung ein schlechtes Verhältnis zum sozialistischen Besitz unterstellt wurde.[134] Anders als zum Beispiel noch vor der Währungsreform von 1953, als »bourgeoise Elemente«, »Kapitalisten« oder auch das »Verschwörerzentrum um Rudolf Slánský« für die schlechte wirtschaftliche Lage im Land verantwortlich gemacht worden waren,[135] wurden diese nun aber nicht öffentlich als Schuldige für die aktuelle Krise benannt. Man sprach lediglich von einem »schlechten Erbe«,[136] das man von den Kapitalisten erhalten habe oder von den »Fehlern der [...] Wohnungspolitik der bourgeoisen Vergangenheit«.[137] Die hier zitierten Fremdzuschreibungen, die auch der Stärkung der eigenen Identität dienen konnten, sind also keineswegs als Reproduktionen ideologischer Phrasen aus der Parteipresse anzusehen. Sie waren das Ergebnis individueller Auseinandersetzungen mit dem sozialistischen Gesellschaftsbild und der Wohnungsproblematik und zeigen, wie versucht wurde, sozialistische Kategorien sinnhaft in die eigene Lebenssituation zu integrieren.

Obwohl die Wohnungsproblematik der späten fünfziger Jahre also in der offiziellen Propaganda zu großen Teilen ohne Bezüge auf innere und äußere Feinde dargestellt wurde, waren ideologisch basierte Feindbilder dennoch ein wichtiger Bestandteil von Beschwerdebriefen und Eingaben in diesem Kontext. Die Verfasser griffen dabei Bilder auf, die sie aus anderen Kontexten kannten und passten diese an ihre jeweilige Situation an. Auf diese Weise versuchten sie, ihrem Anspruch Nachdruck zu verleihen, da sie in Abgrenzung zu Kapitalisten oder Hausbesitzern umso mehr als vorbildliche Mitglieder der sozialistischen Gesellschaft erschienen. Diese situativen Deutungen wurden den Empfängern aber nicht unterwürfig zur Bestätigung vorgelegt. Vielmehr wurde gefordert, dass diese die individuellen Interpretationen anerkennen sollten. Das deutet darauf hin, dass die Verfasser von Beschwerdebriefen eigene Auffassungen vom sozialistischen Weltbild hatten, die sie als die richtigen ansahen und von denen sie die Behörden überzeugen wollten.

Beschwerden über Funktionäre, die eigentlich dafür sorgen sollten, dass allen Antragstellern passender Wohnraum zugewiesen wurde, stützen diese Deutung. Schenkt man ihnen Glauben, handelten die Beschuldigten sozialisti-

---

[134] Vgl. *Mrňka*: Svéhlavá periferie, 169–175.
[135] *McDermott*: A »Polyphony of Voices«?, 858.
[136] *Černík*, Oldřich: Rychle, levně a pokrokově v bytové výstavbě [Schnell, günstig und fortschrittlich im Wohnungsbau]. Rudé právo vom 25.11.1958, 2.
[137] Všenárodní úkol [Eine gesamtstaatliche Aufgabe]. Rudé právo vom 2.12.1958, 1.

schen Grundkategorien widersprechend und versuchten, sich aus ihrer Machtposition Vorteile zu verschaffen. Das stand wiederum im Widerspruch zur Auffassung vieler Betroffener, die auf die versprochene Gleichberechtigung pochten und es als ihre Pflicht ansahen, ein solches Fehlverhalten anzuzeigen. Dabei beriefen sie sich unter anderem immer wieder auf ihre eigenen Beiträge für die sozialistische Gesellschaft. Man kann durchaus davon sprechen, dass der Glaube, im Sinne des Sozialismus zu handeln, sie dazu ermächtigte, ihre Interessen selbstbewusst einzufordern. Die Aneignung zentraler Eigenschaften des »neuen Menschen« hatte sie somit zu handlungsfähigen Mitgliedern der Gesellschaft werden lassen.

Ermächtigte Subjekte auf der Suche nach Wohnraum

In kaum einem anderen Bereich in der sozialistischen Tschechoslowakei gingen ideologischer Anspruch und alltägliche Wirklichkeit so weit auseinander, wie in der Wohnungsfrage. Obwohl Wohnen als ein Teil des ideologischen Überbaus und als ein Instrument angesehen wurde, das der Förderung der Wirtschaft dienen sollte,[138] herrschten in vielen Häusern und Wohnungen desaströse Zustände und der Mangel an geeignetem Wohnraum war eklatant.

All dies führte zwar zu einer großen Unzufriedenheit der betroffenen Bürger,[139] aber letzten Endes nicht zu einer Abkehr breiter Kreise vom Regime oder einem Vertrauensverlust angesichts der immer wieder verschobenen Einlösung von Versprechen. Das hing vor allem damit zusammen, dass sich die Betroffenen, die in diesem Abschnitt zitiert wurden, durch die Maßnahmen des Regimes (»Gesetz über die Verwaltung von Wohnungen«, »Brief des Zentralkomitees der KSČ« von 1958 und der »Beschluss des Zentralkomitees zur Erhöhung des Lebensstandards« von 1959) in ihrer Position als Mitglieder der sozialistischen Gesellschaft gestärkt sahen. Besonders das Wohnungsgesetz konnte ihnen darüber hinaus als Instrument dienen, ihre Ansprüche den Vertretern des Regimes gegenüber zu formulieren, auch wenn sich in der Praxis in den wenigsten Fällen tatsächlich etwas änderte.[140]

Die Versuche der Betroffenen, sich als Mitglieder der sozialistischen Gesellschaft zu präsentieren und so unter anderem das Recht auf angemessenen Wohnraum für sich beanspruchen zu können, fielen dabei ganz unterschied-

---

[138] Vgl. *Zarecor*: Manufacturing a Socialist Modernity, 176.
[139] Darauf wiesen auch immer wieder die zuständigen Behörden in ihren Berichten zur Wohnraumproblematik hin. Siehe u. a. Bericht über die Abwicklung der Wohnungspolitik im Stadtgebiet zur Ratsversammlung vom 4. Dezember 1959. Archiv města Ostravy (Archiv der Stadt Ostrava, weiter AMO), fond MěNV Ostrava, kart. 560, inv. č. 254, 2.
[140] Was im Übrigen auch bis zum Ende des Sozialismus in der Tschechoslowakei so bleiben sollte. Noch 1988 wurde die Lösung des Wohnungsproblems von der Partei frühestens für das Jahr 2000 versprochen. Vgl. *Pažout/ Vilímek*: Barometr nálad, studnice informací, 24.

lich aus. In vielen Fällen wurde vor allem der eigene Beitrag für die sozialistische Gesellschaft betont. Insbesondere Arbeit, aber auch die Beteiligung am Wiederaufbau der Grenzgebiete waren Leistungen, die tief im sozialistischen Menschenbild verankert waren und die für diejenigen, die sie erbrachten, auch abseits der damit begründeten Ansprüche bedeutsam sein konnten. Das weist darauf hin, dass die sozialistische Wertordnung an sich weiterhin wichtig war und den Menschen eine Möglichkeit bot, sich sinnhaft in die Gesellschaft zu integrieren.

Allerdings entfernte sich der Sozialismus, so wie er sich den Menschen in seiner alltäglichen Form präsentierte, immer mehr von den Vorstellungen, die diese von einer idealen sozialistischen Gesellschaft hatten. Vor allem bezüglich der Frage, wie die Ansprüche auf Wohnraum zu klären seien, taten sich Diskrepanzen auf. Viele Bewerber fühlten sich benachteiligt und klagten offen an, wenn die zuständigen Funktionäre die Grundlagen der sozialistischen Gesellschaft ihrer Ansicht nach nicht korrekt umgesetzt hatten. Auseinandersetzungen um Wohnraum wurden so zu einer Aushandlung von Gerechtigkeit, ohne dass es dabei eine klare Verhandlungsgrundlage gab. Während ein Bewerber eine besondere Bedürftigkeit für sich in Anspruch nahm, war es in einem anderen Fall die geleistete Arbeit des Antragstellers, die ausschlaggebend für die Zuteilung einer Wohnung sein sollte – ganz im Sinne der ideologischen Leitlinie »Jeder nach seinen Fähigkeiten, jedem nach seiner Leistung«.[141]

Da aber auf Seiten der Behörden ebenso Uneinigkeit darüber herrschte, welche Kategorien zur Anwendung kommen sollten, wurden diese von den Antragstellern immer wieder individuell gedeutet. Vor allem die Arbeit des Einzelnen wurde – wie schon in der ersten Hälfte der fünfziger Jahre – auf ganz unterschiedliche Weise zur Begründung eines Anspruchs herangezogen. Auch wenn es immer noch Antragsteller gab, die dabei ihren Beitrag zum sozialistischen Aufbau betonten, wurde häufig angemerkt, dass man erst eine Umgebung haben müsse, in der man sich ausruhen könne, bevor an eine vernünftige Arbeit überhaupt zu denken sei. Viele Personen erwarteten für ihre Arbeit also eine Gegen- oder sogar Vorleistung des Regimes und waren nicht mehr bereit, bis in eine ferne Zukunft darauf zu warten. In einigen Fällen erschien die tägliche Arbeit des Einzelnen sogar nur noch als eine Möglichkeit, die eigenen materiellen Lebensumstände zu verbessern.[142]

All das ist Ausdruck einer Anspruchshaltung, die die Verfasser von Beschwerdebriefen und Eingaben entwickelten. Diese Entwicklung war dadurch bedingt, dass das Regime sich zunehmend als Garant für das »Wohl des Volkes«[143] darstellte und den einzelnen Bürger in den Mittelpunkt seiner Bemühungen rückte. Es präsentierte sich als ein Akteur, der für einen angemessenen

---

[141] Vgl. *Mrňka*: Svéhlavá periferie, 188.
[142] Vgl. *Rau*: Stadtverwaltung im Staatssozialismus, 264; *Mühlbauer*: Kommunizieren und Partizipieren im »entwickelten Sozialismus«, 299.
[143] Pro blaho lidu, 1.

– wenn auch nicht näher definierten – Lebensstandard sorgen würde sowie als Bewahrer der »sozialistischen Gesetzlichkeit«. Maßnahmen wie das Wohnungsgesetz, das den Bewerbern einigermaßen klare Kategorisierungen an die Hand gab, mit deren Hilfe sie ihre Ansprüche geltend machen konnten, stärkten das Bewusstsein, Träger konkreter Rechte zu sein. Diese musste man nicht mehr erbitten, sondern konnte sie offensiv einfordern, wenn man die Zugehörigkeit zur sozialistischen Gesellschaft entsprechend nachweisen konnte.

In der Diskussion um die Wohnungsproblematik zeigte sich in der zweiten Hälfte der fünfziger Jahre somit ein diffuses Bild. Auf der einen Seite standen die Institutionen der öffentlichen Verwaltung, die offensichtlich nicht in der Lage waren, die mannigfaltigen Probleme in diesem Bereich zu lösen. Auf der anderen Seite waren die unzufriedenen, aber sich ihrer Rechte sehr wohl bewussten Petenten und Beschwerdeführer, die ihre eigenen Vorstellungen von der sozialistischen Gesellschaft entwickelten. Paradoxerweise vermochte die Bestärkung des Einzelnen durch Beschlüsse wie das Wohnungsgesetz, mit dem Probleme im Wohnungssektor noch deutlicher benannt werden konnten, offensichtlich darüber hinwegzutrösten, dass die zahlreichen Eingaben und Beschwerden in der Praxis doch nichts änderten.[144]

Die Versprechen der sozialistischen Wohnungspolitik und Stadtplanung, die sich in utopistischen Planstädten wie Nová Ostrava, Magnitogorsk oder Nowa Huta manifestierten, konnten trotz aller beschriebenen Mängel also doch dazu beitragen, die Herausbildung des »neuen Menschen« zu fördern.[145] Auch wenn die neuen Siedlungen nicht immer die angenehme Umgebung darstellten, die ihren Bewohnern Erholung nach getaner Arbeit ermöglichte, trugen sie dazu bei, dass diese Bewohner eine konkrete Vorstellung von ihrer Position in der Gesellschaft entwickelten und auf dieser Grundlage das versprochene bessere Leben einfordern konnten.

2. Fernsehzuschauer zwischen Individualismus und Kollektiv

Für die meisten der im vorherigen Kapitel zitierten Petenten und Beschwerdeführer schien es relativ klar gewesen zu sein, dass sie sich innerhalb des auf das Kollektiv ausgerichteten sozialistischen Systems durchaus als Subjekt mit ganz individuellen Vorstellungen präsentieren konnten. Doch insbesondere nach der Geheimrede Chruščëvs war diese Frage auf anderer Ebene längst nicht so

---

[144] Ähnliches hat Julian Mühlbauer für die Aushandlung der Wohnungsfrage in der Belorussischen Sowjetrepublik festgestellt. Obwohl auch dort die in den Eingaben angesprochenen Probleme oftmals nicht gelöst werden konnten, hätten die Verfasser doch das Gefühl gehabt, das Gerechtigkeit walten werde. Vgl. *Mühlbauer*: Kommunizieren und Partizipieren im »entwickelten Sozialismus«, 304.

[145] Vgl. *Jajesniak-Quast*: Die sozialistische Planstadt Eisenhüttenstadt, 102; *Mühlbauer*: Kommunizieren und Partizipieren im »entwickelten Sozialismus«, 189 f.

eindeutig zu beantworten. Diese hatte mit der Diskussion um den »Personenkult« um Stalin zentrale Fragen nach der Rolle von Individuen, Individualität und der Herausstellung von Persönlichkeiten innerhalb der sozialistischen Gesellschaft aufgeworfen.[146]

Dabei ging es vor allem um das Verhältnis zwischen dem Individuum und dem allgegenwärtigen Kollektiv, dem eigentlichen Akteur der historischen Entwicklung. Prinzipiell sollte sich der Einzelne den Interessen des Kollektivs unterordnen. Gleichzeitig allerdings stellten sozialistische Maßnahmen, wie die Auszeichnung von Stoßarbeitern, immer wieder Individuen in den Mittelpunkt[147] und wurden Heldenfiguren wie Julius Fučík als herausragende Einzelpersonen gefeiert. Nach 1956 wurden zudem in allen Staaten des östlichen Europa Stimmen laut, die nach mehr Persönlichkeiten und Charakteren im öffentlichen Diskurs und vor allem nach mehr Wahrheit verlangten.[148] Problematisch war dieser nur schwer zu lösende Widerspruch vor allem für ein Medium, das besonders von Individuen und Persönlichkeiten abhängig war: das Fernsehen.

Aus Sicht der KSČ stellte das Fernsehen – ähnlich wie das Radio – ein Medium dar, das Zuschauer zu »neuen Menschen« erziehen sollte, die von gemeinschaftlichen Werten geprägt waren und eine starke Verbindung zum Kollektiv hatten. Dadurch, dass es seine Zuschauer direkt und sehr privat in ihren Wohnzimmern ansprechen konnte, bot das Fernsehen aber gleichzeitig die Möglichkeit, das Bedürfnis der Zuschauer nach Persönlichkeiten und Wahrhaftigkeit zu bedienen. Die vermeintlich unpolitischen Figuren des Fernsehens – Moderatoren, Nachrichtensprecher, Seriencharaktere – hatten ein hohes Identifikationspotenzial, da sie »familiärer, gewöhnlicher und häuslicher«[149] waren als zum Beispiel die vielfach ideologisch aufgeladenen Charaktere in Kinofilmen. Durch die Intimität, die zwischen ihnen und den Zuschauern entstand, wurde diesen Figuren darüber hinaus eine hohe Glaubwürdigkeit zugesprochen.[150]

Das folgende Kapitel befasst sich daher mit der Frage, wie das Verhältnis zwischen Individuum und Kollektiv anhand des Programms des Tschechoslowakischen Fernsehens verhandelt wurde. Dabei soll herausgearbeitet werden, wie die Fernsehzuschauer sich im Verhältnis zu den Charakteren und Persönlichkeiten, die sie im Programm sahen, definierten und welche Rolle dabei das Fernsehen als Form einer zunehmend individualisierten Freizeitgestaltung spielte. Darüber hinaus soll es um die Kommunikation der Zuschauer mit dem

---

[146] Vgl. *Kolář*: Kommunistische Identitäten im Streit, 241 f.; *Huxtable*, Simon: The Problem of Personality on Soviet Television, 1950s–1960s. In: VIEW Journal of European Television History and Culture 3/5 (2014), 119–130, hier 122.
[147] Siehe dazu *Heumos*: Wenn Sie sieben Turbinen schaffen, 168.
[148] Vgl. *Huxtable*: The Problem of Personality on Soviet Television, 122.
[149] *Ebenda*, 119.
[150] Vgl. *ebenda.*, 119 f.

Fernsehen als Institution gehen, die Rückschlüsse darauf zulässt, wie die Bemühungen des Fernsehens, den »neuen Menschen« zu erschaffen, von den Zuschauern aufgenommen wurden. Die Auseinandersetzung der Zuschauer mit den Personen und Charakteren, die im Tschechoslowakischen Fernsehen zu sehen waren, kann Aufschluss über Akzeptanz und Ablehnung konkreter Ausprägungen des »neuen Menschen« geben.

Wenn man sich mit dem Phänomen des Fernsehens in sozialistischen Gesellschaften befasst, stellt man schnell fest, dass es zwar so etwas wie das »sozialistische Fernsehen« gab, dessen Entwicklung aber nicht getrennt von der globalen Entwicklung dieses Mediums verlief. Vielmehr war auch das Fernsehen in sozialistischen Staaten in ein weltweites Mediennetzwerk eingebunden. Sein Einfluss beruhte auf Entwicklungen präsozialistischer Gesellschaften und reicht in post-sozialistische hinein. Die Historikerin Sabine Mihelj hat das sozialistische Fernsehen treffend als »a specific subtype of modern television, designed to promote an alternative vision of modernity, modern belonging, economics and culture«[151] beschrieben.

Ein Aspekt, an dem sich wiederum die kulturellen Unterschiede zwischen dem kapitalistischen und sozialistischen Fernsehen besonders deutlich zeigten, war die Bedeutung von Individuen und Persönlichkeiten im Programm. Fernsehen sei ohne Persönlichkeiten undenkbar, konstatierte John Langner bereits 1981. Seiner Ansicht nach spiegelte sich in dieser Tatsache vor allem die individualistische Philosophie westlicher Gesellschaften wider.[152] In sozialistischen Gesellschaften hingegen war dies durchaus ein Problem, denn Aspekte wie Ruhm, Berühmtheit oder Individualität wurden dort besonders nach 1956 deutlich skeptischer gesehen.[153]

Bei der wissenschaftlichen Beschäftigung mit dem Tschechoslowakischen Fernsehen hat dieser Zusammenhang bisher kaum Aufmerksamkeit erhalten, denn die meisten Arbeiten sind institutionsgeschichtlich orientiert.[154] Erst in den letzten Jahren rückten die Kommunikations- und Vermittlungsstrategien des Fernsehens in sozialistischen Gesellschaften sowie die Frage nach dem Einfluss des Mediums auf das tägliche Leben der Zuschauer in den Mittelpunkt.[155]

---

[151] *Mihelj*, Sabina: Understanding Socialist Television. Concepts, Objects, Methods. In: VIEW Journal of European Television History and Culture 3/5 (2014), 7–16, hier 16. Auch Anikó Imre verfolgt in ihrer Studie zum TV Socialism diesen Ansatz. Siehe dazu *Imre*: TV Socialism.

[152] *Langer*, John: Television's »personality system«. In: Media, Culture & Society 3/4 (1981), 351–365.

[153] Vgl. *Huxtable*: The Problem of Personality on Soviet Television, 119.

[154] Vgl. *Štoll*, Martin: 1.5.1953. Zahájení televizního vysílání. Zrození televizního národa [1.5.1953. Der Beginn der Fernsehausstrahlung. Die Geburt einer Fernsehnation]. Praha 2011; *Končelík/Večeřa/Orság*: Dějiny českých médií v 20. století.

[155] *Imre*: TV Socialism; *Roth-Ey*, Kristin: Moscow Prime Time. How the Soviet Union Built the Media Empire That Lost the Cultural Cold War. Ithaca 2011; *Gumbert*, Heather: Envisioning Socialism. Television and the Cold War in the German Democratic Republic.

II. Selbstbewusste Subjekte

Die entsprechenden Studien nähern sich dem Phänomen »sozialistisches Fernsehen« allerdings aus einer übergeordneten Perspektive.[156] Eine Studie, die sich dezidiert mit dem Tschechoslowakischen Fernsehen befassen würde, steht noch aus.

Auch bei den Zuschriften an das Fernsehen, die im Folgenden untersucht werden, ist zu bedenken, dass nicht jedem Verfasser die Konventionen der schriftlichen Kommunikation bewusst waren. Im Zusammenhang mit dem Fernsehen kommt hinzu, dass die Briefeschreiber im Untersuchungszeitraum kaum Erfahrungen in der Konversation mit der Institution haben konnten, denn das Fernsehen in der Tschechoslowakei steckte Mitte der fünfziger Jahre noch in den Kinderschuhen. Nicht nur die Zuschauer, sondern selbst die Produzenten waren noch unsicher, wie sie mit dem neuen Medium umgehen sollten. Auf Seiten der Zuschauer zeigte sich dies vor allem in der Vielzahl verschiedener Anredeformen, die sie ihren Briefen voranstellten. Diese reichten von der für sozialistische Gesellschaften typischen Floskel »Sehr geehrte Genossen«,[157] die mit Abstand am häufigsten auftrat, über »Genossen vom Fernsehen«[158] und »Unser liebes Fernsehen«[159] bis hin zu Grußformeln wie »Sehr geehrte Fernsehfamilie«[160] oder »Sehr geehrte Freunde«[161] beziehungsweise »Sehr geehrter Zauberspiegel«.[162] Diese Unsicherheit ist zu bedenken, wenn Briefe an das Fernsehen adäquat gedeutet werden sollen.

Doch auch wenn die Zuschauer um 1956 noch kaum Erfahrungen im Umgang mit dem Medium Fernsehen hatten, nahm dessen Einfluss auf die Freizeitgestaltung der Menschen schnell zu. Was am 1. Mai 1953 um 20 Uhr mit einer ersten Testübertragung aus einem Bürgerhaus in der Prager Vladislavova Straße begonnen hatte,[163] entwickelte sich in kürzester Zeit zu einem Medium, das einen beträchtlichen Teil der tschechoslowakischen Bevölkerung erreichte. Waren es 1956 noch 47.888 Fernsehzulassungen gewesen, stiegt diese Zahl bereits

---

Ann Arbor 2015; *Mihelj*, Sabina/*Huxtable*, Simon: From Media Systems to Media Culture. Understanding Socialist Television. Cambridge 2018; *Mihelj*: Understanding Socialist Television; *Bönker*: Fernsehkonsum.

[156] Vgl. *Imre*: TV Socialism, 1 f.
[157] Brief der Angestellten der Projektabteilung (projekčního útvaru) der »Vereinigten Pharmaziewerke« (SPOFA) vom 27.8.1959 zur Sendung »Sejdeme se na Štvanici« (Treffen wir uns auf Štvanice). Archiv a programové fondy České Televize (Archiv und Programmfond des Tschechoslowakischen Fernsehens, weiter APF ČT), kart. 119, inf 583.
[158] Brief von František H. vom 3.8.1959 zur Sendung »Sedmero přání« (Siebenerlei Wünsche). APF ČT, kart. 120, inf 587.
[159] Brief von Familie P. vom 27.8.1959 zur Sendung »Sejdeme se na Štvanici«. APF ČT, kart. 119, inf 583.
[160] Brief einer Zuschauergruppe aus Přerov vom 27.8.1959 zur Sendung »Sejdeme se na Štvanici«. *Ebenda*.
[161] Brief von Alois M. vom 8.8.1959 zur Sendung »Sedmero přání«. APF ČT, kart. 120, inf 587.
[162] Brief von Jiřina O. vom 11.8.1959 zur Sendung »Sedmero přání«. *Ebenda*.
[163] Vgl. *Končelík/Večeřa/Orság*: Dějiny českých médií v 20. století, 159.

II. Selbstbewusste Subjekte

ein Jahr später auf 172.782, um sich bis Ende des Jahrzehnts beinahe zu vervierfachen (1958: 250.000, 1959: 518.987, 1960: 795.000).[164] Die Anzahl derer, die das Programm verfolgten, war aber noch deutlich höher, da sich die Menschen vielfach bei Freunden oder Verwandten trafen, um gemeinsam fernzusehen. So erreichte das Fernsehen zum Beispiel 1958 circa eine Millionen Zuschauer.[165] Gründe für diesen Anstieg der Zuschauerzahlen waren unter anderem niedrigere Preise für die Empfangsgeräte, die auf Anweisung des Ministeriums für Binnenhandel[166] von 4.000 auf 2.000 Kronen gesenkt worden waren. Aber auch die ersten Liveübertragungen von Sportereignissen trugen zu einer wachsende Popularität des Fernsehens bei.[167]

Diese Popularität und Breitenwirkung wollte das Regime nutzen, um seine Vision von Gleichheit, sozialer Mobilisierung und sozialem Wandel umzusetzen. Dem Fernsehen kam dabei – ähnlich wie dem Radio, dem es bis 1957 institutionell untergeordnet war,[168] – die Aufgabe zu, den Lebensstil der »neuen Menschen« zu rationalisieren und diese kulturell und politisch zu erziehen. Dazu wurden Formate wie die »Televizní univerzita« (Fernsehuniversität) und die täglichen Nachrichten (»Televizní aktuality a zajímavosti«, später »Televizní noviny«) eingerichtet. Da das Fernsehen von Anfang an als kulturpolitisches Instrument konzipiert worden war, wurde der Unterhaltungsaspekt zunächst als untergeordnet angesehen und mehr Wert auf »lehrreiche und kulturelle«[169] Programme für Kinder und Erwachsene gelegt.[170]

Festgeschrieben wurde diese Zielsetzung zwar erst im Parteidokument »Über den Zustand und die neuen Aufgaben des Tschechoslowakischen Fernsehens« (O stavu a nových úkolech Čs. televize) vom 24. Mai 1960. Die darin festgelegte Definition des Fernsehens als »Instrument der Erziehung der Menschen im kommunistischen Geist [...], in einer neuen gesellschaftlichen Moral und einem fortschrittlichen ästhetischen Geschmack«,[171] bestätigte im Grunde, was inoffiziell bereits in den fünfziger Jahren die Leitlinie für seine Arbeit gewesen war:

---

[164] Vgl. *Štoll*: 1.5.1953. Zahájení televizního vysílání, 153 f.; *Taborsky*: Communism in Czechoslovakia, 554.
[165] Vgl. *Štoll*: 1.5.1953. Zahájení televizního vysílání, 156.
[166] Ministerstvo vnitřního obchodu (MVO).
[167] Vgl. *Štoll*: 1.5.1953. Zahájení televizního vysílání, 153–155; *Končelík/Večeřa/Orság*: Dějiny českých médií v 20. století, 159.
[168] Vgl. *ebenda*, 157; *Štoll*: 1.5.1953. Zahájení televizního vysílání, 166–170.
[169] *Franc*, Martin/*Knapík*, Jiří: Volný čas v českých zemích 1957–1967 [Freizeit in den böhmischen Ländern 1957–1967]. Praha 2013, 404. Das Wort *osvětový* kann auch mit »aufklärend« übersetzt werden.
[170] Vgl. *Franc/Knapík*: Volný čas v českých zemích, 117 f.; *Mihelj*: Understanding Socialist Television, 9; *Štoll*: 1.5.1953. Zahájení televizního vysílání, 155.
[171] Zitiert nach *Štoll*: 1.5.1953. Zahájení televizního vysílání, 184.

Das Fernsehen muss dem Einzelnen und der Gesellschaft dabei helfen, neue, sozialistische Beziehungen aufzubauen und zu festigen und helfen, die Weltanschauung, den Charakter, die Moral und die Kultur eines Menschen der zukünftigen kommunistischen Gesellschaft herauszubilden.[172]

Die Aufgabe des Fernsehens war somit eindeutig definiert: den Zuschauern Vorbilder liefern, anhand derer sie sich zu »neuen Menschen« entwickeln konnten. Allerdings können diese Versuche nicht als reiner Top-down-Prozess oder »gigantisches Gehirnwäscheprogramm«[173] angesehen werden, an dessen Ende einzig »gehorsame Parteisubjekte«[174] standen. Wie Heather Gumbert in ihrer Untersuchung des DDR-Fernsehens festgestellt hat, befand sich das sozialistische Fernsehen, ebenso wie sein kapitalistisches Pendant, in einem permanenten Aushandlungsprozess über die Erwartungen und Wünschen seiner Zuschauer. Diese musste es berücksichtigen, um die eigene Botschaft – und damit auch die des Regimes – erfolgreich vermitteln zu können.[175] Das Fernsehen war in sozialistischen Gesellschaften dementsprechend an der Schnittstelle von öffentlicher und häuslicher Sphäre verortet. Es musste zwischen den Bestrebungen der KSČ, die Zuschauer beeinflussen zu wollen, und deren Forderungen nach Unterhaltung vermitteln. Dadurch entwickelte es sich zu einem Kommunikations- und Aushandlungsfeld zwischen dem Regime und der Bevölkerung. Dabei konnten die Zuschauer ihre Ansprüche nicht nur in Form von Beschwerdebriefen und Eingaben kundtun – sie konnten auch einfach den Fernseher abschalten.[176]

Individuen im Fernsehen

Das primäre Vermittlungsmedium des Fernsehens waren Menschen. Moderatoren, Nachrichtensprecher, Programmansager oder auch Schauspieler in Filmen und Serien sprachen die Zuschauer oftmals direkt an und wurden so Teil eines privaten und intimen Raumes, da das Fernsehgerät sich zumeist im Wohn- oder Schlafzimmer der Zuschauer befand.[177] So entstand eine beinahe familiäre Beziehung zwischen den Personen auf den Fernsehschirmen und den Zuschauern, die davorsaßen.

---

[172] *Ebenda.*
[173] *Taborsky*: Communism in Czechoslovakia, 471.
[174] *Mihelj*: Understanding Socialist Television, 9.
[175] Vgl. *Gumbert*: Envisioning Socialism, 10.
[176] Vgl. *ebenda*; *Bönker*: Fernsehkonsum, 200; *Imre*: TV Socialism, 4.
[177] Zur Bedeutung des Fernsehgerätes als Möbelstück hat Monique Miggelbrink kürzlich eine interessante Studie vorgelegt. Eine Übertragung ihrer Ergebnisse auf die sozialistische Wohnkultur, die ebenfalls zur Erziehung des »neuen Menschen« beitragen sollte, wäre sicher lohnenswert. Vgl. *Miggelbrink*, Monique: Fernsehen und Wohnkultur. Zur Vermöbelung von Fernsehgeräten in der BRD der 1950er- und 1960er-Jahre. Bielefeld 2018.

Durch ihre tägliche Präsenz konnten die genannten Akteure Teil des familiären Alltags der Zuschauer werden und wiesen dabei ein hohes Identifikationspotenzial auf.[178] Zudem konnten sie das Bedürfnis der Zuschauer nach Personen bedienen, die man »aufgrund ihrer Persönlichkeit, ihrer Leistungen und ihrer öffentlichen Wirkung«[179] bewundern konnte, ohne dass diese dadurch zusätzliche Macht erhielten.

Angesichts der Tatsache, dass sie sich in einem Kontext bewegten, der den Zuschauern aus ihrem Alltag bekannt vorkam, trifft dies sogar eher auf die Figuren des täglichen Fernsehprogramms (also primär Moderatoren, Nachrichtensprecher oder Seriendarsteller) zu als auf Filmschauspieler, die zumeist in fiktiven Umgebungen handeln. Die Fernseh-Protagonisten konnten zwar nicht die sozialistischen Heldenfiguren ersetzen, die bereits in den frühen fünfziger Jahren an Bedeutung verloren hatten. Sie konnten aber, um es in den Worten der Theaterwissenschaft zu sagen, »die Realität des Menschen als [...] Subjekt gegenüber der Ideologie«[180] als etwas individuell Bedeutsames hervorheben.

Auch aus der Perspektive des Regimes waren die Persönlichkeiten des Fernsehens von großer Bedeutung. Sie konnten als Vor- und Idealbilder des »neuen Menschen« fungieren, die nicht nur das von ihnen moderierte Programm, sondern indirekt auch korrektes Auftreten, angemessene Sprache und einen passenden Kleidungsstil vermittelten. Damit waren sie im Hinblick auf die Bildungs- und Erziehungsmission des Fernsehens in vielerlei Hinsicht relevant, da über ihren Habitus eine sozialistische Lebensweise transportiert werden konnte.[181]

In vielen Briefen, die die seit 1954 existierende »Abteilung für Zuschauerkontakt«[182] in der zweiten Hälfte der fünfziger Jahre erreichten, wird sehr deutlich, dass dies auch auf das Tschechoslowakische Fernsehen zutraf. So integrierten zahlreiche Zuschauer die Figuren, die sie auf dem Fernsehschirm sahen, in ihren Familien- und Freundeskreis: »Nur eines haben wir vermisst. Euch alle, die wir gern auf den Fernsehschirmen sehen. Und weil ihr immer in Zeiten familiärer Behaglichkeit zu uns kommt, rechnen wir euch zu den allerliebsten Freunden.«[183] Die Verfasser dieser Zeilen zählten die Persönlichkeiten des Fernsehens somit zum privatesten Teil ihres Bekanntenkreises, der »jeden

---

[178] Vgl. *Huxtable*: The Problem of Personality on Soviet Television, 123 f.
[179] *Bronfen*, Elisabeth: Zwischen Himmel und Hölle – Maria Callas und Marilyn Monroe. In: *Bronfen*, Elisabeth/*Strausmann*, Barbara (Hg.): Die Diva. Eine Geschichte der Bewunderung. München 2002, 43–67, hier 46.
[180] *Ebenda*, 49.
[181] Vgl. *Huxtable*: The Problem of Personality on Soviet Television, 123 f.
[182] *Köpplová*, Barbara/*Bednařík*, Petr: Dějiny českých médií v datech. Rozhlas, televize, mediální právo [Geschichte der tschechischen Medien in Daten. Rundfunk, Fernsehen, Medienrecht]. Praha 2003, 196.
[183] Brief von Alois M. vom 8.8.1959 zur Sendung »Sedmero přání«. APF ČT, kart. 120, inf 587.

Abend mit guten Absichten« zu ihnen kam.[184] Die starke Bindung des Fernsehens an die häusliche Sphäre zeigt sich hier besonders deutlich, womit sich das Fernsehen vom Kino unterschied. Zwar produzieren beide ähnliche Formate, aber das Kino ist bis heute ein Ort und ein Event, das außerhalb des Häuslichen und Privaten liegt.

Die Wirkung dieser privaten Form der Ansprache spiegelt sich auch in einem Brief einer Familie aus Nový Jičín wider, einem kleinen Ort aus der Mährisch-Schlesischen Region. Sie schrieb an die Redaktion von »Sedmero přání« (Siebenerlei Wünsche).[185] Bei diesem Format konnten die Zuschauer im Vorfeld der jeweiligen Ausstrahlung schriftlich besondere Wünsche äußern, von denen dann eine Auswahl ins Programm aufgenommen wurde. In ihrem Brief bat die Familie darum, die Figur des »Televisní (sic!) Petr« einmal in Zivil sehen zu dürfen. Man habe täglich seine angenehme Stimme gehört und man wollte gern sehen, wie er in Wirklichkeit aussehe, denn dank der »Figur des Petr« sei die Wettervorhersage so populär geworden.[186]

Allerdings, so die Verfasser, sei dies nicht der einzige Grund, warum Petr bei ihnen so beliebt sei:

> Neben seinen Vorhersagen übernimmt Petr in den meisten Familien mit kleinen Kindern / wir haben zwei Jungen / die Funktion der Kinderfrau. Früher war es schwierig, die Kinder an einigen Abenden ins Bett zu bekommen, aber dank Petr warten sie ohne große Reden auf Petr und gehen schlafen.[187]

Auch in dieser Familie hat somit eine Figur, die zwar von einem Schauspieler verkörpert oder zumindest gesprochen wurde, aber nur mittels technischer Hilfsmittel anwesend war, Einzug in den Lebensalltag gefunden. Dadurch, dass die Figur des Petr die Kinder beim Zubettgehen begleitete, baute sich eine gewisse Vertrautheit zu ihr auf, nicht nur bei den Kindern, sondern offensichtlich auch bei den Eltern. Diese Vertrautheit war insofern wichtig, als dass die Botschaft, die die Figuren vermittelten, so zusätzliche Glaubwürdigkeit erlangte. Sie war aber auch für die Wahrnehmung des Fernsehens als Institution von Bedeutung, da so bei vielen Zuschauern der Eindruck entstand, dass das Programm vor allem ihren individuellen Interessen und Bedürfnissen dienen sollte. Verstärkt wurde dieser Eindruck dadurch, dass viele Zuschauer sich von den im Fernsehen auftretenden Charakteren individuell angesprochen fühlten: »Beim abendlichen ›Sedmero‹ hat Herr Miška gesagt, wenn irgendjemand irgendeinen Wunsch habe, solle er an das Studio schreiben.«[188]

---

[184] *Ebenda.*
[185] Siehe dazu APF ČT, kart. 120, inf 587 und kart. 119, inf 582.
[186] Brief von Zdeněk Š. vom 17.8.1959 zur Sendung »Sedmero přání«. APF ČT, kart. 120, inf 587.
[187] *Ebenda.*
[188] Brief von Jana K. vom 21.2.1959 zur Sendung »Sedmero přání«. APF ČT, kart. 119, inf 582.

Bedingt durch diese intime Beziehung und persönliche Ansprache nahmen die Zuschauer sich selbst eher als eigenständige Individuen wahr und nicht so sehr als Teil eines Kollektivs. Ihnen wurde immer wieder vermittelt, dass »alles, was sie [sahen], nur für sie geschaffen« wurde und sie, ähnlich wie auch im sowjetischen Fernsehen, »zu einer sehr exklusiven Party« eingeladen wurden.[189] Daraus erwuchs bei vielen Zuschauern nicht nur die Überzeugung, besondere Ansprüche an das Fernsehen stellen zu können, sondern auch großes Vertrauen in das Potenzial des Mediums. Sie glaubten, dass das Fernsehen alles möglich machen konnte, was sie sich erhofften und erträumten.

Dementsprechend fühlten sie sich dazu ermutigt, den Redakteuren des Fernsehens auch ihre intimsten Wünsche und Probleme anzuvertrauen. Dieses Vertrauen ging so weit, dass viele diese offensichtlich nur dem Fernsehen mitteilten und nicht wollten, dass jemand anderes etwas davon erfuhr: »Ich bitte Sie aber, dass Sie ihn [ihren Wunsch, S. L.] nicht ins Programm aufnehmen, weil mich sonst alle Nachbarn auslachen würden.«[190]

Auch eine jugendliche Zuschauerin aus Prag wollte nicht, dass man von ihren Wünschen »im Fernsehen spricht«.[191] Ihr Brief ist aber auch deswegen interessant, weil sie sich in einer besonders privaten Angelegenheit an die Redaktion von »Sedmero přání« wandte. Sie hatte einen Jungen kennengelernt, der ihr »sehr gefallen« habe und sie hätten sich für den folgenden Samstag verabredet. Nun war das Mädchen aber erkrankt und konnte das Rendezvous nicht wahrnehmen: »Mir tut das sehr leid und ich habe Angst, dass wir uns nun nicht treffen werden und daher bitte ich Sie um Hilfe.«[192] Sie hoffte, dass das Fernsehen ihr bei der Suche nach diesem Jungen helfen konnte, wollte aber nicht, dass ihr Name erwähnt wird, damit »niemand etwas von [diesem] Brief erfährt«.[193]

Ihr Brief zeugt nicht nur von einem großen Vertrauen, das die Zuschauer dem Fernsehen entgegenbrachten. Er zeigt auch, wie groß viele Zuschauer die Möglichkeiten des Fernsehens einschätzten, ihnen in allen möglichen Zusammenhängen zu helfen. Viele dieser Angelegenheiten betrafen individuelle Wünsche und Probleme und waren dementsprechend nicht auf das Interesse des Kollektivs ausgerichtet. Die Zuschauer sahen im Fernsehen somit ein Medium, an das sie sich als Individuen mit ganz eigenen Bedürfnissen wenden konnten, ohne dabei immer das Wohl der Gesellschaft im Blick haben zu müssen.[194]

---

[189] *Huxtable*: The Problem of Personality on Soviet Television, 124.
[190] Brief von A. H. vom 11.3.1959 zur Sendung »Sedmero přání«. APF ČT, kart. 119, inf 582.
[191] Brief von Libuša H. vom 29.9.1959 zur Sendung »Sedmero přání«. APF ČT, kart. 120, inf 587.
[192] *Ebenda*.
[193] *Ebenda*.
[194] In einem ähnlich gearteten Fall wandte sich eine Zuschauerin an das Fernsehen, weil sie schon länger keine Antwort mehr von ihrer Brieffreundin aus der Sowjetunion bekom-

II. Selbstbewusste Subjekte

Dementsprechend überrascht es nicht, dass das Fernsehen gelegentlich als »Zauberspiegel« bezeichnet wurde, so wie dies eine Schülerin aus Tišice u Všetat tat. Da ihre Eltern sie nicht auf eine Schauspielschule gehen lassen wollten, wandte sie sich an das Fernsehen: »Deshalb bitte ich den Zauberspiegel um die Erfüllung eines Wunsches – im Film mitzuspielen.«[195] Das Fernsehgerät erschien vielen offenbar als ein Gegenstand aus einem Märchen, dem beinahe allmächtige Fähigkeiten zugesprochen wurden. Ähnlich äußerte sich auch eine Zuschauerin aus Kutná Hora: »Ich weiß, dass dieser Wunsch sehr anmaßend ist und schwer zu erfüllen [...] aber diesen Wunsch können einzig und allein Sie mir erfüllen.«[196]

In den hier zitierten Briefen erscheint fernsehen somit als eine zentrale Praktik des Selbst. Durch den Konsum des Mediums und die Kommunikation mit der Institution wurden die Zuschauer in ihrer Position als Individuum in der sozialistischen Gesellschaft gestärkt und ermächtigt, ihre Interessen und Wünsche durchzusetzen. Die Erziehung zu sozialistischen Subjekten, die das Regime mittels der im Fernsehen gezeigten Figuren und Personen erreichen wollte, war also gelungen – allerdings nicht so, wie von Partei und Regierung beabsichtigt.

Traumfabrik Vladislavova

Auch wenn der Hauptakteur der sozialistischen Gesellschaftsentwicklung das Kollektiv war, war es im Fernsehprogramm dennoch durchaus erwünscht, Repräsentationen des »einfachen Individuums«[197] zu zeigen. Die Zuschauer sollten so für das sozialistische Projekt begeistert werden. Daher war es wichtig, dass der durchschnittliche Bürger als Vorbild des »neuen Menschen« im Fernsehprogramm angemessen repräsentiert war und als *exemplary ordinary person* die Gesellschaft als Ganzes vertreten konnte.[198]

Entscheidend war an dieser Stelle vor allem die Frage des »Wie«, welche die Programmverantwortlichen lösen mussten. Während ihnen von oben angetragen wurde, die sozialistische Realität im Sinne des Regimes möglichst genau zu dokumentieren, wünschten sich die Zuschauer eher eine emotionale Ansprache. Diese konnte unter anderem durch Darstellungen ermöglicht werden, die sich

---

men hatte. Nun wollte sie wissen, wo ihre Briefe, von denen sie ausging, dass sie die Empfängerin nie erreicht hatten, verblieben seien. Auch sie setzte darauf, dass die zuständigen Redakteure in der Lage waren, einer Sache nachzugehen, die außerhalb ihres eigentlichen Aufgabenbereiches lag, und wies dem Fernsehen auch als Institution damit eine gewisse Allmacht zu. Siehe Brief von Anna N. vom 29.6.1959 zur Sendung »Sedmero přání«. APF ČT, kart. 120, inf 587.

[195] Brief von Jiřina O. vom 8.8.1959 zur Sendung »Sedmero přání«. *Ebenda.*
[196] Brief von Jana K. vom 21.2.1959 zur Sendung »Sedmero přání«. APF ČT, kart. 119, inf 582.
[197] *Huxtable*: The Problem of Personality on Soviet Television, 127.
[198] *Ebenda.*

II. Selbstbewusste Subjekte

eng an der Lebensrealität der Zuschauer orientierten und in denen Personen gezeigt wurden, die aus demselben Milieu stammten. Ein solcher *emotional realism*[199] barg aber wiederum die Gefahr einer *uncontrolled, diffusive emotional mobilization*. Dies stand im Widerspruch zum dokumentarischen Realismus, der ein sozialistisches Bewusstsein fördern sollte, das eher rational als emotional sein sollte.[200]

Versuche, den Spagat zwischen emotionalem und dokumentarischem Realismus im Tschechoslowakischen Fernsehen zu bewältigen und einzelne Individuen als Repräsentanten der Gesellschaft in den Fokus zu stellen, gab es viele. Besonders hervorzuheben ist darunter die bei den Zuschauern sehr beliebte Show »Sedmero přání«, die einzelnen Zuschauern persönliche Wünsche erfüllte. Diese Wünsche geben Auskunft darüber, wie sich die Zuschauer ein gelungenes Fernsehprogramm vorstellten und inwiefern sie sich mit den kollektiven Werten des Sozialismus auseinandergesetzt haben.

Das eigentliche Ziel dieses Formats war es, Individuen zu zeigen, die nach Ansicht der Produzenten die Eigenschaften des »neuen Menschen« am umfassendsten verkörperten und die so Anreize für die Zuschauer schaffen sollten, sich ebenfalls zu solchen zu entwickeln. Daher war die Grundvoraussetzung dafür, dass ein Anliegen Eingang in die Sendung fand, seine Relevanz für ein größeres Publikum. Dabei ging es nicht so sehr darum, möglichst hohe Zuschauerzahlen zu generieren. Den Antwortschreiben der zuständigen Redakteure ist zu entnehmen, dass sich das Programm dem Bildungsanspruch des Regimes verpflichtet fühlte, demzufolge das Individuum mit dem Kollektiv verbunden werden sollte: »[W]ir danken Ihnen für Ihren Brief und den geäußerten Wunsch. Ärgern Sie sich jedoch nicht, dass wir diesem nicht nachkommen können, denn einem ähnlichen lokalen Wunsch ziehen wir einen solchen vor, der einen Nutzen oder eine Lektion für alle Zuschauer mit sich bringt.«[201]

Angesichts dieser deutlich geäußerten Erwartungshaltung der Redaktion ist es nicht überraschend, dass die Zuschauer versuchten, ihre individuellen Ersuche als für das ganze Publikum interessant darzustellen. »Wir glauben, dass die Erfüllung unseres Wunsches nicht nur alle Angler zufriedenstellen würde [...]«[202] schrieben zwei Zuschauer aus Leskovec nad Moravicí, die sich wünschten, im Fernsehen sehen zu können, wie ein Angler einen 50 kg schweren Wels fängt. Es sei der geheime Wunsch von ihnen allen, »eine große Zahl der schwersten Fische aller Art [...] zu erbeuten«.[203] Mit dieser Formulierung suggerierten sie, dass dieser Wunsch von einer größeren Zuschauergruppe geteilt würde. Erfolg hatten sie damit allerdings nicht.

---

[199] *Imre*: TV Socialism, 35.
[200] Vgl. *ebenda*.
[201] Antwort von Dr. J. Khun, Mitarbeiter des Tschechoslowakischen Fernsehens, vom 21.8.1959 auf eine Zuschaueranfrage zur Sendung »Sedmero přání«. APF ČT, kart. 120, inf 587.
[202] Brief von Vlad. O. und Jan J. vom 25.7.1959 zur Sendung »Sedmero přání«. *Ebenda*.
[203] *Ebenda*.

II. Selbstbewusste Subjekte

Auf ähnliche Art und Weise versuchte ein Zuschauer aus Prag, sein Anliegen zu begründen. Er wollte den Verlauf der Sendung »Sedmero přání«, von dem Moment an verfolgen »wenn [die Redakteure] vom Zuschauer den Brief mit seinem Wunsch bekommen«.[204] Er war davon überzeugt, dass auch andere Zuschauer Zeuge davon werden wollten, wie man in der »Fernsehküche« kocht.[205]

Trotz aller Bekundungen der Zuschauer, dass ihr Anliegen »[...] auch viele andere Zuschauer interessieren würde«,[206] waren diese Verweise in den meisten Fällen nicht mehr als eine Strategie, mit der die Absender versuchten, ihren persönlichen Wunsch durchsetzen. In den Antwortschreiben, die die Redakteure von »Sedmero přání« an die Zuschauer verschickten, trat deutlich hervor, dass es sich bei den Zuschriften zur Sendung zumeist um individuelle Ideen und Vorstellungen von Zuschauern handelte, die als Person wahrgenommen werden und im Fernsehen erscheinen wollten:

> Im Übrigen erinnern wir daran, dass wir hunderte Briefe bekommen, denen zufolge die Zuschauer sich wünschen, vor der Kamera Trompete zu spielen, zu singen, etwas zu rezitieren, Fallschirm zu springen usw. Wir glauben, dass sie uns verstehen und gleichzeitig anerkennen, dass »Sedmero« für andere, wichtigere Aufgaben gedacht ist.[207]

Der Widerspruch zwischen dem auf das Kollektiv gerichteten Anspruch des Fernsehens und dem Wunsch von Zuschauern, als Individuen wahrgenommen zu werden, tritt hier deutlich hervor. Briefe mit Anfragen, die die Voraussetzungen erfüllten, gab es offenbar nur sehr wenige.[208] Die Bestrebungen des Regimes, seinen Bürgern durch ein »lehrreiches und kulturelles«,[209] aber gleichzeitig auch unterhaltsames Programm sozialistisch-demokratische, kollektivistische Werte zu vermitteln und eine als fortschrittlich bezeichnete Freizeitgestaltung zu ermöglichen, stießen hier also an ihre Grenzen. Man fand schlicht keine Bewerber, die als herausragende Beispiele für den »neuen Menschen« im Fernsehen hätten gezeigt werden können.[210]

---

[204] Brief von Ladislav V. vom 10.7.1959 zur Sendung »Sedmero přání«. *Ebenda*.
[205] *Ebenda*. Einen ähnlichen Wunsch äußerte auch ein Zuschauer aus Olomouc. Auch er verwies darauf, dass »[...] diese Frage auch tausende weitere Zuschauer interessieren würde [...].« Brief von Miloš J. vom 23.11.1959 zur Sendung »Sedmero přání«. APF ČT, kart. 119, inf 582.
[206] Brief von Libuše L. vom 26.6.1959 zur Sendung »Sedmero přání«. APF ČT, kart. 120, inf 587.
[207] Antwort von Dr. J. Khun, Mitarbeiter des Tschechoslowakischen Fernsehens, vom 25.8.1959 auf eine Zuschaueranfrage zur Sendung »Sedmero přání«. *Ebenda*.
[208] Antwort von Dr. J. Khun, Mitarbeiter des Tschechoslowakischen Fernsehens, vom 30.11.1959 auf eine Zuschaueranfrage zur Sendung »Sedmero přání«. APF ČT, kart. 119, inf 582.
[209] *Franc/Knapík*: Volný čas v českých zemích, 404.
[210] Vgl. *Franc*, Martin/*Knapík*, Jiří: »Getting Around to the Human Being in the Next Quarter«. Leisure Time in the Czech Lands 1948–1956. In: Czech Journal of Contemporary History 1 (2013), 77–101, hier 82–88; *Imre*: TV Socialism, 14 und 39.

II. Selbstbewusste Subjekte

Vielmehr scheinen die Zuschauer in Formaten wie »Sedmero přání« eine der wenigen Möglichkeiten gesehen zu haben, nicht nur als Teil eines Kollektivs, sondern auch als Individuum in Erscheinung zu treten und persönliche Träume erfüllt zu bekommen. »Ich habe einen Wunsch, den mir wirklich nur das Fernsehen erfüllen kann«,[211] schrieb eine Zuschauerin aus Prag und machte damit deutlich, dass das Fernsehen für sie mehr war als ein Mittel zur Unterhaltung. Andere Zuschauer wünschten sich, einem »Rezitations-Künstler der alten Generation« ein Gedicht vortragen,[212] mit »einem wahrhaftigen Künstler Theater spielen«,[213] mit einem Löschfahrzeug durch Prag fahren[214] oder in einem Rennwagen mitfahren zu dürfen.[215]

Diese Zuschauer konnten bei »Sedmero přání« also nicht nur ihre Träume und Hoffnungen auf die in Filmen und Serien gezeigten Figuren übertragen. Sie hatten hier sogar die Möglichkeit, einige davon direkt erfüllt zu bekommen. Die Zuschrift einer anderen Pragerin zeigt, welche Fähigkeiten manche Zuschauer dem Fernsehen als Institution zuschrieben und wie stark das Format ihre Sehnsüchte ansprach: »Wenn Du mit Deinen Mitarbeitern jeden Wunsch erfüllen kannst, dann habe ich auch eine Bitte.«[216]

Einige Zuschauer versuchten zudem, ein besonderes Talent, das sie ihrer Ansicht nach als Individuum besonders auszeichnete, in den Mittelpunkt zu stellen. Neben Laienschauspielern waren dies vor allem Musiker:

Geschätzte Genossen, vor einiger Zeit habe ich Sie gebeten, in der Sendung »Sedmero přání« eine meiner Kompositionen aufzuführen. [...] Es handelt sich um die Komposition »Andenken an die Jugend«. [...] Mein indiskreter Wunsch würde die Zuschauer sicher sehr interessieren und fesseln.[217]

Ein anderer Zuschauer äußerte den Wunsch, noch einmal mit einem großen Prager Orchester singen zu können. In den Kriegsjahren habe er in einem Quartett gesungen, dessen bedeutsamster Erfolg ein »Auftritt im Programm des tschechoslowakischen Rundfunks im Jahr 1944« gewesen sei.[218]

---

[211] Brief von Milada B. vom 19.2.1959 zur Sendung »Sedmero přání«. APF ČT, kart. 119, inf 582.
[212] Brief von Ivana B. vom 3.8.1959 zur Sendung »Sedmero přání«. APF ČT, kart. 120, inf 587.
[213] Brief von Miloslava Z. vom 19.2.1959 zur Sendung »Sedmero přání«. APF ČT, kart. 119, inf 582.
[214] Brief von Vojtěch S. vom 15.7.1959 zur Sendung »Sedmero přání«. APF ČT, kart. 120, inf 587.
[215] Brief von Bohumil K. vom 5.3.1959 zur Sendung »Sedmero přání«. APF ČT, kart. 119, inf 582.
[216] Brief von Miloslava Z. vom 19.2.1959 zur Sendung »Sedmero přání«. *Ebenda*. Siehe auch Brief von Jana K. vom 21.2.1959 zur Sendung »Sedmero přání«. *Ebenda*.
[217] Brief von Ladislav W. vom 31.10.1959 zur Sendung »Sedmero přání«. *Ebenda*.
[218] Brief von Bohuslav F. vom 29.6.1959 zur Sendung »Sedmero přání«. APF ČT, kart. 120, inf 587.

II. Selbstbewusste Subjekte

Das Format »Sedmero přání« zeigt somit, wie weit der Anspruch des Fernsehens, Themen zu senden, die für die Zuschauer »Nutzen und Information«[219] beinhalteten, und die Vorstellungen der Zuschauer auseinanderlagen. Während die Programmgestalter einen Bildungs- und Erziehungsanspruch im Hinblick auf kollektive Werte erfüllen sollten, widersprachen die Erwartungen des Publikums nicht nur diesem Anspruch, sondern auch dem sozialistischen Menschenbild in Gänze. Danach war es mit Skepsis zu betrachten, wenn kollektive Interessen über die des Einzelnen gestellt und individuelle Berühmtheit angestrebt wurde. Das Fernsehen war aber wiederum ein Medium, das ohne Individuen und Persönlichkeiten nicht funktionieren konnte und zumindest in einem geringen Maße den gewöhnlichen Bürger als Repräsentant der Gesellschaft abbilden sollte.[220] Daher eröffneten Formate wie »Sedmero přání« ein Aushandlungsfeld über das Verhältnis von Individuum und Kollektiv innerhalb der sozialistischen Subjektkultur. Die Bemühungen der zuständigen Redakteure, dieses Bedürfnis dafür zu nutzen, Vorbilder für den »neuen Menschen« zu präsentieren, scheiterten zwar nicht vollständig; sie entsprachen aber vielfach nicht den Vorstellungen der Zuschauer, beispielsweise als herausragende Sänger, Musiker oder Schauspieler wahrgenommen zu werden.

In der Aushandlung zwischen den Programmverantwortlichen und den Zuschauern zeigen sich somit klar die Grenzen der ideologischen Durchdringung des Alltags durch die Partei. Die Zuschauer waren nicht bereit, sich für das Programm vereinnahmen zu lassen. Dies kann allerdings auch nicht als eine prinzipielle Ablehnung des Kollektivs als sinnstiftender Einheit gelesen werden. Vielmehr hatten die Fernsehzuschauer offensichtlich das Bedürfnis, neben ihrer Rolle als Bestandteil des Kollektivs auch als Individuen mit besonderen Eigenschaften wahrgenommen zu werden.

Kollektive vor dem Fernseher

Während der Wunsch, im Fernsehen aufzutreten, primär eine individuelle Dimension hatte, blieb der Konsum des Programms weiterhin meist eine kollektive Angelegenheit. Dies hing mit der Gründungszeit des Tschechoslowakischen Fernsehens zusammen. Bereits für die erste Testübertragung waren 1953 Fernsehgeräte an zwanzig öffentlichen Orten in Prag installiert worden. Da ein eigenes Gerät für viele Familien anfangs kaum erschwinglich war, versammelte man sich bei Nachbarn, Verwandten und Freunden, um dort gemeinsam das Programm zu verfolgen. Die ersten Übertragungen wurden so

---

219 Antwort von Dr. J. Khun, Mitarbeiter des Tschechoslowakischen Fernsehens, vom 9.2.1959 auf eine Zuschaueranfrage zur Sendung »Sedmero přání«. APF ČT, kart. 119, inf 582.
220 Vgl. *Huxtable*: The Problem of Personality on Soviet Television, 199 sowie *Imre*: TV Socialism, 11.

zu einem gesellschaftlichen Ereignis: Sobald etwas gesendet wurde, versammelte sich eine große Menge Zuschauer um die verfügbaren Empfänger.[221] Besonders Sportübertragungen wurden gemeinsam mit Freunden und Verwandten angeschaut.[222] So entstand laut dem Medienwissenschaftler Martin Štoll eine »kollektive Wahrnehmung«[223] des Fernsehens und die Auffassung, Teil des Kollektivs der Fernsehzuschauer zu sein. Diese blieb auch erhalten, als das Fernsehgerät ein zunehmend selbstverständlicher Bestandteil tschechoslowakischer Privathaushalte wurde.

Das Gefühl, einer Interessengemeinschaft anzugehören, war für die Aushandlungsprozesse, die im Kontext des Fernsehens abliefen, von großer Bedeutung. Denn daraus erwuchs wiederum die Überzeugung, die das Fernsehprogramm betreffenden eigenen Vorstellungen selbstbewusst und durchaus deutlich zu äußern, wusste man doch die anderen Angehörigen der Gruppe hinter sich.

Während sich die Fernsehzuschauer darüber einig waren, eine Interessengemeinschaft zu bilden, variierten die Definitionen und vor allem die Bezeichnungen dieser Gemeinschaft stark. Eine der am häufigsten auftretenden Metaphern war beispielsweise die der »Fernsehfamilie«, womit eine besondere Bindung und Intimität der Mitglieder suggeriert wurde: »Die große Familie der Fernsehzuhörer muss nicht zu 100 % zufrieden sein, aber es ist sicher nicht notwendig, dass die Zufriedenheit der Zuschauer durch die regelrecht falsche Einbindung von Filmen oder die Kürzung des angekündigten Programmes gestört wird.«[224]

In einigen Fällen bezog der Familienbegriff sogar die Mitarbeiter des Fernsehens mit ein, was der geäußerten Kritik eine zusätzliche Schärfe verlieh, da diese aus Sicht der Zuschauer eigentlich hätten wissen müssen, was sich das Publikum wünschte:

Der Mensch ist erstaunt, wie sie mit unserer Geduld spielen und wie sie uns belügen, uns hunderttausende Fernsehzuschauer. Manchmal haben wir den Eindruck, dass wir schon froh sein müssen, wenn sie uns für unser Geld überhaupt etwas senden. [...] [B]eachten sie, dass wir alle zusammen eine große zufriedene Familie waren. Sie im Fernsehen, wir zu Hause am Bildschirm.[225]

---

[221] Vgl. *Štoll*: 1.5.1953. Zahájení televizního vysílání, 118 und 143 f.
[222] Vgl. *Franc/Knapík*: Volný čas v českých zemích, 407 f.
[223] *Štoll*: 1.5.1953. Zahájení televizního vysílání, 144.
[224] Brief von Angestellten des Nationalunternehmens Ton vom 27.8.1959 zur Sendung »Sejdeme se na Štvanici«. APF ČT, kart. 119, inf 583.
[225] Brief von Angestellten des Nationalunternehmens Transporta vom 3.9.1959 zur Sendung »Sejdeme se na Štvanici«. *Ebenda*. Im Anhang des Briefes verwiesen die Verfasser darauf, dass zwischen der Abfassung des Briefes und dem Versand einige Tage lagen, an denen ihnen das Fernsehprogramm gefallen habe. Darauf wollten sie ebenfalls verweisen, ohne ihre Kritik damit aber abzuschwächen.

II. Selbstbewusste Subjekte

Andere Zuschreibungen orientierten sich am eher abstrakten (und im sozialistischen Kontext auch immer ideologisch aufgeladenen) Begriff des Kollektivs, was sicherlich auch daraus resultierte, dass in vielen Betrieben Fernsehen Teil der gemeinsamen Freizeitgestaltung der einzelnen Arbeiterkollektive war. Briefe aus dem »Kollektiv der Fernsehzuschauer«[226] waren dementsprechend oft auch Kollektivbriefe. In ihnen wurde das gemeinsame Erlebnis des Fernsehens besonders betont: »Wir haben das Programm Sedmero přání zusammen mit unseren Genossen vom ČKD[227] angesehen [im Original »poslouchali jsme«, S. L.][228] und möchten Ihnen herzlich zu dieser Aufführung gratulieren.«[229]

Eine weitere Gruppe konstituierte sich um den materiellen Besitz eines Fernsehgerätes herum. Dabei spielte der Gedanke, aufgrund der hohen Anschaffungskosten und Gebühren besondere Ansprüche stellen zu können, eine zentrale Rolle:[230] »[O]der reichen die 15 Kronen, die wir Ihnen monatlich zahlen, nicht aus, damit Sie das Programm ganz zeigen?«[231] In einem anderen Brief heißt es: »Zuschauer! Zahlt fünfzehn Kronen und haltet den Schnabel« sei offenbar die Devise.[232] Manch einer ging sogar soweit, die Besitzer von Fernsehgeräten als die letztgültige Instanz anzusehen, die über die Qualität des Programmes urteilen konnte: »Wie [...] aus der berechtigten Kritik der Eigentümer von Fernsehern [...] ersichtlich ist, ist das Niveau des Fernsehprogrammes in der letzten Zeit gesunken [...].«[233]

Doch auch einzelne Zuschauer definierten sich als Teil einer größeren Gruppe mit gleichen Vorstellungen und Interessen: »Und so endete ein schöner Abend wirklich unschön«[234] schrieb eine Zuschauerin aus Prag in Bezug auf

---

[226] Brief eines Vertreters des Kollektivs der Fernsehzuschauer aus Kolín vom 8.8.1959 zur Sendung »Sedmero přání«. APF ČT, kart. 120, inf 587.

[227] Českomoravská Kolben-Daněk (Böhmisch-mährische Kolben-Daněk), ein Prager Hersteller von elektrischen Anlagen und Fahrzeugen.

[228] Noch bis in die 1960er Jahre hinein finden sich in vielen Briefen an das Fernsehen die Bezeichnungen *poslouchat* (hören) sowie *posluchač* (Hörer/Zuhörer). Diese werden von den Verfassern synonym zu »ansehen« (dívat se) und »Zuschauer« (divák) verwendet. Darin zeigt sich erneut die Tatsache, dass die Zuschauer unsicher im Umgang mit dem noch recht neuen Medium waren und die Begrifflichkeiten verwendeten, die ihnen vom Rundfunk bekannt waren. Ich werde der besseren Lesbarkeit halber hauptsächlich die Begriffe »Zuschauer« und »ansehen« verwenden und die entsprechenden Abweichungen in den Originalzitaten kenntlich machen.

[229] Brief von Josef K. vom 24.2.1959 zur Sendung »Sedmero přání«. APF ČT, kart. 120, inf 587.

[230] Vgl. *Franc/Knapík*: Volný čas v českých zemích, 402.

[231] Brief von Angestellten des Nationalunternehmens Transporta vom 3.9.1959 zur Sendung »Sejdeme se na Štvanici«. APF ČT, kart. 119, inf 583.

[232] Ohlas diváků na nedokončenou estrádu, Anonyme Zuschrift vom 27.8.1959 zur Sendung »Sejdeme se na Štvanici«. *Ebenda*.

[233] Brief von Vladimír M. vom 28.8.1959 zur Sendung »Sejdeme se na Štvanici«. *Ebenda*.

[234] Brief von Jiřina B. vom 27.8.1959 zur Sendung »Sejdeme se na Štvanici«. *Ebenda*.

eine vorzeitig abgebrochene Estrade mit dem Namen »Sejdeme se na Štvanici« (Treffen wir uns auf Štvanice):[235] »Das bestätigen ihnen die mehr als enttäuschten Zuschauer, wie ich einer bin.«[236] Auch wenn ein Zuschauer das gesendete Programm loben wollte, geschah dies oft als Teil einer größeren Gruppe: »Ich möchte mich hiermit in die unzählige Reihe der Fernsehzuschauer einreihen, die ihr Programm ›Sedmero přání‹ verfolgt, das derzeit leider selten gesendet wird.«[237] In einer weiteren Zuschrift hieß es: »Als einer von vielen Fernsehzuschauern möchte ich Ihnen gern für das Programm am Samstag danken.«[238]

In der immer wieder sichtbaren Konstruktion einer imaginären Interessengemeinschaft tritt eine Tatsache besonders hervor: Wenn eine Zuordnung zu einem wie auch immer definierten Kollektiv erfolgte, war dies mitnichten automatisch das von Partei und Regime beschworene »Kollektiv der Werktätigen«. Vielmehr erwuchs das Zugehörigkeitsgefühl zu einer solchen Gruppe aus der Wahrnehmung eines gemeinsamen Interesses heraus, das im Falle des Fernsehens der Wunsch nach einem unterhaltsamen Programm war. Das war selbstverständlich nicht gleichzusetzen mit der Ablehnung des »Kollektivs der Werktätigen«, deutet aber zumindest darauf hin, dass Gruppen- und Kollektivzuordnungen fluide waren und dass innerhalb des ideologisch konstruierten Kollektivs keine solchen gemeinsamen Interessen existierten, zumindest nicht – wie im speziellen Falle des Fernsehens – in der Ausprägung.

Die Zugehörigkeit zu einer größeren Interessengemeinschaft bedeutete hier aber auch, sich dazu ermächtigt zu sehen, die eigenen Wünsche und Ansprüche offensiv vorzutragen. Die Absender der entsprechenden Briefe gingen davon aus, dass ihre Meinung als stellvertretend für die vieler anderer anzusehen war. Besonders bei kritischen Zuschriften war dies von Bedeutung, da die Verfasser dabei zumindest imaginär eine große Gruppe mit den vermeintlich gleichen Interessen und Wünschen hinter sich konstruierten, was ihrem Anliegen eine größere Geltung verschaffen sollte.

Aus dem gemeinsamen Anschauen des Fernsehprogramms war bei den Briefeschreibern somit offenbar ein Bewusstsein dafür erwachsen, einer größeren Gruppe von Fernsehzuschauern anzugehören, die eine gemeinsame Vorstellung davon hatte, wie das Programm aussehen sollte. Dies war ein wichtiger Aspekt für die Position des Einzelnen innerhalb des sozialistischen Systems, auch über den konkreten Fall des Fernsehens hinaus: denn die Ermächtigung und Ermutigung, die daraus resultierte, konnte die Betroffenen auch darin

---

[235] Štvanice ist eine Moldauinsel in Prag.
[236] Brief von Jiřina B. (s. Anm. 234).
[237] Brief von Hana S. vom 7.7.1959 zur Sendung »Sejdeme se na Štvanici«. APF ČT, kart. 120, inf 587.
[238] Brief von Olina F. vom 19.7.1959 zur Sendung »Loď splněných přání« (Das Schiff der erfüllten Wünsche). *Ebenda.*

bestärken, ihre Interessen der Kommunistischen Partei und der tschechoslowakischen Regierung gegenüber durchzusetzen. Bereits der Umgang mit der Wohnungsproblematik hat gezeigt, dass sich viele als Träger bestimmter Rechte wähnten. Das Bewusstsein, einer Interessengemeinschaft anzugehören, konnte die Vehemenz, mit der diese Rechte eingefordert wurden, zusätzlich fördern.

Arbeit, Freizeit, Selbstverwirklichung

Wie sahen nun aber die genauen Vorstellungen von einem gelungenen Fernsehprogramm aus? In den Augen vieler Zuschauer sollte es vor allem aus Unterhaltungssendungen bestehen, damit sie sich nach getaner Arbeit erholen konnten. Solche Forderungen sagen aber nicht nur etwas über die Erwartungen an das Fernsehprogramm aus, sondern auch über die Freizeitgestaltung »neuer Menschen« und ihr Verhältnis zur Arbeit generell.

Freizeit hatte sich im Verlauf der fünfziger Jahre zu einem wichtigen Bestandteil des gesellschaftlichen Lebens in der Tschechoslowakei entwickelt. Vom Regime anfangs noch eher als ein notwendiges Übel angesehen, das in Kauf genommen werden musste, um die Arbeitsleistung des Einzelnen zu erhöhen, wurde sie mit der Zeit zu einer legitimen Form der Selbstverwirklichung. So wurde im Rahmen der Bestrebungen zur Verbesserung des Lebensstandards im Zusammenhang mit dem »Neuen Kurs« die Wochenarbeitszeit von 48 auf 46 Stunden gesenkt, damit die Individuen in ihrer freien Zeit Kraft für weitere Arbeit schöpfen und mit Hilfe kultureller Angebote ihren Charakter als »neue Menschen« ausbilden sollten.[239]

Als höchste Form der Betätigung sollte zwar weiterhin Arbeit gelten und wer seine gesamte Zeit den gesellschaftlichen Aufgaben widmete, konnte besonderes soziales Ansehen erlangen. Durch die Anerkennung von Freizeit als Form der Selbstverwirklichung – zumindest, wenn sie kollektiv verbracht wurde sowie der Bildung und Erziehung diente – eröffneten sich allerdings Möglichkeiten, das nie wirklich eindeutige Verhältnis zwischen diesen beiden Aspekten individuell zu deuten.

Das Fernsehen wurde als individuelle Form der Freizeitgestaltung vom Regime lange Zeit skeptisch gesehen, auch wenn man sich des Potenzials des Mediums durchaus bewusst war. Da bis 1970 nur ein TV-Kanal existierte und alle Zuschauer daher dasselbe Programm verfolgten, konnte die Freizeit der Bevölkerung über das Fernsehen beeinflusst werden.[240] Eigentlich sollten aber eher deren kollektive und organisierte Ausgestaltung in Kulturzentren und ähnlichen Einrichtungen gefördert werden. Individuelle Aktivitäten galten als

---

[239] Vgl. *Franc/Knapík*: Volný čas v českých zemích, 403.
[240] Vgl. *Bren*: The Greengrocer and His TV, 8.

»bourgeoise Überbleibsel«,[241] ebenso wie Vereinsaktivitäten, die außerhalb staatlicher Kontrolle lagen.[242]

Um das Fernsehen dennoch als Erziehungsmittel für den »neuen Menschen« nutzen zu können, versuchten die Verantwortlichen, einen Schwerpunkt auf Bildungsformate wie die »Fernsehuniversität«, Sprachkurse und Dokumentationen zu legen. Pädagogische Inhalte sollten Vorrang vor fiktionalen erhalten und das gesamte Programm der Erziehung der Zuschauer dienen. Fiktionale Formate waren vor allem Übertragungen europäischer Theaterklassiker und moralisierende Fernsehspiele, die gesellschaftliches Engagement fördern und die Zuschauer mit der europäischen Hochkultur vertraut machen sollten.[243]

Anders als beim Radio wollten viele Zuschauer von einem erzieherischen Programm sowie vorgegebenen Verhaltensmustern und Geschmackspräferenzen allerdings nichts wissen. Einige wiesen diese Bestrebungen sogar ausdrücklich zurück, wie aus dem Antwortschreiben des Fernsehens an einen Zuschauer aus dem mährisch-schlesischen Místek hervorgeht. Dieser hatte anscheinend in einem Brief, der leider nicht mehr erhalten ist, Kritik an der Sendung »Jak se vám líbí?« (Wie gefällt es Ihnen?) geäußert, die anstelle einer eigentlich geplanten Unterhaltungssendung gesendet worden war. Im Verlauf der Sendung hatte es laut Antwortschreiben des Fernsehens den Hinweis gegeben, »dass es besser ist, aus schönen Gläsern zu trinken, als aus Senfgläsern«.[244] Auf diesen Hinweis hatten viele Zuschauer reagiert, unter ihnen auch der Empfänger des Antwortschreibens: »Einige Zuschauer haben uns darauf hingewiesen und pikiert erklärt, dass sie trinken können, woraus sie wollen.«[245]

Die Zurückweisung der erzieherisch-kulturellen Dimension des Fernsehprogramms betraf allerdings nicht alle Zuschriften. Einige Zuschauer setzten sich durchaus mit dem kulturellen Niveau des Programms auseinander und maßen es an den Beschlüssen der Partei: »[D]ie verantwortlichen Funktionäre [...] erfüllen so nicht den Beschluss zur *kulturellen Revolution.*«[246]

Solche negativen Äußerungen bildeten aber die Ausnahme. Selbst die Mitarbeiter größerer Industriebetriebe wie der Vereinigten Pharmaziewerke, die sich mit der kulturellen Dimension des Programmes befassten (»Wenn wir davon ausgehen, dass unsere Kultur spitze ist«),[247] zeigten sich verwundert. Immer noch würden Inhalte gesendet, »die nicht die Entspannung der Menschen

---

[241] *Franc/Knapík*: »Getting Around to the Human Being in the Next Quarter«, 83.
[242] Vgl. *ebenda* 77–88 sowie *dies.*: Volný čas v českých zemích, 110–119.
[243] Vgl. *Imre*: TV Socialism, 33.
[244] Antwort von Dr. J. Khun, Mitarbeiter des Tschechoslowakischen Fernsehens, auf eine Zuschaueranfrage zur Sendung »Sejdeme se na Štvanici« (undatiert). APF ČT, kart. 119, inf 583.
[245] *Ebenda*.
[246] Brief der Angestellten der Projektabteilung der Vereinigten Pharmaziewerke (Sdružení podniků pro zdravotnickou výrobu, SPOFA) vom 27.8.1959 zur Sendung »Sejdeme se na Štvanici«. APF ČT, kart. 119, inf 583 (Hervorhebung im Original).
[247] Siehe Anm. 246.

nach der Arbeit gewährleisten können [...]«,[248] obwohl es doch entsprechendes Material in Theater und Film gebe. Ähnlich ging es den Mitarbeitern des Nationalunternehmens Transporta aus der Nähe von Pardubice: »Wir verstehen, dass die Menschen unterschiedliche Vorlieben haben und sie allen entsprechen wollen, aber versuchen sie nicht, uns davon zu überzeugen, dass sich die Menschen nach der Arbeit nicht gern amüsieren wollen.«[249]

Ähnliche Ansichten formulierten auch andere Zuschauer sehr deutlich. Sie versuchten dabei nicht einmal, diese zumindest ansatzweise als Wunsch nach einem Bildungsprogramm aussehen zu lassen:

Ich denke, dass das Fernsehen zum Vergnügen da ist, deswegen bitte ich im Namen der Mehrheit der Fernsehzuschauer, mehr Unterhaltung (und weniger über Arbeit) ins Fernsehen aufzunehmen, mehr solche Programme wie am Samstag, dann wird auch unsere Zufriedenheit größer sein.[250]

Andere wiederum meinten, bereits sechs Jahre nach Sendestart eine Tradition des Fernsehens ausgemacht zu haben: »Wir glauben, dass das Fernsehen seine [...] Tradition der fröhlichen Unterhaltung erneuern wird.«[251]

Die Forderungen nach mehr Unterhaltung im Fernsehen zeigen, wie sich bei vielen Zuschauern die Wertigkeit von Arbeit und Freizeit verschoben hatte. Anders, als es die sozialistische Ideologie eigentlich vorgab, war Arbeit vielfach nicht mehr der zentrale Lebensinhalt, sondern eher ein Mittel zum Zweck, das einen angemessenen Lebensstandard ermöglichte. Freizeit wiederum wurde für die Menschen zunehmend wichtiger – auch, um einen Ausgleich zur harten Arbeit zu haben. Dementsprechend lobte ein Zuschauer aus der Nähe von Liberec das Fernsehprogramm: »Es handelt sich vornehmlich um ein wirklich unterhaltsames Programm, das die Werktätigen nach der ganztägigen Arbeit erfrischen und auf andere Gedanken bringen soll.«[252]

Besonders offensichtlich wird diese Bedeutungsverschiebung im Brief einer Familie aus Rumburk nahe der sächsisch-tschechischen Grenze. Sie beklagte, dass eine für zwei Stunden angekündigte Estrade nach einer Stunde abgebrochen worden war: »Doch der Arbeitstag verfliegt besser, wenn wir wissen, dass uns am Abend ein schönes Programm entlohnt und daher wunder dich nicht über unsere Verbitterung, wenn du uns diese Hoffnung so manches Mal verdirbst.«[253] Für die Verfasser war ihre Arbeit also – die konkrete Tätigkeit geht aus dem Brief leider nicht hervor – nur eine notwendige

---

[248] *Ebenda.*
[249] Brief von Angestellten des Nationalunternehmens Transporta vom 3.9.1959 zur Sendung »Sejdeme se na Štvanici«. *Ebenda.*
[250] Brief von Olina F. vom 19.7.1959 zur Sendung »Loď splněných přání«. APF ČT, kart. 120, inf 584.
[251] Brief von Helena K. vom 21.7.1959 zur Sendung »Loď splněných přání«. *Ebenda.*
[252] Brief von Stanislav S. vom 27.8.1959 zur Sendung »Sejdeme se na Štvanici«. APF ČT, kart. 119, inf 583.
[253] Brief von Familie P. 27.8.1959 zur Sendung »Sejdeme se na Štvanici«. *Ebenda.*

Beschäftigung, der sie nachgehen mussten, um sich Dinge wie einen Fernseher leisten zu können.

Wie bereits am Beispiel der Wohnungsfrage gezeigt werden konnte, hatte sich die Bedeutung von Arbeit in der Wahrnehmung vieler Briefeschreiber also merklich verschoben. Den ganzen Tag zu arbeiten wurde immer weniger als sinnstiftend angesehen. Im sozialistischen Wertesystem war dies eine bedeutsame Veränderung, da Arbeit eigentlich der wichtigste Motor der gesellschaftlichen Entwicklung war und eine der zentralen Tätigkeiten, mit der ein »neuer Mensch« Teil der Gesellschaft werden konnte.

Für die Individuen selbst war dies aber immer weniger relevant. Sie sahen den Sozialismus mehr und mehr als ein System, das ihnen einen gewissen Wohlstand ermöglichte und innerhalb dessen sie sich auf vielfältige Art und Weise verwirklichen konnten. Daher kann die Abwendung von Arbeit als der wichtigsten gesellschaftlichen Tätigkeit auch nicht als eine Abwendung vom sozialistischen Wertesystem an sich angesehen werden. Vor allem nicht, da selbst die Arbeiterkollektive größerer Betriebe diese Ansicht ganz selbstverständlich vertraten. Vielmehr konnte die Möglichkeit, dieses Wertesystem individuell deuten zu können, die Legitimität des Systems sogar steigern, da es somit mehr Menschen eine sinnhafte Perspektive bieten konnte, ohne dass diese sich mit allen sozialistischen Werten identifizieren mussten.

Eine nicht unwichtige Rolle spielte dabei sicherlich auch hier der allgemein gestiegene Lebensstandard in der Tschechoslowakei. Das höhere Einkommen vieler Arbeiter – und davon war der Besitz eines Fernsehgerätes ein Ausdruck – führte dazu, dass sie nicht mehr so viel arbeiten mussten, um ihnen angemessen erscheinende Lebensbedingungen zu erreichen. Ermöglicht hatte dies eben der Sozialismus, weswegen viele auch dem System an sich weiterhin loyal gegenüberstanden.

Das Fernsehprogramm als Aushandlungsfeld

Das Programm des Tschechoslowakischen Fernsehens wurde mit der zunehmenden Bedeutung des Mediums in der zweiten Hälfte der fünfziger Jahre immer mehr zu einem wichtigen Verhandlungsfeld möglicher Deutungen des sozialistischen Werte- und Ordnungssystems. Der schwierige Spagat zwischen der notwendigen Rolle von Individuen für die Vermittlung von Inhalten im Fernsehen und der Gefahr, neue Formen des »Personenkults« zu fördern, öffnete den Raum für individuelle, von offiziellen Leitlinien abweichende Interpretationen. Diese waren für die Legitimität des Sozialismus als kulturelle Ordnung aber wiederum von entscheidender Bedeutung.

Eine wichtige Erkenntnis ist dabei, dass viele Zuschauer sich nicht dauerhaft den Wünschen und Erfordernissen des Kollektivs unterordnen, sondern als Individuen mit besonderen Eigenschaften wahrgenommen werden wollten. Sie ignorierten weitgehend die Versuche der Programmgestalter, ein kollektiv bildendes Programm zu kreieren, das den Ansprüchen einer »höheren

Kunst«[254] gerecht werden sollte. Stattdessen forderten sie, beispielsweise als Sänger, Schauspieler oder Rezitator sichtbar zu werden. Gleichzeitig sahen sie sich mit ihren Forderungen nach einem besseren Unterhaltungsprogramm als Teil einer größeren Gruppe, was sie darin bestärkte, diese Anliegen durchsetzen zu wollen. Dabei zeigten die Zuschauer, dass sie eine ganz bestimmte Idee davon hatten, was der Sozialismus – hier in Form des Fernsehens – ihnen bieten sollte. Dass diese Vorstellung von dem abwich, was das Regime eigentlich erreichen wollte, schien dabei keine Rolle zu spielen, vielmehr hielten sie sich für berechtigt, diese Ansichten einfordern zu können.

Zu dieser Vorstellung gehörte besonders die Anerkennung von Freizeit als Form der Selbstverwirklichung, womit eine Umdeutung von Arbeit einherging. Statt in letzterer eine Möglichkeit der sinnhaften Verortung innerhalb der Gesellschaft zu sehen, wurde Arbeit mehr und mehr zu einer notwendigen Tätigkeit, der man nachging, um anschließend fernsehen zu können. Dass das Regime diese Deutung offensichtlich zuließ oder zumindest duldete, konnte aber wiederum die Legitimität des Sozialismus in der Bevölkerung steigern und somit auch die Herrschaft der Partei stabilisieren.

Die sozialistische Vision der Moderne, die das Fernsehen abbildete, war also von den Zuschauern auf ihre ganz eigene Weise umgedeutet worden. Sie versprach ihnen eine ihren Bedürfnissen angepasste Freizeitgestaltung sowie ein bisschen Ruhm und Anerkennung. Auch wenn sie dabei zentrale Elemente des sozialistischen Systems infrage stellten, wurde die Legitimität des Regimes damit nicht untergraben, sondern der Glaube darin, dass der Sozialismus ihnen eine bessere Zukunft bringen würde, sogar noch gestärkt. Nur dass dies eben nicht die Zukunft war, die sich das Regime vorgestellt hatte.

3. Zwischenfazit

Die großen politischen Umwälzungen in der Tschechoslowakei blieben 1956 und in den Jahren danach weitgehend aus. Dennoch waren die Jahre nach der »Geheimrede« von einer Reihe wichtiger Entwicklungen geprägt. Sie wurden teilweise von der Rede selbst angestoßen, teilweise stellten sie aber auch eine Fortsetzung von Prozessen dar, die ihren Ursprung bereits in den frühen fünfziger Jahren hatten. Diese Entwicklungen führten zwar einerseits dazu, dass das politische Regime und seine Institutionen – mit Ausnahme der KSČ und dem Präsidenten der Republik – das Vertrauen großer Bevölkerungsteile verloren, der Sozialismus als Wertesystem und kulturelle Ordnung aber wiederum an Legitimität gewinnen konnte.

Entscheidend dafür war, dass innerhalb der Partei, aber auch in der gesamten Öffentlichkeit, eine neue Diskussionskultur etabliert worden war. Diese ermöglichte es den Menschen, ihre Sorgen, Nöte und Probleme zu äußern, ohne

---

[254] *Franc/Knapík*: Volný čas v českých zemích, 125.

dabei sofort mit Repressionen rechnen zu müssen. Das ermutigte viele nicht nur, auf die unterschiedlichen Notsituationen aufmerksam zu machen, in denen sie sich befanden, sondern auch, eine Lösung dieser Probleme einzufordern. Mit Maßnahmen, die den Lebensstandard der Bevölkerung anheben sollten, hatte das Regime den einzelnen Bürger in den Mittelpunkt seiner Bemühungen gestellt. So hatte es ihm das Gefühl gegeben, auf Grundlage seiner Verdienste die Umsetzung der versprochenen Verbesserungen selbstbewusst einfordern zu können.

Für das einzelne Mitglied der sozialistischen Gesellschaft hatte das weitreichende Folgen. Insbesondere Beschlüsse wie das »Gesetz zur Verwaltung von Wohnungen« gaben ihm ein Instrument an die Hand. Mit dessen Hilfe bekam es zumindest das Gefühl, an seiner eigenen Situation aktiv etwas verändern zu können. Indem es sich die Eigenschaften des »neuen Menschen« wie Arbeit oder andere Verdienste für die Gesellschaft aneignete, schrieb es sich in diese Gesellschaft ein und wurde so – zumindest der Interpretation vieler Individuen zufolge – Träger der damit verbundenen Rechte, deren Einhaltung sich das Regime und vor allem die KSČ verschrieben hatte. Dadurch wurde es schließlich auch zu einem sozialistischen Subjekt, das vermeintlich die Fähigkeit erworben hatte, autonom und selbstbestimmt handeln zu können.

Vermeintlich geschah dies deshalb, weil der Betreffende zwar glaubte, nun über die entsprechenden Instrumente zur Durchsetzung seiner Rechte zu verfügen, der Einsatz dieser Instrumente aber oft nichts veränderte. Die Wohnungssituation blieb auch am Ende der fünfziger Jahre prekär. Daher war es in vielen Fällen vor allem nur das Gefühl, dass nun endlich Gerechtigkeit herrschen und jeder entsprechend seiner Leistung für den sozialistischen Aufbau bewertet werden würde, was über die tatsächliche Notlage hinwegtrösten konnte. Hierbei spielte sicherlich auch eine Rolle, dass sozialistische Plansiedlungen wie Nová Ostrava zumindest einen Ausblick auf die sozialistische Zukunft bieten konnten, auch wenn dort die Lebensverhältnisse weit davon entfernt waren, »anständige[s] Wohnen in einem fortschrittlichen sozialistischen Staat«[255] zu ermöglichen.

Die Bemühungen des Regimes um einen besseren Lebensstandard waren allerdings nicht vollständig erfolglos. Preissenkungen und ein gestiegenes Einkommen sorgten dafür, dass viele Arbeiter über mehr Geld verfügten, das sie wiederum beispielsweise für die Anschaffung eines Fernsehgerätes ausgeben konnten. Damit sank aber gleichzeitig ihre Bereitschaft, über ein für sie normales Maß hinaus zu arbeiten und die versprochene bessere Zukunft damit selbst herbeizuführen. Arbeit wurde so zunehmend zu einem Instrument, mit dem die eigene Lebenssituation verbessert und der Anspruch auf eine Wohnung oder ein unterhaltsames Fernsehprogramm begründet werden konnte.

---

[255] Brief von František T. an den Bezirksnationalausschuss Ostrava II. vom 4.2.1957. ZAO, fond KNV Ostrava II, MH, sign. 60.

Diese Entwicklung kann als eine Fortsetzung der Tendenzen angesehen werden, die sich bereits im Zusammenhang mit dem »Neuen Kurs« seit 1953 gezeigt hatten. Arbeit blieb dabei zwar weiterhin ein wichtiger Bestandteil ideologisch basierter Identitätsmuster, aber nicht mehr unbedingt als Form der Selbstverwirklichung im sozialistischen Sinne.

Diese Umdeutung war die radikalste Veränderung innerhalb der sozialistischen Subjektkultur in dieser Zeit. Sie stellte die Grundlage des vorherrschenden Wertesystems und damit auch die gesellschaftliche Entwicklung in der Tschechoslowakei infrage. Der sozialistische Aufbau, zu dem viele auch noch nach der Währungsreform beitragen wollten, verschwand als Bezugspunkt fast gänzlich und war nur noch als Begründung für den eigenen Anspruch relevant. Vielfach rückten individuelle Wünsche und Bedürfnisse stärker in den Mittelpunkt, was darauf hindeutet, dass die entsprechenden kollektiven Werte nicht immer in der von der Führung erstrebten Form von Bedeutung gewesen waren.

Paradoxerweise war es aber ebendiese individuelle Umdeutung sozialistischer Grundbegriffe, die dafür sorgte, dass sich die betreffenden Personen eben nicht vom Sozialismus abwandten. Sie machten zwar vielfach deutlich, dass sie die Institutionen des Regimes nicht mehr dazu in der Lage sahen, mit den vorhandenen Problemen umzugehen und damit einen Sozialismus zu vertreten, der sich an den Bedürfnissen der Menschen orientierte. Gleichzeitig hatte aber ebenjenes Regime die Petenten und Beschwerdeführer darin bestärkt, ihre Rechte konsequent einzufordern. Dies führte dazu, dass auch von offiziellen Leitlinien abweichende Deutungen selbstverständlich und offensiv vorgetragen wurden. Im Unterschied zu den Beschwerden und Eingaben aus den frühen fünfziger Jahren zeigte sich dabei ein zunehmendes Selbstbewusstsein der Verfasser. Diese waren sich sicher, dass ihre Deutung der Situation korrekt war, und forderten dementsprechend von den Empfängern eine Anerkennung ihrer Sichtweise, statt nur um Bestätigung zu bitten. Zustimmung zum System musste also nicht mit einer unhinterfragten Übernahme aller Parteibeschlüsse einhergehen, sondern konnte umgekehrt gar eine kritische Auseinandersetzung damit überhaupt erst fördern.

Die dabei präsentierten individuellen Deutungen wurden von den zuständigen Funktionären zwar nicht immer bestätigt, aber oftmals auch nicht vollständig zurückgewiesen. Das bestärkte die Verfasser wiederum in der Ansicht, den Sozialismus weiterhin auf ihre Weise auslegen zu können. Dies galt insbesondere für die Ansicht, Arbeit sei lediglich ein notwendiges Übel, das der Erlangung eines bestimmten Lebensstandards dienen sollte. Aber auch die vom Regime präsentierten Feindbilder wurden von den Betroffenen individuell umgedeutet, um zum Beispiel ihren Anspruch auf Wohnraum gegen Mitbewerber durchzusetzen. Die Möglichkeit, die ideologischen Leitlinien individuell auszulegen, hatte wiederum bei vielen Menschen ein Zugehörigkeitsgefühl zur sozialistischen Gesellschaft zur Folge. Diese Zugehörigkeit versprach nicht nur – zumindest in Maßen – materiellen Wohlstand, sondern auch unterschiedliche Formen der Selbstverwirklichung.

Mit der Ermächtigung seiner Bürger sorgte das sozialistische Regime somit zwar dafür, dass die Probleme im Land an vielen Stellen noch klarer hervortraten, weil viele Petenten deren Behebung zunehmend vehement einforderten. Gleichzeitig führte dies aber zu einer stärkeren Artikulation individueller Deutungen, die von den jeweils zuständigen Funktionären zumindest geduldet wurde. Auf diese Weise konnte zumindest die kulturelle Ordnung des Sozialismus zusätzliche Legitimität gewinnen – auch wenn das Regime nicht mehr in der Lage zu sein schien, diese im Sinne seiner Bürger umzusetzen.

III. INDIVIDUELLE WÜNSCHE NACH EINEM NEUEN SOZIALISMUS (1960–1963)

1. Sozialistische Bürger in einer sozialistischen Gesellschaft

Zwischen dem XI. und XII. Kongress kam es zu einem historischen Ereignis im Leben unseres Volkes, im Leben unserer Partei. Es hat sich unser großes Ziel erfüllt: In unserer Republik hat die sozialistische Ordnung gesiegt. Dadurch wurde ein neuer Weg eröffnet, der Weg zur vollen Durchsetzung aller Formen des sozialistischen Lebens in unserem Land im Geiste des Marxismus-Leninismus.[1]

Der 11. Juli 1960 war aus Sicht der KSČ ein Meilenstein für die Tschechoslowakei auf dem Weg in eine bessere Zukunft. Denn an diesem Tag trat die »Verfassung der Tschechoslowakischen Sozialistischen Republik« (Ústava Československé socialistické republiky, kurz auch: Socialistická ústava – Sozialistische Verfassung) in Kraft. Diese änderte nicht nur die Bezeichnung des Staates – aus der ČSR wurde die ČSSR. Die KSČ konnte nun auch von sich behaupten, als erste Partei im gesamten sowjetischen Einflussbereich die Gesellschaft auf die nächste Entwicklungsstufe des historischen Materialismus geführt zu haben: in die sozialistische Gesellschaft. Die neue Verfassung sei eine sozialistische, verkündete der Erste Sekretär der Partei Antonín Novotný, seit 1957 auch Staatspräsident, in seinem Referat auf der gesamtstaatlichen Konferenz der KSČ im Juli 1960: »[Mit] ihrem ganzen Inhalt verkörpert [die Verfassung] eine historische Tatsache – den Sieg der sozialistischen Ordnung in unserem Vaterland.«[2]

Der 11. Juli 1960 war somit ein Datum, das die Richtigkeit und vor allem die Unumkehrbarkeit des kommunistischen Narrativs und Geschichtsmodells theoretisch bewiesen hatte, und die KSČ beanspruchte entsprechend für sich, der entscheidende Akteur in diesem Prozess gewesen zu sein.[3] Dieser Anspruch war auch nicht völlig aus der Luft gegriffen, denn trotz aller Krisenentwicklungen der vorherigen Jahre – der Währungsreform, dem Jahr 1956 und

---

[1] Zpráva ústředního výboru XII. sjezdu KSČ o činnosti strany a o hlavních směrech dalšího rozvoje naší socialistické společnosti [Bericht des Zentralkomitees auf dem XII. Kongress der KSČ über die Tätigkeit der Partei und über die wichtigsten Pläne für die weitere Entwicklung unserer sozialistischen Gesellschaft]. Rudé právo vom 7.12.1962, 1.

[2] Za další rozkvět Československé socialistické republiky. Referát soudruha Antonína Novotného na celostátní konferenci KSČ [Zur weiteren Blüte der Tschechoslowakischen Sozialistischen Republik. Referat des Genossen Antonín Novotný auf der gesamtstaatlichen Konferenz der KSČ]. Rudé právo vom 6.7.1960, 1–3, hier 1.

[3] So stellte es die Parteipresse zu verschiedenen Anlässen dar. Siehe u. a. Se stranou v čele k dalším vítězstvím [Mit der Partei an der Spitze zu einem weiteren Sieg]. Rudé právo vom 5.7.1960, 1 und Za další rozkvět, 2.

der Diskussion um die Legitimität kommunistischer Herrschaft – lässt sich für viele Bereiche des öffentlichen Lebens in den späten fünfziger Jahren durchaus eine positive Entwicklung konstatieren. Sie brachte eine Zunahme an Rechten und Privilegien für den einzelnen Bürger mit sich.

In der geschichtswissenschaftlichen Literatur findet der 11. Juli allerdings höchstens als Fußnote oder Randnotiz über sozialistische Propaganda Beachtung.[4] Die Frage, was es für die Menschen bedeutete, zumindest auf dem Papier in einer sozialistischen Gesellschaft zu leben, wird gar nicht erst gestellt. Im Narrativ der zunehmenden Liberalisierung der tschechoslowakischen Gesellschaft in den frühen sechziger Jahren und der Diskussion um die Entfremdung sozialistischer Subjekte vom Staat auf der Kafka-Konferenz von Liblice 1963[5] scheint kein Platz zu sein für eine von ideologischen Phrasen dominierte Verfassung, die einen Zustand festschreiben sollte, der nach Ansicht vieler Historiker sowieso keine Entsprechung in der Realität haben konnte.

War die sozialistische Verfassung also überhaupt das Papier wert, auf dem sie gedruckt wurde? Das Problem an der geschilderten Sichtweise ist, dass der Prager Frühling im Sommer 1961 für die Bevölkerung natürlich noch nicht absehbar gewesen war.[6] Noch wirkte der Aufschwung der fünfziger Jahre nach, erst im Verlauf des Jahres 1962 sollte sich das ganze Ausmaß der wirtschaftlichen Fehlentwicklungen zeigen.[7] Um die Bedeutung der sozialistischen Verfassung – vor allem für das individuelle, tägliche Leben – verstehen zu können, ist somit eine Einordnung in den historischen Kontext unabdingbar, die an

---

[4] So widmet unter anderem Kevin McDermott in seiner »political and social history« der Tschechoslowakei der Verfassung genau einen Satz in der Einleitung zu seinem Kapitel »Social Crisis and the Limits of Reform, 1953–67«, das die frühen sechziger Jahre wie so viele andere Arbeiten als Vorgeschichte des Prager Frühlings deutet. Siehe *McDermott*: Communist Czechoslovakia, 91 f. Ähnlich wie Karel Kaplan deutet McDermott an, dass die Zeit zwischen 1953 und 1967 oftmals als *quiet era* bezeichnet wird. Kaplan geht allerdings noch weiter und spricht von einer »ausdruckslosen, [...] beinahe grauen Zeit«. Beide revidieren ihre Ansichten allerdings zumindest teilweise und stellen wichtige Entwicklungen der Zeit heraus, wenn auch immer im Hinblick auf den Prager Frühling. Vgl. *Kaplan*: Československo v letech 1953–1966, 83.

[5] Siehe dazu aktuell *Schulze Wessel*: Der Prager Frühling, 57–67 sowie *Bahr*: Kafka und der Prager Frühling und *Stromšík*: Kafka aus Prager Sicht.

[6] So bezeichnet zum Beispiel der tschechische Exil-Historiker Karel Kaplan die frühen sechziger Jahre als die »Wurzeln der tschechoslowakischen Reform« (Kořeny československé reformy) und beurteilt die Zeit damit offensichtlich aus der Perspektive eines Historikers, der den Ausgang der Ereignisse rückblickend kennt. Siehe *Kaplan*: Československo v letech 1953–1966, 83–88.

[7] Dies zeigte sich insbesondere in den erstmals seit 1953 wieder steigenden Lebenshaltungskosten. Siehe dazu *McDermott*: Communist Czechoslovakia, 91 und 106; *Průcha*, Václav u. a.: Hospodářské a sociální dějiny Československa 1918–1992. 2. díl: Období 1945–1992 [Wirtschafts- und Sozialgeschichte der Tschechoslowakei 1918–1992. 2. Teil: Zeitraum 1945–1992]. Brno 2009, 316.

III. Individuelle Wünsche

dieser Stelle vorgenommen werden soll. Im Mittelpunkt steht dabei die Rezeption der Reform und ihre Bedeutung für die Kommunikation mit den Vertretern des Regimes.

Die vorherigen Kapitel haben gezeigt, dass die Ankündigungen der Führung, die gesellschaftlichen Anstrengungen für den Aufbau der sozialistischen Gesellschaft im Staat verwenden zu wollen, durchaus auf breite Resonanz gestoßen waren. Die sozialistische Verfassung sollte nun als Bestätigung dafür angesehen werden, dass diese Anstrengungen erfolgreich gewesen seien. Gemeinsam mit den Umdeutungen, die das kommunistische Narrativ in der zweiten Hälfte der fünfziger Jahre erfahren hatte, ließ sie das sozialistische Projekt für immer mehr Menschen als eine Möglichkeit erscheinen, materiellen Wohlstand und individuelle Selbstverwirklichung zu erreichen.

Der 11. Juli 1960 war zudem eine wichtige Bestätigung für diejenigen, deren Identitätsentwürfe auf dem Glauben an die Partei und die Entwicklung der sozialistischen Gesellschaftsordnung beruhten. Die Verfassung konnte als Beweis dafür angesehen werden, dass man das Richtige getan hatte, als man sich dem Aufbau der neuen Gesellschaft verschrieben hatte. Zumindest laut der KSČ war man dem versprochenen besseren Leben, das auch die freie Entfaltung der eigenen Persönlichkeit versprach, wieder ein Stück nähergekommen: Jeder werktätige Mensch habe die Sicherheit, »dass es morgen schon besser ist als heute, dass sein Lebensstandard weiter wachsen wird, dass die Arbeitszeit gekürzt wird, dass er imstande ist, seine Fähigkeiten und Begabungen zur Geltung zu bringen«,[8] hieß es entsprechend in der Parteipresse. Mit der Definition von Rechten, Pflichten und Freiheiten sozialistischer Bürger zeigte die Verfassung zudem klar auf, wie man ein Teil dieses besseren Morgens bleiben oder auch werden konnte[9] und präsentierte mit dem »sozialistischen Bürger« erstmals ein eindeutiges Vorbild gelungener Subjektivität.

Allerdings schrieb sie dabei keinen unverrückbaren Status quo fest, sondern schuf vor allem eine Perspektive für all diejenigen, die sich in das kommunistische Narrativ einschreiben und an der Erreichung des neuen Ziels, der kommunistischen Gesellschaft, mitwirken wollten: »Wie schon auf der letzten Sitzung des Zentralkomitees gesagt wurde, bestärkt und verankert der Entwurf der neuen Verfassung nicht nur den Zustand, den unsere Gesellschaft erreicht hat, sondern zeichnet gleichzeitig den Weg der weiteren Entwicklung von Staat und Gesellschaft vor.«[10]

In der Parteipresse zeigt sich in diesem Zusammenhang deutlich das Bemühen, die Bevölkerung in diesen Prozess einzubeziehen. »Die Zukunft ist in unseren Händen«, schrieb die Rudé právo am 11. Juli 1960 und betonte in ihrem Leitartikel vor allem die Wichtigkeit einer höheren Arbeitsproduktivität,

---

[8] Budoucnost je v našich rukou [Die Zukunft liegt in unseren Händen]. Rudé právo vom 11.7.1960, 1.
[9] Za další rozkvět, 2.
[10] Ebenda.

die eine »Steigerung des materiellen und kulturellen Niveaus der Bevölkerung« bedeuten würde.[11] Damit bediente sich die Partei einer ähnlichen Argumentation wie schon im Zusammenhang mit dem »Neuen Kurs« von 1953 und versuchte, dem Einzelnen eine Perspektive aufzuzeigen, wie er selbst aktiv zu einer Verbesserung seines Lebensalltages beitragen konnte.

Als das entscheidende Instrument, das die Rahmenbedingungen für diese Tätigkeiten und den damit verbundenen »schrittweisen Übergang zum Kommunismus« festlegen sollte, wurde bereits im Zusammenhang mit der Verfassung der dritte Fünfjahresplan genannt, den die Nationalversammlung am 17. Dezember 1960 beschloss.[12] Allerdings wurde dieser schon zwei Jahre später wieder aufgehoben, da sich seine Nichterfüllung bereits klar abzeichnete.[13] Dem Anstieg der Arbeitsproduktivität wurde darin eine »außerordentliche Bedeutung« zugewiesen, weil damit auch das materielle und kulturelle Niveau der Bevölkerung zunehmen würde, besonders durch ein wachsendes Arbeitseinkommen. Mit dieser Betonung versuchte man recht offensichtlich, »die Werktätigen für die Steigerung der Produktion zu interessieren« und so einen Anreiz für weitere Arbeitsanstrengungen zu schaffen.[14] Deutlicher noch als mit dem »Neuen Kurs« wurde den Arbeitern dabei die Möglichkeit eröffnet, im sozialistischen Projekt eine Chance zu sehen, den eigenen Lebensstandard verbessern zu können.

Im Vergleich zu den frühen fünfziger Jahren lässt sich bei der Formulierung der übergeordneten Ziele dieser Maßnahmen eine deutlich gemäßigtere Rhetorik beobachten. Die Errichtung einer kommunistischen Gesellschaft, die im Sinne des historischen Materialismus zwangsläufig die nächste Entwicklungsstufe sein musste, erschien zwar am Horizont und wurde entsprechend als Fernziel formuliert.[15] Sie war aber längst nicht so abstrakt wie noch im vorherigen Jahrzehnt. Vielmehr wurde ihr Prozesscharakter betont, dessen erster

---

[11] Budoucnost je v našich rukou, 1.
[12] Referát soudruha Otakara Šimůnka k třetí pětiletce na celostátní konferenci KSČ. Plán rozvoje vyspělé socialistické společnosti [Referat des Genossen Otakar Šimůnek zum dritten Fünfjahresplan auf der gesamtstaatlichen Konferenz der KSČ. Ein Plan für die Entwicklung einer fortschrittlichen sozialistischen Gesellschaft]. Rudé právo vom 7.7.1960, 2–5, hier 5.
[13] Bereits 1962 war der auf 42 % angesetzte Anstieg des Volkseinkommens schon wieder zum Stillstand gekommen. Insgesamt stieg das Volkseinkommen während des verkürzten Fünfjahresplans überhaupt nur um 10,2 Prozent. Siehe dazu *Kaplan*: Československo v letech 1953–1966, 103; *Schulze Wessel*: Der Prager Frühling, 96; *Průcha* u. a.: Hospodářské a sociální dějiny Československa, 314.
[14] Referát soudruha Otakara Šimůnka, 5.
[15] Siehe u. a. Projev soudruha Antonína Novotného na zakončení XII. sjezdu KSČ [Ansprache des Genossen Antonín Novotný zum Abschluss des XII. Kongresses der KSČ]. Rudé právo vom 9.12.1962, 1 oder Máme předpoklady, aby se dnešní generace dožila vybudování komunismu v naší vlasti. Novoroční projev prvního tajemníka ÚV KSČ a presidenta republiky soudruha Antonína Novotného [Wir haben die Voraussetzungen dafür, dass die jetzige Generation den Aufbau des Kommunismus in unserem Heimatland erreicht.

Schritt die »Entwicklung einer fortschrittlichen sozialistischen Gesellschaft«[16] sein sollte, für die die sozialistische Verfassung ein wichtiges Werkzeug darstellte.[17] So wurde das gesellschaftliche Entwicklungsmodell toleranter für Fehler und Brüche, da zwar das Ziel feststand, es aber mehr als einen Weg gab, dieses zu erreichen. Ein besserer Morgen werde kommen, aber eben nicht um jeden Preis.[18] Diese Darstellung war die konsequente Weiterentwicklung der Tendenz aus den späten fünfziger Jahren, die Führungsrolle der Partei zwar weiterhin zu betonen, die Partei selbst aber nicht mehr als vollkommen unfehlbar anzusehen.

Sozialistische Verfassung und sozialistische Gesetzlichkeit

Die neue Verfassung und der dritte Fünfjahresplan steckten somit die Rahmenbedingungen ab, innerhalb derer sich die Bürger in das kommunistische Master-Narrativ einschreiben konnten. Beide Beschlüsse hatten zudem eine eindeutig erzieherische Dimension. So verkündete Otakar Šimůnek, der damalige stellvertretende Ministerpräsident auf der gesamtstaatlichen Konferenz der Partei im Sommer 1960, die Beschlüsse des Fünfjahresplanes sollten der »allseitigen Entwicklung des Menschen« dienen.[19] Und auch die sozialistische Verfassung wurde als »Helfer bei der kommunistischen Erziehung der Bürger«[20] präsentiert.

Der Wille des Regimes, seine Bürger weiterhin zu »neuen sozialistischen Menschen« erziehen zu wollen, tritt hier deutlich hervor. Alle ihre »Rechte, Freiheiten und Pflichten«,[21] wie sie in Verfassung und Fünfjahresplan definiert waren, können dementsprechend als Teil der diskursiven Figur des »neuen Menschen« angesehen werden. Zentral war dabei die Vorstellung, dass »der Einzelne nur unter der Voraussetzung, dass er aktiv an Tätigkeiten mitwirkt, die der Entwicklung der ganzen Gesellschaft dienen [...], zur Entfaltung seiner Fähigkeiten und zur Durchsetzung seiner Interessen gelangen [konnte]«.[22] Dadurch trat neben die Arbeit, die der Einzelne zur Hebung seines materiellen Standards leistete, zunehmend wieder verstärkt die Arbeit »im Interesse des Ganzen«.[23] Auch »das sozialistische Heimatland zu beschützen, die Einhaltung

---

Neujahrsansprache des ersten Sekretärs des ZK der KSČ Genosse Antonín Novotný]. Rudé právo vom 2.1.1962, 1 f.
16   Referát soudruha Otakara Šimůnka, 2–5.
17   Vgl. Za další rozkvět, 3.
18   Vgl. *Kolář*: Der Poststalinismus, 329.
19   Referát soudruha Otakara Šimůnka, 5.
20   Za další rozkvět, 2.
21   Vgl. *Kolář*: Der Poststalinismus, 329. Siehe auch *Lammich*, Siegfried: Die Verfassung der Tschechoslowakei. Berlin 1981, 81–85.
22   Za další rozkvět, 2.
23   *Ebenda*.

der Normen des sozialistischen Zusammenlebens und des sozialistischen Gesetzes zu beachten«, wurden als »Selbstverständlichkeiten« definiert und damit als wichtige Eigenschaften sozialistischer Subjekte.[24]

Mit der neuen Verfassung wurde sozialistische Subjektivität also wieder mit den »allgemeinen Interessen der ganzen Gesellschaft« verknüpft und die Entwicklung des Individuums an die des Kollektivs gebunden, nachdem dieser Zusammenhang in der zweiten Hälfte der fünfziger Jahre teilweise erodiert war (»jeder Einzelne ist nur so reich, wie die ganze Gesellschaft«).[25] Damit war jeder »Bürger des sozialistischen Staates« verpflichtet, den »gesellschaftlichen Besitz zu schützen und durch Arbeit zu seiner Vervielfältigung beizutragen«.[26] Durch die enge Verbindung von allgemeinem und individuellem Wohlstand sollte der Einzelne zur gemeinschaftlichen Arbeit motiviert und wieder stärker an das Kollektiv gebunden werden.

Diese Definition des sozialistischen Bürgers macht deutlich, welche Erwartungen das Regime an die Personen stellte, die Teil der Gesellschaft werden wollten. Mit dem sozialistischen Bürger wurde dabei ein Vorbild für diejenigen geschaffen, die nach dieser Zugehörigkeit strebten. Wir haben es damit erstmals mit einem weitgehend klar definierten Subjektmodell zu tun, das sich diejenigen, die zu »neuen Menschen« werden wollten, aneignen konnten.

Der wichtigste Aspekt in diesem Zusammenhang war die Definition der Rechte und Pflichten eines sozialistischen Bürgers. Insbesondere, wenn die Selbstwahrnehmung eines Individuums in irgendeiner Form infrage gestellt wurde – sei es durch Entlassung oder einen negativen Kaderbescheid –, konnte die Betonung, dass man die entsprechenden Pflichten erfüllt hatte, nicht nur die eigene Position in der jeweiligen Angelegenheit stärken. Auch die eigene Identität erhielt durch die Niederschrift in einem Brief Sinn und Zusammenhang.

Solche Briefe konnten somit auf zweierlei Weise relevant sein. Sie dienten als »Biographiegenerator«,[27] konnten aber auch ein performativer Akt sozialistischer Subjektivität werden. Dies geschah dann, wenn der Verfasser die Erfüllung der Pflicht, die er betonen wollte, mit dem Brief selbst noch einmal erfüllte. Vor allem war dies im Zusammenhang mit der Pflicht relevant, auf Mängel und Missstände im sozialistischen Aufbau aufmerksam zu machen.

Dieser Aspekt war von besonderer Relevanz, weil Präsident Novotný ihn in seiner Neujahrsansprache von 1962 explizit hervorhob und ihn damit als wichtige Praktik zur Reproduktion sozialistischer Subjektivität herausstellte. In der Ansprache mit dem optimistischen Titel »Wir haben die Voraussetzungen dafür, dass die heutige Generation den Aufbau des Kommunismus in unserem

---

24 *Ebenda* sowie *Lammich*: Die Verfassung der Tschechoslowakei, 81.
25 Za další rozkvět, 2.
26 *Ebenda*.
27 *Winkel*: Zwischen Emanzipation und Analphabetentum, 85.

III. Individuelle Wünsche

Vaterland erreicht«[28] versuchte er die Bevölkerung bei der Beseitigung von offensichtlichen Missständen – wie dem mangelhaften Bau vieler Häuser und der Sicherstellung einer ausreichenden Versorgung mit Bedarfsgütern – miteinzubeziehen: »Nur durch die Zusammenarbeit unseres ganzen Volkes, aller unserer Bürger, beseitigen wir die falschen Einflüsse, die unsere ganze Gesellschaft, jeden Werktätigen, so grob schädigen.«[29] Das wichtigste Instrument sollte Novotný zufolge eine »gründlichere und kontinuierlichere Kontrolle«[30] sein, mit der der Einzelne seiner Verantwortung der Gesellschaft gegenüber gerecht werden konnte: »Wie wir Ordnung haben werden, das ist in der Hand jedes Einzelnen von uns, in der Hand unserer ganzen sozialistischen Gesellschaft.«[31] Daher danke er allen, die bereits mit ihren Briefen zur Beseitigung von Mängeln und Missständen beigetragen hätten.[32] Mit dieser Forderung nach mehr Kontrolle benannte der Präsident klar die Pflichten eines sozialistischen Bürgers und zeigte auf, dass Aufmerksamkeit insbesondere für wirtschaftliche Missstände eine zentrale Aufgabe des »neuen Menschen« war.

Neben der neuen Verfassung und dem Fünfjahresplan wurde die Neujahrsansprache der dritte zentrale Bezugspunkt für diejenigen, die Teil der sozialistischen Gesellschaft sein wollten. Dies zeigt sich unter anderem in den Briefen einer Angestellten einer Mühle aus Sedlčany. Sie beschwerte sich »beim Genossen Präsident über das Verhalten von Funktionären der Partei KSČ« und berief sich dabei auf ebenjene Neujahrsansprache, in der der Präsident gesagt habe, »dass er jede Beschwerde sorgfältig prüfe[n]« werde.[33] In ihren zwei überlieferten, sehr ausführlichen Briefen beschrieb die Verfasserin, dass sie in ihrem Betrieb besonders von der Frau des Leiters schikaniert, bedroht und schließlich von deren Mann entlassen worden sei. Beschwerden, unter anderem beim Bezirkssekretär der Partei, seien wirkungslos geblieben.[34] Der Vorgang liefert nicht nur wichtige Erkenntnisse über die Bedeutung ideologisch basierter Identitätsmuster für den einzelnen Bürger, sondern auch über die Rolle von Staat und Partei in diesem Zusammenhang.

Begonnen habe alles damit, dass die Frau des Leiters sie bei ihrer Arbeit im Kuhstall verspottet, sie eine »Kuhmagd« genannt und behauptet habe, dass sie »im Dreck wühlen«[35] würde. Diese Beleidigungen hätten sie schwer getroffen, da ihr die Arbeit im Stall sehr gefallen und sie des Öfteren daran erinnert habe, »dass Kühe manchmal einen viel besseren Charakter [...] als einige Menschen«

---

28 Máme předpoklady, 1 f.
29 Ebenda.
30 Ebenda.
31 Ebenda.
32 Ebenda.
33 Brief von Jiřina V. an den Genossen Faro (undatiert). AKPR, KPR, (1919) 1948–1962, Protokol 600 000 – rok 1962, kart. 862, inv. č. 3092, sign. 675687. Zur Neujahrsansprache von Präsident Novotný siehe Máme předpoklady, 1 f.
34 Ebenda.
35 Brief von Jiřina V. an den Präsidenten vom 16.3.1963. Ebenda.

hätten.³⁶ Sie sei stolz darauf gewesen, »dass [ihr] die Genossenschaftler diese Arbeit überhaupt anvertraut« hätten.³⁷ Die Anfeindungen durch die Ehefrau des Leiters haben ihre Selbstwahrnehmung, wonach sie eine verantwortungsvolle und erfüllende Arbeit ausführte und damit dem Ideal einer sozialistischen Arbeiterin entsprach, also zunächst einmal infrage gestellt.

Nach einiger Zeit habe man ihr dann eine Tätigkeit in der Verwaltung zugewiesen, die so umfassend gewesen sei, dass sie laut eigener Angabe »[v]on morgens um 7 Uhr ohne jedwede [...] Pause bis um 5 Uhr abends«³⁸ habe arbeiten müssen. Danach sei sie nach Hause gekommen, habe ihren Kindern schnell etwas zu Essen gekocht, ein bisschen aufgeräumt und sich dann wieder an die Arbeit für die Mühle gesetzt.³⁹ Mit dieser Beschreibung verweist sie auf die trotz aller ideologischen Bemühungen weiterhin präsente Doppelbelastung von Frauen hin, die angehalten waren, einer Erwerbstätigkeit nachzugehen, sich aber gleichzeitig um Kindererziehung und Haushaltsführung kümmern mussten.⁴⁰ Sie hebt dabei ihren außergewöhnlichen Arbeitseinsatz hervor, was insofern wichtig war, als ihr offenbar vorgeworfen worden war, ihre Pflicht nicht erfüllt zu haben.⁴¹

Was die Verfasserin aber am stärksten zu erschüttern schien, war die Tatsache, dass all ihre Beschwerden ergebnislos geblieben waren und ihr eigener Identitätsentwurf offensichtlich nicht in dem Maße anerkannt wurde, wie sie es erwartet hatte. Sie habe sich gewundert, dass Gauner und Schlendriane offenbar einen höheren Wert hätten, als diejenigen, die »ehrlich und gewissenhaft ihre Pflichten erfüllen«.⁴² Dabei seien es doch letztere gewesen, »die es mit unserem sozialistischen System am ehrlichsten [meinten]«.⁴³ Durch die Bezeichnung des sozialistischen Systems als »unseres« machte die Verfasserin deutlich, dass sie selbst sich mit diesem verbunden fühlte. Sie schrieb sich damit in die Gruppe der ehrlich und sorgfältig Arbeitenden ein.⁴⁴ Mit der Konstruktion

---

36 *Ebenda.*
37 *Ebenda.*
38 *Ebenda.*
39 *Ebenda.*
40 *Nečasová*: Nový socialistický člověk; *Musilová*: Der Einfluss bezahlter Arbeit auf weibliche Identitätsprozesse; *Zábrodská*: Mezi ženkostí a feminismem; *Castle-Kanerova*, Mita/Corrin, Chris: Czech and Slovak Federative Republic. The Culture of Strong Women in the Making. Superwomen and the Double Burden. In: *Corrin*, Chris (Hg.): Women's Experience of Change in Central and Eastern Europe and the Former Soviet Union. London 1992, 97–124; *Wagnerová*: Women as the Object and Subject.
41 Brief von Jiřina V. an den Präsidenten vom 16.3.1963 (s. Anm. 35).
42 Brief von Jiřina V. an den Genossen Faro (s. Anm. 33).
43 *Ebenda.*
44 Eine ähnliche Argumentation findet sich u. a. auch in einem anonymen Schreiben eines Mitarbeiters der Staatsanwaltschaft Prostějov. Er wollte auf Bestechungsfälle bei der Staatsanwaltschaft aufmerksam machen, weil er »nur das Gute für die tschechoslowakische Republik im Sinn« gehabt habe. Man hätte seiner Ansicht nach eine neue Generation »ehrlicher Kommunisten« einsetzen müssen. Er erfüllte so seine Pflicht als Kommunist und

von Anti-Subjekten in Form von »Gaunern« und »Schlendrianen«, mit denen man »den Kommunismus niemals aufbauen« würde,[45] grenzte sie sich darüber hinaus gegen die Träger unerwünschter Eigenschaften ab.

Den Zwiespalt, in dem sie sich durch die beschriebenen Ereignisse befand, und den Wunsch, ihren eigenen Identitätsentwurf bestätigt zu sehen, drückte sie am Ende ihres Briefes an den Genossen aus, der ihr auf ihre ursprüngliche Beschwerde geantwortet hatte und den sie ebenfalls denen zuordnete, die ihr schaden wollten:

> [O]bwohl ich so gekränkt wurde und obwohl ich in der ganzen tschechoslowakischen Republik nicht einen Menschen gefunden habe, der mir helfen würde [...], bleibe ich weiterhin ein treues und ergebenes Mitglied unserer Gesellschaft, weil ich daran glaube, was mir einst ein sowjetischer Bürger gesagt hat, dass die Wahrheit einmal siegen muss und dass die Zeit kommt, da wir mit all den Lügnern und Dieben und Schmarotzern abrechnen, die nach Kräften die Entwicklung unseres Systems bremsen. Und meine Kinder erziehe ich so, dass sie ehrliche und aufrechte Menschen werden, damit sie gegen alle Gauner kämpfen, die nach Kräften dem schaden, was wir brauchen.[46]

Mit diesem Zitat zeigte die Verfasserin deutlich, dass sie zwar mit Personen konfrontiert war, die sich nicht wie sozialistische Bürger verhalten hätten. Sie machte aber gleichzeitig klar, dass sie trotz allem weiter an das sozialistische Projekt glaubte. Dies weist darauf hin, dass ihr die Niederschrift ihrer eigenen Selbstwahrnehmung auch der Versicherung der eigenen Identität diente, wodurch ihr Brief als Biographiegenerator gedeutet werden kann. Sozialistische Subjektivität konstituiert sich somit an dieser Stelle in textueller Praxis.[47]

Aber nicht nur diese Beschwerdeführerin vollzog mit ihren Briefen den performativen Akt des Hinweisens auf Mängel und Missstände. Für die frühen sechziger Jahre finden sich zahlreiche solcher Briefe, wie der eines Mitarbeiters des Instituts für Geochemie und mineralische Rohstoffe der Akademie der Wissenschaften.[48] Er hatte es als seine »politische und moralische Pflicht«[49] erachtet, den Präsidenten über einige Probleme zu informieren, die ihm in seinem Institut aufgefallen waren. Diese Probleme, die nicht rekonstruierbar sind, da der Brief nur fragmentarisch erhalten ist, hatten offensichtlich letzten Endes zur Auflösung seines Arbeitsverhältnisses geführt.[50] Auch dieser Verfasser kam mit seinem Brief dem geforderten Engagement als sozialistischer Bürger nach und wies damit gleichzeitig auf ebendiese Pflichterfüllung hin.

---

gliederte sich in die Reihen der ehrlichen Kommunisten ein. Siehe anonymer Brief an den Präsidenten (undatiert). AKPR, KPR, (1919) 1948–1962, Protokol 100 000 – rok 1962, kart. 800, inv. č. 2938, sign. 103186.
[45] Brief von Jiřina V. an den Genossen Faro (s. Anm. 33).
[46] *Ebenda.*
[47] Vgl. *Winkel*: Zwischen Emanzipation und Analphabetentum, 84.
[48] Ústav geochemie a nerostných surovin Československé akademie věd.
[49] Brief von L. N. an den Präsidenten vom 18.7.1961. AKPR, KPR, (1919) 1948–1962, Protokol 600 000 – rok 1962, kart. 862, inv. č. 3092, sign. 675687.
[50] *Ebenda.*

Während in den zitierten Beispielen die sozialistische Verfassung nur indirekt einen Bezugspunkt darstellte, beruft sich ein Angestellter eines Nationalunternehmens aus der slowakischen Hauptstadt Bratislava direkt auf das Dokument und das tschechoslowakische Rechtssystem in Gänze. Ursprünglich hatte er sich mit einer Beschwerde über die »Beschädigung nationalen Eigentums«[51] an verschiedene lokale Verwaltungsorgane gewandt. Dies erachtete er als seine Pflicht, da laut Gesetz jeder Bürger gefordert sei, »dabei zu helfen, Verletzungen des Gesetzes zu enthüllen und darauf zu achten, dass der Täter nach geltendem Recht bestraft wird«.[52]

Allerdings sei diese Beschwerde seiner Ansicht nach trotz mehrfacher Reklamationen nicht angemessen bearbeitet worden, weswegen er sich an die Generalstaatsanwaltschaften in Bratislava und Prag wandte. Dabei erläuterte er umfassend seine Ansichten zur Funktionsweise des tschechoslowakischen Rechtssystems und verdeutlichte so den Referenzrahmen, innerhalb dessen er seinen Alltag und vor allem die ihn betreffende Angelegenheit interpretierte.

Dieser Referenzrahmen umfasste unter anderem die erwähnte Neujahrsansprache von Präsident Novotný, was darauf hindeutet, dass diese vielfach nicht nur als Ansammlung leerer Worte betrachtet wurde, sondern auch eine mobilisierende Funktion hatte. Interessant sind im vorliegenden Fall aber vor allem die Bezüge des Verfassers auf diverse Gesetze und Verordnungen. Sie zeigen, wie ihn diese ermächtigten, als Individuum dem Staat entgegenzutreten und die Rechte einzufordern, die ihm seiner Meinung nach zustanden.

Besonders zentral war für ihn dabei die sozialistische Verfassung der ČSSR. Der Betroffene berief sich auf diese, um auf seine Rechte und Pflichten als Bürger eines sozialistischen Staates zu verweisen (»Laut Verfassung der ČSSR, Artikel 19, haben alle Bürger der Republik auf dem Gebiet der Republik die gleichen Rechte und Pflichten«),[53] aber auch, um aufzuzeigen, dass seine Beschwerde nicht nach gültigem Recht, genauer gesagt nicht »im Sinne des Regierungsbeschlusses 150/58 und anderer sozialistischer Gesetze«[54] bearbeitet worden war. Dabei bezog er sich besonders auf die »Verfassung der ČSSR, Artikel 34 und 35«,[55] die besagten, dass die Bürger verpflichtet seien, die Gesetze zu befolgen, die Interessen des Staates und der Gesellschaft zu wahren (Art. 34) und das sozialistische Eigentum als »unantastbare Grundlage der sozialistischen Ordnung« anzuerkennen.[56] Die Verfassung schien für ihn also – gemeinsam mit weiteren

---

51 Brief von Michal U. an den Präsidenten vom 24.7.1962. AKPR, KPR, (1919) 1948–1962, Protokol 600 000 – rok 1962, kart. 862, inv. č. 3092, sign. 675687 (slowakisch).
52 Brief von Michal U. an den Generalstaatsanwalt der ČSSR Dr. Ján Bartuška vom 25.6.1962. *Ebenda.*
53 Brief von Michal U. an den Generalstaatsanwalt der ČSSR Dr. Ján Bartuška vom 15.6.1962. *Ebenda.*
54 Brief von Michal U. an den Generalstaatsanwalt der ČSSR Dr. Ján Bartuška vom 24.6.1962. *Ebenda.*
55 *Ebenda.*
56 *Lammich:* Die Verfassung der Tschechoslowakei, 84 f.

Rechtstexten – einen Rahmen abzustecken, innerhalb dessen er sich als sozialistischer Bürger mit allen dazugehörigen Rechten und Pflichten verortete. Diese Verortung wiederum diente ihm als Grundlage für seine Forderungen, worin sich zeigt, dass die Verfassung eine ermächtigende Funktion haben konnte.

Bei der Aufzählung der verschiedenen Texte handelte es sich aber keineswegs nur um eine simple Nennung der jeweiligen Gesetze und Beschlüsse, um der eigenen Beschwerde Nachdruck zu verleihen. Der Verfasser schien diese gut zu kennen und zitierte immer wieder konkrete Auszüge und Paragraphen, die seiner Ansicht nach zeigen sollten, dass sich die zuständigen Behörden nicht pflichtgemäß mit der ursprünglichen Beschwerde auseinandergesetzt hätten: »Laut Abschnitt 2 §-89 der StPO [Strafprozessordnung, im Original »tr. por.« = trestného poriadoku, S. L.] ist es die Pflicht der Staatsanwaltschaft, Beweise in Anwesenheit der Revisionsorgane vorzubringen [...].«[57] Mit diesen Verweisen zeigt der Verfasser, dass er von der Funktionsweise des Rechtssystems überzeugt war und sich primär auf dieser Grundlage als Mitglied der sozialistischen Gesellschaft definierte.

Dies wird durch die Tatsache untermauert, dass er sich in der gesamten vorliegenden Korrespondenz kein einziges Mal auf seine eigene Biografie berief. Der Rückgriff auf die eigene Biografie als Arbeiter, Widerstandskämpfer oder Kommunist war in vielen anderen Fällen ein Faktor für die Einschreibung in die sozialistische Gesellschaft und gleichzeitig ein Argument, das den eigenen Anspruch stärken konnte. Nur an einer Stelle beschrieb er sich als »ehrliche[n] und fortschrittliche[n] Bürger«,[58] womit er aber vielmehr deutlich machen wollte, im Besitz bestimmter Privilegien zu sein.[59] Dies könnte darauf hindeuten, dass der Verfasser eben nicht über eine »günstige« Biografie verfügte und er deswegen auf entsprechende Bezüge verzichtete. Andere Beispiele haben aber gezeigt, dass sich die Verfasser von Beschwerdebriefen und Eingaben durchaus mit für sie »ungünstigen« Biografien auseinandersetzten, um diese in das kommunistische Master-Narrativ einzufügen. Im hier zitierten Fall schien also einzig und allein das tschechoslowakische Rechtssystem die Grundlage für seine Ansprüche gewesen zu sein.

Der Verfasser betont dabei besonders die Einhaltung der »sozialistischen Gesetzlichkeit« beziehungsweise verweist auf deren Störung.[60] In der Parteipresse wurde die »Einhaltung und Durchsetzung sozialistischer Gesetzlichkeit« als eine »Sache der Massen, eine Sache aller Werktätigen« beschrieben, die der Vertiefung der sozialistischen Demokratie und dem Schutz der Bürgerrechte

---

57   Brief von Michal U. an den Generalstaatsanwalt vom 15.6.1962 (s. Anm. 53).
58   Ebenda.
59   Vgl. *Luft/Havelka/Zwicker*: Zur Einführung, IX.
60   Brief von Michal U. an die Kanzlei des Präsidenten vom 5.7.1962. AKPR, KPR, (1919) 1948–1962, Protokol 600 000 – rok 1962, kart. 862, inv. č. 3092, sign. 675687 (slowakisch).

diente.⁶¹ Dabei wurden ausdrücklich »*alle* staatlichen Organe«⁶² in die Pflicht genommen und wurde darauf hingewiesen, dass Störungen der sozialistischen Gesetzlichkeit oftmals aus einer fehlenden Kenntnis und einem mangelnden Verständnis der Gesetze und Verordnungen erwachsen seien.⁶³

Für die Individuen, die innerhalb des Rechtsraumes der sozialistischen Gesetzlichkeit agierten, war in diesem Zusammenhang besonders die Betonung ihrer »aktiven Durchsetzung« von Bedeutung, die als zentral für die »materielle und kulturelle Entwicklung jedes Bürgers« dargestellt wurde.⁶⁴ Auf diese Weise sollten die Individuen aktiv eingebunden und motiviert werden, auf die Einhaltung geltenden Rechts zu achten und Verstöße zu melden. Sie bekamen so ein Werkzeug an die Hand, mit dem sie nicht nur ihre eigenen Interessen schützen, sondern sich auch als bewusste Sozialisten präsentieren konnten. Damit sollte der »*erzieherischen Wirkung*«⁶⁵ des sozialistischen Rechts Geltung verschafft werden, das laut der Parteipresse die Menschen zu »freiwilligen und bewussten Bewahrern der Regeln des sozialistischen Zusammenlebens« machen und damit zur »Erziehung des neuen sozialistischen Menschen« beitragen sollte.⁶⁶

Wie der Fall des Beschwerdeführers aus Bratislava verdeutlicht,⁶⁷ wurde der Appell zur Durchsetzung sozialistischer Gesetzlichkeit von der Bevölkerung durchaus aufgegriffen. Der zitierte Verfasser führte dabei sogar Lenin ins Feld:

Der große Lehrer des Sozialismus Genosse I. Lenin hat in seinen Schriften angemerkt, dass zwei Formen der Wahrheit existieren, die objektive Wahrheit, die die Grundlage für den Aufbau einer gerechten sozialistischen Gesellschaft ist. Es existiert auch die subjektive Wahrheit, die sich oftmals aus einer Position der Stärke ergibt und dem alten menschlichen Ausspruch, dass wer die Macht hat, auch die Wahrheit hat, ähnelt. Genosse I. Lenin hat angemerkt, dass diese veraltete menschliche Äußerung der kirchlichen Hierarchie entspricht [...], aber es nicht möglich sei, sie im Sozialismus anzuwenden, denn diese veraltete Äußerung ist dem

---

61 *Knapp*, Viktor: K usnesení ÚV KSČ o socialistické zákonnosti. Upevňovat právní řád je věcí všech pracujících [Zum Beschluss des ZK der KSČ zur sozialistischen Gesetzlichkeit. Die Rechtsordnung zu stärken, ist die Sache aller Werktätigen]. Rudé právo vom 7.1.1961, 4.
62 *Ebenda* (Hervorhebung im Original).
63 *Ebenda*.
64 *Ebenda*.
65 *Ebenda* (Hervorhebung im Original).
66 *Ebenda*.
67 Ähnlich argumentierte u. a. ein Bergarbeiter aus Brno, der seine Anstellung in einer Grube verloren hatte. Er schrieb, dass seine Angelegenheit nicht »gemäß dem Recht der heutigen sozialistischen Ordnung« entschieden worden sei. Siehe Brief von Čestmír K. an den Präsidenten vom 1.5.1962. AKPR, KPR, (1919) 1948–1962, Protokol 600 000 – rok 1962, kart. 862, inv. č. 3092, sign. 675687. Oder auch Brief von František Z. an den Präsidenten vom 15.2.1961. *Ebenda*. Sowie Brief von Vladislav B. an den Präsidenten vom 25.5.1961. AKPR, KPR, Protokol 600 000 – rok 1962, kart. 858, inv. č. 3087, sign. 672828.

III. Individuelle Wünsche

Sozialismus fremd. Im Sozialismus existiert nur eine Wahrheit und das ist die objektive Wahrheit.[68]

Auch hier blieb es nicht beim reinen Zitat, um die Kenntnis von Lenins Schriften zu demonstrieren. Der Verfasser wandte die Argumentation auf seine eigene Situation an, um seine Position zu stärken. So schrieb er an den Generalstaatsanwalt der ČSSR, dass er hoffe, seine Beschwerde werde

im Sinne des Regierungsbeschlusses Nr. 150/58 und im Geiste der zitierten Beschlüsse [bearbeitet] und nicht [...], wie es bisher war, indem mehrere Organe [mir] ihr subjektives Recht aufzwingen wollen und bestrebt sind, zu behaupten, dass [ich] in diesem Fall im Unrecht bin, obwohl [ich] objektiv Recht habe.[69]

Auf diese Weise nahm er eine Position ein, die nur schwer zu widerlegen war, ohne die Grundlagen des sozialistischen Systems und die Beschlüsse der tschechoslowakischen Regierung infrage zu stellen. Indem er von einem Standpunkt einer objektiven Wahrheit in Anlehnung an Lenin aus argumentierte, präsentierte er sich erneut als der eigentliche Verteidiger sozialistischer Grundsätze und des tschechoslowakischen Rechtssystems, da er nicht nur auf die »Beschädigung von nationalem Eigentum«[70] aufmerksam gemacht, sondern in diesem Zusammenhang auch das Fehlverhalten selbst höchster Institutionen wie der Generalstaatsanwaltschaft aufgedeckt hatte. Diese seien eigentlich, wie Präsident Novotný selbst angemerkt habe, verpflichtet, gemäß »geltenden Gesetzen, die sich die Arbeiterklasse gegeben hat« zu arbeiten.[71] Auf diese Weise reproduzierte der Verfasser das Ideal eines sozialistischen Bürgers.

Das Erstaunliche an der gesamten Angelegenheit ist aber die Vehemenz, mit dem der Betroffene versuchte, seiner Ansicht Geltung zu verschaffen. Er schien vollkommen davon überzeugt, im Recht zu sein und wie ein sozialistischer Bürger gehandelt zu haben, obwohl ihm mehrfach mitgeteilt worden war, dass dem nicht so sei.[72] Damit machte er deutlich, dass er den jeweiligen Institutionen, unter denen immerhin auch die Generalstaatsanwaltschaft der ČSSR war, die Fähigkeit absprach, im Sinne des Sozialismus zu handeln und die ideologischen Grundsätze umzusetzen. Vielmehr erklärte er diesen Institutionen, wie sie sich korrekt zu verhalten hätten.

Dies erschien ihm umso notwendiger, als er umfassenden Repressalien ausgesetzt gewesen war.[73] So war er unter anderem aus dem Betriebsausschuss der

---

68 Brief von Michal U. an den Generalstaatsanwalt der ČSSR Dr. Ján Bartuška vom 13.4.1962. AKPR, KPR, (1919) 1948–1962, Protokol 600 000 – rok 1962, kart. 862, inv. č. 3092, sign. 675687 (slowakisch).
69 *Ebenda*.
70 Brief von Michal U. an den Präsidenten vom 24.7.1962 (s. Anm. 51).
71 Brief von Michal U. an den Generalstaatsanwalt vom 15.6.1962 (s. Anm. 53).
72 Brief des Abteilungsleiters der Generalstaatsanwaltschaft Prag an Michal U. vom 2.7.1962. AKPR, KPR, (1919) 1948–1962, Protokol 600 000 – rok 1962, kart. 862, inv. č. 3092, sign. 675687.
73 Brief von Michal U. an die Kanzlei des Präsidenten vom 5.7.1962. *Ebenda*.

Gewerkschaft ausgeschlossen worden, wodurch er sich gezwungen gesehen hatte, sein Arbeitsverhältnis aufzukündigen.[74] Er war also nicht nur an der Erfüllung seiner Aufgaben als sozialistischer Bürger gehindert worden, er musste sogar Benachteiligungen in Kauf nehmen. Der »existentielle Schaden«, den er dadurch habe erleiden müssen, habe gar die Ernährung seiner siebenköpfigen Familie gefährdet.[75] Dabei wird deutlich, dass im Grunde seine gesamte Identität als sozialistischer Bürger und sein Glaube an die sozialistische Gesetzlichkeit nachhaltig erschüttert worden waren. Unbeirrt schrieb er Brief um Brief an verschiedene Institutionen. Durch diese intensive Auseinandersetzung mit dem tschechoslowakischen Rechtssystem und der sozialistischen Gerechtigkeit zeigte er, dass er offenbar trotz allem noch an die grundlegende Funktionsfähigkeit des Rechtsystems als Teil des sozialistischen Projektes glaubte. Auch wenn die juristischen Institutionen im vorliegenden Fall aus seiner Sicht[76] eben gerade nicht wie erwartet reagiert hatten, war er doch davon überzeugt, dass er mit seinen Eingaben etwas erreichen konnte. Seine Deutung der »sozialistischen Gesetzlichkeit« sah er dabei als die einzig richtige an und er versuchte vehement, deren Anerkennung durch die entsprechenden Behörden durchzusetzen. Es war also der Glaube an die »sozialistische Gesetzlichkeit« und das sozialistische Wertesystem, die in seinem Fall die Legitimität sozialistischer Herrschaft ausmachten.

Der Fall des slowakischen Angestellten kann als exemplarisch dafür gesehen werden, dass das bestehende Rechtssystem und damit das Konzept der »sozialistischen Gesetzlichkeit«, das durch die Verfassung noch einmal gestärkt werden sollte, eine Form der Ermächtigung darstellten. Es ermöglichte denjenigen, die sich als Teil der sozialistischen Gesellschaft sahen, sich den Vertretern dieser Institutionen und somit dem Regime gegenüber eindeutig als sozialistische Bürger zu definieren. Gleichzeitig ermutigte es sie dazu, ihre eigenen Vorstellungen vom Sozialismus an die Behörden heranzutragen, die diese nicht umsetzten. Dabei traten sie nicht etwa als unterwürfige Bittsteller auf, sondern als selbstbewusste Bürger, die ihre Ansichten als die richtigen ansahen und das Recht für sich beanspruchten, die entsprechenden Institutionen zu belehren. Gestärkt durch das Vertrauen in die sozialistische Gesetzlichkeit hatten sie damit auch die Fähigkeit erworben, »für sich und für andere ›ein besseres Leben‹ zu erstreiten«.[77] Diese Überzeugung war mit dafür verantwortlich, dass sie sich trotz des offensichtlichen Fehlverhaltens vieler Institutionen nicht vom Regime abwandten, sondern daran glaubten, es positiv beeinflussen und nach ihren Vorstellungen umgestalten zu können.

---

[74] Brief von Michal U. an den Präsidenten vom 24.7.1962 (s. Anm. 51).
[75] *Ebenda.*
[76] Die Prager Generalstaatsanwaltschaft erachtete das Vorgehen der Behörden in Bratislava hingegen als rechtmäßig. Siehe Brief des Abteilungsleiters der Generalstaatsanwaltschaft Prag an Michal U. vom 2.7.1962 (s. Anm. 72).
[77] *Herriger*: Empowerment-Landkarte, 44.

III. Individuelle Wünsche 187

Die hier zitierten Beispiele haben deutlich gemacht, dass die sozialistische Verfassung die Eckpunkte der neuen Gesellschaft noch einmal klar umrissen und festgelegt hat, welche Rechte und Pflichten jemand hatte, der Teil dieser Gesellschaft sein wollte. Insbesondere die Pflichten hatten Eingang in die Selbstdarstellungen derer gefunden, die sich als sozialistische Bürger und damit auch »neue Menschen« definierten, was auf die produktive Dimension der Verfassung hindeutet. Auf Basis dieser so gestärkten Selbstwahrnehmung als sozialistischer Bürger fühlten sich die Betroffenen dann wiederum ermächtigt, die Vertreter von Staat und Partei auf deren Versprechungen hinzuweisen und ihre eigenen Vorstellungen des Sozialismus offensiv vorzubringen. Die Bedeutung der Verfassung für die Position des Einzelnen innerhalb des sozialistischen Systems der Tschechoslowakei kann also gar nicht hoch genug eingeschätzt werden.

Sozialistische Bürger in Selbst- und Fremdzuschreibungen

Die »sozialistische Gesetzlichkeit«, auf die sich viele Petenten in ihren Briefen beriefen und deren Einhaltung sie einforderten, galt allerdings nicht für alle in der Tschechoslowakei lebenden Personen. Nur wer ein Teil der sozialistischen Gesellschaft war und nachweisen konnte, einen Beitrag zu deren Aufbau geleistet zu haben, konnte diese für sich beanspruchen. In den Briefen derer, die ebendies taten, finden sich dementsprechend Selbstdarstellungen, mit denen sie die von ihnen geleistete Arbeit sowie ihre Verdienste für die sozialistische Gesellschaft betonten, mit denen sie sich aber gleichzeitig auch von potenziellen Klassenfeinden abgrenzten. Diese Selbstdarstellungen und Abgrenzungen weisen Kontinuitäten und Brüche auf und zeigen, wie sich entsprechende Muster in Reaktion auf die politischen und sozialen Entwicklungen in den Vorjahren verändert haben.

Auch wenn er weitgehend auf etablierte Selbstbeschreibungen verzichtete, ist der zitierte Fall des slowakischen Angestellten in diesem Zusammenhang interessant, denn er versuchte die »sozialistische Gesetzlichkeit« nicht nur über die Inszenierung als Bewahrer derselben und damit als sozialistischer Bürger für sich zu beanspruchen. Darüber hinaus stärkte er seinen Anspruch, in dem er ein »kulturelles Anderes«, ein »Anti-Subjekt«, konstruierte, von dem er sich abgrenzen konnte. Auf diese Weise stellte er seine eigenen Leistungen heraus und versicherte sich so seiner eigenen Identität.[78] Um sich als Bewahrer der sozialistischen Gesetzlichkeit präsentieren zu können, brauchte es im vorliegenden Fall auch jemanden, der diese verletzt hatte. Laut dem Verfasser war dies unter anderem ein Vertreter der Generalstaatsanwaltschaft der ČSSR gewesen, der ihm »seine subjektive Wahrheit«[79] hatte aufdrängen wollen. Dieses

---

[78] Vgl. *Reckwitz*: Das hybride Subjekt, 44; *Satjukow/Gries*: Feindbilder des Sozialismus, 18.
[79] Brief von Michal U. an die Kanzlei des Präsidenten vom 25.5.1962. AKPR, KPR, (1919) 1948–1962, Protokol 600 000 – rok 1962, kart. 862, inv. č. 3092, sign. 675687 (slowakisch).

III. Individuelle Wünsche

Verhalten habe der sozialistischen Gesetzlichkeit und der sozialistischen Moral widersprochen und auf einen »groben Personenkult«[80] hingedeutet.

Besonders die Verwendung des Terminus »Personenkult« ist an dieser Stelle bedeutsam. Er bezeichnet ein Phänomen, das eigentlich bereits im Zusammenhang mit der bereits thematisierten Geheimrede Chruščëvs aus dem Jahr 1956 Eingang in den Diskurs gefunden hatte, die auch unter der Bezeichnung »Über den Personenkult und seine Folgen« bekannt geworden war. Die Verurteilung Stalins bezog sich darin vor allem auf die Glorifizierung des Diktators als individuellen, unfehlbaren Herrscher, was unter anderem das kollektive Führungsprinzip der Partei verletzt hatte.[81] Zwar war die Rede auch in der Tschechoslowakei diskutiert worden, aber vor allem innerhalb der Partei. Eine Entstalinisierung, wie sie in anderen Ländern der sowjetischen Einflusssphäre stattgefunden hatte, war weitgehend ausgeblieben, weswegen der Terminus auch nur in geringem Maße in den allgemeinen Sprachgebrauch überging.[82]

Das war nun, circa sechs Jahre später, deutlich anders. Im Rahmen des XII. Parteitages der KSČ, der vom 4. bis 8. Dezember 1962 stattfand, war unter anderem ein Beschluss verabschiedet worden, der eine Überprüfung der »politischen Prozesse aus der Zeit des Personenkultes«[83] vorsah. Auslöser war der XXII. Parteitag der KPdSU gewesen,[84] der vom 17. bis 31. Oktober 1961 in Moskau stattgefunden hatte und der als zweite Entstalinisierungskampagne angesehen werden kann, die symbolisch durch die Entfernung des Leichnams Stalins aus dem Lenin-Mausoleum vollzogen wurde.[85] Der tschechoslowakische

---

[80] *Ebenda.*
[81] Vgl. *Kolář*: Welch ein Galimathias!; *Kolář*: Kommunistische Identitäten im Streit, 249 f.; *Schattenberg*, Susanne: »Democracy« or »Despotism«? How the Secret Speech was Translated into Everyday Life. In: *Jones*, Polly (Hg.): Dilemmas of Destalinization. Negotiating Cultural and Social Change in the Khrushchev Era. London 2009, 64–79; *Yurchak*: Everything Was Forever, 39–44.
[82] Zur Entstalinisierung in der Tschechoslowakei siehe Blaive: Une déstalinisation manquée; *Lachmann*: Die »Ungarische Revolution« und der »Prager Frühling«; *McDermott/Sommer*: The Club of Politically Engaged Conformists; *Pernes*: Die ČSR; *Barnovský*, Michal: Prvá vlna destalinizácie a Slovensko 1953–1957 [Die erste Welle der Destalinisierung und die Slowakei 1953–1957]. Brno 2002; *Pernes*: Československý rok 1956; *Kaplan*, Karel: Die Ereignisse des Jahres 1956 in der Tschechoslowakei. In: *Hahn*, Hans Henning (Hg.): Das Jahr 1956 in Ostmitteleuropa. Berlin 1996, 31–45; *Lamberg*, Robert: Entstalinisierung in Prag. Planung und Spontanität in der tschechischen Innenpolitik. In: Osteuropa 13/11–12 (1963), 755–767.
[83] Usnesení XII. sjezdu KSČ o prověrce politických procesů z období kultu osobnosti [Beschluss des XII. Kongresses der KSČ über die Prüfung der politischen Prozesse aus der Zeit des Personenkultes]. Rudé právo vom 9.12.1962, 1.
[84] Vgl. *Průcha* u. a.: Hospodářské a sociální dějiny Československa, 318.
[85] Zum Umgang mit der Stalinzeit in der Sowjetunion siehe ausführlich *Jones*, Polly: Myth, Memory, Trauma. Rethinking the Stalinist Past in the Soviet Union, 1953–70. New Haven, London 2013.

Präsident Novotný, der am Parteitag teilgenommen hatte, versuchte nach seiner Rückkehr aus Moskau eine erneute Diskussion über die Schauprozesse der fünfziger Jahre und den Personenkult zu verhindern – unter anderem um Klement Gottwald als Symbol für die historische Kontinuität der KSČ aus der Zwischenkriegszeit zu erhalten. Dennoch wurden auch innerhalb der Partei Stimmen laut, die Auskunft über die Prozesse forderten. Primär bezogen sich diese darauf, wie es überhaupt zu so groben Verstößen gegen die »sozialistische Gesetzlichkeit« hatte kommen können und inwiefern die damals aktiven Mitglieder des Zentralkomitees Anteil an diesen Verstößen hatten. Einige Wagemutige stellten sogar die These auf, der Personenkult sei auf Mängel der innerparteilichen Demokratie zurückzuführen.[86]

Ergebnisse dieser Diskussion waren »der Beschluss zur Überprüfung der politischen Prozesse aus der Zeit des Personenkultes« sowie der »Bericht über die Ergebnisse der Revision der politischen Prozesse aus der Zeit von 1949 bis 1954«.[87] Einige hochrangige Staats- und Parteifunktionäre traten infolge des Berichts zurück beziehungsweise wurden ihres Amtes enthoben. Gleichzeitig wurde eine Reihe von Urteilen gegen die in den frühen fünfziger Jahren Angeklagten aufgehoben – nach den umfassenden Amnestien durch Präsident Novotný, die 1960 und 1962 bereits eine Reihe auch politischer Gefangener betroffen hatte, war dies ein weiteres Zeichen für die zunehmende Liberalisierung im Land.[88]

Im Rahmen dieser verspäteten Entstalinisierung wurde der Begriff des »Personenkultes«, der im tschechoslowakischen politischen Diskurs weiterhin nur auf Stalin selbst bezogen wurde und nicht auf Klement Gottwald, dem tschechoslowakischen Präsidenten der frühen fünfziger Jahre, nun auch ein zentraler Bestandteil individueller Ordnungsvorstellungen und diente zur Beschreibung und Identifizierung ungerecht handelnder Personen. Diejenigen, die mit dem Vorwurf des »Personenkultes« konfrontiert wurden, konnten dabei allerdings ganz unterschiedlicher Provenienz sein und auch die Delikte, die ihnen vorgeworfen wurden, unterschieden sich teilweise signifikant. So schrieb eine Angestellte des auch heute noch existierenden Hotels »Central« aus Nová Paka über den Hoteldirektor, dass dieser »vom Personenkult besessen« sei. In diesem Fall bedeutete dies, dass er seine Mitarbeiter angeschrien und sich nicht um gesundheitliche und hygienische Richtlinien gekümmert hatte.[89]

---

[86] Vgl. *Schulze Wessel*: Der Prager Frühling, 48–51; *Lamberg*: Entstalinisierung in Prag. Planung und Spontanität in der tschechischen Innenpolitik, 757 f.
[87] Zpráva o výsledcích revize politických procesů z období let 1949–1954 [Bericht über die Ergebnisse der Revision der Prozesse aus den Jahren 1949–1954]. Rudé právo vom 22.8.1963, 2.
[88] Vgl. *Průcha* u. a.: Hospodářské a sociální dějiny Československa, 318 f.; *Kaplan*: Československo v letech 1953–1966, 84–86.
[89] Zusammenstellung aus Hörerbriefen an den Tschechoslowakischen Rundfunk aus Dezember 1961. AČRo, Svodka z dopisů posluchačů Čs. rozhlasu za prosinec 1961, 5.

III. Individuelle Wünsche

Auch die bereits zitierte Angestellte einer Mühle aus Sedlčany bediente sich des Vorwurfs des Personenkults, als sie auf das Fehlverhalten des Sekretärs des zuständigen Ortsnationalausschusses hinwies. Er habe Menschen wie sie, die in der Landwirtschaft arbeiteten, nur ausgelacht. Der Mann scheine anzunehmen, dass er in seiner Funktion das Recht gehabt hätte, sie zu »beschmutzen und schlechtzureden«. Sie wies darauf hin, dass man über den Funktionär sage, er sei »früher bei der Volkspartei gewesen« sowie Sekretär der katholischen Jugend. Beide Vorwürfe wogen schwer gegen einen Repräsentanten des sozialistischen Systems. Schließlich habe er nur mit denjenigen geredet, die ihn »umschmeicheln« konnten. All das ließ sie zu dem Schluss kommen, dass er »um sich einen echten Personenkult erschaffen« habe.[90]

Der Vorwurf des Personenkultes ermöglichte es den Verfassern der zitierten Briefe, unliebsame Personen eindeutig zu markieren und sich von ihnen abzugrenzen. Auf diese Weise konnten sie ihre eigene Identität festigen und sich selbst umso deutlicher als sozialistische Bürger und damit Träger konkreter Rechte präsentieren.

Während wir es im Hinblick auf die Definition von Anti-Subjekten an dieser Stelle mit einer Kategorie zu tun haben, die erst durch zeitgenössische politische Entwicklungen Eingang in den Diskurs fand, zeigen sich bei den Selbstbeschreibungen, die die Verfasser von Beschwerdebriefen und Eingaben wählten, bekannte Muster. Hierzu gehörte unter anderem der Bezug auf die eigene Vergangenheit. Die Herkunft aus einer Familie von Arbeitern und politisch engagierten Kommunisten war auch Anfang der sechziger Jahre von Bedeutung, ebenso wie das eigene Handeln während der Zeit der *okupace* und des Zweiten Weltkriegs.

Die Vergangenheit eines Petenten wurde insbesondere dann relevant, wenn dessen Identität durch externe Einflüsse oder Personen infrage gestellt worden war, so wie bei einem Mitarbeiter des Tschechoslowakischen Staatlichen Automobilverkehrs (Československá státní automobilová doprava, ČSAD) Kladno. In seiner Funktion als Kontrolleur hatte er einen Fahrgast ohne Ticket angetroffen und von ihm eine Strafzahlung von 30 Kronen verlangt. Daraufhin wandte sich dieser Fahrgast mit der Aussage an den Betriebsdirektor des ČSAD, den Kontrolleur bereits aus der Zeit der *okupace* zu kennen und zu wissen, dass dieser nach der Ankunft der Deutschen begonnen habe »eine schwarze Uniform mit Stiefeln zu tragen«,[91] womit aller Wahrscheinlichkeit nach eine SS-Uniform gemeint war. Zudem soll der Kontrolleur Mitglied der Vlajka,[92] einer faschistischen Kleinpartei in Tschechien gewesen sein. Auf Grundlage

---

[90] Brief von Jiřina V. an den Präsidenten vom 16.3.1963 (s. Anm. 35).
[91] Brief des Kreisstaatsanwaltes Kladno an das Zentralkomitee der KSČ vom 28.4.1962. AKPR, KPR, (1919) 1948–1962, Protokol 600 000 – rok 1962, kart. 862, inv. č. 3092, sign. 675687.
[92] Český nacionálněsocialistický tábor-Vlajka, ČNST-Vlajka (Tschechisches Nationalsozialistisches Lager-die Flagge).

dieser Behauptungen war der Kreisstaatsanwalt, der mit der Prüfung des Falles beauftragt worden war, zu dem Urteil gelangt, dass der Kontrolleur sich nicht wie ein »anständiger Tscheche« verhalten habe.[93]

Dieses Urteil nahm der Beschuldigte allerdings nicht hin. Er beschwerte sich bei Präsident Novotný über den Bescheid und zeigte in seinem Schreiben auf, welche Eigenschaften und Leistungen er als ausschlaggebend dafür ansah, seine Wiederaufnahme in die Gesellschaft fordern zu können. Dabei bezog er sich allerdings zuerst nicht auf sein Handeln während der *okupace*, sondern führte zunächst seine Herkunft aus einer Arbeiterfamilie an: Seine Eltern hätten beide »als Arbeiter am Hof« gearbeitet.[94]

Mit einer ähnlichen Formulierung verwies auch der bereits weiter oben zitierte Angestellte des Instituts für Geochemie und mineralische Rohstoffe auf seine Arbeiterherkunft (»Ich stamme aus einer Arbeiterfamilie«).[95] Er habe auf nicht weiter spezifizierte Probleme in seinem Institut hingewiesen und war daraufhin aufgrund von »Vertrauensverlust« entlassen worden.[96] Da er es aber als seine Pflicht als Kommunist ansah, auf Probleme hinzuweisen, war durch die Entlassung auch seine Selbstwahrnehmung erschüttert worden. Deswegen versuchte er nun, sich dieser durch die Reproduktion zentraler Eigenschaften des »neuen Menschen« wieder zu versichern. Seine Herkunft aus einer Arbeiterfamilie schien ihm dabei besonders wichtig gewesen zu sein, denn auch er benannte zusätzlich die Tätigkeiten seiner Eltern: Sein Vater sei ein »Signalist«[97] bei den Tschechoslowakischen Staatsbahnen[98] und seit 1945 Mitglied der KSČ gewesen, ebenso wie seine Mutter, die 1946 in die Partei eingetreten und beim Ortsnationalausschuss in Říčany tätig gewesen sei. Beide Elternteile wurden als politisch aktiv beschrieben und der Verfasser selbst bezeichnete sich ebenfalls als Kommunist.[99]

Während es bei ihm somit die Identität als Kommunist war, die durch seine Entlassung erschüttert wurde, war es im Falle des Kontrolleurs aus Kladno die eines »anständigen Tschechen«. Weil er sich angeblich nicht entsprechend verhalten habe, dürfe er keine »ökonomische Tätigkeit« mehr ausüben, was ihn

---

[93] Brief des Kreisstaatsanwaltes Kladno an das Zentralkomitee der KSČ (s. Anm. 91).
[94] Brief von František K. an den Präsidenten vom 25.3.1962. AKPR, KPR, (1919) 1948–1962, Protokol 600 000 – rok 1962, kart. 862, inv. č. 3092, sign. 675687.
[95] Brief von L. N. an den Präsidenten vom 18.7.1961 (s. Anm. 49). Ein Verweis auf die Herkunft aus einer Arbeiterfamilie findet sich zudem im Brief eines Rentners aus Holešov: »Ich stamme aus einer Bergarbeiter-Familie und habe selbst 7 Jahre im Bergbau gearbeitet.« Siehe Brief von František Ž. an den Präsidenten vom 15.2.1961. AKPR, KPR, (1919) 1948–1962, Protokol 600 000 – rok 1962, kart. 862, inv. č. 3092, sign. 675687.
[96] Brief der Kanzlei des Präsidenten an den Leiter der IV. Abteilung des Zentralkomitees der KSČ in der Angelegenheit L. N. vom 21.7.1961. AKPR, KPR, (1919) 1948–1962, Protokol 600 000 – rok 1962, kart. 862, inv. č. 3092, sign. 675687.
[97] Heutzutage würde man dies vermutlich mit Fahrdienstleister übersetzen.
[98] Československé státní dráhy, ČSD.
[99] Brief von L. N. an den Präsidenten vom 18.7.1961 (s. Anm. 49).

wiederum in Depressionen gestürzt habe.[100] Den Behauptungen, dass er der Vlajka angehört habe, widersprach er vehement. Es sei zwar korrekt, dass er in der Prager Burg beschäftigt gewesen sei, allerdings nur »bei der Gartenverwaltung als Hilfsarbeiter«.[101] Dieses Zugeständnis zeigt einmal mehr, dass solche Briefe mitnichten immer nur geschönte, an die Erwartungen der Empfänger angepasste Selbstdarstellungen enthielten. Die Verfasser setzten sich vielmehr auch mit Elementen ihrer Biografie auseinander, die für sie ungünstig waren. Das deutet darauf hin, dass ihre Briefe auch ein Versuch waren, diese Elemente sinnhaft in ihre Biografie zu integrieren.

Die Kollaboration mit den deutschen Besatzern war ein häufig auftretender Vorwurf,[102] der in den meisten Fällen eine veritable Identitätskrise bei den Beschuldigten auslöste, war doch der Widerstand gegen das Besatzungsregime ein zentrales Element in der Biografie eines »neuen Menschen«. Dementsprechend vehement wehrten sich diese auch dagegen und betonten die eigenen Errungenschaften in dieser Zeit: »Gleichzeitig bitte ich [...] darum, dass eine Untersuchung meiner aktiven Teilnahme am slowakischen Nationalaufstand durchgeführt wird, in dem ich für Tapferkeit vor dem Feind am 29.10.1944 zum Hauptmann [...] befördert wurde«,[103] schrieb zum Beispiel ein Angestellter aus dem Baugewerbe, der nach der Probezeit in einem neuen Betrieb aufgrund von »Kadermängeln«[104] nicht übernommen worden war. Dem Betroffenen wurde dabei unter anderem vorgeworfen, ein Anhänger der »Hlinka-Garde« gewesen zu sein, der paramilitärischen Wehrorganisation im diktatorischen Herrschaftssystem der Slowakei während des Zweiten Weltkrieges, sowie als Übersetzer für die Gestapo gearbeitet zu haben. Dazu schrieb er, dass es zwar tatsächlich als Buchhalter bei der Hlinka-Garde und deren Bereitschafts-Abteilungen[105] tätig gewesen sei, er sein Kommando aber durch seine Beteiligung am slowakischen Nationalaufstand gegen die Wehrmacht und das slowakische Kollaborationsregime verloren habe.[106] Dieser Bezug auf eine Beteiligung an einem Ereignis, das in der kommunistischen Erinnerung positiv konnotiert war, war ein

---

[100] Brief von František K. an den Präsidenten vom 25.3.1962 (s. Anm. 94).
[101] *Ebenda.*
[102] Neben den bereits zitierten Beispielen findet sich der Vorwurf noch in einem Brief von Eduard U. an den Präsidenten vom 25.11.1961. AKPR, KPR, (1919) 1948–1962, Protokol 6000 000 – rok 1962, kart. 858, inv. č. 3087, sign. 672828. Der Betroffene soll ein Anhänger der Nationalsozialisten gewesen sein, präsentierte sich selbst aber als ein ausgewiesener Antifaschist.
[103] Brief von Eugen B. an die Abteilung des Innenministeriums beim Kreisnationalausschuss vom 8.2.1960. AKPR, KPR, (1919) 1948–1962, Protokol 600 000 – rok 1962, kart. 862, inv. č. 3092, sign. 675687 (slowakisch).
[104] *Ebenda.*
[105] Pohotovostní oddíly Hlinkovy gardy, POHG.
[106] Brief von Eugen B. an die Abteilung des Innenministeriums beim Kreisnationalausschuss vom 8.2.1960. AKPR, KPR, (1919) 1948–1962, Protokol 600 000 – rok 1962, kart. 862, inv. č. 3092, sign. 675687 (slowakisch).

Versuch, seinen negativen Kaderbescheid zu entkräften. Er konnte dem Betroffenen gleichzeitig dazu dienen, seine erschütterte Selbstwahrnehmung wieder zu korrigieren.

Die Bedeutung einer aktiven Teilnahme am (kommunistischen) Widerstand zeigte sich auch im Fall einer Rentnerin aus Cvikov in der Nähe von Liblice. Sie beklagte sich bei der Kanzlei des Präsidenten über einen Rentenbescheid, den sie »als bittere Ungerechtigkeit« empfand, da er sie nötigte, zusätzlich noch auf einem Staatsgut zu arbeiten (»Ich musste dort angestellt sein, um *leben* zu können. Nicht, damit ich meinen Staat ausbeute.«). In der »vergangenen Republik« sei sie als Intellektuelle verfolgt und dafür geschlagen worden, dass sie dem Proletariat angehört habe. Nun werde sie doppelt dafür bestraft, dass sie zu Beginn der *okupace* nicht sofort gegen die Deutschen vorgegangen sei. Aus der Darstellung ihres Lebenswegs sollte deutlich hervortreten, dass sie »ein übles Leben in Leid« gelebt habe, was vor allem in Bezug auf die Erste Republik ein klarer Hinweis auf eine sozialistische Biografie war, denn Sozialisten und Kommunisten hatten aus ideologischer Sicht in dieser Zeit am stärksten gelitten. Interessant ist an der Biografie der Verfasserin aber vor allem, dass sie anführte, Nachteile zu haben, weil sie »nicht sofort von Beginn an« gegen die Besatzer aufbegehrt hatte. Der Widerstand gegen die deutsche Besatzung schien also innerhalb der sozialistischen Subjektkultur ein so zentrales Element gewesen zu sein, dass nicht nur der Vorwurf der Kollaboration die eigene Identität infrage stellen konnte, sondern auch schon der einer anfänglichen Passivität. Interessanterweise versuchte die Verfasserin aber nicht wie andere Betroffene, dieser Tatsache eine besondere Tapferkeit oder außergewöhnliche Errungenschaften im Widerstand entgegenzusetzen. Vielmehr betonte sie besonders ihre ehrliche Grundeinstellung: »Ich habe in der damaligen Zeit für meine Arbeit eine niedrige Bezahlung bekommen, da ich weder schmeicheln noch lügen konnte. Ich stand ehrlich auf der Seite der Werktätigen.«[107]

Nicht nur an der Seite, sondern mitten unter den Werktätigen sah sich wiederum besagter Kontrolleur der Verkehrsbetriebe Kladno. Neben der Betonung seiner Unschuld und seiner Arbeiterherkunft war für ihn die Herausstellung seiner eigenen Arbeitsleistungen ein wichtiges Argument, mit dem er den Anschuldigungen begegnete. Die Vorstellung des »vorbildlichen Arbeiters«,[108] so wie der Betroffene sie reproduzierte, umfasste wichtige Eigenschaften eines »neuen Menschen«, mit denen er die Vorwürfe einer Mitgliedschaft in der Vlajka zu widerlegen versuchte. Die Tatsache, dass beide Aspekte eigentlich überhaupt nicht miteinander zusammenhängen, weist darauf hin, welche Bedeutung die Identität eines Arbeiters für den Verfasser hatte und wie sehr die Vorwürfe diese offensichtlich belastet hatten.

---

107 Brief von Zdena Z. an die Staatsbehörde für soziale Sicherung (SÚSZ) vom 26.9.1961. *Ebenda* (Hervorhebung im Original).
108 Brief von František K. an den Präsidenten vom 25.3.1962 (s. Anm. 94).

III. Individuelle Wünsche

Besonders wichtig schienen ihm dabei seine Auszeichnungen als Arbeiter gewesen zu sein. Seine Arbeitsbiografie stellte den ersten Absatz in seinem Brief an den Präsidenten dar. Er betonte dabei nicht nur, dass er bereits seit 1945 im Verkehrswesen arbeitete, sondern auch, dass er mehrfach als vorbildlicher Arbeiter sowie als »bester Arbeiter des Betriebs«[109] ausgezeichnet worden sei. Zudem sei er für seine Arbeitsresultate geehrt worden. Bereits als Schüler habe er sich hervorgetan, da er nie gefehlt und viele Stunden in Brigaden abgearbeitet habe. Auch die freiwillige Mitgliedschaft in diversen Verbänden scheint für ihn eine identitätsstiftende Wirkung gehabt zu haben: »Ich bin Mitglied in der KSČ – ROH[110] – ČČK[111] und seit letztem Jahr Vorsitzender [...] des SČSP[112] in Kladno.«[113] Insbesondere die Mitgliedschaft in der Kommunistischen Partei und der Gewerkschaft galten als obligatorisch für diejenigen, die Teil der Arbeiterbewegung und des sozialistischen Aufbaus sein wollten. Gemeinsam mit der Betonung seiner Arbeitsleistung versuchte der betroffene Kontrolleur so, sich als »ausgezeichneter Arbeiter« zu präsentieren, um sich von den Vorwürfen gegen ihn freizusprechen. Diesen Brief kann man darüber hinaus auch als einen Biographiegenerator ansehen und damit als Versuch, der eigenen Lebensgeschichte Einheit und Zusammenhang zu stiften,[114] denn der Verfasser schrieb auch, dass ihn die Anschuldigungen an den »Rand der Verzweiflung«[115] gebracht hätten. Durch die Niederschrift seiner Biografie versicherte er sich seiner eigenen Leistungen noch einmal zusätzlich.[116]

Zudem zeigt sich an seinem Beispiel, dass eine sozialistische Identität nicht immer losgelöst von einer nationalen angesehen werden konnte. Die Versuche des Verfassers, die Identität eines Arbeiters zu reproduzieren und sich so von seinem angeblichen Handeln während der *okupace* abzugrenzen, waren auch Versuche, sich als »anständiger Tscheche«[117] zu präsentieren. Diese Zuschreibung hatte er durch sein vermeintliches früheres Verhalten verloren.[118] National und ideologisch basierte Identitäten waren im Falle des Kontrolleurs aus Kladno somit eng verwoben und kaum voneinander zu trennen.

---

[109] *Ebenda.*
[110] Revoluční odborové hnutí (Revolutionäre Gewerkschaftsbewegung).
[111] Český červený kříž (Tschechisches Rotes Kreuz).
[112] Svaz československo-sovětského přátelství (Verband der Tschechoslowakisch-sowjetischen Freundschaft).
[113] Brief von František K. an den Präsidenten vom 25.3.1962 (s. Anm. 94).
[114] Vgl. Winkel: Zwischen Emanzipation und Analphabetentum, 85.
[115] Brief von František K. an den Präsidenten vom 25.3.1962 (s. Anm. 94).
[116] *Ebenda.*
[117] Brief des Kreisstaatsanwaltes Kladno an das Zentralkomitee der KSČ in der Angelegenheit František K. vom 28.4.1962. AKPR, KPR, (1919) 1948–1962, Protokol 600 000 – rok 1962, kart. 862, inv. č. 3092, sign. 675687.
[118] *Ebenda.*

III. Individuelle Wünsche

Die eigenen Arbeitsleistungen waren somit zu Beginn der sechziger Jahre weiterhin ein wichtiger Faktor bei der Einschreibung in die sozialistische Gesellschaft. Auch ein Angestellter aus Pardubice verwies darauf, dass er »als guter Arbeiter« bekannt sei, als er sich beim Präsidenten über eine seiner Ansicht nach falsche Kaderbeurteilung beklagte.[119] Die negative Beurteilung habe auf dem Vorwurf basiert, er würde aus einer Beamtenfamilie stammen und der Behauptung, er habe nicht »den politischen Überblick« gehabt.[120]

Auch hier standen die vorgebrachten Vorwürfe und die Versuche, diese vor allem durch Verweise auf die eigene Arbeitsleistung zu entkräften, in keinem direkten Verhältnis zueinander. Das deutet darauf hin, dass die Verweise auf die eigene Arbeit dem Verfasser dazu dienten, sich seiner eigenen Identität zu versichern:

Was meine Arbeitsmoral betrifft, davon sprechen doch sicher die unzähligen Überstunden [...]. Des Weiteren bin ich beinahe regelmäßig jedes Jahr zum I. oder II. Halbjahr als bester Arbeiter der Zentrale ausgewählt und entlohnt worden. [...] Alle Brigaden, zu denen ich gerufen wurde, habe ich erfüllt und zusätzlich habe ich in einer Brigade in einem Kulturzentrum im Riesengebirge gearbeitet.[121]

Vor diesem Hintergrund erschien der negative Kaderbescheid für den Verfasser gänzlich unverständlich. Das Material sei nur eine »verstümmelte Wahrheit« und erwähne mit keinem Wort sein Engagement in der Gewerkschaft, seine sozialistischen Verpflichtungen, dass er »bei den Angestellten beliebt« gewesen sei und auch nicht, dass er sechs Kinder anständig erzogen habe.[122]

Es scheint dem Verfasser also ganz offensichtlich wichtig gewesen zu sein, nicht nur als ein guter Arbeiter wahrgenommen zu werden, der »nicht auf die Arbeitszeit geschaut« habe,[123] sondern auch als jemand, der sich mittels sozialistischer Verpflichtungen am Aufbau der Gesellschaft beteiligt und seine Kinder dementsprechend erzogen habe. All diese Leistungen sah er durch den negativen Kaderbescheid herabgewürdigt, obwohl dieser jene gar nicht thematisiert hatte. Auch wenn er seinen scheinbar fehlenden politischen Überblick damit rechtfertigte, dass sein Betrieb keinerlei Anstrengungen für die politische Bildung seiner Mitarbeiter unternommen habe,[124] stellte seine Hauptargumentation doch seine Arbeitsbiografie dar. Dies legt nahe, dass er durch deren Verschriftlichung seiner erschütterten Identität als sozialistischer Arbeiter wieder Sinn und Zusammenhang stiften wollte und die Darstellung von Arbeit als Möglichkeit erkannt hatte, erneut ein Teil der Gesellschaft zu werden.[125]

---

[119] Brief von Janko E. an den Präsidenten, eingegangen am 17.4.1961. AKPR, KPR, (1919) 1948–1962, Protokol 600 000 – rok 1962, kart. 862, inv. č. 3092, sign. 675687.
[120] *Ebenda.*
[121] *Ebenda.*
[122] *Ebenda.*
[123] *Ebenda.*
[124] *Ebenda.*
[125] Vgl. *Winkel*: Zwischen Emanzipation und Analphabetentum, 85.

III. *Individuelle Wünsche*

In welchem Ausmaß die in den Briefen an Staats- und Parteiinstitutionen verwendeten Formen von Selbstbeschreibungen oftmals von den von offizieller Stelle bei der Bewertung der Fälle angewandten Kriterien abwichen, zeigt sich im Fall eines Angestellten im Gesundheitswesen aus Mariánské Lázně. Dieser hatte nach Beendigung der Gesundheitsschule an der Prager Karlsuniversität Medizin studieren wollen, war dort aber aufgrund eines negativen Kaderbescheids abgelehnt worden. Laut diesem Dokument, das vom Ortsnationalausschuss in Kladno ausgestellt wurde, stammte der Betroffene aus einer gewerbetreibenden Familie. Seine Mutter gelte als »parasitärer Mensch« mit einem »bösen Charakter«, sie habe sich gegen die Eingliederung des väterlichen Betriebs, eines Wirtshauses, in den sozialistischen Sektor gewehrt.[126] Der Studienbewerber selbst habe sich bereits in jungen Jahren der Mutter gegenüber grob verhalten. Aus all diesen Annahmen schloss der Nationalausschuss, dass die Einstellung der Familie dem System gegenüber feindlich sein müsse.[127]

In seinem Lebenslauf widersprach der Studienbewerber diesen Vorwürfen vehement und versuchte, sich als guter sozialistischer Arbeiter und damit dem System gegenüber positiv eingestellt zu präsentieren. In seinen Erläuterungen war von Auszeichnungen für seine Arbeit in der Pionierorganisation die Rede, von Mitgliedschaften im ČSM, ČSČK,[128] SČSP sowie in der ROH und insbesondere von diversen unbezahlten Tätigkeiten in verschiedenen Brigaden. Seine Mutter präsentierte er als eine Arbeiterin, die in einem Nationalunternehmen in Kladno gearbeitet habe und ebenfalls Mitglied in der ROH und dem ČSČK sei. Er selbst sei am Arbeitsplatz als »bester Arbeiter« ausgezeichnet worden.[129]

Diese Selbstdarstellung, mit der sich der Verfasser als vorbildlicher sozialistischer Arbeiter präsentierte, stand verständlicherweise in starkem Widerspruch zum Kaderbescheid des Ortsnationalausschusses Kladno, deckte sich aber wiederum weitgehend mit der Bewertung, die ihm sein Arbeitgeber in Mariánské Lázně ausgestellt hatte. Diesem Bescheid zufolge zeigte der Betroffene eine sehr gute Arbeitsmoral, sei ein »gewissenhafter, ruhiger [und] bescheidener Arbeiter«[130] gewesen und habe seine sozialistischen Verpflichtungen erfüllt. Zudem kümmere er sich nach der Arbeit um Schulkinder und rege politische und wirtschaftliche Initiativen unter den Bürgern der Stadt an. Alles in allem zeige der Betroffene »die Voraussetzungen, um ein guter Arzt im [...] sozialistischen System« werden zu können.[131]

---

[126] Kaderbescheid des Zbyněk S., ausgestellt vom MNV Kladno am 21.3.1961. AKPR, KPR, (1919) 1948–1962, Protokol 6000 000 – rok 1962, kart. 858, inv. č. 3087, sign. 672828.
[127] *Ebenda.*
[128] Československý červený kříž (Tschechoslowakisches Rotes Kreuz).
[129] Lebenslauf von Zbyněk S. vom 8.2.1961. AKPR, KPR, (1919) 1948–1962, Protokol 6000 000 – rok 1962, kart. 858, inv. č. 3087, sign. 672828.
[130] Gutachten der Tschechoslowakischen Staatsbäder (Československé státní lázně) zu Zbyněk S. vom 2.2.1961. *Ebenda.*
[131] *Ebenda.*

Der hier erläuterte Fall unterstreicht noch einmal, dass die Argumentationsmuster, die Personen vorbrachten, um sich (wieder) in die sozialistische Gesellschaft einzuschreiben, nicht immer direkt auf die Vorwürfe ausgerichtet sein mussten. Umso wichtiger waren die Kategorien, die die Beschuldigten heranzogen, offensichtlich für sie selbst. Dies gilt insbesondere für die Betonung der individuellen Arbeitsleistung und der damit verbundenen Auszeichnungen. Sie mögen zwar wie im Fall des Studienbewerbers aus Mariánské Lázně in Form eines sicherlich an vorgegebenen Kriterien orientierten Lebenslaufs etwas schematisch wirken, waren aber dennoch für viele Individuen ein wichtiger Faktor bei der Einschreibung in das kommunistische Narrativ.

Der sozialistische Bürger – ein Subjektmodell?

Die frühen sechziger Jahre brachten der Tschechoslowakei nicht nur einen neuen Wirtschaftsplan, eine neue Staatsbezeichnung und eine neue Verfassung. Mit dem »sozialistischen Bürger« zeigte sich auch erstmals während des Untersuchungszeitraums ein klar abzugrenzendes Subjektmodell, das sowohl auf diskursiver Ebene als auch in den dazugehörigen subjektivierenden Praktiken rekonstruierbar ist.

Anders als die konsequente Nichtbeachtung durch die Forschung vermuten lassen könnte, spielte dabei insbesondere die neue sozialistische Verfassung eine entscheidende Rolle. Gemeinsam mit der Neujahrsansprache von Präsident Novotný im Jahr 1962 steckte sie das Feld ab, innerhalb dessen sich Individuen als sozialistische Subjekte verorten konnten und definierte eindeutig die Rechte und vor allem die Pflichten sozialistischer Bürger. Dies gab den Individuen wiederum die notwendigen Praktiken an die Hand, um sich in das kommunistische Narrativ und die nun offiziell sozialistische Gesellschaft einzuschreiben.

Mit dem eindeutigen Bezug auf die Rechte der Individuen ging zudem eine Ermächtigung vieler Bürger einher, die auf Grundlage der »sozialistischen Gerechtigkeit« und des tschechoslowakischen Rechtssystems generell Ansprüche formulierten. Eine ähnliche Entwicklung hatte sich bereits im Zusammenhang mit dem Wohnungsgesetz einige Jahre zuvor gezeigt. Bei den Versuchen, diese Rechte auch durchzusetzen, offenbarten viele Petenten ein eigenes Verständnis von der »sozialistischen Gesetzlichkeit«, das sie von den zuständigen Verwaltungsinstitutionen nicht umgesetzt sahen. Dementsprechend landeten viele Fälle am Ende auf dem Schreibtisch des Präsidenten, der als eine der wenigen Instanzen angesehen wurde, die für Recht im Sinne der Bürger sorgen würde. Bemerkenswerterweise war es eben auch der Präsident, der die Gesetzlichkeit durchsetzen sollte und nicht die KSČ, die sich noch in den fünfziger Jahren als eigentlicher Garant dieser präsentiert hatte.[132] Auch wenn es sich

---

[132] Hier wäre eine Untersuchung von Briefen an die Partei sicher gewinnbringend. Erste Ansätze, allerdings zu den späten achtziger Jahren, finden sich bei *Pažout/Vilímek*: Barometr nálad, studnice informací.

hier nur um eine Stichprobe handelt und es sicherlich genug andere Beispiele von Personen gab, die angesichts von Willkür und Repressionen ihr Vertrauen in das Rechtssystem verloren hatten, muss der heute oftmals für die Tschechoslowakei verwendete Begriff »Unrechtsstaat« zumindest dahingehend hinterfragt werden ob er von den Betroffenen als ein solcher wahrgenommen wurde.

Die Ansicht, den »richtigen« Sozialismus zu vertreten, war somit dafür verantwortlich, dass sich große Teile der Bevölkerung trotz der auch in diesem Kapitel deutlich hervortretenden Inkompetenz vieler Ausschüsse und Behörden nicht vom Regime abwandten. Viele Bürger waren überzeugt, dass sie mit ihren Eingaben und Beschwerden etwas erreichen konnten und die Behörden irgendwann ihre Vorstellung des Sozialismus umsetzen würden. Die sozialistische Verfassung hatte sie darin sogar noch bestärkt, da sie einen wichtigen Bezugspunkt darstellte, mit dem sich die eigenen Forderungen begründen ließen.

Die Versuche der Menschen, sich in die sozialistische Gesellschaft einzuschreiben, um so zu Trägern entsprechender Rechte zu werden, wiesen dabei im Vergleich mit den Vorjahren zum einen eine hohe Kontinuität, zum anderen aber auch einige entscheidende Brüche auf. Das Modell des »sozialistischen Bürgers«, das dabei vielfach reproduziert wurde, baute auf Eigenschaften auf, die als grundlegend für die Idee des »neuen sozialistischen Menschen« angesehen werden können. Dazu gehörten ein »anständiges« Verhalten in der vorkommunistischen Vergangenheit, außergewöhnliche Arbeitsleistungen und ein politisches Bewusstsein – alles Elemente, die die Verfasser von Beschwerden und Eingaben bereits in den Vorjahren bei der Formulierung ihrer Anliegen reproduziert hatten. Und ebenfalls wie in den Jahren zuvor wurden diese immer wieder individuell gedeutet und an die eigene Lebensrealität angepasst.

Einzig im Zusammenhang mit den konstitutiven Anti-Subjekten und Feindbildern lässt sich mit dem Vorwurf des Personenkultes eine Zuschreibung identifizieren, die erst im Zuge der erneut aufgekommenen Debatte um die Entstalinisierung im Land aufgegriffen wurde, um eigenen Argumenten Nachdruck zu verleihen und sich selbst als »sozialistische Bürger« zu präsentieren. Kaum aufgegriffen wurde hingegen der Versuch, den Einzelnen durch die Betonung der Verknüpfung des allgemeinen mit dem individuellen Wohl wieder enger an das Kollektiv zu binden. Die von den Individuen aufgezählten Arbeitsleistungen wurden so gut wie nie als Leistungen für das Allgemeinwohl dargestellt, und auch die Anliegen, mit denen sich die Betroffenen an die jeweiligen Institutionen wandten, betrafen zumeist individuelle Probleme.

Die wichtigste Errungenschaft der sozialistischen Verfassung war es somit, die Rechte und Pflichten sozialistischer Bürger noch einmal klar definiert und damit auf diskursiver Ebene das entsprechende Subjektmodell festgeschrieben zu haben. Dieses Subjektmodell war auch deswegen so attraktiv, weil es eine nationale Aneignung ermöglichte, denn ein »sozialistischer Bürger« konnte gleichzeitig auch ein »anständiger Tscheche« sein. Einzig das dahinterliegende Verständnis von Bürgerschaft war ein anderes. Die Petenten, die als »sozialistische Bürger« bestimmte Rechte für sich geltend machten, deuteten den Begriff des »Bürgers« zwar auch im Hinblick auf die Zugehörigkeit zur Gemeinschaft, taten dies aber primär, um einen damit verbundenen Status und Sozialprestige zu erhalten. Sie sahen sich daher genau genommen eher als *měšťan* (Stadtbürger) denn als *občan* (Staatsbürger).[133] *Občan* leitet sich aus dem tschechischen Wort *obec* (Gemeinde) ab und bezeichnet eher eine Identität, in der Status und Prestige zugunsten der Zugehörigkeit zu einer national definierten Gemeinschaft zurücktreten.[134]

Allerdings können die untersuchten Selbstbeschreibungen nicht eindeutig der einen oder der anderen Auslegung zugeordnet werden. Auch in diesem Fall war es vielmehr die Vermischung von nationalen und sozialistischen Ideen, welche die Identität des »sozialistischen Bürgers« für so viele Menschen interessant machte, die in der Einschreibung in die sozialistische Ordnung eine Chance zur persönlichen Entfaltung sahen.

2. Sozialismus im Alltag – die Fernsehserie »Tři chlapi v chalupě« (Drei Männer unter einem Dach)[135]

Als am 12. Dezember 1962 die letzte Episode der Serie[136] »Tři chlapi v chalupě« im tschechoslowakischen Fernsehen ausgestrahlt wurde, wollte beinahe ganz Prag dabei sein, als der von allen nur »Děda« (Opa) genannte Großvater der Serienfamilie Potůček im Altstädter Rathaus endlich seine Braut (von der nur ihr Familienname Přibylová bekannt ist) heiratete. Dieser Wunsch drückte sich allerdings nicht nur darin aus, dass man sich pünktlich vor dem Fernseher einfand, um die Episode verfolgen zu können. Da die Serie in Ermangelung moderner Aufzeichnungstechnik live gesendet wurde, säumten hunderte Prager die Straßen, als die Hochzeitsgesellschaft in die Stadt einfuhr, und jubelten den Protagonisten zu.[137]

---

[133] *Luft/Havelka/Zwicker*: Zur Einführung, IX.
[134] Vgl. *ebenda*.
[135] Das Interesse am Erkenntnispotenzial filmischer Quellen für historische Untersuchungen verdanke ich der leider viel zu früh verstorbenen Annerose Menniger. Sie hat mich nicht nur immer wieder darin bestärkt, thematisches Neuland zu betreten, sondern auch darin, auf die eigenen Fähigkeiten zu vertrauen und eine Promotion in Angriff zu nehmen. Ihr ist dieses Kapitel gewidmet.
[136] Zur kultur- und geschichtswissenschaftlichen Untersuchung von Serien siehe u. a. *Reifová*, Irena: Kleine Geschichte der Fernsehserie in der Tschechoslowakei und Tschechien. In: Kommerz, Kunst, Unterhaltung. Hg. v. *Forschungsstelle Osteuropa an der Universität Bremen*. Bremen 2002, 161–184; *Smetana*, Miloš: Televizní seriál a jeho paradoxy [Die TV-Serie und ihre Paradoxien]. Praha 2000; *Allen*, Robert C.: To Be Continued... Soap Operas Around the World. London u. a. 1995, 3; *McQuail*, Denis: McQuails Mass Communication Theory. 5. Aufl. London u. a. 2005; *Mikos*, Lothar: Es wird dein Leben! Familienserien im Fernsehen und im Alltag der Zuschauer. Münster 1994.
[137] Vgl. *Smetana*: Televizní seriál a jeho paradoxy, 26 f.

Die Fernsehzuschauer hatten die »drei Männer« in ihrer »namenlosen Hütte« und die anderen Bewohner des fiktiven Dorfes Ouplavice[138] im Laufe des Jahres, in dem die Serie ausgestrahlt worden war,[139] offensichtlich liebgewonnen. Davon zeugten nicht nur die Menschenansammlungen anlässlich der letzten Folge, von denen selbst die Schauspieler überrascht gewesen zu sein schienen.[140] Auch »Wäschekörbe voller Briefe«,[141] die in die Redaktion gebracht wurden, zahlreiche Besuche und Anrufe von Zuschauern sowie nicht zuletzt die Geschenke, die Zuschauer anlässlich der Hochzeitsvorbereitungen von Děda Potůček an das Fernsehen schickten, zeugen von der Beliebtheit der Serie und ihrer Charaktere beim Publikum.[142]

Doch wie ist diese Attraktivität zu erklären? Was bewog hunderte Fernsehzuschauer dazu, sich dicht gedrängt an den Straßenrand zu stellen, um einen Blick auf ihre Lieblingsschauspieler erhaschen zu können? Die Antworten auf diese Fragen bergen wichtige Erkenntnisse für die Untersuchung der Figur des »neuen sozialistischen Menschen« und insbesondere der Mechanismen, mit denen diese an die Bevölkerung vermittelt wurden. Die Begeisterung für die Serie und ihre Protagonisten deutet darauf hin, dass sich die Zuschauer mit diesen identifizierten und somit ihre Verhaltensweisen als für im Alltag reproduzierbar erachteten. Die Ausprägungen des »neuen Menschen«, die in der Serie gezeigt wurden, können somit als von Teilen der Bevölkerung akzeptiert angesehen werden.

Das folgende Kapitel stellt einen bewussten Perspektivwechsel dar. Anhand der Figuren der Serie soll aufgezeigt werden, wie alltagstaugliche Subjektmodelle beschaffen sein mussten, um in der Gesellschaft anerkannt zu werden, aber auch, wie offizielle Vorstellungen des »neuen Menschen« abseits der oftmals doch recht dogmatischen Parteipresse vermittelt wurden. Auf die Bedeutung von Rundfunk und Fernsehen als vertrauensvolle Medien ist in dieser Arbeit schon hinlänglich verwiesen worden. »Drei Männer unter einem Dach« bietet nun die Möglichkeit, einen genaueren Blick darauf zu werfen, welche Inhalte genau über diese Kanäle kommuniziert wurden. Dies soll die Dynamiken zwischen Medien und Rezipienten, die in den Abschnitten I.2 und II.2 bereits angedeutet wurden, noch klarer hervortreten lassen.

---

[138] Im Intro der Serie heißt es »[...] liegt ein kleines Tal, genannt Oudolí, darin ein kleines Dorf, genannt Ouplavice, und darin eine kleine Hütte, ganz ohne Namen. Und in dieser Hütte leben drei große Männer« ([...] je jedno malé údolíčko zvané Oudolí, v něm jedna malá vesnička zvaná Ouplavice a v ní jedna malá chalupa úplně beze jména. A v té chalupě žijí tři velcí muži). So z. B. Tři chlapi v chalupě, R: *Filip*, František/*Dudek*, Jaroslav/*Hudeček*, Václav, 1962, Episode 17 (Zajíc), Min. 00:00:39–00:00:55.

[139] Die Serie wurde zwischen dem 18.10.1961 und dem 12.12.1962 ausgestrahlt, vgl. *Smetana*: Televizní seriál a jeho paradoxy, 24.

[140] Tři chlapi v chalupě, Episode 18 (Dirigent), Min. 00:59:46–01:04:25 und Min. 01:01:10–01:01:24.

[141] *Smetana*: Televizní seriál a jeho paradoxy, 27.

[142] Vgl. *ebenda*.

III. Individuelle Wünsche

Die Relevanz der Serie und damit auch ihrer Vermittlungsmechanismen ergibt sich aus der in den frühen 1960er Jahren weiter stark gestiegenen Bedeutung des Fernsehens. Innerhalb kürzester Zeit wurden die Meilensteine von einer (1961) und zwei Millionen Konzessionen (1963) erreicht. Es ist davon auszugehen, dass in der Zeit, als »Drei Männer unter einem Dach« ausgestrahlt wurde, beinahe jeder jemanden kannte, der ein Fernsehgerät besaß. Mit dem bereits erwähnten Dokument »Über den Zustand und die neuen Aufgaben des Tschechoslowakischen Fernsehens« erhob die Kommunistische Partei das Fernsehen 1960 dann auch offiziell zum ideologischen Leit- und Massenmedium.[143] Wenn es also um die Frage geht, wie der »neue Mensch« in dieser Zeit der Bevölkerung vermittelt wurde, führt am Fernsehen kein Weg vorbei.

1961, im Jahr der Ausstrahlung, war »Tři chlapi v chalupě« erst die zweite Serienproduktion des Tschechoslowakischen Fernsehens. 1959/60 war bereits »Rodina Bláhova« (Familie Bláha) produziert worden, die das Leben einer »normale[n], unauffällige[n]«[144] tschechischen Familie thematisierte. Da »Drei Männer unter einem Dach« (ebenso wie »Familie Bláha«) live aus dem Studio gesendet und nicht vollständig aufgezeichnet wurde, sind heute nur noch drei Episoden erhalten: »Kuře« (Huhn, Episode 12), »Zajíc« (Hase, Episode 17) und die abschließende 18. Episode »Dirigent«.[145] Die Serie wurde noch um eine 19. Episode mit dem Namen »Tři chlapi po roce« (Drei Männer – ein Jahr später, 1964) und zwei abendfüllende Filme ergänzt »Tři chlapi v chalupě« (Drei Männer unter einem Dach, 1963) sowie »Tři chlapi na cestách« (Drei Männer unterwegs, 1973).[146] Für die Analysen wurden aber lediglich die verbliebenen Folgen der ursprünglichen Produktion herangezogen.

Im Mittelpunkt der Serie stehen das Leben der Familie Potůček, die im fiktiven (sozialistischen) Dorf Ouplavice lebt, und ihre alltäglichen Probleme. Diese betrafen oftmals das Leben auf dem Dorf, aber auch Fragen des Zusammenlebens mehrerer Generationen.[147] Denn die Familie besteht aus dem Großvater (Děda), seinem Sohn Vašek und dessen Sohn Venda, die gemeinsam in besagter »Hütte ohne Namen« leben. In zentralen Nebenrollen treten Vašeks Ehefrau Hana (Hanička) und die neue Lebenspartnerin von Děda auf. Hinzu

---

[143] Vgl. *Štoll*: 1.5.1953. Zahájení televizního vysílání, 183–186.
[144] *Reifová*: Kleine Geschichte der Fernsehserie, 168.
[145] Vgl. *Smetana*: Televizní seriál a jeho paradoxy, 27.
[146] Besonders »Drei Männer unterwegs«, entstanden während der Zeit der Normalisierung, schien eine deutlich propagandistischere Botschaft gehabt zu haben als die ursprüngliche Serie. Dies geht aus Zuschauerkommentaren in der Tschechisch-Slowakischen Film-Datenbank (Česko-Slovenská filmová databáze, csfd.cz) hervor. Siehe Drei Männer unterwegs, URL: https://www.csfd.cz/film/6001-tri-chlapi-na-cestach/komentare/ (am 19.5.2019). Auch wenn es sich dabei zumeist um Kommentare aus den letzten Jahren handelt, deckt sich dies doch mit den Ergebnissen von Paulina Bren zu Fernsehproduktionen der Normalisierung. Siehe dazu *Bren*: The Greengrocer and His TV.
[147] Vgl. *Reifová*: Kleine Geschichte der Fernsehserie, 168.

kommen – je nach Thema der Episode – weitere Nebencharaktere, die vor allem durch ihre Funktion eine Bedeutung erlangen, wie es zum Beispiel beim Funktionär Bohouš Koťátko der Fall ist, der die Handlung zumeist als Vorsitzender des örtlichen Nationalausschusses beeinflusst.[148] Auch wenn die Serie der Forschung zufolge weitgehend ohne politisches Vokabular auskommt,[149] sind die Protagonisten – abgesehen von Děda, der bereits Rentner ist – in politische Entscheidungsprozesse eingebunden. Vašek ist der Vorsitzende der örtlichen landwirtschaftlichen Genossenschaft, sein Sohn Venda steht dem örtlichen Jugendverband vor, der als Massenorganisation Teil der KSČ war.

Mit ihrem Fokus auf das tägliche Leben einer durchschnittlichen Familie war die Serie typisch für das tschechoslowakische Fernsehen der fünfziger und frühen sechziger Jahre. Ebenso wie in »Familie Bláha« und der 1966 produzierten Serie »Eliška a její rod« (Eliška und ihre Familie) standen keine Helden der Arbeit oder Eliten des Regimes im Mittelpunkt, sondern der »einfache Mann«[150] und sein Alltag, womit ein wichtiger Anknüpfungspunkt an die Lebenswelt der Zuschauer geschaffen wurde.[151] Anhand des Alltagsgeschehens der Protagonisten wurden übergeordnete Themen verhandelt, wie der wissenschaftliche Atheismus (»Familie Bláha«) oder der Lebensalltag einer erwerbstätigen Frau (»Eliška und ihre Familie«). Auch die Serien aus der Zeit der Normalisierung hatten – obwohl sie in einem »politisch exponierten Milieu«[152] angesiedelt waren – vielfach den Alltag tschechoslowakischer Familien zum Thema, wie zum Beispiel »Taková normální rodinka« (Eine ganz normale Familie) von 1971.[153]

Die Ansiedlung der Handlung von »Drei Männer unter einem Dach« in einem dörflichen, weitgehend unpolitischen Milieu war für die Rezeption durch die Zuschauer ebenfalls wichtig und stellte einen zentralen Anknüpfungspunkt an deren lebensweltlichen Kontext dar. Zwar war es kaum möglich gewesen, die Atmosphäre eines tschechischen Dorfes in den Studioaufnahmen einzufangen, sie spiegelte sich aber in den Figuren, ihren Beziehungen und ihrer

---

[148] Vgl. *Mikos*, Lothar: Film- und Fernsehanalyse. 3. Aufl. Konstanz 2015, 162 f.
[149] Diese Feststellung ist differenziert zu betrachten. Zwar kann man Miloš Smetana und auch Irena Reifová dahingehend zustimmen, dass die Dialoge weitgehend ohne ideologische Begrifflichkeiten auskommen, ganz ohne geht es aber doch nicht. Als in der 17. Episode Vašek dem Vorsitzende des MNV, Bohouš Koťátko, vorwirft, sich hinter einem Parteitagsbeschluss zu verstecken, erwidert dieser: »Das wirst Du im Parteiausschuss wiederholen« (Tohle [...] budeš opakovat na partajním výboru). Siehe Tři chlapi v chalupě, Episode 17 (Zajíc), Min. 01:11:47–01:11:55. Interessant ist hier der Unterschied zwischen dem gesprochenen Text (na partajním výboru) und den nachträglich hinzugefügten Untertiteln der vorliegenden DVD Version (na stranickém výboru), der darauf hindeutet, dass die Bezeichnung der Kommunistischen Partei, für die zumeist der Begriff *strana* verwendet wurde, im alltäglichen Sprachgebrauch nicht immer eindeutig war.
[150] *Reifová*: Kleine Geschichte der Fernsehserie, 168.
[151] Vgl. *Franc/Knapík*: Volný čas v českých zemích, 415.
[152] *Reifová*: Kleine Geschichte der Fernsehserie, 168.
[153] Vgl. *ebenda*, 166–168.

III. Individuelle Wünsche

Sprache wider. Das dörfliche Setting knüpfte dabei an bereits existierende künstlerische Werke an, wie den Roman »Babička« (Die Großmutter) der Schriftstellerin Božena Němcová, auf den in der Serie auch Bezug genommen wird.[154] Da viele Zuschauer aus einem dörflichen Umfeld stammten oder zumindest aus kleineren Städten, wo Literatur und künstlerisches Schaffen noch stark ländlich geprägt waren, fanden sie sich vielfach in der gezeigten Szenerie wieder. Dadurch war es für sie leicht möglich, die gezeigten Handlungsmuster in ihren eigenen Alltag zu integrieren.[155] Letztendlich wurden die Figuren so auch zu einer Projektionsfläche für die Wünsche, Träume und moralischen Erwartungen des Publikums.[156]

Die Serie stellte somit einen starken Bezug zu den Lebensgeschichten der Zuschauer her, die sich im Geschehen auf dem Bildschirm wiedererkannten, sich vor dem Hintergrund ihrer eigenen Erfahrungen aktiv damit auseinandersetzten und ihm Bedeutung zuwiesen.[157] Auf diese Weise erfüllte die Serie innerhalb der Erziehungs- und Bildungsagenda des Regimes eine wichtige Funktion, denn mit ihrer Hilfe konnte das Tschechoslowakische Fernsehen nicht nur die Forderungen seiner Zuschauer nach Unterhaltung bedienen. Es konnte auch Vorbilder liefern, die zeigten, wie sich ein »neuer sozialistischer Mensch« im Alltag verhalten sollten und wie sie sich in der Gesellschaft verorten konnten. Dieser Alltag war für die gesellschaftliche Entwicklung von entscheidender Bedeutung, denn dort zeigte sich, welche Rolle sozialistische Werte und Normen in der Lebensführung der Menschen spielten.

So wichtig wie dieser Alltag war, so schwer ist er wissenschaftlich zu fassen. Nur wenige Quellen geben Auskunft über das tägliche Auftreten der Menschen in ihren zwischenmenschlichen Beziehungen, und auch wenn viele der in dieser Arbeit zitierten Briefe Probleme des Alltags berührten, waren es doch meist Situationen, die zwar in ihrer Abweichung auch die Norm erkennen lassen, aber doch wenig über den »normalen« Alltag ihrer Verfasser aussagen. Eine Serie, die ebendiesen Alltag thematisierte, ist daher eine der wenigen Möglichkeiten, entsprechende Erkenntnisse zu sammeln.

Natürlich kann man nicht mit Sicherheit sagen, dass all die Menschen, die die Prager Straßen anlässlich der letzten Episode von »Drei Männer und einem Dach« säumten, Handlungsweisen aus der Serie in ihren Alltag übernommen und sich mit den Figuren identifiziert haben. Die oben erwähnte Tatsache jedoch, dass viele Zuschauer in ihren Briefen die Hochzeit von Děda thematisierten und sogar Geschenke schickten, deutet darauf hin, dass es Verschränkungen

---

[154] Tři chlapi v chalupě, Episode 17 (Zajíc), Min. 00:49:52–50:14. Als Koťátko früh morgens bei Děda klopft, sagt dieser: »So früh – das kann nur die Großmutter von Božena Němcová sein.«
[155] Vgl. *Smetana*: Televizní seriál a jeho paradoxy, 26; *Mikos*: Film- und Fernsehanalyse, 282 f.
[156] Vgl. *Mikos*: Es wird dein Leben, 391–396; *Bren*: The Greengrocer and His TV, 202.
[157] Vgl. *Mikos*: Es wird dein Leben, 367, 391–396.

zwischen der Serienhandlung und dem täglichen Leben der Fernsehzuschauer gab. Ohnehin waren Programminhalte, die sich Themen von gesamtgesellschaftlichem Interesse widmeten, beim Publikum besonders beliebt.[158]

Die Charaktere aus »Drei Männer unter einem Dach« bieten daher einen guten Anknüpfungspunkt, um sich dem Alltagsleben in der sozialistischen Gesellschaft der Tschechoslowakei zu nähern. Sie wiesen nicht nur offensichtlich große Schnittmengen mit dem Alltag der Zuschauer auf, sondern waren darüber hinaus auch Teil der Vision einer sozialistischen Moderne, die das Fernsehen abbilden sollte, und zeigten das Leben des »einfachen Mann[es]«,[159] wie es in einer optimalen sozialistischen Gesellschaft aussehen sollte. Sie stellten also die Rollenmuster dar, die das Fernsehen einige Jahre zuvor unter den Zuschauern noch händeringend gesucht hatte. Die Figuren konnten als Vorbilder »neuer Menschen« gelten, deren Verhaltensweisen in den realen Alltag integriert werden konnten und so die Einschreibung in die Gesellschaft versprachen.[160] Sie waren somit auch deutlich mehr als die Galerie nachahmenswerter Vorbilder, deren Verhalten als Handlungsanleitung für ein konfliktfreies Leben in dem vorherrschenden politisch-gesellschaftlichen Milieu angesehen werden konnten, die Irena Reifová in ihnen sieht.[161] Sicherlich ist es zutreffend, dass mit den Figuren »Werte, Normen und Sanktionen der sozialistischen Gesellschaft als Instrument der Sozialisierung nach den Parametern des bestehenden Regimes«[162] vermittelt wurden. Geht man aber davon aus, dass viele Zuschauer sich diese Werte und Normen aktiv aneigneten, um zu »neuen Menschen« zu werden, versprachen die Figuren nicht nur ein konfliktfreies Miteinander mit dem Regime, sondern vor allem eine sinnstiftende, produktive Teilhabe an der »fortschrittlichen sozialistischen Gesellschaft« der frühen sechziger Jahre.

In diesem Kapitel sollen daher exemplarisch Charaktere und Handlungsstränge aus »Drei Männer unter einem Dach« dahingehend analysiert werden, inwiefern sie als Repräsentationen sozialer Identitäten präsentiert wurden und den Zuschauern so Handlungsvorschläge unterbreiteten, mit deren Hilfe sie Probleme des täglichen Lebens lösen und sich in die Gesellschaft einfügen konnten. Dabei soll auch untersucht werden, inwiefern Anti-Subjekte als Repräsentationen unerwünschter Handlungen und Abgrenzungsfolien zur Stärkung von Identitätsentwürfen dargestellt wurden.

Grundlage dieser Untersuchung ist die Annahme, dass die Aneignung von Serien wie »Drei Männer unter einem Dach« nicht nur vor dem Fernseher stattfand, sondern in die alltäglichen Kommunikations- und Interaktionsstrukturen der Zuschauer eingebunden war. So reichte die fiktionale Realität der Serie in

---

[158] Vgl. *Franc/Knapík*: Volný čas v českých zemích, 418.
[159] *Reifová*: Kleine Geschichte der Fernsehserie, 168.
[160] Vgl. *ebenda*, 167–169.
[161] Vgl. *Bren*: The Greengrocer and His TV, 202; *Reifová*: Kleine Geschichte der Fernsehserie, 164.
[162] *Reifová*: Kleine Geschichte der Fernsehserie, 164.

den Alltag der Zuschauer hinein und konnte deren Handlungspotenzial erweitern, indem zum Beispiel Konflikt- und Problemlösungsstrategien aus der Handlung in das eigene Leben übernommen wurden.[163] Sowohl der Konsum einer Serie als auch deren Aneignung sorgten für eine Beschäftigung der Zuschauer mit sich selbst, die nicht nur der Zerstreuung diente, sondern auch der Selbstexploration.[164]

Wie groß der Einfluss des Regimes und der kommunistischen Partei auf die Darstellung dieser besseren Zukunft in sozialistischen Serien war, lässt sich rückblickend nur schwer rekonstruieren. Jede Produktion musste zunächst von einem Gremium genehmigt werden, dem auch der Generaldirektor des Fernsehens angehörte. Dieser wiederum fungierte als Kontaktoffizier zur Partei. Ebenso saß bei vielen Live-Übertragungen ein Zensor neben dem Regisseur, sodass kein Drehbuch ohne die Zustimmung der Hauptverwaltung der Presseüberwachung (Hlavní správa tiskového dohledu) realisiert werden konnte.[165] Dennoch sprachen die Verantwortlichen der Serie – unter ihnen auch der bekannte Autor Jaroslav Dietl – rückblickend von einer experimentellen und produktiven Arbeitsatmosphäre und davon, dass es eigentlich kaum Vorgaben von oben gegeben habe. So sei zum Beispiel die Entscheidung, die Serie im Alltagsgeschehen der Gegenwart zu lokalisieren, primär eine Idee der Autoren gewesen.[166]

Inwiefern sich die Vorstellungen der Produzenten mit denen der Zensoren überschnitten, kann also nicht abschließend geklärt werden. Fest steht aber, dass in die Gestaltung der Figuren zu einem großen Teil auch die Vorstellungen der Autoren eingeflossen sind. Die Figuren können daher auch als Teil der zugehörigen gesellschaftlichen Diskurse angesehen werden und als ein Konglomerat ideologischer, individueller und gesellschaftlicher Vorstellungen. Die Serie fungierte so als ein Raum, in dem (sozialistische) Subjektivität und damit auch das Verhältnis der Zuschauer zum Regime ausgehandelt wurde.[167]

Hausfrau, Mutter, Ehefrau – Hana Potůčková als »neue sozialistische Frau«

»Die Frauen helfen euch gern mit dem Kochen, Musik haben wir, Kuchen backen wir, Faltýnek leiht uns den Saal«[168] – der Vorsitzende des Ortsnationalausschusses von Ouplavice, Bohouš Koťátko, ist angesichts der Hochzeit Venda Potůčeks mit seiner Braut Ivanka kaum zu bremsen. »Eine solche Hochzeit gab

---

163 Vgl. *Mikos*: Es wird dein Leben, 270, 311, 368 sowie 378–384.
164 Vgl. *Reckwitz*: Das hybride Subjekt, 58–60.
165 Vgl. *Štoll*: 1.5.1953. Zahájení televizního vysílání, 168.
166 Vgl. *Smetana*: Televizní seriál a jeho paradoxy, 24–27; *Reifová*: Kleine Geschichte der Fernsehserie, 165.
167 Vgl. *Bren*: The Greengrocer and His TV, 8 f.
168 »Ženské vám rády pomůžou s vařením, muziku máme, koláče napečeme, Faltýnek nám půjčí sál.« Tři chlapi v chalupě, Episode 17 (Zajíc), Min. 00:06:24–00:06:35.

es hier noch nie«,[169] verkündet er, als er zu Beginn der 17. Episode (»Zajíc«) den Saal betritt, in dem die Blaskapelle des Dorfes probt. Dabei zeigt er nicht nur, was bereits alles für die Feierlichkeiten vorbereitet ist, sondern auch, wer welche Aufgaben übernehmen sollte: Die Frauen sind für das Essen zuständig, während sich die Männer um Organisation und Musik kümmern. Damit scheint er auf den ersten Blick ein Geschlechterbild zu reproduzieren, das von Ungleichheit geprägt ist und das für die Frauen keine öffentlichen Tätigkeiten vorsieht, sondern eher die »Rolle der Hausklavin [...], geschlagen mit der subtilsten und mühevollsten, schwersten und für den Menschen langweiligsten Arbeit in der Küche«;[170] ein Bild, das besonders in Frauenzeitschriften der Zeit immer wieder kritisiert wurde.

Bei den Vorbereitungen zu Vendas Hochzeit zeigt sich diese Aufteilung vermeintlich besonders deutlich. Die Frauen werden beim Kochen in der Küche gezeigt und sind größtenteils mit Schürzen bekleidet. In der Potůček-Hütte arbeiten zwar alle zusammen, aber es sind eben nur die Frauen, die das Essen zubereiten, während die Männer – angeführt von Děda – das Geschehen koordinieren.[171]

Man könnte also annehmen, dass die Serie relativ losgelöst vom ideologischen Diskurs agierte, der eine Gleichberechtigung der Geschlechter allein schon deswegen anstrebte, weil dies die Überlegenheit des sozialistischen über das kapitalistische System belegen sollte.[172] Statt Frauen zu zeigen, die durch die Aufnahme einer Erwerbstätigkeit finanzielle Unabhängigkeit und Selbstverwirklichung als sozialistische Subjekte erlangten,[173] beschränkt sich die Serie auf die Darstellung von Hausfrauen, Ehefrauen und Mütter, die scheinbar das tun, was ihnen die Männer sagen.

Wie so oft aber lohnt sich auch an dieser Stelle ein genauerer Blick. Insbesondere eine der weiblichen Hauptfiguren, Hana Potůčková, wird zwar vor allem als Haus- und Ehefrau dargestellt, ist aber ein für den Handlungsablauf entscheidender Charakter. Ihr Charakter spiegelt die Grundzüge des sozialistischen Diskurses um die Rolle der Frau in der Gesellschaft wider und spart dabei grundsätzliche Probleme nicht aus, mit denen Frauen Anfang der sechziger Jahre konfrontiert waren. Die Figur liefert damit einen wichtigen Einblick in die Frage nach weiblicher Subjektivität, die sich in der sozialen Praxis als oftmals deutlich komplexer herausstellte, als es auf der diskursiven Ebene den Anschein hatte.[174]

---

169 »Taková svatba tady ještě nebyla.« *Ebenda*, Min. 00:06:54–00:06:58.
170 Ženská otázka [Die Frauenfrage]. In: Rozsévačka 16/13 (1954), 10.
171 Tři chlapi v chalupě, Episode 17 (Zajíc), Min. 00:52:59–00:53:05.
172 Vgl. *Wagnerová*: Women as the Object and Subject, 80.
173 Vgl. *ebenda*, 92; *Frýdlová*: Women's Memory, 101.
174 *Musilová*: Der Einfluss bezahlter Arbeit auf weibliche Identitätsprozesse, 184.

III. Individuelle Wünsche

Ähnlich, wie es generell für die Figur des »neuen Menschen« festzustellen ist, lässt sich auch für die Ausprägung der »neuen Frau« (nová žena) kein eindeutiges Rollenmuster oder Vorbild herausarbeiten, das als aneignungswürdig angesehen werden konnte. Die »neue Frau« war zwar die einzige Ausprägung, die geschlechtlich klar zugeordnet werden konnte (während der »Arbeiter« oder der »Kommunist« grundsätzlich eher männlich konnotiert waren, sich prinzipiell aber an Männer und Frauen gleichermaßen richteten). Sie teilte sich aber wiederum in verschiedene Unterkategorien auf, die nicht zwingend trennscharf waren – weder untereinander noch gegenüber anderen Kategorien. Besonders der männliche *dělník* und die weibliche *pracovnice* sind Beispiele dafür.

Erfüllung konnten Frauen im Sozialismus somit in verschiedenen Rollen finden, die sich teilweise stark überschnitten und sich nicht immer unbedingt von vorsozialistischen Vorstellungen unterschieden.[175] Besonders die Rolle als Mutter wurde nicht nur im Diskurs, sondern auch von vielen Frauen selbst als integraler Bestandteil weiblicher Identität angesehen,[176] im Sozialismus trat daneben die Erwerbstätigkeit. Frauen sollten Mütter und Arbeiterinnen sein, da sie in dieser Rolle auch die Zukunft ihrer Kinder gestalteten.[177] Die Erwerbstätigkeit wurde dabei als das entscheidende Moment angesehen, mit dem sich die Frauen aus der Unterwerfung durch die Männer befreien konnten, die vor allem in einer finanziellen Abhängigkeit bestanden hatte.[178] Die Rolle der Hausfrau[179] sollte eigentlich aus dem Diskurs vollständig verschwinden, da das sozialistische Regime sich auf die Fahnen geschrieben hatte, den Frauen Dienstleistungen wie Waschsalons oder technische Hilfsmittel bereitzustellen, die ihnen die Hausarbeit erleichtern oder auch ganz abnehmen sollten.[180]

Die soziale Realität erwies sich aber als deutlich komplexer, als es das sozialistische Rechts-, Norm- und Machtsystem vorgesehen hatte. Die Bemühungen des Regimes, möglichst viele Frauen in die Erwerbstätigkeit zu bringen, führte in vielen Fällen zu einer Doppelbelastung. Dies war laut Dana Musilová »eine der schwerwiegenden negativen Begleiterscheinungen der Emanzipation der tschechoslowakischen Frauen«,[181] denn die staatlichen Emanzipationsbemühungen gingen nicht mit einer Neudefinition der Aufgabenteilung zwischen Mann und Frau einher.

---

[175] Vgl. *Jusová*: Introduction, 15.
[176] Vgl. *Musilová*: Der Einfluss bezahlter Arbeit auf weibliche Identitätsprozesse, 169; *Nečasová*: Nový socialistický člověk, 153–158.
[177] *Wagnerová*: Women as the Object and Subject, 84; *Nečasová*: Nový socialistický člověk, 142–149.
[178] Vgl. *Wagnerová*: Women as the Object and Subject, 80; *Jusová*: Introduction, 16.
[179] Vgl. *Nečasová*: Nový socialistický člověk, 149–153.
[180] Vgl. *Wagnerová*: Women as the Object and Subject, 85; *Musilová*: Der Einfluss bezahlter Arbeit auf weibliche Identitätsprozesse, 179.
[181] Vgl. *Musilová*: Der Einfluss bezahlter Arbeit auf weibliche Identitätsprozesse, 179–181, Zitat 181.

III. Individuelle Wünsche

Auch Hana ist in der Serie einer Doppelbelastung ausgesetzt, allerdings nicht dadurch, dass sie Beruf und Haushalt vereinbaren, sondern weil sie neben dem eigenen Haushalt auch den der drei Potůček-Männer führen muss. Warum das so ist und warum sie nicht mit ihrem Mann zusammenlebt, ist aus den verbleibenden Folgen nicht rekonstruierbar. Die daraus erwachsende Problematik wird vor allem in der vorletzenden Episode (»Zajíc«) gezeigt. Exemplarisch dafür ist eine Szene, in der Děda und Vašek von der Probe der Kapelle beziehungsweise einem Gespräch mit Koťátko aus der Dorfkneipe nach Hause kommen. Vašek drängt in der Kneipe auf schnellen Aufbruch, damit man pünktlich zum Essen zu Hause ist, wo Hana das Essen bereits zubereitet hat.[182] Die Rollenverteilung zwischen Mann und Frau erscheint hier auf den ersten Blick klar: Während der Mann arbeitet, das Geld verdient – zumindest im Fall von Vašek – und in die Kneipe geht, ist die Frau zu Hause für den Haushalt zuständig. Dementsprechend ist Hana in ihrer ersten Szene auch mit Schürze bekleidet am Herd zu sehen.

Was auf den ersten Blick wie eine Situation wirkt, in der es die Frau den Männern recht machen muss, ist auf den zweiten Blick eigentlich genau umgekehrt, denn Děda und Vašek müssen sich eher Hanas Zeitplan anpassen und versuchen, unbedingt pünktlich zu Hause zu sein. Děda versucht dabei seinen Mitmusikern mehr schlecht als recht vorzuspielen, dass er doch ewig Zeit habe. In dem Moment, in dem die Saaltür hinter ihm zufällt, beginnt aber auch er, sich zu beeilen.[183]

Am Ende sind es also die Männer, die sich nach den Vorgaben der Frau zu richten haben. Diese Darstellung hatte in der Wahrnehmung mancher Frauen dieser Zeit durchaus eine Entsprechung. Männer erschienen ihnen eher als »Beute«, die schlussendlich das machten, was sie wollten.[184]

Die Anpassung der Männer an Hanas Vorgaben scheint umso wichtiger, als sich herausstellt, dass sie nicht nur für den Haushalt der drei Männer zuständig ist, sondern auch noch einen eigenen führt. Nach dem gemeinsamen Abendessen beschäftigt sie sich bereits mit den Vorbereitungen für den Tag (»Brot habe ich gekauft, Butter habt ihr hinter dem Fenster, alles ist gekocht«),[185] um schnell nach Hause aufbrechen zu können, obwohl ihr von Vašek und Venda angeboten wird, doch über Nacht zu bleiben. Darauf geht sie aber nicht ein, weil sie auf die Aufforderung durch Děda wartet, wie sich im anschließenden Gespräch mit Vašek herausstellt:

Vašek: Du rennst wie eine Verrückte hin und her. So geht das nicht weiter. Du musst zu uns ziehen. Wenn Du willst, komme ich morgen mit dem Traktor.

---

[182] Tři chlapi v chalupě, Episode 17 (Zajíc), Min. 00:06:41–00:08:08.
[183] *Ebenda*, Min. 00:05:20–00:06:54.
[184] Vgl. *Zábrodská*: Mezi ženkostí a feminismem, 296.
[185] »Chleba jsem koupila, máslo máte za oknem, všecko je uvařený.« Tři chlapi v chalupě, Episode 17 (Zajíc), Min. 00:11:23–00:11:28.

III. Individuelle Wünsche

Hana: [...] Wie oft noch, Vašek? Ich komme nicht, solange Děda es nicht selbst sagt.

Vašek: Vielleicht könntest Du zur Großmutter ziehen?

Hana: Ich bitte Dich [...]. Ich bemühe mich, für alles zu sorgen, kochen, alles vorzubereiten. Hoffentlich macht es mich nicht kaputt.[186]

Dieser Dialog spiegelt verschiedene Aspekte des Geschlechterdiskurses in der Tschechoslowakei wider. Zu einem zeigt er, dass die Familie Potůček insgesamt sehr hierarchisch strukturiert ist. Děda entscheidet allein darüber, ob Hana zu ihnen zieht oder nicht.[187] Zudem wird Hana die alleinige Verantwortung für den Haushalt zugewiesen. Die Lösung für die Problematik, die aus zwei parallelen Haushalten erwächst, liegt nicht etwa darin, dass die Arbeit anders aufgeteilt wird und auch die Männer Aufgaben übernehmen. Vielmehr soll Hana zu den drei Männern ziehen, um nur noch einen Haushalt versorgen zu müssen, was Děda ihr schließlich auch anbietet.[188] Hana selbst erscheint in großen Teilen der Szene als eine starke, gut organisierte Frau, die trotz der damit verbundenen Belastung in der Lage ist, zwei Haushalte gleichzeitig zu führen und dabei sogar noch gesellschaftlich aktiv zu sein.[189] Diese Mehrbelastung wurde von vielen Frauen der damaligen Zeit zwar als belastend empfunden, oftmals erwuchs daraus aber Stolz darauf, in der Lage zu sein, all dies schaffen zu können. Sie hatten das Gefühl, den Männern, die als unverantwortlich, egoistisch und unreif angesehen wurden, überlegen zu sein und sahen sich als starke und moralische Charaktere an, auf die man sich verlassen konnte, und die mit Kinderziehung, Haushaltsführung und gleichzeitiger Erwerbstätigkeit gesellschaftliche Schlüsselaufgaben erfüllten.[190]

Auf Hana allerdings scheint dies nur bedingt zuzutreffen. Auch wenn sie beide Haushalte bewältigen kann und vor allem Děda und Vašek bei ihren Versuchen, pünktlich zu Hause zu sein, eher wie Schuljungen als wie erwachsene Männer wirken, zeigt sich bei Hana keine Überheblichkeit oder übermäßiger Stolz angesichts ihrer Tätigkeiten. Vielmehr belastet es sie, »wie eine Verrückte« hin und her rennen zu müssen. Zwar wird die Situation durch Dědas Angebot, doch in das gemeinsame Haus zu ziehen, am Ende entspannt, einen Vorschlag, wie Frauen aktiv eine solche Situation lösen können, bot die Serie den Zuschauern aber nicht an.

Neben Haushaltsführung und Arbeit wurde von einer sozialistischen Frau zudem ein Engagement für das Gemeinwohl erwartet, denn eine vorbildliche,

---

[186] *Ebenda*, Min. 00:12:00–00:12:37.
[187] Vgl. *Nečasová*: Nový socialistický člověk, 166.
[188] Tři chlapi v chalupě, Episode 17 (Zajíc), Min. 00:45:31–00:46:10.
[189] Als sie in der oben beschriebenen Szene das Haus der Potůčeks verlässt, verkündet sie, dass sie am nächsten Tag um fünf Uhr kommen werde, da sie eine – nicht näher spezifizierte – Sitzung habe. Siehe *ebenda*, Min. 00:11:43–00:11:48.
[190] Vgl. *Zábrodská*: Mezi ženkostí a feminismem, 295 f.; *Musilová*: Der Einfluss bezahlter Arbeit auf weibliche Identitätsprozesse, 181; *Frýdlová*: Women's Memory, 104.

engagierte Bürgerin stellte einen wichtigen Ausweis für den Entwicklungsstand der Gesellschaft dar.[191] Bei Hana deutet sich ein solches Engagement in ihrer Teilnahme an einer nicht näher definierten Sitzung zumindest an. Offensichtlich wird dies aber vor allem im Zusammenhang mit dem Bau eines Wohnheims für junge Ehepaare, das auf Vendas Initiative hin in der Gemeinde errichtet werden soll. Dabei steht Hanas Einsatz in starkem Kontrast zur Figur des Funktionärs Bohouš Koťátko, der durch seine Unentschlossenheit den Bau immer weiter verzögert, worauf im folgenden Unterkapitel näher eingegangen wird. Hana ergreift selbst immer wieder die Initiative, erscheint als ein engagierter Gegenpol zu den lethargischen Männern und ist vor allem selbstständig in der Lage, die Situation zu lösen.

Neben ihrem öffentlichen Engagement und ihrer Rolle als Hausfrau ist Hana Potůčková aber natürlich auch noch Mutter und Ehefrau. Während sie in den zur Verfügung stehenden Episoden in ihrer Rolle als Mutter nur zu sehen ist, als sie ihrem Sohn und seiner Braut alles Gute zur Hochzeit wünscht,[192] tritt sie als Ehefrau deutlich stärker und in einer klar umrissenen Rolle in Erscheinung.

Dabei erscheint sie nicht als gleichberechtigte »Kampfgefährtin« und »Genossin«,[193] die die sozialistische Ehefrau der offiziellen Propaganda zufolge sein sollte. Vielmehr ordnet sie ihre Interessen scheinbar freiwillig dem Gemeinwohl und der Karriere ihres Ehemannes unter, die für eben dieses Gemeinwohl wichtig ist. Vašek bekommt in der letzten Episode das Angebot, die Leitung der »Landwirtschaftlichen Kreisverwaltung« zu übernehmen,[194] zweifelt aber an seiner Eignung für diese Aufgabe. Hana hingegen ist der Ansicht, dass er das Angebot annehmen sollte: Es sei wichtig, dass dort jemand vorstehe, dem man vertrauen könne.[195] Als Děda sie später darauf hinweist, dass Vašek die Funktion ihretwegen ablehnen will, erläutert sie ihm, dass das Gemeinwohl wichtiger sei als ihre persönlichen Bedürfnisse. Sie führt dabei eine zunehmende Gleichgültigkeit der Menschen hinsichtlich der Gemeinschaft an, unwirtschaftliches Konsumverhalten und vor allem eine Misswirtschaft der landwirtschaftlichen Genossenschaft, die es unmöglich machen würden, die eigene Familie zu ernähren.[196] So zeigt sie ein großes Gespür für gesellschaftliche Missstände und erscheint als diejenige, die als einzige erkannt hat, wie wichtig es ist, dass Vašek die ihm angebotene Stelle annimmt. Ihre eigenen Bedürfnisse innerhalb der Paarbeziehung mit Vašek ordnet sie der Lösung dieser Probleme unter. Auch wenn Hana hier zur untergeordneten Unterstützerin

---

[191] Vgl. *Nečasová*: Nový socialistický člověk, 132 f.
[192] Tři chlapi v chalupě, Episode 17 (Zajíc), Min. 01:05:12–01:05:27.
[193] *Nečasová*: Nový socialistický člověk, 161.
[194] Tři chlapi v chalupě, Episode 18 (Dirigent), Min. 00:15:47–00:16:09.
[195] *Ebenda*, Min. 00:26:02–00:27:08.
[196] *Ebenda*, Min. 00:35:02–00:36:36.

der Karriere ihres Mannes wird, tut sie dies keinesfalls widerwillig, sondern präsentiert dies als wichtigen und damit erfüllenden Dienst am Gemeinwohl.

Ihre Haltung stellt einen recht deutlichen Kontrast zur bildlichen Umsetzung der Szene dar, die erneut eine Unterordnung der Frau suggeriert. Als Vašek nach Hause kommt, um ihr von dem Angebot der Kreisverwaltung zu berichten, steht Hana – erneut mit einer Schürze bekleidet – am Küchentisch, schält Kartoffeln und blickt Vašek erwartungsvoll an. Ohne, dass Vašeks potenzielle neue Aufgabe überhaupt thematisiert wird, ist die Aufgabenteilung zwischen den Eheleuten eindeutig: Hana ist für die Haushaltsführung zuständig, während Vašek arbeitet.

Nicht nur an dieser Szene ist zu erkennen, dass das Bild der »neuen sozialistischen Frau« in »Drei Männer unter einem Dach« uneindeutig präsentiert wird. Einerseits zeigt sich in vielen Szenen eine recht klare Zuordnung der Frau zu Küche und Haushalt und damit zu einer Rolle, die Frauen der sozialistischen Ideologie zufolge eigentlich nicht mehr primär ausüben sollten. In der Gesellschaft lebte diese Aufgabenteilung vom Mann als primärem Versorger und der Frau als derjenigen, die den Haushalt führt, allerdings lange fort, auch wenn sich viele Frauen mehr Engagement ihrer Ehemänner im täglichen Leben erhofft hatten.[197] Dadurch aber, dass die Rolle des Mannes innerhalb der Paarbeziehung nicht neu definiert wurde, blieb ein solches Engagement aus.

Trotz dieser auch bildlich vorgenommenen Zuordnung erscheint zumindest Hana in vielen Szenen als die eigentlich treibende Kraft und als diejenige, nach der sich die männlichen Charaktere richten müssen. Angesichts der Tatsache, dass sie für zwei Haushalte zuständig ist, scheint es völlig ausgeschlossen zu sein, dass die Männer nicht pünktlich zum Abendessen erscheinen. Eine vollständige Überlegenheit Hanas – und damit eine Auflösung des patriarchalischen Familienbildes[198] – wird aber auch dadurch verhindert, dass am Ende doch Děda die Situation löst, indem er Hana anbietet, bei ihnen einzuziehen. Einen aktiven Ausweg aus der Doppelbelastung gibt es für Hana nicht, auch der Sozialismus scheint diesen nicht zu bieten. Dennoch wirkt sie bis auf wenige Ausnahmen zufrieden, sie scheint nicht danach zu streben, sich aus der ihr zugewiesenen Rolle und der Unterordnung gegenüber dem Mann zu befreien.[199]

Auch wenn Anfang der sechziger Jahre viele Frauen mit Mittel- und Hochschulbildung ins Berufsleben einstiegen und versuchten, Kinder und Beruf besser zu vereinbaren, erscheint die viel beschworene Gleichberechtigung, die die sozialistische Revolution mit sich bringen sollte,[200] für die weiblichen Charaktere in »Drei Männer unter einem Dach« noch in weiter Ferne zu liegen.

---

[197] Vgl. *Zábrodská*: Mezi ženkostí a feminismem, 303.
[198] Vgl. *Oates-Indruchová*, Libora: The Beauty and the Loser. Cultural Representations of Gender in Late State Socialism. In: Signs. Journal of Women in Culture and Society 37/2 (2012), 357–383, hier 359 f.
[199] Vgl. *Musilová*: Der Einfluss bezahlter Arbeit auf weibliche Identitätsprozesse, 177.
[200] Vgl. *Nečasová*: Nový socialistický člověk, 127 f.

Gesellschaftliches Engagement scheint keinen Ausweg zu bieten, auch wenn Hana sich durchaus aktiv für das Gemeinwohl einsetzt. Sie zeigt sich dabei entschlossen und hat oftmals ein stärkeres Bewusstsein für die Situationen als die männlichen Charaktere, bleibt aber weitgehend im Hintergrund und drängt eher die Männer dahin, die richtigen Entscheidungen zu treffen. In gewisser Weise wird das Verhältnis der Geschlechter in der Serie also dahingehend karikiert, dass die Männer zwar als die dominante Gruppe erscheinen, die öffentlich in Erscheinung tritt, diese Überlegenheit aber nur oberflächlich ist.

Eine wirkliche Gleichstellung, wie sie zumindest im offiziellen sozialistischen Diskurs propagiert worden war, konnten Frauen aber nicht erreichen: die »Beharrungskraft geschlechterbedingter Zuschreibungen«[201] war größer. Als die Serie ausgestrahlt wurde, wurden die Problematik der Doppelbelastung und die mangelnde Wertschätzung der »zweiten Schicht«[202] – also Hausarbeit und Kindererziehung, die auf die »erste Schicht« im Betrieb folgten – nur zaghaft artikuliert. Erst im Laufe der zunehmenden Liberalisierung der sechziger Jahre und im Prager Frühling wurde dies zu einem zentralen Thema, als eine neue, besser qualifizierte und daher sehr selbstbewusste Generation von Frauen ins Arbeitsleben eintrat und begann, ihren Wunsch nach Repräsentation in allen Bereichen zu äußern.[203] Auch in diesem Zusammenhang fungierte das Fernsehen als Seismograf für gesellschaftliche Veränderungen, denn eine der ersten Repräsentationen dieser Entwicklung findet sich im Musical »Dáma na kolejích« (Dame auf Schienen) von 1966, in dem die Straßenbahnfahrerin Marie einen Ausweg aus der Doppelbelastung als Werktätige und Mutter sucht. Dieser bestand dem Musical zufolge allerdings in der Aneignung eines nicht-sozialistischen, konsumorientierten Lebensstils, der aber am Ende für die Bürgerin eines sozialistischen Staates trotz aller Bemühungen um einen *socialist consumerism* unerreichbar blieb.[204]

Bohouš Koťátko – Funktionär und Anti-Subjekt

Während die Figur der Hana Potůčková den zeitgenössischen Diskurs um weibliche Subjektivität mit all seinen Brüchen widerspiegelt, ohne dabei aber eine klare Lösung für die auftretenden Probleme zu präsentieren, können anderen

---

[201] *Kraft*, Claudia: Geschlecht als Kategorie zur Erforschung der Geschichte des Staatssozialismus in Mittel- und Osteuropa. Zur Einführung. In: *Dies.*: (Hg.): Geschlechterbeziehungen in Ostmitteleuropa nach dem Zweiten Weltkrieg. Soziale Praxis und Konstruktionen von Geschlechterbildern. München 2008, 1–21, hier 7.
[202] *Bren*, Paulina: Women on the Verge of Desire. Women, Work, and Consumption in Socialist Czechoslovakia. In: *Crowley*, David (Hg.): Pleasures in Socialism. Leisure and Luxury in the Eastern Bloc. Evanston 2010, 177–195, hier 180.
[203] Vgl. *Jechova*: Die Repräsentation der Frauen, 37.
[204] Siehe dazu ausführlich *Bren*: Women on the Verge of Desire.

III. Individuelle Wünsche 213

Figuren der Serie eindeutiger als positiv besetzte »Muster gelungener Subjekthaftigkeit« beziehungsweise als deren »Anti-Modelle«[205] identifiziert werden. Letztere fungierten als Differenzmarkierung für positive Subjektmodelle, um diese nach innen zu stabilisieren und nach außen hervorzuheben. Dabei ist die Vielfalt möglicher Abgrenzungsfolien in anderen Kontexten bereits sichtbar geworden. Die Grenzen zwischen ge- und misslungener Subjektivität sind dabei allerdings nicht immer eindeutig zu ziehen, oftmals können auch Anti-Subjekte als Träger einer »als erstrebenswert angenommenen Eigenschaft«[206] wahrgenommen werden.[207]

In den zur Verfügung stehenden Episoden von »Drei Männer unter einem Dach« ist diese Ambivalenz eines Anti-Subjektes höchst augenfällig und zeigt sich in der Figur des Bohouš Koťátko, dem Vorsitzenden des Nationalausschusses Ouplavice. Er kann als Nebenfigur angesehen werden, die der Beschreibung und vor allem der Kontrastierung der Hauptfiguren dient. Seine Rolle ist eher funktional, was bedeutet, dass er die Handlung primär als Vorsitzender des Ausschusses voranbringt und nicht so sehr durch individuelle Charaktereigenschaften, wie es zum Beispiel bei Děda Potůček der Fall ist.[208] Erstrebenswerte Subjektivität wird anhand des Funktionärs somit durch das Aufzeigen negativen Verhaltens verhandelt, was die positiven Eigenschaften in anderen Figuren umso deutlicher zum Vorschein kommen lässt.[209]

Die Inszenierung von Bohouš Koťátko als Anti-Modell und negatives Rollenmuster kann vor allem anhand der 17. Episode und den darin verhandelten Konflikten aufgezeigt werden. Koťáko wird als umtriebiger, aber die Entscheidung scheuender Funktionär gezeigt, dem der Blick für das Wesentliche fehlt und der dadurch dem Gemeinwohl schadet. Anhand seiner Figur wurde daher auch das gesellschaftlich relevante Thema der ausufernden Bürokratie verhandelt und die damit zusammenhängende mangelnde Entscheidungsfähigkeit vieler Beamter. Zudem wurden die Konsequenzen für negatives Handeln in Entscheidungspositionen aufgezeigt.[210] Koťátko wurde damit zu einem Symbol für die zunehmende Kritik an der Bürokratie der Verwaltung.[211]

Die von den Produzenten erwünschte Deutung der Figur wird dem Zuschauer bereits zu Beginn der Episode deutlich vermittelt. Bei der Einblendung des Episodentitels ist nicht etwa ein Hase zu sehen, sondern die Zeichnung einer Person, deren Kleidungsstil stark dem des Bohouš Koťátko ähnelt. Damit

---

[205] *Reckwitz*: Das hybride Subjekt, 43.
[206] *Ebenda*, 85.
[207] *Ebenda*, 45 und 85 f.
[208] Vgl. *Mikos*: Film- und Fernsehanalyse, 156 und 162 f.
[209] Vgl. *ebenda*, 12 und 285.
[210] Eine solche Kritik am in der Verwaltung angeblich um sich greifenden Dogmatismus und dem Fehlverhalten entsprechender Funktionäre war unter anderem auf dem XII. Parteitag der KSČ geäußert worden. Vgl. K dalším vítězstvím socialismu [Zum nächsten Sieg des Sozialismus]. Rudé právo vom 11.12.1962, 1.
[211] Vgl. *Mikos*: Film- und Fernsehanalyse, 158.

III. Individuelle Wünsche

wird der Funktionär von Anfang symbolisch mit dem Hasen verknüpft. Hasen werden wiederum, wie sich im Verlauf der Episode herausstellt, von den anderen Protagonisten als Tiere angesehen, die vor Gefahr – oder im Fall von Koťátko eben vor Verantwortung – weglaufen.

Auf der narrativen Ebene wird diese Thematik anhand der Planung eines Wohnheims für junge Ehepaare ausgehandelt. Die Initiative dazu geht von Venda Potůček in seiner Rolle als Vorsitzender des örtlichen Jugendverbandes aus. Zu Beginn der Episode sind die Planungen bereits weitgehend abgeschlossen, es fehlt lediglich die Genehmigung für die Nutzung des Baugrundstückes. Diese Problematik wird dem Zuschauer anhand eines Gesprächs zwischen Vašek und Bohouš Koťátko vermittelt. Darin beklagt Vašek, dass man nun schon 14 Tage auf die Freigabe des Landes warte, die Koťátko erteilen muss (»Wir warten, dass Du uns die Parzelle genehmigst, Du hast dafür schon 14 Tage«).[212] Koťátko begründet die Verzögerung damit, dass es sich dabei um urbares Land handele, weswegen er eine Genehmigung des Besitzers und eine Entscheidung des Ortsnationalausschusses benötige. Die Sitzung soll am Folgetag stattfinden und wird als reine Formalität dargestellt.[213]

Vor dieser Sitzung möchte Koťátko aber noch klären, wie in einem solchen Fall zu verfahren ist. Die entsprechende Szene, die ihn in seinem Büro auf der Suche nach einem Rundschreiben zeigt, offenbart erstmals die Unfähigkeit des Funktionärs, eine Entscheidung zu treffen. Halb mit sich selbst, halb mit einem Mitarbeiter redend, verkündet er immer wieder, dass es doch »irgendeine Anordnung, irgendeine Direktive«[214] geben müsse. Schließlich ruft er beim Kreisausschuss an, um dort einen Hinweis zu erhalten. Der Genosse František Macháček, den er zu erreichen versucht, ist allerdings nicht verfügbar, weswegen er stattdessen den Genossen Nožíček nach einer entsprechenden Direktive fragt. Dieser weiß ebenfalls von keinem solchen Dokument, teilt Koťátko aber mit, dass solche Angelegenheiten »nach örtlichen Bedingungen«[215] entschieden würden. In diesem Moment ist für den Zuschauer klar, dass die Entscheidung bei Koťátko beziehungsweise dem Ortsnationalausschuss liegt. Koťátko selbst resigniert aber offensichtlich angesichts dieser Tatsache.[216]

Auch Koťátkos nächster Auftritt zeigt seinen Unwillen, Entscheidungen zu treffen. Im Haus der Potůčeks trifft er auf Vašek, der ihn fragt, wie die Sitzung gelaufen sei. Mit einer Reihe von Ausreden, mit denen er auch auf die Serie selbst verweist (»es gab ›Tři chlapi‹, [...]. Und dann kam noch die Jahressitzung des Sokols dazwischen«),[217] versucht er zu erklären, dass die Sitzung nicht habe

---

[212] »Čekáme až nám schválíš tu parcelu. To tam už máš 14 dní.« *Ebenda*, Min. 00:04:30–00:04:47.
[213] *Ebenda*, Min. 00:03:22–00:05:28.
[214] *Ebenda*, Min. 00:14:11–00:14:26.
[215] *Ebenda*, Min. 00:15:51–00:16:05.
[216] *Ebenda*, Min. 00:16:05.
[217] *Ebenda*, Min. 00:18:51–00:18:57.

III. Individuelle Wünsche

stattfinden können, ohne selbst die Verantwortung dafür übernehmen zu müssen. Selbst Vašek, der Koťátko gegenüber lange Zeit wohlgesonnen ist, verliert zusehends die Geduld mit dem Funktionär und fordert ihn auf, die Sitzung möglichst bald einzuberufen. Mit großem Pathos erklärt Koťátko, dies am kommenden Donnerstag tun zu wollen und wie wichtig ihm das Projekt sei. Es gelingt ihm, den aufgebrachten Vašek dadurch zu beruhigen, indem er erklärt, die Rede für die Hochzeit von Venda, die den zweiten großen Handlungsstrang der Episode bildet, bereits geschrieben zu haben. »Du kümmerst Dich [...] ja wie ein eigener Vater«[218] sagt Vašek zum Abschied und scheint beschwichtigt.

Im Zusammenhang mit Koťátkos Beteiligung an den Hochzeitsvorbereitungen findet sich eine von vielen kleinen politischen Anspielungen, mit denen die Produzenten das politische Milieu herausforderten, das der Funktionär repräsentierte. Diese Anspielungen wurden von den Zuschauern dankbar aufgenommen, weil sie aus ihrer Sicht die Wirklichkeit der politischen Sphäre widerspiegelten.[219] Wie die vorherigen Kapitel gezeigt haben, wurden die zuständigen Behörden und Funktionäre vielfach als das eigentliche Problem angesehen, wenn es darum ging, wie dem Sozialismus Geltung verschafft werden sollte. Ein entscheidungsunfähiger Funktionär, der sich mit seinem Verhalten selbst karikierte, war daher für viele Zuschauer ein recht genaues Abbild ihrer Realität im Umgang mit Behörden.

In der hier thematisierten Szene betritt Koťátko am Tag der Hochzeit frühmorgens das Haus der Potůčeks und wird von Děda mit den Worten »Herrje, unsere Volksverwaltung«[220] begrüßt. Koťáko erkundigt sich, ob er nicht zu früh komme, da Venda noch schlafe. »Er simuliert, er simuliert«, antwortet Děda: »Das ist schon wie eine nationale Gewohnheit, dass die Leute vor Funktionären immer das tun, was sie normalerweise nicht tun.«[221]

Auch die Funktionäre selbst sind in dieser Szene Gegenstand von Kritik. Koťátko erklärt erneut großspurig, wie er den ganzen vorherigen Tag versucht habe, den Genossen Macháček zu erreichen und dass er dazu nun keine Zeit mehr habe, da er verschiedene Sitzungen besuchen müsse. Er erweckt dabei den Eindruck großer Geschäftigkeit und es gelingt ihm, die Schuld für die verzögerte Genehmigung Drda, dem Eigentümer des Ackerbodens und Leiter des örtlichen Baubetriebes, zuzuschieben. Alle Anwesenden bezieht er in die Bemühungen mit ein, sodass am Ende Vašek und Hana versprechen, Macháček zu kontaktieren. Als Koťátko den Raum verlässt, läuft Děda ihm hinterher und fragt: »Gut, und was ist mit mir? Was ist mit mir? Die Aufgaben sind verteilt, Arbeit ist für mich nicht geblieben, muss ich wohl die Leitung übernehmen. Auch gut.«[222]

---

[218] *Ebenda*, Min. 00:19:43–00:19:45.
[219] Vgl. *Smetana*: Televizní seriál a jeho paradoxy, 27.
[220] Tři chlapi v chalupě, Episode 17 (Zajíc), Min. 00:50:09–00:50:13.
[221] *Ebenda*, Min. 00:50:04–00:50:27.
[222] *Ebenda*, Min. 00:51:58–00:52:11.

Für die Darstellung von Koťátko als Beispiel für einen entscheidungsunwilligen Funktionär ist vor allem die Interaktion zwischen ihm und Vašek wichtig, weil sie nicht nur negatives Verhalten verdeutlicht, sondern in Differenz dazu vor allem positives, nachahmungswürdiges betont.[223] Obwohl Koťátko immer wieder von der Frage nach der Entscheidung über die Parzelle ablenkt, lässt Vašek sich nicht abwimmeln und beharrt darauf, dass Koťátko in der Sache aktiv bleibt. Vašek verhält sich somit zumindest grundsätzlich vorbildlich, da er an das Gemeinwohl denkt. Er impliziert aber auch die Möglichkeit des Imperfekten, denn er lässt sich gleichzeitig von Koťátkos Gewese um die Hochzeit ablenken. Den Zuschauern wird mit Vašek ein Subjektmodell präsentiert, das ihnen die wichtigsten Elemente sozialistischer Subjektivität vor Augen führt, ihnen aber auch einen gewissen Spielraum bei der Reproduktion dieses Modells einräumt.

Besonders deutlich tritt die Differenz zwischen dem ausweichenden, die Entscheidung vertagenden Koťátko und dem – wenn auch nicht immer aus eigenem Antrieb – beharrlichen Vašek hervor, als letzterer nach einem Streit in der Familie endlich wissen will, wie der Ausschuss entschieden habe. Am Büro des Funktionärs angekommen, muss er aber erneut feststellen, dass die Sitzung verschoben wurde. An dieser Stelle wird die Symbolik aus dem Vorspann wieder aufgegriffen und den Zuschauern ein winziges, aber für die Wahrnehmung der Figur entscheidendes Detail präsentiert: Neben der Bürotür, an der die Mitteilung hängt, dass die Sitzung nicht stattfindet, hängt das Bild eines Hasen.

Vašek trifft den umtriebigen Funktionär schließlich dabei an, wie er den Saal, in dem die Hochzeit von Venda stattfinden soll, saugt und dekoriert. Die wiederholte Frage, warum die Sitzung nicht stattgefunden habe, ignoriert Koťátko zunächst und erklärt großspurig, dass er sich höchstpersönlich um die Hochzeitsvorbereitungen kümmern würde und sogar extra für einen Teppich nach Budějovice gefahren sei. Für den Zuschauer wird hier noch einmal sehr deutlich, dass der Funktionär zwar großes Engagement für die Hochzeit zeigt, sich damit aber auch davor drücken will, in der Angelegenheit des Jugendwohnheims eine Entscheidung zu treffen.[224]

Besonders in dieser Szene wird die Überzeichnung der Figur des Koťátko deutlich. Beim Herrichten des Saales für die Hochzeit wird er mit in die Socken gesteckter Hose und in Hausschuhen gezeigt, was im Kontrast zum Hemd und der Anzughose, die er dazu trägt, schon beinahe lächerlich wirkt. Sein Verhalten unterstreicht diese Darstellung zusätzlich, denn dadurch, dass Vašek hartnäckig bleibt, zwingt er Koťáko schließlich zu einer Antwort. Er wolle sich am liebsten erschießen, sagt der Funktionär.[225] Drda sei zu ihm gekommen und

---

[223] Vgl. *Reifová*: Kleine Geschichte der Fernsehserie, 164.
[224] *Ebenda*, Min. 00:37:46–00:38:51.
[225] »Já bych se nejradši odstřelil.« *Ebenda*, Min. 00:38:52–00:38:53.

III. Individuelle Wünsche 217

habe ihm mitgeteilt, dass es in einem Nachbarort ein »Malheur mit dem Ackerboden« gegeben habe und dass man die Angelegenheit besser mit der Kreisverwaltung besprechen sollte. Er habe zwar versucht, mit ihm zu verhandeln, aber ohne Erfolg. Deswegen habe er die Sitzung lieber abgesagt.[226]

Koťáko stellt sich damit als ein Opfer äußerer Umstände dar, die er nicht beeinflussen könne, und gibt vor, eigentlich gern eine Entscheidung treffen zu wollen. Die Schuld liegt demnach erneut nicht bei ihm, sondern bei anderen.

Das Verhalten Koťátkos, der sich um Entscheidungen drückt und sich stattdessen rühmt, doch alles für die Hochzeit von Venda zu tun, zieht sich durch die gesamte Episode. Während Hana und Venda diese Taktik früh durchschauen, verteidigt Vašek den Funktionär noch einige Zeit. Im Verlauf der Handlung verliert aber auch er zusehends die Geduld. Auf der Hochzeit, die das Finale der Episode darstellt, kommt es schließlich zum Streit: Kurz bevor sich die Gesellschaft im Rathaus einfindet, erfährt Vašek von Drda, dass dieser längst seine Zustimmung zur Nutzung des Landes gegeben hätte, wenn Koťátko ihm nicht gesagt hätte, dass dies eine Verschwendung von Ackerland sei.[227] Als der Funktionär in seiner Hochzeitsrede davon spricht, dass die Jugend die Basis des neuen Lebens auf dem Lande sei und man alles dafür tun würde, jungen Leuten die allerbesten Voraussetzungen dafür zu schaffen, scheint dies den Beteiligten schon fast zynisch vorzukommen – da es ja Koťátko selbst ist, der dem Bau des Wohnheimes im Weg steht. Die Kamera fängt dabei besonders Vašek ein, der immer wieder seinen Krawattenknoten richtet, um sich zu beruhigen. Děda schaut seinen Sohn erwartungsvoll an, da er selbst gespannt zu sein scheint, wie dieser auf die dreiste Rede Koťátkos reagiert.[228]

Nach der Zeremonie ist es allerdings Venda, der die Initiative ergreift und Koťátko nun, da alle Mitglieder des Ausschusses anwesend sind, bittet, die immer wieder aufgeschobene Abstimmung abzuhalten. Als der Funktionär sich erneut herausreden will, indem er darauf verweist, dass man doch auf einer Hochzeit sei, schaltet sich Vašek ein. Er wirft Koťátko vor, alles dafür zu tun, um die Angelegenheit nicht selbst entscheiden zu müssen.[229] Er habe »Angst vor der Verantwortung«.[230]

Damit verliert Koťátko auch seinen letzten Fürsprecher und bekommt die Konsequenzen seines Handelns deutlich vor Augen geführt. Als er Děda fragt, was er Vašek denn getan habe, antwortet dieser, dass Vašek einfach keine Hasen möge, also solche Tiere, die vor allem weglaufen würden. Damit wird die zu Beginn der Episode angelegte Symbolik des Funktionärs wieder aufgegriffen und nun überdeutlich aufgelöst. Auch sein Ansehen in der Gemeinschaft hat

---

[226] *Ebenda*, Min. 00:38:54–00:39:39.
[227] *Ebenda*, Min. 01:04:42–01:05:12.
[228] *Ebenda*, Min. 01:06:15–01:07:04.
[229] *Ebenda*, Min. 01:10:44–01:10:54.
[230] *Ebenda*, Min. 01:11:22–01:11:26.

unter seinem Verhalten gelitten, denn während sich alle anderen Ausschussmitglieder für den Bau des Wohnheims aussprechen, versucht er weiterhin, eine Entscheidung zu vermeiden. Dabei verweist er auf Parteitagsbeschlüsse, die man auf keinen Fall ignorieren dürfe.[231] In Zukunft würde man ihn einfach nicht mehr wählen, dann habe er seine Ruhe, sagt ihm Děda abschließend.[232]

Durch die Darstellung des Bohouš Koťátko thematisierten die Macher der Serie also ein eindeutig unerwünschtes und zu sanktionierendes Handlungsmuster. Solche entscheidungsunwilligen Funktionäre, so die Botschaft, seien kritikwürdig. Die Produzenten der Serie blieben dabei aber nicht stehen, sondern stellten Koťátkos Verhalten Rollenmuster gegenüber, die wiederum das gewünschte Verhalten repräsentieren und neben dem Funktionär umso deutlicher hervortreten. Dabei handelt es sich um Vašek, der immer wieder versucht, Koťátko zu einer Entscheidung zu bringen, und dessen Frau Hana, die Koťátko nicht nur von Beginn an durchschaut zu haben scheint, sondern auch ihren Mann ermahnt, sich vom Einsatz des Funktionärs bei den Hochzeitsvorbereitungen nicht täuschen zu lassen. Damit wird Hanas Darstellung als unerlässliche, treibende Kraft im Hintergrund noch einmal unterstrichen. Wir haben es bei Koťátko also eindeutig mit einer Differenzmarkierung zu tun, die positiven Handlungsmodellen gegenübergestellt wird.[233] Erwünschtes Verhalten wurde in der Serie also unter anderem anhand der Konstellation Koťátko-Vašek-Hana aufgezeigt, wobei Vašek sich erst im Verlauf der Handlung auf die »richtige« Seite schlägt und dem Funktionär die Konsequenzen seines Verhaltens deutlich aufzeigt.

Ganz entscheidend für die Darstellung des Bohouš Koťátko ist die humoristische, oftmals überspitze Darstellungsform, die für die gesamte Serie charakteristisch ist.[234] Viele Szenen in »Drei Männer unter einem Dach« erscheinen überzeichnet und die Charaktere wirken beinahe lächerlich. In der Figur des Koťátko zeigt sich zudem, dass die Produzenten durchaus einen gewissen Spielraum bei der szenischen und narrativen Umsetzung des Serieninhaltes hatten und entsprechende politische Anspielungen offenbar von den Zensoren akzeptiert wurden. Ebenso wie der große Erfolg der Satirezeitschrift »Dikobraz« deutet dies darauf hin, dass Inhalte, die auf humorvolle Art und Weise vermittelt wurden, eher rezipiert wurden als belehrende oder sachlich-informative. Humor stellte somit ein wichtiges Instrument bei der Vermittlung ideologischer Botschaften dar.

Indem der Konflikt um das Bauland auf der Hochzeit von Venda verhandelt wird, wird den Zuschauern aber noch eine weitere Botschaft vermittelt. Dadurch, dass Venda entgegen aller Widersprüche Koťátkos versucht, eine

---

[231] *Ebenda*, Min. 01:12:01–01:12:28.
[232] *Ebenda*, Min. 01:12:29–01:12:42.
[233] Vgl. *Reckwitz*: Das hybride Subjekt, 45.
[234] Vgl. *Smetana*: Televizní seriál a jeho paradoxy, 25.

Entscheidung des Ausschusses zu erzwingen, verdeutlicht er, dass gesellschaftliche beziehungsweise gemeinschaftliche Angelegenheiten für ihn einen höheren Stellenwert haben als private. Er nimmt bewusst in Kauf, dass es auf der Hochzeit zum Streit kommt, um den Bau des Wohnheims durchzusetzen. Die Reaktion seines Vaters, der Koťátko in ein Streitgespräch verwickelt, und die der anwesenden Ausschussmitglieder, die betonen, dass »die Jugend wohnen muss«,[235] bestätigen ihn in seiner Ansicht.

Allerdings musste er sich diese Haltung im Verlauf der Episode erst aneignen. Während der Vorbereitungen zur Hochzeit, bei der ein Großteil der Bewohner von Ouplavice hilft, versucht Hana, den Genossen Macháček telefonisch zu erreichen. Dieser soll laut Koťátko wissen, wie in der Frage mit dem Ackerland zu verfahren sei. Dementsprechend reagiert sie nicht sofort auf Vendas Frage, wo denn die Gurken seien. Genervt fragt er daraufhin: »Verdammt, heiratet Macháček oder ich?«[236] Hana tadelt ihn deswegen. Auch, als er Vašek auffordert, mit ihm das Bier zu holen, wird er mit den Worten »Wir müssen Franta Macháček auftreiben«[237] zurechtgewiesen. Venda reagiert beleidigt und beklagt sich, dass niemand Zeit für ihn habe. Die Versammelten sind empört. Sie würden doch alles für ihn tun und müssen sich nun kritisieren lassen. Venda zieht sich zurück und verkündet, ab jetzt zu schweigen.[238] Er wird in dieser Szene also dahingehend erzogen, dass die Angelegenheit des Wohnheimes mindestens genauso wichtig sei wie die Hochzeit, wenn nicht sogar wichtiger. Indem er in der folgenden Szene dann selbst die Initiative ergreift und von Koťátko eine Entscheidung fordert, zeigt er, dass er diese Haltung übernommen hat. Dem Zuschauer wird so vermittelt, dass gemeinschaftliche Angelegenheiten nur dann erfolgreich umgesetzt werden können, wenn private und individuelle Bedürfnisse hintangestellt werden. Anhand von Venda wird somit ein Subjektivierungsprozess gezeigt: Indem er sich der kulturellen Ordnung unterwirft, die das Gemeinwohl über das individuelle stellt, eignet er sich die Eigenschaften an, die ihn alle seine Angelegenheiten erfolgreich zu Ende bringen lassen.

Auf diese Weise wird auch die Bedeutung des Engagements für die Gemeinschaft vermittelt, die alle Beteiligten – mit Ausnahme von Koťátko – zeigen. Der gemeinsame Einsatz für das Wohnheim macht einerseits deutlich, welche Möglichkeiten es gibt, um den eigenen Interessen Gehör zu verschaffen – in diesem Falle vor allem Beharrlichkeit. Andererseits wird so auch das Interesse des Einzelnen an gemeinschaftlichen Angelegenheiten und Problemen gestärkt, sodass er sich stärker mit der Gemeinschaft, in der er lebt, identifiziert und eine sinnvolle Rolle darin einnehmen kann. Letztendlich zeigt die Episode

---

[235] Tři chlapi v chalupě, Episode 17 (Zajíc), Min. 01:12:07–01:12:09.
[236] *Ebenda*, Min. 00:53:31–00:53:34.
[237] *Ebenda*, Min. 00:53:58–00:54:03.
[238] *Ebenda*, Min. 00:52:25–00:54:36.

zudem, dass – trotz der Ausweichmanöver Koťátkos – der Ausschuss eine Entscheidung trifft, die dem Gemeinwohl dient. Auf diese Weise wird die Funktionalität der Verwaltung und damit des politischen Systems bestätigt sowie die Schuld an jeglichen Fehlfunktionen auf Einzelpersonen abgeschoben.

Der »neue Mensch« wird »alt« – Děda Potůček und die Suche nach dem Sinn im Alter

»Habe ich, wenn ich 60 Jahre alt bin, kein Anrecht auf anständige Unterhaltung?«[239] Mit dieser und ähnlichen Äußerungen machten ältere Zuschauer Ende 1961 ihrem Unmut über die Programmzusammenstellung des Tschechoslowakischen Fernsehens Luft. Sie fühlten sich angesichts ihres Alters von den Fernsehredakteuren ignoriert, die aus ihrer Sicht nur Unterhaltung für die jüngere Generation produzieren würden.

Die Nichtbeachtung oder zumindest Marginalisierung der älteren Generation im Sozialismus war dabei kein auf das Fernsehprogramm beschränktes Phänomen. Im übertragenen Sinne kann man sie sogar für die Forschung konstatieren, die sich abseits einiger weniger Arbeiten zum System sozialer Sicherung[240] bislang noch überhaupt nicht mit der Situation älterer Menschen in der sozialistischen Tschechoslowakei befasst hat.

Diese Forschungslücke zu schließen, ist die Aufgabe anderer Studien.[241] Da aber die Frage, ob der »Rentner« eine akzeptierte Ausprägung des »neuen Menschen« darstellte und damit eine »spezifische Form des Selbstverstehens, der Selbstinterpretation«[242] auch in »Drei Männer unter einem Dach« verhandelt wurde, möchte ich mit diesem Abschnitt zumindest einen Beitrag dazu leisten. Denn die Episode »Zajíc« setzt sich in einem weiteren zentralen Handlungsstrang mit ebendieser Frage auseinander und präsentiert mit einer klaren Katharsis am Ende auch ein Modell gelungener Subjektivität im Alter, dessen Aneignung den Zuschauern eine sinnhafte Rolle in der Gesellschaft versprach.

Die zentrale Figur dieser Handlung ist Děda Potůček, der als Rentner keiner geregelten Erwerbstätigkeit mehr nachgeht und nun mit der Angst zu kämpfen hat, nicht mehr gebraucht zu werden. In sozialistischen Gesellschaften, in denen vor allem physische Stärke, Jugend und Arbeitsleistung zählten, stellte der

---

[239] Bericht über die die Reaktionen der Zuschauer auf das Fernsehprogramm im Dezember 1961. AČT, kart. 128, inf 763, Anhang III.
[240] Hier sind vor allem die Arbeiten von Lenka Kalinová zu nennen: *Kalinová*: Společenské proměny v čase socialistického experimentu; *dies.*: Conditions and Stages of Change; *Rákosník*: Sovětizace sociálního státu.
[241] Derzeit verfasst Judith Brehmer an der Ludwig-Maximilians-Universität in München eine Dissertation mit dem Arbeitstitel »Alt werden und alt sein in der Tschechoslowakei, 1948–1989«. Siehe URL: https://www.promohist.geschichte.uni-muenchen.de/personen/doktorandinnen/judith_brehmer/index.html (am 12.10.2022).
[242] *Reckwitz*: Das hybride Subjekt, 45.

Austritt aus dem Arbeitsleben für viele ein großes Problem dar. Alter galt vor allem in der Sowjetunion lange Zeit als abwertende Kategorie für eine physisch schwache, abergläubische und schlecht ausgebildete Gruppe. Erst im Laufe der dreißiger Jahre sollten Maßnahmen sicherstellen, dass zum Beispiel Menschen, die den körperlichen Anforderungen der Fabrikarbeit nicht mehr gewachsen waren, eine individuell erfüllende, produktive Rolle in der Gesellschaft zugewiesen bekamen. Dies sollte unter anderem durch den Wechsel an andere Arbeitsplätze geschehen, wo sie ihre Erfahrung in den Produktionsprozess einbringen konnten. Eine zentrale Rolle spielte dabei die Generation derer, die die Revolution von 1917 aktiv miterlebt hatten, teilweise sogar daran beteiligt waren und nun in den dreißiger Jahren aus dem Arbeitsleben ausschieden, aber weiterhin nach einer sinnstiftenden Aufgabe suchten.[243] Da dem tschechoslowakischen Sozialismus dieses revolutionäre Element und die damit verbundene Erfahrung fehlten, erhielt das Thema dort nur geringe politische Aufmerksamkeit.

Děda scheint zunächst mit seiner Rolle als Rentner zufrieden zu sein. Er zeigt keine Anstalten, wieder ins Arbeitsleben zurückzukehren und auch politisches Engagement scheint für ihn nicht reizvoll zu sein. Diese Zufriedenheit wird in der vorletzten Episode allerdings stark erschüttert, denn im Zusammenhang mit Hanas Tätigkeiten im Haushalt der drei Männer bemerkt Děda, dass sie zunehmend Aufgaben übernimmt, für die sich eigentlich er zuständig fühlte. So ist Vašek verwundert, dass er, als er nach Hause kommt, Děda am Herd antrifft:

Vašek: In Ihrem[244] Alter sollten Sie sich ausruhen. [...] Hanička hat das auch gesagt. Sie wird für uns jeden Tag zum Mittag kochen.

Děda: Was? Willst Du sagen, dass ich nie wieder für Dich kochen werde?

Vašek: Es sieht beinahe so aus. Stört Sie das?

Děda: Warum sollte mich das stören? Ich bin froh darüber. [...] Das ist mir lieber! Ich hab Arbeit, andere Arbeit! Warten nicht Strümpfe darauf, gestopft zu werden?

Vašek: Das hat Hanička schon gemacht.

Děda (nach kurzem Zögern): Und wartet dort nicht noch Wäsche?

Vašek: Die Wäsche hat sie auch schon gebügelt.

---

243 Vgl. *Lovell*, Stephen: Soviet Socialism and the Construction of Old Age. In: Jahrbücher für Geschichte Osteuropas 51/4 (2003), 564–585, hier 565, 572–576. Zur Frage nach dem individuellen Umgang mit dem Ausstieg aus dem Arbeitsleben in der Sowjetunion siehe auch *Klots*, Alissa/*Romashova*, Maria: Lenin's Cohort. The First Mass Generation of Soviet Pensioners and Public Activism in the Krushchev Era. In: Kritika. Explorations in Russian and Eurasian History 19/3 (2018), 573–597.

244 Während Děda alle Familienmitglieder duzt, wird er selbst mit »Sie« angesprochen – mit Ausnahme seines Enkels Venda. Die Familienstruktur wird damit als streng hierarchisch dargestellt.

III. Individuelle Wünsche

Děda: Nun, dann erwartet mich ja nur noch Vergnügen und Zeitvertreib. (Setzt sich auf das Sofa) Ich bin froh! Jetzt werde ich das erst einmal genießen! Ach je! [...] Ich werde Pilze suchen gehen, nach Karlštejn, zum Sokol. [...] Und ich werde meine Erinnerungen schreiben, weißt Du? Das machen heute viele. [...].

Vašek: Ich weiß nicht, ob Sie das stört oder nicht?

Děda: Warum sollte es? [...].

Vašek: Ich weiß, dass Sie froh sind, Zwanglosigkeit und Freiheit gefallen Ihnen, aber wenn Sie das stört, würde ich es Hanička sagen.[245]

Der Eindruck, dass Děda keinesfalls mit seiner Situation zufrieden ist, wird in der nächsten Szene nochmals bestätigt. Sie zeigt ihn in der Kneipe beim Kartenspiel. Zunächst dreht sich das Gespräch um die bevorstehende Hochzeit von Venda. Im Verlauf der Szene redet er sich in Rage. Er spiele nur, um seinen Freunden eine Freude zu machen, und habe selbst genug Arbeit: »Bei uns liegt alles an mir. Kochen, waschen, nähen, alles ich!«, verkündet er. Als er gefragt wird, ob denn »sie« (Hanička) nicht kochen würde, entgegnet er, dass sie das wollen würde, die Jungen aber seine Küche gewohnt seien.[246] Ein Mitspieler antwortet ihm, dass er froh sein solle, dass er jemanden zu versorgen habe. Wenn er sich einmal ausruhen könne, sei es vorbei, dann könne man sich nur noch aufhängen. Děda entgegnet darauf, dass er sich sehr gern ausruhen und den »Herbst des Lebens genießen«[247] wolle, worauf ihm sein Mitspieler von jemandem erzählt, der etwas Ähnliches gesagt habe und schließlich im Irrenhaus gestorben sei.

Für den Zuschauer ist es offensichtlich, dass sich Děda in dieser Szene darum bemüht, sich und den anderen etwas einzureden: dass er noch eine sinnvolle Aufgabe in der Familie habe und dass eigentlich nichts Schlimmes daran sei, den »Herbst des Lebens« genießen zu wollen. Die Aussagen seines Mitspielers bringen ihn aber immer wieder ins Grübeln – es wird deutlich, dass er Angst hat, überflüssig zu sein.

Um allen zu beweisen, dass er noch in der Lage ist, für seine Familie zu sorgen, lädt Děda Venda und dessen Braut Ivanka zu seiner Verlobten nach Hause ein und möchte für sie kochen. Bereits bei den Vorbereitungen ist er mit viel Engagement dabei, geht dabei aber sehr umständlich vor. So versucht er, bei verschiedenen Geschäften Gurken zu bekommen, ohne es allerdings im Dorf selbst zu versuchen, da dies seiner Ansicht nach ohnehin sinnlos sei. Als er sich nicht für die Hilfe seiner Verlobten bedankt, kommt es zum Streit. Dabei stellt sich heraus, dass sie die Gurken problemlos im örtlichen Lebensmittelgeschäft bekommen hat. Sie kann nicht verstehen, warum Děda sich nun ärgert, da sie sich ja um alles kümmern würde. Genau das scheint für Děda aber das Problem zu sein: »Die Gäste habe ich eingeladen.«[248] Es seien auch

---

[245] Tři chlapi v chalupě, Episode 17 (Zajíc), Min, 00:16:36–00:18:06.
[246] *Ebenda*, Min, 00:19:50–00:23:09.
[247] *Ebenda*.
[248] *Ebenda*, Min. 00:31:21–00:33:35

III. Individuelle Wünsche

ihre Gäste, entgegnet seine Verlobte und macht ihm deutlich, dass er sich vom Herd fernhalten solle. Dies scheint Děda in seiner Angst zu bestätigten, zu nichts mehr nütze zu sein: »Also schon braucht mich keiner mehr, ich bin vollkommen überflüssig.«[249]

Die Serie griff mit der Figur Dědas ein Thema auf, was sicherlich viele Zuschauer zu dieser Zeit beschäftigte. In einer Gesellschaft, in der besonders nach dem formalen Erreichen des Sozialismus viele Identitätsentwürfe stark an die Ausübung von Arbeit und der Teilhabe »am Aufbau einer entwickelten sozialistischen Gesellschaft«[250] gebunden waren, war es fraglich, ob das Modell des »sozialistischen Rentners« als eine gelungene Form der Subjektivität gelten konnte. Der Konflikt, in den Děda Potůček durch die Arbeit von Hana in seinem Haushalt gerät und den er auch offen mit Freunden und Familie austrägt, spricht genau diese Problematik an. Ist es in Ordnung, keine produktiven Aufgaben mehr im Haushalt auszuüben und sich auf den »Herbst des Lebens« zu freuen? Muss man sich neue Aufgaben oder Hobbies suchen, um zu einer kohärenten Selbstwahrnehmung zu gelangen? Děda versucht es unter anderem, indem er zu schnitzen beginnt, erntet von seinen Freunden dafür aber nur verwunderte Blicke.[251]

Die Produzenten boten den Zuschauern in diesem Fall allerdings eine eindeutige Lösung und bestätigen damit die Gültigkeit der Identität als Rentner ohne Erwerbstätigkeit. Der aufgezeigte Ausweg aus Dědas Krise besteht darin, die Familie dort zu unterstützen, wo sie es braucht. Dies wird ihm klar, als er eines Morgens nach dem Aufstehen auf Hana trifft, die die morgendlichen Aufgaben im Haushalt der Potůčeks erledigt und sich darüber wundert, dass er schon wach ist. Es entspinnt sich ein Gespräch über Hanas Umzug in Dědas Haus, in dessen Verlauf sie ihn fragt, ob es ihn wirklich nicht stören würde, wenn sie umziehe. Er bestätigt sein Angebot und erklärt die Diskussion für beendet. Daraufhin merkt Hana an, dass sie im Falle eines Umzugs auch wieder Aufgaben im Schweinestall übernehmen müsse – vermutlich als genossenschaftliche Arbeit. Dies habe zur Folge, dass sie weniger Zeit für den Haushalt habe, weswegen sie Dědas Hilfe beim Kochen und anderen Aufgaben benötige, die er nun nur zu gerne verspricht. Er zählt von sich aus weitere Tätigkeiten auf, die er nun übernehmen müsse und verkündet: »Nun, Mädchen, es scheint, als müsse ich mich für die Familie opfern.«[252] Dieser Ausspruch ist aber durchaus positiv gemeint, wie man Dědas Gesichtsausdruck entnehmen kann. Vielmehr wirkt er erfreut und stolz, nun endlich wieder eine sinnstiftende Aufgabe zu haben.[253]

---

[249] *Ebenda.*
[250] Za další rozkvět, 2.
[251] Tři chlapi v chalupě, Episode 17 (Zajíc), Min. 00:24:17–00:27:37.
[252] *Ebenda*, Min. 00:47:38–00:49:22.
[253] *Ebenda*, Min. 00:49:19.

Dies bestätigt sich in Dědas Reaktion auf die neue Situation, denn seine neue Rolle möchte er sofort ausfüllen. Er weckt die noch schlafenden Vašek und Venda und verkündet, dass man nun anfangen müsse, alles für die Hochzeit zu organisieren. Besonders Venda scheint zunächst nicht zu wissen, was los ist und fragt verwundert: »Was ist passiert, Opa?« – »Gerade bin ich von den Toten auferstanden«,[254] antwortet dieser. Mit dieser Aussage vermittelt er nicht nur den Eindruck, dass ihn das Wissen über eine neue, sinnstiftende Aufgabe innerhalb der Familie wie neugeboren fühlen lässt. Sie soll auch signalisieren, wie schwer es sich für jemanden in Dědas Situation anfühlen muss, statt einer sinnvollen Aufgabe nur noch die Aussicht auf »Vergnügen und Kurzweil« zu haben. Sich einfach nur entspannen und den »Herbst des Lebens« genießen zu wollen, wird damit als identitätsstiftende Haltung für Rentner delegitimiert. Stattdessen sollen diese ihre Energie zur Unterstützung der Familie aufwenden.

Die Figur und Entwicklung des Děda Potůček, zumindest so, wie sie sich in den vorliegenden Episoden zeigt, kann als ein gelungener Subjektivierungsprozess im Alter gedeutet werden. Die Infragestellung seiner Identität als Pensionär ohne Arbeit und klare Aufgabe löst einen Reflexionsprozess bei Děda aus, der wiederum dazu führt, dass er sich der kulturellen Ordnung des Sozialismus unterwirft, die ihm eine sinnstiftende Rolle in der Gesellschaft zuweist und ihn metaphorisch von den Toten auferstehen lässt. Mit dieser Entwicklung wurde eine Lösung für Probleme aufgezeigt, die viele Zuschauer selbst aus ihrem Lebensalltag kannten, was die Chancen, dass sie sich mit Děda identifizierten, stark erhöhte. In der humoristischen Atmosphäre der Serie fungierte die Figur des Děda als Sympathieträger, der – immer mit Pfeife im Mund – verständnis- und humorvoll das Geschehen kommentierte.[255] Somit eignete sich die Figur des Děda gut, um in der Gesellschaft zirkulierende Identitätskonzepte zu verhandeln und den Zuschauern wünschenswerte Verhaltensmuster zu vermitteln.[256] Nachdem zunächst verschiedene Wege der Selbstfindung aufgezeigt wurden, die allesamt nicht zum Ziel führten, erfolgt die Katharsis mit der Übernahme von Aufgaben im Haushalt. Die Unterstützung der Familie erscheint als ein zentrales Modell für gelungene Subjektivität im Alter und wurde den Zuschauern entsprechend als nachahmenswertes Vorbild präsentiert.[257] Die Vermittlung von Vorbildern und Handlungsmustern über eine alltagsnahe Identifikationsfigur war somit ein wichtiges Instrument, mit dem die Produzenten – und durch sie auch zumindest teilweise das kommunistische Regime – versuchten, Einfluss auf gesellschaftliche Vorstellungen von Subjektivität im Alter zu nehmen.

---

[254] *Ebenda*, Min. 00:49:32–00:50:04.
[255] Vgl. *Smetana*: Televizní seriál a jeho paradoxy, 25 f.
[256] Vgl. *Mikos*: Film- und Fernsehanalyse, 155.
[257] Vgl. *Reifová*: Kleine Geschichte der Fernsehserie, 164.

Rezeption

Die große Beliebtheit der Serie und das Ausmaß der Identifikation des Publikums mit den handelnden Figuren – und damit die Akzeptanz der gezeigten Rollen- und Verhaltensmuster – haben sich auf vielerlei Weise gezeigt.[258] Ob die Figuren allerdings auch tatsächlich so rezipiert wurden, wie hier dargelegt, lässt sich leider nur unvollständig nachvollziehen. Nur wenige der Briefe, die damals die Redaktion erreichten, sind heute noch in den Beständen des Archivs des Tschechischen Fernsehens erhalten.[259] Nichtsdestotrotz lassen diese noch verbliebenen Quellen die Faktoren erkennen, die für den Erfolg der Serie und ihre Adaption im Alltag der Zuschauer maßgeblich waren und so zeigen, wie der »neue Mensch« über das Fernsehen vermittelt wurde.

Auffällig ist, dass die noch existierenden Briefe eine durchweg positive Bewertung der Serie präsentieren. Sicherlich wird dies das Bild der Wahrnehmung durch das Publikum nicht exakt widerspiegeln, aber da die noch existierenden Bestände im Archiv weitgehend unsortiert sind, kann zumindest weitgehend ausgeschlossen werden, dass negative Zuschriften bewusst herausgesucht wurden. Zudem stammt die einzige Quelle für eine negative Rezeption aus einem Monatsbericht, einer Quellengattung, die eigentlich unter dem Verdacht steht, kritische Zuschriften weitgehend auszublenden.[260]

Die entsprechende Äußerung stammt von Zuschauern aus Kamenice nad Lipou, die einem Bericht aus Dezember 1961 zufolge der Ansicht waren, die Autoren würden die Menschen auf dem Lande als Dummköpfe darstellen.[261] In den noch vorliegenden Originalbriefen hingegen wird »Drei Männer unter einem Dach« vor allem immer dann erwähnt, wenn die Verfasser auf positive Beispiele für gelungene Programminhalte hinweisen möchten. So meinten viele der Zuschauer, die das Silvesterprogramm von 1962/63 scharf kritisierten, dass man doch lieber »etwas wie ›Drei Männer unter einem Dach‹«[262] hätte senden sollen. Auch die Wiederholung einer Episode als Teil des Neujahrsprogrammes wurde gelobt.[263] Einige Zuschauer forderten zudem die Einbindung Lubomír Lipskýs, der in der Serie Děda spielte, in das Silvesterprogramm.[264] An die-

---

258 Vgl. *Smetana*: Televizní seriál a jeho paradoxy, 26 f.
259 Diese befinden sich zudem in weitgehend unsortierten Beständen von Zuschauerzuschriften aus den Jahren 1962 und 1963.
260 Vgl. *Lehr*: Pište nám, 75.
261 Bericht über die Reaktionen der Zuschauer auf das Fernsehprogramm im Dezember 1961. APF ČT, kart. 128, inf 763, Anhang IV.
262 Brief von Květa H. vom 28.1.1963 zur Sendung »Tři chlapi v chalupě«. APF ČT, kart. 134, inf 869. Ähnliche Argumentationen finden sich auch im Brief einer Gruppe junger Leute aus Plzeň vom 24.1.1963 und dem von Jaroslav P. vom 23.1.1963. Beide *ebenda*.
263 Siehe z. B. Brief der Angestellten der Tschechoslowakischen Autoreparaturwerkstätten (Československé automobilové opravny, ČSAO) vom 7.1.1963 zur Sendung »Tři chlapi v chalupě«. *Ebenda*.
264 Brief von Josef H. vom 24.1.1963 zur Sendung »Tři chlapi v chalupě«. *Ebenda*.

ser Stelle zeigt sich erneut die Bedeutung von Persönlichkeiten und Identifikationsfiguren bei der Vermittlung von Subjektmodellen und Verhaltensmustern, die für das Fernsehen eine entscheidende Rolle spielte.

Andere Briefe zeigen wiederum, dass die Darstellung des Lebensalltages in einem sozialistischen Dorf ein wichtiger Faktor für den Erfolg der Serie darstellte. So verweisen die Mitarbeiter eines Betriebs aus Letňany angesichts des aus ihrer Sicht desaströsen und vor allem humorlosen Silvesterprogramms auf »Drei Männer unter einem Dach« als Beispiel für gelungene Unterhaltung und den produktiven Einsatz von Humor: »Warum denken sie, dass ›Drei Männer unter einem Dach‹ sich als so beliebt erwiesen hat? Nur deswegen, weil [die Serie] das Leben abbildet, in diesem Fall das Leben unseres Dorfes, und zwar so, wie es ist, und Humor hilft auf diesem schwersten Gebiet.«[265] Gerade Humor und Satire seien nicht nur wirksame Mittel, um Missstände zu kritisieren und zu beseitigen, sondern auch Träger eines gesunden Aufbauoptimismus, so die Verfasser.[266] Diese Äußerungen zeigen, dass die Verfasser dieses Briefes die Serie als authentische Abbildung des Lebens auf dem Lande angesehen haben und Probleme, mit denen sie selbst oder Personen aus ihrem Bekanntenkreis konfrontiert waren, darin wiedererkannten. Die Nähe zur Lebenswelt der Zuschauer – also zum Bezugs- und Orientierungsrahmen ihrer alltäglichen Lebenspraxis – war somit ein wichtiger Faktor für die Beliebtheit der Serie, der auch die Identifikation mit den gezeigten Figuren förderte.[267]

Zum anderen verdeutlicht der Brief des Arbeiterkollektives, welche zentrale Rolle Humor und Satire im Zusammenhang mit Diskursen und Praktiken von »Kritik und Selbstkritik« spielten, die als grundlegendes Schema die Basis jeder kritischen Äußerung – sei es individuell, kollektiv oder offiziell – darstellen sollte. Auch andere Briefe, die das Fernsehen im Zusammenhang mit »Drei Männer unter einem Dach« erhielt, verweisen auf diesen Zusammenhang. So schrieb ein Zuschauer aus Vlašim: »Die Serie ›Drei Männer unter einem Dach‹ war nicht nur unterhaltsam, sondern brachte es fertig, mit Humor auf die gegenwärtigen Probleme in einem der wichtigsten Bereiche menschlicher Arbeit zu verweisen.«[268]

Der Brief eines Ehepaars aus Mariánské Lázně zeigt schließlich die Bedeutung der in der Serie gezeigten Handlungsmuster im Hinblick auf ihre Problemlösungsfähigkeit auf. Die Verfasser schrieben, dass sie sich vor dem baldigen Ende der Serie, auf die sie sich immer sehr gefreut hatten, fürchteten. Sie würden selbst in der Landwirtschaft arbeiten und die »ziemlich gelungenen

---

[265] Brief des Arbeiterkollektivs von AZL Letňany vom 7.1.1963 zur Sendung »Tři chlapi v chalupě«. *Ebenda.*
[266] *Ebenda.*
[267] Vgl. *Mikos*: Film- und Fernsehanalyse, 166 und 282–284.
[268] Brief von Franka Č. vom 28.1.1963 zur Sendung »Tři chlapi v chalupě«. APF ČT, kart. 134, inf 869.

und wahrheitsgetreu präsentierten Momente auf dem Lande«[269] würden die Probleme wiedergeben, die sie selbst von ihrem Arbeitsplatz kannten. Sie baten daher darum, den Termin für das Ende der Serie zu überdenken, denn gerade bei ihnen auf dem Land gebe es »noch eine ganze Reihe von Problemen« und eine Verlängerung des Programmes würde ihnen helfen, »viel Unfrieden und alte Gewohnheiten zu überwinden«.[270] Auch in dieser Zuschauerreaktion zeigt sich, wie wichtig es war, dass die in der Serie behandelten Themen in den spezifischen lebensweltlichen Zusammenhängen der Zuschauer angesiedelt waren.[271] Zudem schienen die in der Serie gezeigten Handlungsanleitungen zur Überwindung von Problemen von vielen Zuschauern rezipiert, als erfolgsversprechend angesehen und in den eigenen lebensweltlichen Kontext übernommen worden zu sein.[272] Diese Tatsache deutet darauf hin, dass die Bewohner des Dorfes Ouplavice durchaus den Vorstellungen der Zuschauer von gelungener Subjektivität, zumindest im Kontext des (sozialistischen) Dorfes, entsprochen haben.

Enttäuscht über das Ende der Serie waren viele Zuschauer. Um ein Fortbestehen zu sichern, boten einige von ihnen an, selbst Themenvorschläge für weitere Episoden einzureichen.[273] Ein Zuschauer präsentierte sogar einen Vorschlag für ein *spin-off*, also eine Serie, die als Ableger aus der ursprünglichen Produktion angesehen werden kann:

> Da uns ferner das bevorstehende Ende von »Drei Männer unter einem Dach« betrübt, wäre ich außerordentlich froh, wenn sie auf den Spuren dieser Serie wiederum etwas über drei Boženkas - Toničkas unter einem Dach senden würden. Das ist ein weites Thema. Die Großmutter ist gläubig, mit alten Ansichten, die Mutter geschieden, alles für die Tochter, die einen Hang zum Hooliganismus hat. Eine Reihe von Verehrern usw.[274]

Dem Zuschauer schien es mit seinem Vorschlag vor allem auf die Kontraste zwischen den Figuren anzukommen, die bei den »Drei Männern unter einem Dach« nicht so stark ausgeprägt waren wie im hier zitierten Programmvorschlag, der zudem den Wunsch des Zuschauers nach weiblichen Hauptfiguren ausdrückt. Zumindest in Ansätzen erinnert das Konzept des Zuschauers an die erste tschechoslowakische Serie »Familie Bláha«, die von einer normalen, unauffälligen Familie handelte, in der die Großmutter sich durch große Frömmigkeit auszeichnete und Anlass für Auseinandersetzungen über Fragen des Atheismus bot.[275] In jedem Fall scheinen das Setting eines Mehrgenerationen-

---

[269] Brief des Ehepaars H. vom 24.1.1963 zur Sendung »Tři chlapi v chalupě«. *Ebenda*.
[270] *Ebenda*.
[271] Vgl. *Mikos*: Film- und Fernsehanalyse, 284 f.
[272] Vgl. *Reifová*: Kleine Geschichte der Fernsehserie, 164.
[273] Brief des Ehepaars H. vom 24.1.1963 zur Sendung »Tři chlapi v chalupě«. APF ČT, kart. 134, inf 869.
[274] Brief von A. vom 28.1.1963 zur Sendung »Tři chlapi v chalupě«. *Ebenda*.
[275] Vgl. *Reifová*: Kleine Geschichte der Fernsehserie, 168.

haushaltes und die damit verbundenen Probleme großen Anklang bei den Zuschauern gefunden und einige der ihnen aus dem eigenen Alltag bekannten Probleme widergespiegelt zu haben.

Sozialismus im Alltag

»Drei Männer unter einem Dach« ist ein gutes Beispiel dafür, wie die Ausprägungen des »neuen Menschen« abseits der oftmals sehr propagandistischen Parteipresse vermittelt wurden. Die Analyse der Serie hat verdeutlicht, warum diese Subjektmodelle vielfach auch tatsächlich Anklang fanden. Wir haben es bei den hier erläuterten Handlungssträngen zudem mit Subjektivierungsprozessen zu tun, die recht genau aufzeigen, wie die Unterwerfung unter die kulturelle Ordnung des Sozialismus es den handelnden Personen ermöglichen konnte, zu autonomen und handlungsfähigen Mitgliedern der Gesellschaft zu werden. Dies zeigt noch einmal, wie wichtig die mediale Praktik des Fernsehens als »Technik des Selbst« im Kontext dieser Arbeit ist. Auch wenn die wenigen noch verfügbaren Zuschauerzuschriften nur einen kleinen Ausschnitt der Reaktionen auf die Serie abbilden, lassen sie doch vermuten, dass diese eine große Bedeutung bei der Bewältigung der vielen Alltagsprobleme im Sozialismus besaß.

»Drei Männer unter einem Dach« war somit nicht nur ein Versuch, der die Konformität der Zuschauer mit dem politischen Regime bezwecken sollte, wie Irena Reifová konstatiert hat. Sicher ist es zutreffend, dass die Produktion eine spezifische Sichtweise auf die alltägliche Realität erreichen wollte.[276] Mit den bewussten Beiträgen zu Subjektivitäts- und Identitätsdiskursen, die die Produzenten und Redakteure mit den von ihnen geschaffenen Figuren leisteten, ging die Wirkung der Serie aber weit darüber hinaus. Sie selbst kann somit als Spiegel alltäglicher Selbst- und Identitätskonzepte verstanden werden.[277]

Auffallend ist dabei, dass die Darstellungsform der Serie nicht immer unbedingt im Einklang mit der Parteipropaganda stand. Dies zeigt sich besonders im Hinblick auf die Rolle der Frau innerhalb der Gesellschaft, da die Handlung keine Lösungsvorschläge für die Doppelbelastung Hanas präsentierte. Stattdessen wurde das vorherrschende patriarchalische Familienverhältnis teilweise bestätigt, auch wenn wiederum meist Hana die Lösung für ein Problem findet. Die weiblichen Figuren aus »Drei Männer unter einem Dach« können somit als Brüche im Diskurs weiblicher Subjektivität angesehen werden. Diese führten allerdings zumindest zu Beginn der sechziger Jahre noch nicht zur Entstehung neuer Bedeutungen und Werte oder gar zu einer Transformation der dominanten Subjektkultur des Sozialismus.[278]

---

[276] Vgl. *ebenda*, 165–167.
[277] Vgl. *Mikos*: Film- und Fernsehanalyse, 162.
[278] Vgl. *Oates-Indruchová*: The Beauty and the Loser, 359–362; *Nečasová*: Nový socialistický člověk, 127 f. und 157 f.; *Reckwitz*: Das hybride Subjekt, 81–83.

Vor diesem Hintergrund stellt die Figur der Hana Potůčková sicherlich einen der vielschichtigsten Charaktere der Serie dar. Dies deutet darauf hin, dass der ideologische Diskurs von Subjektivität keineswegs eindeutig war, sondern einen großen Spielraum für individuelle Auslegung bot. Für die Anschlussfähigkeit des Diskurses an den Lebensalltag der Menschen war dies von nicht zu unterschätzender Bedeutung. Andere Figuren erscheinen dagegen kohärenter, können aber auch nicht unbedingt als unfehlbare, leuchtende Vorbilder sozialistischer Subjektivität angesehen werden. So darf zwar Děda Potůček durchaus als »normativ-ideales Muster gelungener Subjekthaftigkeit«[279] gelten, ebenso wie Bohouš Koťátko als die dazugehörige Differenzmarkierung und das »kulturelle Andere« positiver Subjekthaftigkeit.[280] Allen Figuren haftet dabei aber immer eine gewisse Mangelhaftigkeit und Uneindeutigkeit an. Dies gilt auch für Vašek, der zwar Koťáko gegenüber hartnäckig bleibt, sich aber immer wieder von diesem ablenken lässt, oder für den Funktionär selbst, dessen Unwillen zum Treffen von Entscheidungen zwar negativ dargestellt wird, er dabei aber eher hilflos und überfordert als unsympathisch wirkt.

Den Zuschauern wurde auf diese Weise eine klare Botschaft gesendet: Niemand musste die gewünschten Eigenschaften des »neuen Menschen« vollständig und in Perfektion reproduzieren, um sich in die sozialistische Gesellschaft einschreiben zu können. Es kam vielmehr auf die richtige Einstellung und die Bereitschaft an, sich der kulturellen Ordnung zu unterwerfen und die eigene Rolle innerhalb der Gesellschaft zu finden und zu akzeptieren. Dabei war es nicht zwingend notwendig, politisch engagiert und organisiert zu sein, solange die eigenen Bemühungen auf das Interesse des Gemeinwohls ausgerichtet waren. In den Figuren von »Drei Männer unter einem Dach« zeigen sich somit die Veränderungen der sozialistischen Subjektkultur im Vergleich mit den fünfziger Jahren sehr deutlich.

Dass diese Deutung sozialistischer Subjektivität eben gerade durch das Fernsehen vermittelt wurde, ist sicher kein Zufall. Bereits in den vorherigen Kapiteln hat sich gezeigt, wie wichtig das Fernsehen bei der Vermittlung ideologischer Botschaften war. »Drei Männer unter einem Dach« kommt daher beinahe als logische Konsequenz daher, als Versuch, die strenge ideologische Botschaft von oben mit dem Wunsch nach Unterhaltung von unten zu verbinden. Dabei wurden ideologische Inhalte entsprechend abgeschwächt, ohne ihren Kern zu verlieren – wodurch sie wiederum erst ihre volle Wirkung entfalten konnten.

Das Beispiel der Serie zeigt somit sehr gut, wie die Art der Vermittlung die Akzeptanz der sozialistischen Subjektkultur beeinflussen konnte: Je eher die Menschen einen Zusammenhang zwischen den dargestellten Subjektmodellen und ihrem Alltag sahen, desto größer war die Chance, dass sie sich die Eigenschaften dieser Modelle auch aneignen würden. In »Drei Männer unter einem

---

[279] *Reckwitz*: Das hybride Subjekt, 43.
[280] Vgl. *ebenda*, 45.

Dach« ist dieser Zusammenhang augenfällig – mit den gezeigten Modellen konnten individuelle Probleme, wie sie sich unter anderem in der Frage nach der Aufgabe des Individuums im Rentenalter auftaten, durch auf den Alltag der Zuschauer übertragbare Handlungsanweisungen bewältigt werden. Gleichzeitig wurden Identitätsmuster bereitgestellt, die ein harmonisches Zusammenleben innerhalb der sozialistischen Gesellschaft versprachen. Für die Legitimität von Regime und Ideologie war dies von zentraler Bedeutung.

Das Identifikationspotenzial der Figuren war aber noch aus einem anderen Grund von Bedeutung: Die in politischen Kontexten handelnden Personen boten den Zuschauern die Möglichkeit, die eigenen Wünsche, Ziele und Erwartungen auf diese zu übertragen. Dies gilt insbesondere für das Postulat, dass Institutionen wieder stärker dem Gemeinwohl dienen sollten, wie die Diskussion um Vašeks Tätigkeit bei der Landwirtschaftlichen Kreisverwaltung zeigt.[281] Gemeinsam mit dem Funktionär Kotáko verdeutlichen Figuren wie Vašek, dass die Dysfunktionalität staatlicher Institutionen von einzelnen Personen abhängig war. Dies wiederum sollte den Ruf dieser Institutionen stärken, da sie schließlich grundsätzlich als funktionstüchtig dargestellt wurden. Damit enthält die Serie »Drei Männer unter einem Dach« eine politische Dimension, die sich auf den ersten Blick nicht unbedingt offenbart.

---

[281] Vgl. *ebenda*, 76–79; *Bren*: The Greengrocer and His TV, 202.

EPILOG: AUF DER SUCHE NACH EINEM NEUEN SOZIALISMUS

»Es ist doch schön zu leben und auch die Welt an sich ist schön!«,[1] ist man geneigt zu denken, wenn man sich die Fernsehserie »Drei Männer unter einem Dach« angesehen hat. Am Ende sind alle glücklich (und verheiratet), alle Probleme haben sich durch gemeinschaftliches Engagement in Luft aufgelöst und Děda darf noch einmal mit seiner geliebten Kapelle zusammen auf dem Turm des Altstädter Rathauses in Prag spielen.[2]

Ganz so einfach war es im Dezember 1962, zum Zeitpunkt der Ausstrahlung der letzten Episode, dann aber doch nicht. Gerade erst war der dritte Fünfjahresplan aufgegeben worden, weil die Diskrepanz zwischen wirtschaftlicher Entwicklung einerseits sowie den Zukunftsplänen und der Fortschrittsrhetorik des Regimes andererseits immer größer geworden war. Erstmals seit 1953 waren die Lebenshaltungskosten der Bevölkerung gestiegen, sodass die krisenhafte Entwicklung auch im Alltag deutlich zu spüren war.[3] Auch mit der Verkündung eines neuen Jahresplanes konnte die Fehlentwicklung nicht aufgehalten werden, 1963 sank das wirtschaftliche Wachstum auf 0 Prozent und die landwirtschaftliche Produktion befand sich auf dem Niveau von 1936.[4] Das, was sich bereits in der Neujahrsansprache von Antonín Novotný aus dem Jahr 1962 angedeutet hatte, in der der Staatspräsident unter anderem von einer Reihe nicht näher definierter Mängel und Missstände sowie einer »Sorge um ausreichend Bedarfsgüter«[5] gesprochen hatte, war endgültig Realität geworden. Diese Situation bestimmte nun den Lebensalltag der Bevölkerung und damit auch deren Wahrnehmung des ideologischen Zukunftsversprechens.

Aus Sicht der tschechoslowakischen Führung war dies durchaus problematisch, denn wie die vorherigen Kapitel gezeigt haben, war dieses Zukunftsversprechen – beziehungsweise die Hoffnung auf dessen Einlösen – ein wichtiger Aspekt für die Stabilität der kommunistischen Herrschaft gewesen. Die Unzufriedenheit mit der Wirtschafts- und Versorgungssituation in den frühen 1960er Jahren hatte somit in vielfältiger Art und Weise Auswirkungen auf Legitimität und Stabilität des Regimes.

---

1 *Reifová*: Kleine Geschichte der Fernsehserie, 166.
2 Tři chlapi v chalupě, Episode 18 (Dirigent), Min. 01:07:22–01:09:11.
3 Vgl. *Schulze Wessel*: Der Prager Frühling, 68; *Průcha* u. a.: Hospodářské a sociální dějiny Československa, 316.
4 Vgl. *McDermott*: Communist Czechoslovakia, 106 f.
5 Máme předpoklady, 1.

Ein Blick in Eingaben und Beschwerden der Zeit offenbart die Unzufriedenheit der Verfasser sehr deutlich, zeigt darüber hinaus aber vor allem, dass die ideologischen Botschaften der Partei und der Regierung zunehmend hinterfragt wurden. So schrieb der Angestellte einer Grundschule:[6] »Die Plakate und Schaufenster sagen uns: Esst Obst und Gemüse! [...] *Wie sollen wir Obst und Gemüse essen, wenn die Versorgung von Havířov völlig unzureichend ist.*«[7] Ein anderer Petent wiederum beklagte sich über die Qualität des von seiner Frau erworbenen Rindfleisches: »Ich denke, dass wir heute *in einer sozialistischen Republik leben, in der jeder Kunde das Recht hat, qualitative Waren in der Menge zu fordern, die er beansprucht.*«[8]

Auch die Verteilung von Kohle wurde zunehmend zum Problem: »Jeden Abend höre ich ihre Nachrichten. Mich interessieren vor allen Dingen die Leistungen unserer Bergleute, die tausende Tonnen über dem Plan sind. Wo ist diese ganze Kohle hin?«[9] erkundigte man sich beim Rundfunk. Allerdings ging es dabei nicht unbedingt primär um die Verfügbarkeit der Kohle, sondern insbesondere um die Gerechtigkeit bei der Verteilung. Petenten beklagten, dass sie bereits acht oder neun Monate auf ihre Lieferung hätten warten müssen, weil zuerst die versorgt worden seien, die sich »in Führungspositionen«[10] befänden. Diese Bevorzugung einzelner Personen wurde von den oft anonymen Verfassern als problematisch dargestellt: »Jeder wäre zufrieden gewesen, wenn man Maßnahmen für alle ergriffen hätte und nicht nur für einige.«[11]

Diese Aussagen zeigen, dass die Versorgungsproblematik die Sichtweise der Bürger auf das sozialistische System zur Gänze veränderte. War das Regime schon in den Jahren zuvor eher als Garant einer wirtschaftlichen Prosperität denn als ideologische Instanz und gesellschaftliche Vorhut relevant gewesen, verloren nun auch das Wohlstands- und Gleichheitsversprechen an Glaubwürdigkeit. Hinzu kam, dass – anders noch als im Hinblick auf die Einhaltung der »sozialistischen Gesetzlichkeit« – nicht mehr nur einzelne Funktionäre für Missstände verantwortlich gemacht wurden, sondern ein Versagen des gesamten Systems konstatiert wurde. Dies war ein entscheidender Unterschied zu den Jahren zuvor.

Besonders problematisch war aus Sicht des Regimes, dass die wirtschaftliche Lage im Land begann, sich auf die Selbstwahrnehmung der Betroffenen als

---

[6] ZDŠ (základní devítiletá škola) = Neunjährige Grundschule.
[7] Zusammenfassung von Hörerbriefen aus Dezember 1961. AČRo, Svodka z dopisů posluchačů Čs. rozhlasu za prosinec 1961, 1 (Hervorhebung im Original).
[8] Zusammenfassung von Hörerbriefen aus September 1961. AČRo, Svodka z dopisů posluchačů Čs. rozhlasu za září 1961, 3 (Hervorhebung im Original).
[9] Zusammenfassung von Hörerbriefen aus Oktober 1961. AČRo, Svodka z dopisů posluchačů Čs. rozhlasu za říjen 1961, 2.
[10] Zusammenfassung von Hörerbriefen aus November 1961. AČRo, Svodka z dopisů posluchačů Čs. rozhlasu za listopad 1961, 5.
[11] *Ebenda.*

Mitglieder der sozialistischen Gesellschaft auszuwirken. So beklagten ehemalige Hüttenarbeiter aus Kladno, dass ihre Leistungen für den sozialistischen Aufbau dadurch herabgewertet wurden und sie nach 30 bis 40 Jahren Arbeit nun mit 600 Kronen Rente auskommen mussten: »Wir, die wir für den Sozialismus gekämpft und gelitten haben, müssen nun Not leiden und die Jungen haben jetzt Kuchen ohne Arbeit.«[12]

Zitate wie diese zeigen zwar deutlich, dass die Teilhabe am sozialistischen Aufbau auch weiterhin eine sinnstiftende Wirkung haben und dafür sorgen konnte, dass Menschen sich aufgrund ihrer Arbeitsleistung und Opferbereitschaft in einer privilegierten Position wähnten. Allerdings erodierte dieser Glaube angesichts der schlechten Wirtschaftslage und es wurden Zweifel laut, ob harte Arbeit noch zwingend bessere Lebensumstände bringen könne. Damit wurde einer der Grundpfeiler des sozialistischen Systems zur Disposition gestellt, ebenso wie die zentrale Planung der Wirtschaft und das sozialistische Gleichheits- und Gerechtigkeitsversprechen. Die Zuschriften von Hörern, die Probleme des Systems deutlich benannten, zeigen, dass diese Debatte sich zunehmend offener gestaltete.[13]

Die Versorgungskrise der frühen sechziger Jahre hatte somit die Diskrepanz zwischen individuellen Erwartungen und Vorstellungen von einem sozialistischen System und der alltäglichen Realität zunehmend größer werden lassen. Bereits in den Vorjahren hatte sich angedeutet, dass diese Vorstellungen nicht immer deckungsgleich mit denen des Regimes waren. Dabei hatten Rechte und Gesetze den Einzelnen zumindest dazu ermächtigt, seine Vorstellungen selbstbewusst zu äußern. Dies hatte die Hoffnung darauf aufrechterhalten, dass sich etwas in seinem Sinne ändern würde. Da nun das Regime aber nicht einmal mehr für einen gewissen individuellen Wohlstand sorgen konnte und dabei sozialistische Grundprinzipien verletzte, schien auch diese Hoffnung zu schwinden.

Diese Entwicklung wurde dadurch bestärkt, dass viele Petenten und Beschwerdeführer den Eindruck hatten, dass man sie über die tatsächliche Lage im Unklaren ließ: »Ferner ist es notwendig, dass die Presse in einem sozialistischen Staat wahrheitsgemäß über die tatsächliche Situation berichtet und keine ausgesprochenen Lügen schreibt, die dann zum Gespött von Elementen werden, die dem Sozialismus feindlich gesinnt sind.«[14] Andere hatten Angst,

---

[12] Zusammenfassung von Hörerbriefen aus August 1961. AČRo, Svodka z dopisů posluchačů Čs. rozhlasu za července a srpen 1961, 3. Die Verfasser bezogen sich dabei auf einen tschechischen Ausspruch, der sinngemäß besagt: »Ohne Arbeit kein Kuchen« (Bez práce nejsou koláče).
[13] Vgl. *Průcha* u. a.: Hospodářské a sociální dějiny Československa, 316.
[14] Zusammenfassung von Hörerbriefen aus November 1961. AČRo, Svodka z dopisů posluchačů Čs. rozhlasu za listopad 1961, 6. Ähnlich drückte es ein anderer Rundfunkhörer aus: »Ich wäre ihnen dankbar, [...] wenn sie den Werktätigen die Wahrheit sagen würden, warum es nicht so ist.« Siehe Zusammenfassung von Hörerbriefen aus Dezember 1961. AČRo, Svodka z dopisů posluchačů Čs. rozhlasu za prosinec 1961, 2.

dass man im Ausland schlecht über die Errungenschaften reden könnte, an die man selbst glaubte.[15]

Die aus Sicht der Verfasser betriebene Verschleierung der tatsächlichen Lage wurde als starker Widerspruch zum eigenen Verständnis eines sozialistischen Systems wahrgenommen. Entsprechende Beschwerden schienen aber nicht nur vom Wunsch getrieben, die eigene Frustration über diese Situation auszudrücken, sondern vor allem davon, diese Diskrepanz wieder aufzuheben, um den Feinden des Sozialismus keine Angriffsfläche zu bieten. Dies deutet darauf hin, dass sich die Betroffenen trotz der offensichtlichen Probleme dem System weiter zugehörig fühlten und dessen Grundsätze auch nach außen schützen wollten. Die Situation war also durchaus diffus und das Ringen um eine kohärente Selbstverortung in der Gesellschaft sowie gegenüber dem Regime tritt in den genannten Beispielen deutlich hervor.

War hier also eine »zunehmende Entfremdung der Menschen untereinander bei nachlassendem Vertrauen der Bürger in die Institutionen des Staates«[16] am Werk, wie sie der Ökonom Ota Šik 1968 rückblickend für diese Zeit konstatierte? Diese Frage wurde, neben vielen anderen, auf der Kafka-Konferenz in Liblice 1963 diskutiert, die in der Rückschau durchaus als eine Deutung der Gegenwart mit Hilfe von Metaphern der Literatur gesehen werden kann. Gedeutet wurde dabei aber nicht nur der kulturelle Kanon, sondern auch die Funktionsweise des sozialistischen Staates und der Zustand des kommunistischen Master-Narrativs. Dabei griffen die literaturwissenschaftlichen Deutungen die oben erläuterten Probleme der Bevölkerung auf, was mit dafür verantwortlich war, dass die Konferenz einen so starken Widerhall fand.

Ursprünglich sollten sich die Teilnehmer mit der Wiederaufnahme von Kafkas Werken in den tschechoslowakischen Literaturkanon befassen. Lange hatte Kafka als »bourgeoiser, dekadenter Autor« gegolten,[17] als »hoffnungslos reaktionär [...]«[18] – ein Opfer des Stalinismus, ebenso wie die Organisatoren der Tagung, die Germanisten Eduard Goldstücker und Pavel Reiman.[19] Schnell wurde aber klar, dass diese Diskussion auch die Frage eines neuen marxistischen Zugangs zum Autor mit sich bringen würde.[20] Daraus resultierten schließlich ebenjene Debatten um den Begriff der »Entfremdung« und dessen

---

[15] So schrieb zum Beispiel eine Hörerin aus Prag, dass sie ausländischen Besuchern habe zeigen wollen, wie ein sozialistisches Land aussieht. Dies sei aber misslungen, da niemand auf den Feldern gearbeitet habe und überall nicht geerntetes Getreide zu sehen gewesen sei. Siehe Zusammenfassung von Hörerbriefen aus September 1961. AČRo, Svodka z dopisů posluchačů Čs. rozhlasu za září 1961, 1.
[16] Z projevu soudruha O. Šika [Aus der Ansprache von Genosse O. Šik]. Rudé právo vom 15.3.1968, 1.
[17] *Schulze Wessel*: Der Prager Frühling, 57.
[18] *Bahr*: Kafka und der Prager Frühling, 518.
[19] Vgl. *Schulze Wessel*: Der Prager Frühling, 57; *Bahr*: Kafka und der Prager Frühling, 518.
[20] Vgl. *Gerber*: Ein Prozess in Prag, 237.

Aktualität in der sozialistischen Gesellschaft der Tschechoslowakei. Es war besonders dieser Diskussionsstrang, der die Konferenz zu einem entscheidenden End- und Wendepunkt für das Bild des »neuen Menschen« machte, das sich trotz all seiner Brüche und Widersprüche bis dato doch vielfach als sinnstiftend erwiesen hatte.[21]

In gewisser Weise hatten die Teilnehmer der Kafka-Konferenz mit ihrer Diskussion die oben erläuterten Sorgen der Bevölkerung aufgegriffen, denn die Entfremdung des Individuums im – wenn auch nicht unbedingt vom – Sozialismus hatte in den Enttäuschungen der Menschen über die mangelhafte Umsetzung ihrer Vorstellungen vom Sozialismus durchaus eine Entsprechung. Der Ökonom Ota Šik schrieb rückblickend dazu:

> Die Analyse der Werke von Kafka, in welchen der menschenverachtende Selbstzweck und die anwachsende Sinnlosigkeit der bürokratischen Maschine unnachahmlich dargestellt werden, bildete eine einzigartige Gelegenheit, um indirekt die Bürokratisierung der »sozialistischen« Gesellschaft und die Entfremdung der Menschen anzuprangern.[22]

Auch Mitorganisator Goldstücker merkte an, dass es in der Übergangszeit vom Sozialismus zum Kommunismus, in der sich die Tschechoslowakei 1963 befand, vorkommen könne, dass sich »die Menschen noch viel stärker entfremdet fühlen, als im Kapitalismus«.[23] Entfremdung sei somit auch in der sozialistischen Gesellschaft existent.[24]

Der Beitrag Goldstückers zählte damit sicherlich zu den kontroversesten der gesamten Konferenz.[25] Er zog Parallelen zwischen Kafkas Schriften und der utopischen Dimension der zukunftsorientierten sozialistischen Ideologie. Kafka habe sich bemüht, die Welt ohne Illusionen zu sehen, weil er sich davor gefürchtet habe, an etwas zu glauben, was sich am Ende als Wunschvorstellung herausstellen könnte. Als »Meister der Zerstörung von -ismen«[26] bezeichnete Goldstücker den Schriftsteller. Diese Formulierung ließ den Bezug zur damaligen Gegenwart offensichtlich werden. Auch in der breiten Bevölkerung schien der Glaube an das Versprechen der Erreichbarkeit des Kommunismus durch die aktuelle Generation angesichts der Wirtschafts- und Versorgungsproblematik merklich geschwunden zu sein. Goldstücker stellte mit seinem Beitrag also nichts weniger auf den Prüfstand als die offizielle, ideologische Zeitordnung und Unwiderruflichkeit der gesellschaftlichen Entwicklung, die seiner Ansicht nach anfällig für die Erzeugung von Illusion und Enttäuschung war.[27]

---

21 Vgl. *Schulze Wessel*: Der Prager Frühling, 58 f.; *Stromšík*: Kafka aus Prager Sicht, 123 f.
22 *Šik*, Ota: Prager Frühlingserwachen. Erinnerungen. Herford 1988, 157.
23 *Goldstücker*, Eduard: Zusammenfassung der Diskussion. In: Ders. (Hg.): Franz Kafka aus Prager Sicht. Prag 1965, 277–288, hier 282.
24 Vgl. *Gerber*: Ein Prozess in Prag, 240.
25 *Goldstücker*: Zusammenfassung der Diskussion; ders.: Über Franz Kafka aus der Prager Perspektive 1963. In: Ders. (Hg.): Franz Kafka aus Prager Sicht, 23–43.
26 *Goldstücker*: Zusammenfassung der Diskussion, 284.
27 Vgl. *Schulze Wessel*: Der Prager Frühling, 59.

Auch die Eigenschaften des »neuen Menschen« waren ein Thema auf der Konferenz. Es entspann sich eine ambivalente Debatte, die die zwiespältige Haltung vieler Mitglieder der sozialistischen Gesellschaft recht treffend wiedergab. Der pessimistischen Haltung Goldstückers, der die Zukunftsversprechen des Sozialismus als Illusionen dekonstruierte und damit auch die Arbeit sozialistischer Subjekte in der Gegenwart im Grunde als sinnlos darstellte, stand die Ansicht Pavel Reimans gegenüber. Er rief zu einer optimistischen Lesart Kafkas auf und dazu, sich gegen die Umstände zu wenden, an denen das Talent des Schriftstellers zerbrochen sei. Dabei vertrat er die Ansicht, dass die Abwesenheit einer optimistischen Haltung, die für Kafka prägend gewesen sei, nicht die Grundlage des »normalen Lebensgefühl[s] eines Menschen werden kann, der aktiv am Aufbau der neuen sozialistischen Gesellschaft teilnimmt«.[28] Diese optimistische Perspektive sah er vor allem in der Einstellung Julius Fučíks vertreten, der ihm zufolge ein Symbol für Leidensfähigkeit und Opferbereitschaft, aber auch für den Glauben an ein besseres Morgen war.[29] Diese Opferbereitschaft war, wie die oben zitierten Äußerungen zeigen, weiterhin ein wichtiger Bestandteil individueller Selbstwahrnehmungen und des Glaubens an die Richtigkeit des sozialistischen Entwicklungsmodells, auch wenn die Zweifel an der eingeschlagenen politischen Richtung immer größer wurden.

Es scheint auf den ersten Blick eine größere Schnittmenge zwischen der alltäglichen Wahrnehmung in der Bevölkerung und den Beobachtungen der Literaturwissenschaft über den Zustand der Gesellschaft gegeben zu haben. Dies trifft aber nur auf einen Teil der Bevölkerung zu, denn auch wenn die Versorgungskrise beinahe alle Bevölkerungsschichten gleichermaßen betraf, wurden ihre Auswirkungen durchaus unterschiedlich wahrgenommen.

Ebenso wie die prekäre Wirtschaftslage offenbarte die Versorgungskrise nämlich auch die Fortschritte der Vorjahre: einen gestiegenen Lebensstandard und ein höheres Bildungsniveau. Daraus wiederum wurden große Erwartungen und Ansprüche abgeleitet, die sich in Eingaben und Beschwerden niederschlugen, in denen es nicht um Gemüse oder Kohle ging, sondern um Konsumgüter wie Elektrogeräte oder aber die Verfügbarkeit von Ersatzteilen für Kraftfahrzeuge.[30] Ein Rundfunkhörer aus Milín bemängelte zum Beispiel die schlechte Verfügbarkeit qualitativ hochwertiger Motorradreifen: »Warum produziert man neue Motorräder, wenn die Reifen an ihnen nicht lange halten? [...] Wäre es nicht besser, weniger zu reden und mehr zu produzieren?«[31] Im Hinblick auf Fahrradreifen sah es offenbar nicht besser aus: »Warum produziert man

---

28 Reimann, Paul: Kafka und die Gegenwart. In: *Goldstücker* (Hg.): Franz Kafka aus Prager Sicht, 13–21, hier 18.
29 Vgl. *ebenda*.
30 Vgl. *McDermott*: Communist Czechoslovakia, 107.
31 Zusammenfassung von Hörerbriefen aus November 1961. AČRo, Svodka z dopisů posluchačů Čs. rozhlasu za listopad 1961, 1.

keine Gummireifen für Fahrräder? [...] Die Bürger sind zu Recht empört, wenn man in der Presse und im Rundfunk sagt und schreibt, wie sich die Leistungen für die Bevölkerung verbessern. Allerdings wird das, was die Bürger am meisten brauchen, nicht produziert.«[32]

Diese Aussagen entsprechen den Beobachtungen von Jaroslav Pažout und Tomáš Vilímek, die auch für die Zeit nach dem Prager Frühling für den Großteil der Bevölkerung eine konsumorientierte Grundhaltung konstatieren.[33] In den frühen sechziger Jahren wurde dies in Bezug auf das Fernsehen besonders deutlich. Bedingt durch den gestiegenen Lebensstandard wurde auch der Besitz eines Fernsehgerätes zunehmend selbstverständlich, was sich in den zwei Millionen Konzessionen ausdrückte, die 1963 vergeben wurden. Damit stiegen auch die Erwartungen und Anforderungen an das Fernsehprogramm als Form der »kulturellen Teilhabe«.[34]

Insbesondere die Zuschriften, die das Silvesterprogramm 1962/1963 betrafen, zeigen dies: »Es ist wahr, dass viele oder besser gesagt alle Fernsehzuschauer etwas Monumentales, etwas Außergewöhnliches erwartet haben«,[35] schrieb eine Zuschauerin. Dementsprechend groß war die Enttäuschung, als diese Erwartungen unerfüllt blieben. Es sei »zutiefst peinlich« gewesen, dass man ihnen nur einen Monat zuvor ein »sensationelles Silvester« versprochen habe und dasselbe Programm nun sogar von den Produzenten selbst kritisiert worden sei, schrieb eine Zuschauerin aus Humpolec.[36] Andere beklagten, dass das Versprechen eines wertvollen Programms »überhaupt nicht erfüllt wurde«[37] und ihre Enttäuschung entsprechend groß gewesen sei.[38] Begründet wurde dies allerdings nicht nur mit den großspurigen Versprechen im Vorfeld des Programmes, sondern auch mit den »Anforderungen der Zuschauer«.[39] Diese seien von Jahr zu Jahr gestiegen, ebenso wie »das kulturelle Niveau der Fernsehzuschauer [und] der ganzen Nation«.[40]

Nimmt man die Art und Weise als Maßstab, in der die Briefe verfasst wurden, die als Reaktion auf das Programm beim Tschechoslowakischen Fernse-

---

[32] Zusammenfassung von Hörerbriefen aus August 1961. AČRo, Svodka z dopisů posluchačů Čs. rozhlasu za července a srpen 1961, Deckblatt.
[33] Vgl. *Pažout/Vilímek*: Barometr nálad, studnice informací, 12 f.
[34] *McDermott*: Communist Czechoslovakia, 107.
[35] Brief von Helena F. vom 23.1.1963 an das Tschechoslowakische Fernsehen. APF ČT, kart. 134, inf 869.
[36] *Ebenda*.
[37] Brief der Angestellten der Fabrik Vagonka Tatra-Smíchov vom 2.1.1963 an das Tschechoslowakische Fernsehen. *Ebenda*.
[38] Siehe u. a. folgende an das Tschechoslowakische Fernsehen adressierte Briefe: Brief der Mitarbeiter des ČSAD vom 4.1.1963, Brief eines anonymen Zuschauers (unvollständig) vom 2.1.1963 sowie Brief des Arbeiterkollektivs des Betriebes AZL Letňany, ohne Ortsangabe, 7.1.1963. Alle *ebenda*.
[39] Brief von Dr. Bohuslav D. vom 22.1.1963 an das Tschechoslowakische Fernsehen. *Ebenda*.
[40] *Ebenda*.

hen eingingen, zeigt sich in der geäußerten Kritik allerdings weniger das gestiegene kulturelle Niveau als die gestiegene Anspruchshaltung der Verfasser. Unverhohlen wurde das Programm als »jämmerlich«[41] oder »geistlos«[42] bezeichnet, zudem war von einer »Reihe empörter Bürger«[43] und vom »historischen Silvester im Jahre des Herrn 1962 nach Christus!!!!« die Rede.[44] Und wie schon in den 1950er Jahren stand dabei der Wunsch nach Unterhaltung im Vordergrund: »Nach der täglichen Arbeit freuen wir uns am Abend, schön im Bett, schöne Unterhaltung zu bekommen. Ja, UNTERHALTUNG!«[45]

Doch auch hier handelt es sich nur um einen Ausschnitt aus den Zuschauerreaktionen. »Sie müssen nicht nur unterhalten, sondern auch erziehen«,[46] forderte beispielsweise ein anderer Zuschauer und war damit nicht allein. In zahlreichen Briefen findet sich zunehmend der Wunsch, dass das gesendete Programm auch der Bildung und Kultivierung dienen sollte. Unter anderem wurde darauf verwiesen, dass das Programm »den neuen sozialistischen Menschen auf dem Land [...] erziehen« solle.[47] Ein Zuschauer merkte sogar an, dass das Fernsehen »ein großes Stück politischer Arbeit« verrichten würde, wenn man erreiche, dass »die Zuschauer an den Fernsehgeräten oder im Kino voll des Lächelns sind, gute Laune und im Kopf irgendwas Leichtes« hätten.[48]

Die politisch-erzieherische Dimension, die das Fernsehen als Institution des sozialistischen Systems erfüllen sollte, wurde von den Zuschauern im Vergleich zur zweiten Hälfte der fünfziger Jahre weitaus stärker akzeptiert. Sie schienen dieses Medium als wichtigen Faktor innerhalb der kulturellen Ordnung des Sozialismus erkannt zu haben. Inwiefern sie diese Ordnung in den frühen sechziger Jahren auch als sinnstiftend anerkannt und sich ihr unterworfen hatten, lässt sich ebenfalls an der geäußerten Kritik zum Silvesterprogramm 1962/1963 ablesen. Nach der ersten Welle von Kritik, die bereits wenige Tage nach dem Jahreswechsel über das Fernsehen hereingebrochen war, sahen sich die Verantwortlichen ganz offensichtlich dazu genötigt, dazu Stellung zu nehmen. Sie taten das in Form der sozialistischen »Kritik und Selbstkritik«.

---

41 Brief der Mitarbeiter des ČSAD vom 4.1.1963 an das Tschechoslowakische Fernsehen. *Ebenda.*
42 Brief des Arbeiterkollektivs des Betriebes AZL Letňany vom 7.1.1963 an das Tschechoslowakische Fernsehen. *Ebenda.*
43 Brief des Betriebsausschusses des ROH der Tschechischen Gummifabrik Prag (České závody gumárenské, ČZG) vom 2.1.1963 an das Tschechoslowakische Fernsehen. *Ebenda.*
44 Brief von Josef D. vom 28.1.1963 an das Tschechoslowakische Fernsehen. *Ebenda* (Hervorhebungen im Original).
45 Brief von Ferdinand N. an das Tschechoslowakische Fernsehen (undatiert). *Ebenda* (Hervorhebungen im Original).
46 Brief von Dušan P. vom 29.1.1963 an das Tschechoslowakische Fernsehen. *Ebenda.*
47 Brief von Josef H. vom 24.1.1963 an das Tschechoslowakische Fernsehen. *Ebenda.*
48 Brief von Dr. Bohuslav D. vom 22.1.1963 an das Tschechoslowakische Fernsehen. *Ebenda.*

Dies kam bei vielen Verfassern gut an: »Ihre abendliche Selbstkritik des Dezemberprogrammes und vor allem des Silvesterprogramms 1962 war wahrhaftig eine Anständigkeit, die wir von ihnen überhaupt nicht erwartet hatten.«[49] Viele gaben an, sich erst dadurch dafür entschieden zu haben, ebenfalls ihre Ansichten zu äußern.[50] Im Rahmen dieser erneuten Kritik, die nun auch ausführliche Vorschläge enthielt und sich damit in das geforderte Schema einer konstruktiven, auf Verbesserung ausgerichteten Kritik einfügte, verglichen die Verfasser die Arbeit des Fernsehens mit ihrer eigenen. So schrieben die Angestellten der Fabrik Vagonka Tatra-Smíchov, sie müssten »für die sozialistische Gesellschaft qualitative Arbeit leisten«.[51] Dies könne man vom Fernsehen nicht behaupten: »Wenn wir arbeiten würden wie sie, dann würden die Räder von den Waggons fallen.«[52] Ähnlich äußerten sich die Mitarbeiter der Vereinigten Pharmaziewerke. Für eine »solche Ausschussware«, die das Fernsehen produziert habe, wären in einem normalen Betrieb die Verantwortlichen zur Rechenschaft gezogen worden.[53]

Es ist sicherlich nicht überraschend, dass die Briefe verschiedener Arbeiterkollektive sich zum Ausdruck von Kritik an einem sozialistisch geprägten Zeichensystem orientierten. Nichtsdestotrotz zeigen sie, dass die sozialistische Arbeitswelt für viele Individuen als Orientierungsmuster diente, dem sie sich unterordnen und mit dessen Hilfe sie ihre Alltagsrealität sinnhaft strukturieren konnten – insbesondere, weil die zitierten Kollektivbriefe nicht, wie es dem gängigen Schema entsprochen hätte, auf die Errungenschaften des sozialistischen Systems eingingen und auch keine sozialistischen Verpflichtungen enthielten. Daher können sie als Versuche angesehen werden, die Enttäuschung über das Fernsehprogramm in Worte zu fassen. Dass die Verfasser dabei auf ein sozialistisches Vokabular zurückgriffen, legt nahe, dass ebendieses Zeichen- und Bedeutungssystem es ihnen ermöglichte, ihr Anliegen am besten auszu-

---

49 Brief von Dr. Vladimír M. vom 23.1.1963 an das Tschechoslowakische Fernsehen. *Ebenda.* Ähnlich äußerte sich auch ein Zuschauer aus Družec. Siehe Brief von Ferdinand C. vom 26.1.1963 an das Tschechoslowakische Fernsehen. *Ebenda.*
50 Siehe u. a. folgende an das Tschechoslowakische Fernsehen gerichtete Briefe: Brief von Franka C. vom 28.1.1963, Brief von J. H. vom 24.1.1963, Brief des Ehepaars V. vom 24.1.1963. Alle *ebenda.*
51 Brief der Angestellten der Fabrik Vagonka Tatra-Smíchov vom 2.1.1963 an das Tschechoslowakische Fernsehen. *Ebenda.*
52 *Ebenda.*
53 Brief der Angestellten der Vereinigten Pharmaziewerke (SPOFA) vom 3.1.1963 an das Tschechoslowakische Fernsehen. *Ebenda.* Ähnliche Äußerungen finden sich auch im Brief des Betriebsausschusses des ROH der Tschechischen Gummifabrik Prag vom 2.1.1963 an das Tschechoslowakische Fernsehen. *Ebenda.* Auch wenn der Verweis auf Ausschussware per se noch nicht darauf hindeutet, dass sich Verfasser auf sozialistische Kategorien bezogen, stellte die Reduktion von Ausschussware doch ein wichtiges Instrument bei der immer wieder beschworenen Verbesserung des Lebensstandards der Bevölkerung dar und war somit ein wichtiger Bestandteil des sozialistischen Aufbaus.

drücken. Gleiches gilt für das vielen Menschen vertraute Instrument der Selbstkritik, das – von den Produzenten aufgegriffen – offensichtlich als legitimes Mittel zur kritischen Meinungsäußerung und Partizipationsmechanismus angesehen wurde.

Die Situation, die 1963 – in dem Jahr, das zumeist als Ausgangspunkt der Reformbewegung des Prager Frühlings gilt – in der Tschechoslowakei herrschte, war somit eine diffuse. Die sozialistische Ideologie, ihr Menschenbild und vor allem ihre Zukunftsvision standen auf dem Prüfstand. Die Diskrepanz zwischen Erwartung der Individuen und der Alltagsrealität des Sozialismus war durch die aufkommende Versorgungsproblematik noch verstärkt worden, die in den Augen vieler Betroffener mit einer Verletzung sozialistischer Grundprinzipien einherging. Dadurch verfestigte sich der Eindruck, dass das Regime die Hoffnungen der Bevölkerung in absehbarer Zeit nicht erfüllen würde.

Dies entsprach der auf der Kafka-Konferenz betriebenen »Dekonstruktion des ideologischen Sinnangebotes«[54] und der Infragestellung der sozialistischen Zukunftsvision durch einige Teilnehmer. Wir haben es hier mit einer Situation zu tun, in der der intellektuelle Diskurs und die Wahrnehmung des Alltags, zumindest von einigen Teilen der Bevölkerung, zusammentrafen und sich in ihrer Bedeutung gegenseitig verstärkten. Sowohl dem Diskurs als auch der Wahrnehmung der Bevölkerung war eine Kritik an der zunehmenden Unglaubwürdigkeit vieler Fortschrittsparolen inhärent, die aber trotz aller artikulierten Zweifel wie schon in den Jahren zuvor nicht zu einer vollständigen Abkehr vom Regime führte. Kevin McDermott sieht dabei eine *critical loyalty*[55] am Werk:

> There is more than superficial evidence of a mutually supportive nexus, of a certain shared socio-cultural, even ideological, terrain on which citizens sought to empower themselves and shape and make sense of the world around them. In the process they appropriated and reformulated aspects of the official ideology in line with their daily experiences and personal views.[56]

Die Überzeugung, dass der sozialistische Weg – zumindest so, wie er sich in der Theorie zeigte – der richtige sei, war also durchaus noch vorhanden. Die wirtschaftliche Krise hatte allerdings die Legitimität des Regimes als Garant von Wohlstand und Gerechtigkeit weiter gemindert, sodass der Wunsch nach einer modernen und menschlichen Form des Sozialismus immer größer wurde. Dieser sollte sich in allen Bereichen stärker an den Bedürfnissen der sich verändernden Gesellschaft orientieren, die sich durch einen höheren Anspruch an Lebensqualität und ein höheres Bildungsniveau auszeichnete.[57]

---

54 *Schulze Wessel*: Der Prager Frühling, 57.
55 *McDermott*: Communist Czechoslovakia, 92.
56 *Ebenda*.
57 Vgl. *ebenda*, 107.

Ein ebensolcher Sozialismus war es, den die Reformbewegung des »Prager Frühlings« vertrat. Im Verlauf der vielschichtigen Reformdebatten der sechziger Jahre sollten sich die individuellen Vorstellungen vom Sozialismus und die der Parteiführung in der Idee des »Sozialismus mit menschlichem Antlitz« wieder zunehmend annähern, was die große Begeisterung für die Reformer und ihre Ideen erklären kann, die noch bis lange nach der gewaltsamen Niederschlagung der Bewegung im August 1968 anhielt. Erst die militärische Niederschlagung des »Prager Frühlings« und die Einsetzung der Normalisierungsregierung unter Gustáv Husák waren der endgültige Beweis dafür, dass ein solcher Sozialismus unter den gegebenen politischen Umständen schlichtweg nicht realisierbar war. Für viele Menschen bedeutete dies das Ende der Idee des »neuen Menschen«, die für sie eine Möglichkeit dargestellt hatte, sich auf eine Weise in die Gesellschaft einzuschreiben, die nicht immer den Vorstellungen des Regimes entsprach, aber gerade deswegen auf individueller Ebene sinnstiftend und produktiv wirken konnte.

SCHLUSSBETRACHTUNG: DER »NEUE MENSCH« – VOM BITTSTELLER ZUM BÜRGER

»Die alten Träume von einem neuen Menschen einer neuen Epoche, von einem allseitig entwickelten, harmonischen, körperlich und geistig schönen und guten Menschen haben wir in einen Lagerschuppen abgelegter Kostüme gehängt [...].«[1] Wenig optimistisch klingen die Worte Jarmila Glazarovás, mit denen die Schriftstellerin 1967 in ihrem Beitrag »Věřím ve stvořitelskou moc literatury« (Ich glaube an die schöpferische Kraft der Literatur) auf das Projekt des »neuen Menschen« zurückblickte. Der Traum – Eduard Goldstücker hätte gesagt: die Illusion – von einem »neuen Menschen«, von einer neuen Gesellschaft; man hatte ihn laut Glazarová geträumt, gelebt, aber am Ende doch zugunsten der Realität wieder eingemottet.

Wenn dem tatsächlich so war, dann geschah dies irgendwann zwischen 1963 und 1967. Denn in den Jahren zuvor war die Debatte um den »neuen Menschen« und die Gesellschaft, die er erbauen und in der er leben sollte, lebhaft wie eh und je, auch wenn sie nicht immer in den Bahnen verlief, die das sozialistische Regime für sie vorgesehen hatte. Ein »neuer Mensch« zu sein, war auch in den frühen sechziger Jahren für viele Menschen attraktiv gewesen und hatte nicht nur einen Platz in einer glorreichen kommunistischen Zukunft oder in der gegenwärtigen Gesellschaft versprochen. Es hatte auch bedeutet, in der Lage zu sein, die eigenen Vorstellungen und Ideen eines an den eigenen Bedürfnissen ausgerichteten Sozialismus artikulieren und dessen Umsetzung einfordern zu können.

Was einen »neuen Menschen« allerdings genau ausmachte und wie er sich zu verhalten hatte, das war Anfang der sechziger Jahre genauso wenig eindeutig, wie zehn Jahre zuvor. Gerade darin lag aber die große Anziehungskraft dieser Idee. Ohne einen eindeutig festgelegten Katalog erstrebenswerter Eigenschaften bot der »neue Mensch« Anknüpfungspunkte an die Lebensrealitäten ganz unterschiedlicher Individuen, die sich oftmals nur in einem Punkt einig waren: in der Suche nach neuen Orientierungsmustern und Wertvorstellungen sowie einer besseren Zukunft. Und all das fanden sie in dem alle Lebensbereiche umspannenden Weltbild des Sozialismus, das eine eindeutige Struktur für eine zunehmend komplexe Umgebung bereitstellte, sowie der Vision einer Gesellschaft, die nach dem Prinzip »Jeder nach seinen Fähigkeiten, jedem nach seiner Leistung«[2] funktionieren sollte.

---

[1] *Glazarová*, Jarmila: Věřím ve stvořitelskou moc literatury. In: Impuls 2/4 (1967), 241 f.
[2] Zitiert nach *Mrňka*: Svéhlavá periferie, 188.

Den *einen* »neuen Menschen«, dessen Vorbild man hätte nacheifern oder den man einfach hätte imitieren können, um zu zeigen, dass man nach den Regeln des Systems spielen konnte, gab es allerdings nicht. Für diejenigen, die zu »neuen Menschen« werden wollten, war es daher äußerst schwierig, diese Entwicklung zu vollziehen. Sicher gab es grundlegende Elemente, die einen »neuen Menschen« auszeichnen sollten – so wie die positive Grundeinstellung zum sozialistischen System, die Bereitschaft zu einem außergewöhnlichen Arbeitseinsatz und die Entwicklung eines eindeutigen Freund-Feind-Bildes. Es waren aber doch vor allem der situative Kontext und die Alltagsrealität, die diesen Elementen letztendlich ihre Bedeutung zuwiesen.

Diese individuelle Adaption und Deutung sozialistischer Subjektivität hat sich auf ganz unterschiedliche Art und Weise gezeigt, ganz besonders aber in den vielen unterschiedlichen Auffassungen von Sinn und Zweck täglicher Arbeit, die mir im Verlauf meiner Forschung begegnet sind. Als gesellschaftliche Triebkraft des Sozialismus war Arbeit eine wichtige Quelle positiver Selbstwahrnehmung und eine Form der Selbstverwirklichung, da zu arbeiten gleichzeitig bedeutete, einen sinnvollen Beitrag zum sozialistischen Aufbau zu leisten. So konnte die defizitäre Gegenwart aktiv überwunden werden.

Wie dieser Beitrag aussehen sollte und welche Ziele der Einzelne dabei verfolgte, war immer wieder Thema in Auseinandersetzungen mit den Repräsentanten des Regimes. Besonders durch die Währungsreform waren Sinn und Zweck weiterer Arbeitsanstrengungen für eine bessere Zukunft in den Augen vieler Arbeiter infrage gestellt worden. Die Reaktionen auf die Ausrufung des »Neuen Kurses« und die damit verbundene Aussicht, mit der eigenen Arbeit nun zumindest wirtschaftliche Verbesserungen für sich selbst erreichen zu können, zeigen nicht nur, wie groß der Wunsch nach einer Perspektive für diese Arbeit war. Sie deuten auch an, wie wichtig es für die Legitimität der sozialistischen Werteordnung war, dass diese Perspektive an die Alltagsrealität des Einzelnen angepasst werden konnte.

Besonders aufgrund dieser Vielzahl an Deutungsmöglichkeiten konnte Arbeit im weiteren Verlauf der fünfziger Jahre als identitätsstiftendes Element fungieren. Dies war allerdings zunehmend nicht mehr in der Weise der Fall, wie es das Regime eigentlich beabsichtigt hatte. Im Zusammenhang mit den Versuchen, die Wohnungsproblematik in den Griff zu bekommen, und der neuen Bedeutung, die Freizeit als Teil der sozialistischen Realität in dieser Zeit erhielt, wurde Arbeit vielmehr zu einem Mittel zum Zweck, mit dem individuelle Lebensträume verwirklicht werden konnten. Den Bezug zum sozialistischen Projekt – und damit ihre legitimitätsstiftende Bedeutung – verlor Arbeit dabei trotz allem nicht, da die Menschen ebendieses Projekt als die Grundlage für die Erfüllung ihrer Träume ansahen.[3]

Um ein Teil des kommunistischen Master-Narratives zu werden, war es aber nicht unbedingt notwendig, sich einzig über seine Arbeit zu definieren. Ebenso

---

3   Vgl. *ebenda*.

konnte dies zum Beispiel über die Erfüllung von Parteipflichten geschehen. Mitentscheidend dafür, dass Individuen dies als für die eigene Selbstverortung bedeutsam ansahen, war dabei vor allem das offensichtlich vorherrschende Gefühl, eben keine »allseitig entwickelten, harmonischen, körperlich und geistig schönen und guten Menschen«[4] sein zu müssen. Niemand musste perfekt sein und alle Anforderungen vollständig erfüllen, um ein »neuer Mensch« werden zu können. Darin lag einer der zentralen Unterschiede zum perfektionistisch anmutenden sowjetischen Pendant, das zur unaufhaltsamen Arbeit an sich selbst verpflichtet war und sich vor allem von innen heraus verbessern sollte.

Mit der Möglichkeit der Imperfektion, die sich beispielsweise in den Figuren der Serie »Drei Männer unter einem Dach« andeutete, war ein wichtiger Anknüpfungspunkt für die Figur des »neuen Menschen« an die Lebensrealitäten der Menschen geschaffen worden. Zu einem »neuen Menschen« zu werden, wurde so auf vielerlei Weise möglich und daher für ganz unterschiedliche Individuen attraktiv. Dadurch konnten ideologisch basierte Identitätsmuster auf individueller Ebene sinnstiftend wirken und so Legitimität für das Regime erzeugen.

Eine wichtige Rolle spielten dabei die erwähnten Parteipflichten, die insbesondere darin bestanden, Feinde des Sozialismus aufzuspüren und Hindernisse auf dem Weg zum Sozialismus und Kommunismus zu beseitigen. Dazu wurden den Individuen mit den Mechanismen von »Aufmerksamkeit und Wachsamkeit« sowie »Kritik und Selbstkritik« wichtige Praktiken an die Hand gegeben, mit deren performativem Vollzug sie sich als Kommunisten ausweisen konnten. Immer wieder wurden die eigenen Beiträge zur Beseitigung von Mängeln und Missständen betont, und auch »Kritik und Selbstkritik« gehörten zum festen Instrumentarium nicht nur überzeugter Kommunisten. Oft stießen die Betroffenen dabei auf unerwartete Widerstände in Form persönlicher Repressalien und Beleidigungen, wovon sie sich aber nicht abhalten ließen. Sie nahmen lieber persönliche Einschränkungen in Kauf, als ihre kommunistische Pflicht nicht zu erfüllen, was auf die Bedeutung dieser Identität für die Betroffenen hindeutet.

Die in dieser Arbeit analysierten Briefe an die verschiedenen Partei- und Verwaltungsinstitutionen waren dabei nicht nur der Ort, an dem die individuellen Deutungen der Ausprägungen des »neuen Menschen« sichtbar wurden. Für den einen oder anderen Verfasser dienten sie auch der Vergegenwärtigung und Rückversicherung der eigenen Identität, indem diese sich der eigenen Leistungen schreibend vergewisserten. Zudem konnten die Briefe selbst performative Akte von »Kritik und Selbstkritik« sowie »Aufmerksamkeit und Wachsamkeit« darstellen. Nach der Verkündung der sozialistischen Verfassung von 1960 nahm die Bedeutung dieser Praktiken noch einmal zu, da das Aufzeigen von Missständen sowie eine gründlichere und kontinuierlichere

---

[4] *Glazarová*: Věřím ve stvořitelskou moc literatury, 241 f.

Kontrolle als Pflichten aller sozialistischen Bürger definiert worden waren und zunehmend auch von Nicht-Mitgliedern reproduziert wurden.

Neben den genannten Eigenschaften und Praktiken war vor allem die Entwicklung eines eindeutigen Freund-Feind Bildes ein wichtiger Bestandteil der »Lebens- und Verhaltensweisen«[5] derjenigen, die zu »neuen Menschen« werden wollten. Die Auseinandersetzung mit den zahlreichen Feinden der sozialistischen Ordnung erwies sich dabei auf zweierlei Weise als bedeutsam. Zum einen zeigt die Reproduktion dieser Feindbilder in Beschwerden und Eingaben das Bestreben der Verfasser, sich die sozialistische Weltordnung anzueignen, sowie die Bedeutung dieser Ordnung für die sinnhafte Strukturierung ihrer Alltagsrealität. Zum anderen konnte die Abgrenzung von konkreten Feindbildern den Verfassern zur Sicherung ihrer Zugehörigkeit zur Gruppe der Werktätigen und Kommunisten dienen und so die eigene Identität durch den Vergleich mit dem Feind stärken.

Wer diese »›Störenfriede‹ der neuen Ordnung«[6] genau waren, hing sowohl vom sich immer wieder wandelnden Feinddiskurs ab als auch vom jeweiligen Kontext, in dem die Feindbilder zur Anwendung kamen. In der Frühphase des tschechoslowakischen Kommunismus waren es vor allem »Verräter und Spione, [...] Kulaken und Saboteure«,[7] gegen die der »neue Mensch« – dem Vorbild Julius Fučíks folgend – vehement vorgehen sollten. Und auch im Zusammenhang mit wirtschaftlichen Krisensituationen wie der Währungsreform oder der prekären Versorgung mit Wohnraum waren Figuren wie Spekulanten, Kapitalisten, Gewerbetreibende oder auch bourgeoise Elemente von Bedeutung, die sich dem Streben der Individuen entgegenstellten und ihr Handeln im Sinne des Sozialismus verhinderten oder doch zumindest abwerteten. Im Zusammenhang mit der Verteidigung der sozialistischen Ordnung an sich wurden wiederum vor allem die angeblichen westlichen Kriegstreiber als Feindbild beschworen, die durch den Kanzler der Bundesrepublik, Konrad Adenauer, amerikanische Industrielle oder auch Radio Free Europe verkörpert wurden. Hierbei stand vor allem die Versicherung der Gruppenzugehörigkeit des Einzelnen im Vordergrund und die Spiegelung des positiven Selbstbildes dieser »Wir«-Gruppe, die eigentlich nur eine gerechte und friedliche Gesellschaft aufbauen wollte, während von außen versucht wurde, diese Bemühungen zu untergraben.[8]

Für die Konstruktion von Feindbildern stellte die Geheimrede Chruščëvs 1956 einen starken Einschnitt dar. Im Vergleich zur stalinistischen Zeit der Vorjahre verloren die beschworenen Bilder ihre Absolutheit und die Radikalität schwand, mit der sich die Individuen ihnen entgegenstellen sollten. Die

---

5   *Satjukow/Gries*: Feindbilder des Sozialismus, 14.
6   *Ebenda*, 15.
7   *Milde*: Učíme se od Julia Fučíka, 165.
8   Vgl. *Satjukow/Gries*: Feindbilder des Sozialismus, 16–19.

Auseinandersetzung mit den Verbrechen Stalins hatte eine Revision von dessen Hassrhetorik notwendig gemacht und im Zusammenhang mit der nun beschworenen friedlichen Koexistenz mit dem Kapitalismus fand eine zunehmende Abstraktion von vormals personifizierten Feindbildern Einzug in den Diskurs. Dadurch verschwand die Eindeutigkeit vieler Bilder und neu aufkommende Anschuldigungen wie Dogmatismus und Revisionismus konnten individuell auf ganz unterschiedliche Art und Weise angeeignet und an die jeweilige Situation angepasst werden.[9]

Im Zuge der nun möglichen friedlichen Koexistenz von Sozialismus und Kapitalismus verlor vor allem der Bezug auf externe Feinde einen Teil seiner Wirkungsmacht. Im Umkehrschluss führte dies zu einer Betonung innerer Feinde wie angebliche Verräter oder Feinde der Partei, die ohnehin als die gefährlichsten von allen galten, selbst wenn sie nicht mehr bis auf den Tod bekämpft werden mussten.[10] Dementsprechend waren es insbesondere Parteifunktionäre und die Mitarbeiter anderer Verwaltungsinstitutionen, die im Zentrum individueller Kritik standen, als Schuldige für die eigene Notsituation ausgemacht und entsprechend der herrschenden Feindrhetorik charakterisiert wurden. Im Abgleich mit den von den Verfassern oftmals parallel reproduzierten eigenen Errungenschaften für die sozialistische Gesellschaft dienten diese Fremdzuschreibungen der Stärkung der eigenen (sozialistischen) Identität. Diese sah man dadurch erschüttert, dass man nicht so behandelt worden war, wie man es vor dem Hintergrund des eigenen Verständnisses der sozialistischen Gesellschaftsordnung erwartet hatte. Deswegen musste der Fehler bei anderen Personen liegen. Besonders wichtig war dabei der Vorwurf des Personenkultes, der zwar in der breiten Bevölkerung erst im Rahmen der nachgeholten Entstalinisierung um 1962 zu einer relevanten Kategorie wurde, dann aber umso mehr dazu diente, Personen, die für erlittenes Unrecht verantwortlich gemacht wurden, zu identifizieren und zu charakterisieren. Bestätigt wurde diese Sichtweise einer Dichotomie zwischen sozialistisch handelnden Individuen und dogmatischen Funktionären in der Serie »Drei Männer unter einem Dach«, wenn auch eher auf humoristische Art und Weise.

Die immer wiederkehrende individuelle Reproduktion von Feindbildern, die sich in den analysierten Briefen zeigt, deutet darauf hin, dass die Bestimmung von Feinden »zum Kern des Orientierungswissens« »neuer Menschen« geworden war und diese als »strukturierende Elemente individueller und kollektiver Weltaneignung eine sozialpsychologische *Wirkungsmacht*« entwickelt hatten.[11] Konkrete Feindbilder waren ein fester Bestandteil individueller und kollektiver Identitäten und konnten Menschen dazu dienen, sich innerhalb der sozialistischen Ordnung zu verorten. Die vom offiziellen Diskurs vorgegebenen Bilder wurden dabei sinnhaft in ihre eigene Lebensrealität integriert und

---

9   Vgl. *Kolář*: Der Poststalinismus, 202–219.
10 Vgl. *ebenda*, 209 und 219.
11 *Satjukow/Gries*: Feindbilder des Sozialismus, 14 (Hervorhebung im Original).

halfen, diese Realität anhand sozialistischer Kategorien zu strukturieren. Darüber hinaus konnten so Schuldige für etwaige Fehlentwicklungen benannt werden.[12] Diese Externalisierung von Problemursachen half auch den Individuen, eine sinnhafte Erklärung für Notsituationen zu finden, wenn andere Erklärungsmuster das kommunistische Master-Narrativ infrage gestellt hätten, weil sich die Partei beziehungsweise das Regime als schuldig herausstellten.

Ebenfalls für alle »neuen Menschen« wichtig war das eigene Verhalten in der Vergangenheit, was innerhalb der sozialistischen Zeitordnung vor allem die Erste Republik und den Zweiten Weltkrieg betraf. Die große Bedeutung, die diesem Element zukam, ist insofern überraschend, als dass sich der Sozialismus eigentlich durch eine starke Zukunftsorientierung auszeichnete. Ausgehend vom sowjetischen Diskurs sollte jeder »neue Mensch« mit der Vergangenheit brechen, um so zu einem sozialistischen Subjekt werden zu können.[13] Damit war die Möglichkeit verbunden, Fehler, die man in der Vergangenheit begangen hatte, auszugleichen.

Auch hier unterschied sich der tschechoslowakische Fall vom sowjetischen, denn zumindest in den individuellen Selbstdarstellungen, die sich in den untersuchten Briefen finden, nimmt die Auseinandersetzung mit der Vergangenheit viel Raum ein. Besonders die Teilnahme am Widerstand während der Zeit der *okupace* war ein wichtiger Ausweis sozialistischer Gesinnung, und umgekehrt konnte selbst das geringste Anzeichen einer Kollaboration für den Betroffenen weitreichende Folgen haben. Dabei wurden die Vorwürfe oft nicht rundheraus zurückgewiesen, sondern die Verfasser versuchten, ihre begangenen Fehler durch den Dienst an der Gesellschaft aufzuwiegen. Es schien ihnen wichtig, ihre Selbstwahrnehmung durch diese textuelle Beschäftigung mit den Vorwürfen noch einmal zu bestätigen. Für die tschechoslowakischen Petenten und Beschwerdeführer spielte die Vergangenheit also eine weitaus größere Rolle als für ihre sowjetischen Pendants, was sicherlich auch damit zusammenhing, dass das tschechoslowakische Narrativ des Kommunismus an vielen Stellen an das nationale anschloss und die Vergangenheit auch aus einer nationalen Perspektive heraus gedeutet wurde.[14]

Dass ideologisch basierte Identitätsmuster vielfach als Möglichkeit angesehen wurden, sich sinnhaft in die Gesellschaft und die kommunistische Zukunft einzuschreiben, war also vor allem die Möglichkeit, die damit verbundenen Eigenschaften und Ansichten individuell und kontextabhängig zu deuten. Dabei entwickelten die Menschen eigene Vorstellungen von sozialistischer Subjektivität und der Gesellschaft. Die Figur des »neuen Menschen« war somit offensichtlich in ihren verschiedenen Ausprägungen anschlussfähig an die Lebensrealität vieler Menschen und konnte so auf vielerlei Art und Weise der sinnhaften Verortung innerhalb des sozialistischen Systems dienen.

---

[12] Vgl. *Mrňka*: Svéhlavá periferie, 194.
[13] Vgl. *Halfin*: Red Autobiographies, 3.
[14] Vgl. *Schulze Wessel*: Zukunftsentwürfe und Planungspraktiken, 11–13.

Diese individuellen Vorstellungen von Subjektivität und der sozialistischen Gesellschaft an sich behielten die Menschen allerdings nicht einfach für sich. Sie versuchten auch nicht, diese irgendwie am Regime vorbei umzusetzen. Vielmehr forderten zahlreiche Personen zunehmend offensiv ein, dass ihre Vorstellungen auch realisiert werden sollten und nahmen dabei für sich oftmals in Anspruch, den Sozialismus besser verstanden zu haben als die Vertreter des Regimes. Dies zeigt, dass es nicht unbedingt das Regime selbst war, das für die Stabilität seiner eigenen Herrschaft sorgte, sondern vor allem die Überzeugungskraft des Sozialismus als kulturelle Wertordnung. Das Regime erschien eher als Garant eines bestimmten Lebensstandards und der »sozialistischen Gesetzlichkeit« denn als ideologische Vorhut der Arbeiterklasse. Dabei profitierte es davon, dass seine Bürger daran glaubten, ihre Vorstellungen würden schon irgendwann in die Tat umgesetzt werden, wenn sie nur lange genug darauf hinwirken würden.

Das Selbstbewusstsein, die eigenen Vorstellungen offensiv einzufordern, kann dabei als Resultat eines Ermächtigungsprozesses angesehen werden. Dieser versetzte viele der in dieser Studie zitierten Beschwerdeführer und Petenten in die Lage, »für sich und für andere ›ein besseres Leben‹ zu erstreiten«.[15] Dieser Prozess begann in der zweiten Hälfte der fünfziger Jahre. Nach der Währungsreform hatten sich viele Verfasser von Beschwerden und Eingaben noch meist als unterwürfige Bittsteller an die Repräsentanten des Regimes gewandt, um eine Bestätigung ihrer Deutungen der jeweiligen Situation zu erhalten. Dabei präsentierten sie sich als machtlose Opfer äußerer Umstände. Insbesondere bedingt durch die Kampagnen zur Anhebung des Lebensstandards und das »Gesetz zur Verwaltung von Wohnungen« sahen sie sich aber mit der Zeit zunehmend in ihren Rechten gestärkt und entwickelten sich zu dem, was Sheila Fitzpatrick für die Sowjetunion der dreißiger Jahre als »Bürger« (citizens)[16] identifiziert hat. Sie erschienen nun als selbstbewusste Subjekte, deren Briefe sich durch Berufungen auf Rechte und Versprechen auszeichneten und den Anspruch an den Staat formulierten, doch im öffentlichen Interesse zu handeln.[17]

Die Stärkung des Einzelnen in seiner Wahrnehmung als Individuum wurde auch vom Fernsehen und seinem Programm vorangetrieben, das seine Zuschauer individuell ansprach und diesen das Gefühl gab, das gesendete Programm diene nur ihrer persönlichen Unterhaltung. Darüber hinaus ermöglichte es ihnen, als Individuen mit besonderen Fähigkeiten und Talenten sichtbar zu werden. Allerdings kann das nicht unbedingt als Wunsch gedeutet werden, sich vom allgegenwärtigen Kollektiv zu lösen. Das Wissen um die Zugehörigkeit zu einer Gruppe mit gleichen Interessen, wie der der Fernsehzuschauer, schien

---

15 *Herriger*: Empowerment-Landkarte, 44.
16 *Fitzpatrick*: Supplicants and Citizens, 103.
17 Vgl. *ebenda*, 81–83 und 103 f.

gleichermaßen wichtig, um die eigenen Wünsche der Institution gegenüber artikulieren zu können. Dieser stetige Wechsel zwischen einem in sozialistischen Gesellschaften eigentlich verpönten Individualismus[18] und der Einschreibung in größere Kollektive zeigt, dass einige Individuen durchaus mit vielen Aspekten der herrschenden Ordnung übereinstimmten, aber Probleme damit hatten, alle Implikationen in Gänze auf ihre Alltagsrealität zu übertragen. Man kann also nur teilweise davon sprechen, dass der tschechoslowakische »neue Mensch« durch und durch kollektiv geprägt und orientiert war. Die Themen der hier analysierten Briefe weisen in eine andere Richtung, denn die meisten davon betrafen primär die Probleme einzelner Individuen. Gesellschaftliche Missstände wurden nur dann thematisiert, wenn sie dazu dienten, die eigene Situation einzuordnen und diese als Resultat einer Fehlentwicklung darzustellen.

Den Höhepunkt der Ermächtigung – zumindest auf den Untersuchungszeitraum dieser Arbeit bezogen – bildete schließlich die sozialistische Verfassung von 1960. Sie definierte die Rechte und Pflichten eines sozialistischen Bürgers und gab so vor, wie man sich zu verhalten hatte, um zu einem Träger entsprechender Rechte zu werden. Das Bewusstsein, diese Pflichten erfüllt zu haben, stellte eine wichtige Grundlage dafür dar, die eigenen Ansprüche offensiv vertreten und sich als ein Bürger der fortschrittlichen sozialistischen Gesellschaft ansehen zu können. Eine wichtige Rolle spielte dabei das Konzept der »sozialistischen Gerechtigkeit«, die als ein Rahmen gedeutet wurde, in dem ein sozialistischer Bürger regelgeleitetes Handeln der zuständigen Institutionen erwarten konnte. Das sozialistische Regime erschien in diesem Kontext nicht primär als Unrechtsstaat und Unterdrücker, sondern vielmehr als der Akteur, der für die Erhaltung dieses Rahmens verantwortlich sein sollte und der so auch die eigene Legitimität stärken konnte.

Der sozialistische Bürger war zudem die einzige Ausprägung des »neuen Menschen«, die sich in der Untersuchung sowohl auf diskursiver als auch auf der Ebene der potenziell subjektivierenden Praktiken eindeutig identifizieren ließ. Er zeichnete sich durch klar umrissene Pflichten aus, mit deren Erfüllung er Träger konkreter Rechte wurde. Zwar kann man sicherlich noch von Modellen des Arbeiters oder Kommunisten sprechen, die aber bei genauerem Hinsehen so viele Überschneidungen aufwiesen, dass sie in der Realität in Reinform kaum aufzufinden waren. Insbesondere nicht, weil auch der Arbeiter selbst verschiedene Ausprägungen annehmen konnte.[19] Von selbst ernannten Arbeitern immer wieder reproduzierte Elemente wie besondere Arbeitsleistungen oder die Bereitschaft, Opfer für den Aufbau des Sozialismus zu bringen, waren wiederum grundlegend für alle »neuen Menschen«. Ähnliches gilt für die zwar klarer einzugrenzenden Eigenschaften des Kommunisten, die aber

---

[18] Vgl. *Halfin*: Red Autobiographies, 4.
[19] Allein für die Zeit bis 1956 macht Denisa Nečasová drei Ausprägungen des Arbeiters im Diskurs aus. Vgl. *Nečasová*: Nový socialistický člověk, 75–124.

oftmals nur in Teilen reproduziert wurden und sich in keinem Fall zu einem kohärenten Modell zusammenfügten.

Bemerkenswert ist, dass sich eine solche Uneindeutigkeit auch im Hinblick auf die Kategorie »Geschlecht« zeigte. In den allermeisten Fällen war es irrelevant, ob der Absender ein Mann oder eine Frau war, die aufgezählten Eigenschaften waren dieselben. Hin und wieder verwendeten Frauen sogar die männliche Bezeichnung *dělník*, obwohl eine weibliche (pracovnice) existiert. Dies wurde unter anderem dadurch bestärkt, dass die vom Regime ergriffenen Maßnahmen zur Erhöhung der Erwerbstätigkeit von Frauen letztlich dem Ziel dienten, dass Frauen arbeiten konnten *like men*.[20] Der männliche Arbeiter war die eigentliche Bezugskategorie, an die die Frau sich anpassen sollte, was das Subjektmodell des Arbeiters am Ende doch wieder männlich konnotierte. Inwiefern dies Frauen, die sich dieses Modell aneigneten, bewusst war und ob das Geschlecht eines Subjektmodells abseits der »neuen Frau« generell eine Rolle spielte, wäre sicherlich eine Untersuchung wert.

Die sozialistische Verfassung war darüber hinaus aber noch in einem anderen Kontext relevant. Sie stellte einen wichtigen Meilenstein für das kommunistische Master-Narrativ dar, wonach sich die Gesellschaft auf eine bessere Zukunft zubewegen würde. Es war dieses Narrativ, in das sich die Individuen einschreiben wollten, um damit zu Produzenten und Profiteuren dieser Zukunft zu werden.[21]

Die Vorstellung einer besseren Zukunft war dabei auf zweierlei Art und Weise bedeutsam. Zunächst einmal gab sie Anlass zum Handeln in der Gegenwart, was sich besonders in den zahlreichen Versuchen ausdrückte, sich zu »neuen Menschen« zu entwickeln. Darüber hinaus konnte die Hoffnung auf diese Zukunft über eine defizitär erlebte Gegenwart hinwegtrösten und diese zumindest für einen gewissen Zeitraum erträglicher gestalten.[22] Das war in der direkten Nachkriegszeit der Tschechoslowakei ein nicht zu unterschätzender Faktor für die Attraktivität des sozialistischen Gesellschaftsmodells, das einen klar umrissenen Weg in eine bessere Gesellschaft und vor allem eindeutige Möglichkeiten präsentierte, aktiv an deren Aufbau teilhaben zu können. Dabei war es von entscheidender Bedeutung, dass der sozialistische Aufbau insbesondere in der frühen Phase auch ein nationaler war, der durch die Umverteilung des Besitzes der vertriebenen Deutschen und Ungarn eine gesellschaftliche Transformation anstrebte.[23] Dadurch, dass auf diese Weise die Zukunftsvision des Sozialismus ein Teil des Narratives nationaler Unabhängigkeit wurde, war sie auch für diejenigen attraktiv, die sich nicht unbedingt als glühende Verfechter des Sozialismus sahen, aber ihre Erfüllung im nationalen Wiederaufbau fanden. Die in den untersuchten Briefen zahlreich vorhandenen Verweise auf die

---

20 *Feinberg*: Elusive Equality, 197.
21 Vgl. *Uerz*: Zukunftsvorstellungen, 43–46.
22 Vgl. *ebenda*, 37–41.
23 Vgl. *Schulze Wessel*: Zukunftsentwürfe und Planungspraktiken, 11 f.

eigene Beteiligung an der Wiederbesiedlung der Grenzgebiete und Wünsche, das eigene Heimatland wieder aufbauen zu wollen, belegen die zentrale Bedeutung der Verknüpfung nationaler Traditionen mit sozialistischen Zukunftsvisionen für die Legitimität sozialistischer Herrschaft.[24]

Mit dem Wandel des nationalen Wiederaufbaus hin zum Aufbau des Sozialismus rückten dann aber andere Aspekte in den Mittelpunkt, die die Legitimität des Master-Narratives bestätigen sollten. Dies hing insbesondere damit zusammen, dass diese Legitimität durch die Währungsreform von 1953 nachhaltig erschüttert worden war. Die Bereitschaft, Opfer für den sozialistischen Aufbau zu bringen, war in der Bevölkerung merklich gesunken. Nun brauchte es Indizien für eine Wendung zum Besseren, um die Menschen zu einem erneuten Engagement motivieren zu können.[25] Dies geschah einerseits, indem das Regime Preissenkungen und einen besseren Lebensstandard als Errungenschaften der Arbeiterklasse darstellte, die so das Gefühl bekommen sollte, mit ihrer täglichen Arbeit innerhalb des Systems die eigene Lebenslage verbessern zu können. Andererseits war es vor allem die Umdeutung der ideologischen Utopie zu einer prozessualen, die in der zweiten Hälfte der fünfziger Jahre die Verheißungen der kommunistischen Zukunft greifbarer erscheinen ließ. In diesem Zusammenhang spielten Maßnahmen wie das Wohnungsgesetz von 1956/57 eine wichtige Rolle. Sowohl in Gestalt sozialistischer Plansiedlungen wie Nová Ostrava als auch auf dem Fernsehschirm wurden Tschechen und Slowaken die Errungenschaften des sozialistischen Systems vor Augen geführt und als mit den Mitteln der Gegenwart erreichbar dargestellt. So sollte es für sie wieder attraktiv werden, sich in die Entwicklung einzuschreiben, die diese Errungenschaften mit sich bringen würde.

Die Verfassung von 1960 war dann der vermeintlich endgültige Beweis für die unaufhaltsame Entwicklung der tschechoslowakischen Gesellschaft in Richtung einer klassenlosen Zukunft. Sie konnte die Selbstwahrnehmungen derer stärken, die ihre Hoffnungen auf das kommunistische Master-Narrativ gesetzt und ihr Leben in der Gegenwart an der Errichtung ebendieser Zukunft ausgerichtet hatten. Die zahlreichen Versuche, die eigene Lebensrealität mit diesem Narrativ in Einklang zu bringen, auch wenn beide sich beinahe unvereinbar gegenüberstanden, zeugen davon, wie wichtig es für viele Menschen sein konnte, sich selbst als Teil des sozialistischen Aufbaus und der damit verbundenen Zukunftsvision ansehen zu können.

Als besonders bedeutsam hat sich dabei der Glaube an die prinzipielle Unfehlbarkeit der Partei herausgestellt. Der Grundsatz »die Partei enttäuscht nie, sie ist unbesiegbar«,[26] sollte besonders für überzeugte Kommunisten die Grundlage ihres Verhältnisses zu Staat und Partei darstellen. Der Glaube daran wurde

---

24 Vgl. *ebenda*, 17.
25 Vgl. *Uerz*: Zukunftsvorstellungen, 38.
26 Zitiert nach *Kaška*: Neukáznění a neangažovaní, 50.

trotz offensichtlicher Widersprüche als ideologische Standfestigkeit eingefordert. Die Reaktionen auf die Währungsreform haben ferner gezeigt, wie sehr einige Briefeschreiber mit dieser Forderung zu kämpfen hatten. Selbst in Situationen, in denen Entscheidungen des Regimes individuelle Notsituationen zur Folge hatten, versuchten die Betroffenen, diese als unbeabsichtigte Konsequenz einer eigentlich korrekten Entscheidung zu präsentieren. Diese Erklärungsmuster können als Form der Bewältigung einer kognitiven Dissonanz angesehen werden, was zeigt, wie wichtig der Glaube an die regelgeleitete, unumkehrbare Gesellschaftsentwicklung des Sozialismus für die Betroffenen war. Nicht von ungefähr wurde in der parteiinternen Debatte nach der Geheimrede von 1956 die Position der Partei einerseits gestärkt, ihr aber andererseits auch eine gewisse Fehlbarkeit zugestanden. Dies erleichterte es den Mitgliedern, auch bei problematischen Parteientscheidungen noch an die Richtigkeit der übergeordneten Ziele glauben zu können.

Diejenigen, die ihre Hoffnungen auf ein besseres Leben in die sozialistische Utopie gesteckt hatten, standen also keinesfalls, wie Eduard Goldstückers Referat auf der Kafka-Konferenz 1963 nahelegen könnte, »mit leeren Händen«[27] da. Vor allem, da sich das kommunistische Master-Narrativ als wandelbar und an die zeitgenössischen Gegebenheiten anpassungsfähig erwies, bot es ihnen eine Möglichkeit, sich Bestrebungen anzuschließen, die ein besseres Leben und eine sinnstiftende Rolle versprachen. Mit ihren zahlreichen Beschwerden und Eingaben wurden sie somit auch zu Co-Autoren dieses Narratives und versuchten, es ihren Bedürfnissen anzupassen. Die Versorgungskrise, die sich 1962 und 1963 bemerkbar machte, und der Umgang des Regimes damit zeigten dies deutlich. Viele Verfasser von Beschwerden und Eingaben äußerten Zweifel daran, ob das sozialistische System in der Form, in der es sich ihnen präsentierte, noch den gestiegenen Ansprüchen der sich verändernden Gesellschaft entsprechen konnte. Statt sich aber reihenweise davon abzuwenden, forderten sie einen offenen Umgang mit den Problemen und eine modernere und menschlichere Form des Sozialismus. Dies mündete schließlich in die Reformagenda des Prager Frühlings, in der sich die Sozialismusvorstellungen des Regimes und die der Bevölkerung wieder einander annäherten.[28]

Die Sprache, der sich die Verfasser in ihren Briefen bedienten, war in vielen Fällen von der Rhetorik des Regimes geprägt, wie sie sich ihnen in der Parteipresse präsentierte. Allerdings handelte es sich dabei in den seltensten Fällen um simple Übernahmen der jeweiligen Passagen. Es scheint eher so gewesen zu sein, dass die Regimesprache vielen Verfassern als die beste Möglichkeit erschien, ihr Anliegen überzeugend zu vermitteln. Andere Verfasser bedienten sich wiederum eben nicht dieser Sprache, was darauf hindeutet, dass ihre Verwendung nicht zwangsläufig war und eine bewusste Entscheidung im Einzel-

---

27 *Goldstücker*: Zusammenfassung der Diskussion, 284.
28 Vgl. *McDermott*: Communist Czechoslovakia, 107.

fall. Das führte dazu, dass man zumindest bis in die frühen sechziger Jahre hinein noch nicht von einer hyperideologisierten Sprache und einer Wiederholung der immer gleichen Phrasen sprechen kann, wie sie Michal Pullman für die Zeit der so genannten »Normalisierung« konstatiert,[29] als die Parteisprache für die Durchsetzung individueller Interesse instrumentalisiert wurde.[30] Ebenso wenig kann von einer Ritualisierung, wie Ralph Jessen sie in Berichten von DDR-Institutionen sieht, die Rede sein.[31] Die Loslösung der Bedeutung von der Form des Sprech- oder Schriftaktes ist in beiden Fällen deutlich zu erkennen, ähnlich wie es Alexei Yurchak für die späte Sowjetunion beschreibt.[32] In der Tschechoslowakei der fünfziger und sechziger Jahre kann davon keine Rede sein.

Die Auswahl der Personen und Institutionen, an die sich die Petenten mit ihren Anliegen wandten, zeigt, wie vielschichtig das Verhältnis zwischen dem Regime und der Bevölkerung war. Auch wenn in beinahe allen Briefen von Versagen und Fehlverhalten insbesondere lokaler und regionaler Institutionen die Rede war, von inkompetenten Funktionären und großer Ungerechtigkeit, gab es doch immer noch Adressaten, die als zur Lösung dieser Probleme fähig angesehen wurden. Eine besondere Rolle spielte dabei der tschechoslowakische Staatspräsident. Wie sich in vielen Fällen gezeigt hat, galt er als die letzte Instanz, die im Falle des Versagens lokaler Behörden für Gerechtigkeit sorgen würde. Dabei war es gleichgültig, ob der Amtsinhaber nun Zapotocký oder Novotný hieß. Davon zeugten insbesondere die Fälle, in denen Petenten die »sozialistische Gesetzlichkeit« beschworen und ihr Vertrauen in das System ausdrückten, sich aber mit ihren Anliegen an den Staatspräsidenten wandten – und nicht etwa, was eigentlich naheliegend gewesen wäre, an die Kommunistische Partei. Dies war sicherlich bedingt durch die fast schon verklärte Erinnerung an den ersten Präsidenten der Tschechoslowakei Tomáš Garrigue Masaryk. So hatte der Präsident aus der Perspektive vieler Petenten eine Position inne, die ihn zum Ansprechpartner in beinahe allen Angelegenheiten machte und ihn über das System stellte. Hier zeigt sich, dass die Einführung des sozialistischen Systems keinen unvermittelten Bruch darstellte, sondern auf bereits existierenden Traditionen und Deutungsmustern aufbaute. Gleichzeitig treten hier systemimmanente Probleme des Beschwerdewesens zutage. An den Präsidenten zu schreiben war auch eine Möglichkeit zu verhindern, dass bestimmte Institutionen betreffende Beschwerden von ebendiesen bearbeitet wurden. Dies hätte die Chancen auf einen positiven Ausgang für die Petenten merklich verringert.[33]

---

[29] Vgl. *Pullmann*: Konec experimentu.
[30] Vgl. *Pažout/Vilímek*: Barometr nálad, studnice informací, 11.
[31] Vgl. *Jessen*, Ralph: Diktatorische Herrschaft als kommunikative Praxis. Überlegungen zum Zusammenhang von »Bürokratie« und Sprachnormierung in der DDR-Geschichte. In: *Lüdtke*, Alf/*Becker*, Peter (Hg.): Akten – Eingaben – Schaufenster. Die DDR und ihre Texte. Erkundungen zu Herrschaft und Alltag. Berlin 1997, 57–78.
[32] Vgl. *Yurchak*: Everything Was Forever, Until It Was No More.
[33] Vgl. *Pažout/Vilímek*: Barometr nálad, studnice informací, 12.

Schlussbetrachtung 255

Es wird an dieser Stelle sehr deutlich, dass das Regime nicht immer als monolithisches Ganzes wahrgenommen wurde, sondern als Konglomerat unterschiedlicher Institutionen und Personen. Während ihm in Gestalt des Präsidenten zugetraut wurde, die »sozialistische Gesetzlichkeit« im Sinne der Petenten durchzusetzen, galten vor allem Verwaltungsinstitutionen wie die Nationalausschüsse als weitgehend inkompetent. Sie vertraten vielfach nicht mehr die Vorstellungen, die die Verfasser der entsprechenden Briefe vom Sozialismus hatten. Die KSČ findet sich ab Mitte der fünfziger Jahre immer weniger als Bezugspunkt. Dieser Befund müsste allerdings mit einer Analyse der Beschwerden, die an die Partei geschickt wurden, untermauert werden. Da diese für mich nicht zugänglich waren, bietet sich hier ein großes Potenzial für weitere Studien.[34]

Wichtige Adressaten waren zudem Fernsehen und Rundfunk. Vor allem der Rundfunk fungierte als Kontrollinstanz bürokratischer Prozesse, wobei er sich systemimmanenter Mechanismen bediente, mit denen er Abhilfe für die Probleme vieler Hörer schaffen konnte. Durch die sorgfältige Bearbeitung dieser Fälle gelang es, das Vertrauen großer Teile der Hörerschaft zu sichern und diesen Vertrauen in die Funktionsweise des sozialistischen Systems zurückzugeben.

Dieses Vertrauensverhältnis zwischen Rundfunk und Hörerschaft war eine wichtige Grundlage dafür, dass die Versuche des Regimes, seine Bürger zu »neuen Menschen« zu erziehen, auf fruchtbaren Boden fielen. Den durch den Rundfunk vermittelten Inhalten wurde eine hohe Glaubwürdigkeit zugesprochen. Viele Hörer, so erscheint es zumindest in ihren Zuschriften, haben das entsprechende Erziehungsprogramm dankbar angenommen. Dies galt im Hinblick auf die Kultivierung des Individuums mit Hilfe klassischer Musik, aber auch dahingehend, dass das Rundfunkprogramm vielen als Ansporn für ihre eigene Arbeit für den sozialistischen Aufbau oder den des Vaterlandes diente. Eine besondere Rolle spielte zudem das speziell auf Frauen zugeschnittene Programm, mit dessen Hilfe viele ein Bewusstsein dafür entwickelten, dass es ihnen in einer sozialistischen Gesellschaft theoretisch besser gehen sollte als zum Beispiel in der Ersten Republik.

Das Fernsehen sollte aus Sicht des Regimes eigentlich eine ganz ähnliche Aufgabe erfüllen. Von den Zuschauern allerdings wurde das Medium, dessen Programmgestaltung vielfach noch einen recht experimentellen Charakter hatte, ganz anders aufgenommen. Nach getaner Arbeit wollten sich diese ausruhen und unterhalten lassen und nur in den seltensten Fällen Russisch lernen oder Lektionen zum Marxismus-Leninismus folgen. Dafür verantwortlich war vor allem die stark personalisierte Ansprache durch Moderatoren, Schauspieler oder Ansager, die jedem einzelnen Zuschauer das Gefühl vermittelten, dass

---

[34] Dies deutet sich unter anderem in Jaroslav Pažouts und Tomáš Vilímeks Studie zu Beschwerden an die Partei in den Jahren 1988 und 1989 an. Vgl. dazu *Pažout/Vilímek*: Barometr nálad, studnice informací.

das Fernsehen einzig und allein der Erfüllung seiner Bedürfnisse diene. Die Zuschauer präsentierten sich in ihren Briefen dementsprechend nicht als demütige Bittsteller, die über die Selbstdarstellung als bewusster sozialistischer Arbeiter überhaupt erst Zugang zu den Verheißungen des Sozialismus erbitten mussten, sondern als Individuen, die aufgrund der eigenen Arbeits- oder anderer Leistungen ein Recht auf Entspannung und Unterhaltung hatten.

Das Eingabewesen in der sozialistischen Tschechoslowakei spielte somit für die Frage nach der legitimitätsstiftenden Rolle ideologisch bereitgestellter Identitätsmuster eine zweifache Rolle. Zunächst einmal konnte das Verfassen eines Briefes die Entwicklung einer Person zu einem »neuen Menschen« fördern und sie in ihrer Selbstwahrnehmung als Teil der sozialistischen Zukunft bestätigen, was wiederum vor allem die Kommunistische Partei als den Garanten dieser Zukunft legitimierte. Darüber hinaus konnte der Umgang zumindest ausgewählter Institutionen mit den Beschwerden und Eingaben aus der Bevölkerung den Glauben an die grundsätzliche Funktionsweise des Systems stärken.

Trotz all der Rückschläge, mit denen nicht nur das sozialistische Regime in der Tschechoslowakei, sondern auch die dort lebende Bevölkerung in den fünfziger und frühen sechziger Jahren kämpfen musste, hatte das Ideal des »neuen Menschen« als Erbauer und Profiteur einer kommunistischen Zukunft seine integrative und stabilisierende Kraft nie komplett verloren. Die Unterordnung unter die kulturelle Ordnung des Sozialismus erschien vielen Individuen als eine sinnstiftende Perspektive, die eine oftmals als defizitär erlebte Gegenwart erträglicher machen konnte. Diese Unterordnung stattete sie zudem mit den notwendigen Instrumentarien aus, um aktiv an dieser Entwicklung teilhaben und sich für die eigenen Bedürfnisse stark machen zu können. Sozialistische Herrschaft war in der Tschechoslowakei somit deutlich mehr als nur Terror, Unterdrückung und Verfolgung. Dem Regime war es vielmehr gelungen, seinen Bürgern mit einem Werte- und Ordnungssystems, das sich den wandelnden Bedürfnissen der Bevölkerung anpassen konnte, eine Perspektive anzubieten. Dies sollte ihm die nötige Legitimität verleihen, den sozialistischen Aufbau auch in schwierigen Zeiten voranbringen zu können.

QUELLEN- UND LITERATURVERZEICHNIS

1. Quellen

Unveröffentlichte Quellen

Archiv bezpečnostních složek (ABS) [Archiv der Sicherheitsdienste], Prag
Hlavní správa veřejné bezpečnosti (HS VB), H1-6 Politický odbor a oddelenie tlače a propagácie HS-VB

Archivní a programové fondy Českého rozhlasu (AČRo) [Archiv des Tschechischen Rundfunks], Prag
Bei den Recherchen im Archiv des Rundfunks wurden mir auf meine Anfrage hin direkt die Monats-, Wochen- oder Jahresberichte über die Zuschriften der Hörer ausgehändigt. Ein Findbuch gab es nicht und die Kartons waren lediglich mit Jahreszahlen beschriftet. Daher kann ich keine weiteren Angaben zu Signatur, Inventarnummer oder Archiveinheit machen. Die einzelnen Dokumente werden mit ihren jeweiligen Titeln zitiert und können unter dieser Angabe beim Archiv angefragt werden. Ich habe Berichte aus den Jahren 1953, 1954, 1956, 1957, 1958, 1959, 1960 und 1961 gesichtet.

Archiv Kanceláře prezidenta republiky (AKPR) [Archiv der Kanzlei des Präsidenten der Republik], Prag
Kancelář prezidenta republiky (KPR), (1919) 1948–1962
    Protokol 100 000 – rok 1953, kart. 599, inv. č. 2407, sign. 122415, Projevy ke snížení maloobchodních cen
    Protokol 100 000 – rok 1955, kart. 649, inv. č. 2503, sign. 124978, Žádosti a stížnosti C) Pracovní a mzdové
    Protokol 200 000 – rok 1954, kart. 672, inv. č. 2527, sign. 202111, Poděkování za snížení cen a závazky
    Protokol 200 000 – rok 1955, kart. 675, inv. č. 2544, sign. 204159, Stížnosti (na pracovní zařazení, v rozvázání pracovního poměru aj.)
    Protokol 600 000 – rok 1955, kart. 723, inv. č. 2677, sign. 607981, Stížnosti v záležitostech měnové reformy
    Protokol 100 000 – rok 1962, kart. 800, inv. č. 2938, sign. 103186, Žádosti občanů v různých záležitostech
    Protokol 600 000 – rok 1962, kart. 858, inv. č. 3084, sign. 669671, Byty – žádosti občanů

Protokol 600 000 – rok 1962, kart. 858, inv. č. 3087, sign. 672828, Žádosti a stížnosti občanů v majetkových věcech
Protokol 600 000 – rok 1962, kart. 862, inv. č. 3092, sign. 675687, Stížnosti občanů v pracovních záležitostech

Archiv města Ostravy (AMO) [Archiv der Stadt Ostrava]
MěNV Ostrava, inv. č. 254, kart. 560, Řešení bytového problému na Ostravsku

Archiv a programové fondy České Televize (APF ČT) [Archiv des Tschechischen Fernsehens], Prag
Kart. 119, inf 582, Dopisy diváků k pořadu »Sedmero přání«
Kart. 119, inf 583, Ohlas diváků na nedokončenou estrádu »Sejdeme se na Štvanici«
Kart. 120, inf 584, Dopisy diváků k pořadu »Loď splněných přání«
Kart. 120, inf 587, Zamítnuté náměty pro »Sedmero přání«
Kart. 128, inf 763, Zpráva o ohlasu diváků 1961
Kart. 134, inf 869, Dopisy diváků

Národní archiv (NA) [Nationalarchiv], Prag
02/4: KSČ – Ústřední výbor 1945–1989, Praha – sekretariát 1954–1962
992: MPS – Ministerstvo pracovních sil
999: Státní úřad sociálního zabezpečení – zasedání kolegia ministra-předsedy

Zemský archiv v Opavě (ZAO) [Landesarchiv Opava]
KNV Ostrava II, MH, sign. 60, Stížnosti občanů na nedostatky v bytovém hospodářství

Gedruckte Quellen
Sbírka zákonů republiky Československé, částka 6/1954, Zákon č. 14/1954 Sb. o volbách do národních výborů.
Sbírka zákonů republiky Československé, částka 35/1956, Zákon č. 67/1956 Sb. o hospodaření s byty.

Periodika
Naše vlast, Jahrgang 1953
Odborář. Časopis pro funkcionáře, Jahrgang 1956
Rudé právo, Jahrgänge 1953, 1954, 1958, 1959, 1960, 1961, 1962, 1963, 1968
Rozsévačka, Jahrgang 1954
Impuls, Jahrgang 1967

Filmdokumente
Tři chlapi v chalupě, Regie: František Filip, Jaroslav Dudek, Václav Hudeček, Drehbuch: Jaroslav Dietl, Jiří Hubač, Ilja Prachař, Tschechoslowakei: Československé televize, 1962. DVD. ČESKÁ MUZIKA, 2016, 420 Minuten.

2. Literatur

Abrams, Bradley F.: The Struggle for the Soul of a Nation. Czech Culture and the Rise of Communism. Lanham u. a. 2004.

Adler, Nanci: Keeping Faith with the Party. Communist Believers Return from the Gulag. Bloomington 2012.

Alexopoulos, Golfo: Stalin's Outcasts. Aliens, Citizens, and the Soviet State, 1926-1936. Ithaca, London 2003.

Allen, Robert C.: To Be Continued... Soap Operas Around the World. London u. a. 1995.

Åman, Anders: Architecture and Ideology in Eastern Europe during the Stalin Era. An Aspect of Cold War History. New York 1992.

Bahr, Ehrhard: Kafka und der Prager Frühling. In: *Politzer*, Heinz (Hg.): Franz Kafka. Darmstadt 1973, 516-538.

Barnovský, Michal: Prvá vlna destalinizácie a Slovensko 1953-1957 [Die erste Welle der Destalinisierung und die Slowakei 1953-1957]. Brno 2002.

Bárta, Milan: Peněžní reforma 1953 ve zprávách ministerstva národní bezpečnosti [Die Währungsreform von 1953 in den Berichten des Ministeriums für nationale Sicherheit]. In: Paměť a dějiny 3 (2013), 58-64.

Běhal, Rostislav: Rozhlas po nástupu totality 1949-1958 [Der Rundfunk nach Beginn der Totalität 1949-1958]. In: *Ješutová*, Eva (Hg.): Od mikrofonu k posluchačům. Z osmi desetiletí Českého rozhlasu [Vom Mikrofon zu den Zuhörern. Aus acht Jahrzehnten des Tschechischen Rundfunks]. Praha 2003, 235-288.

Beyerl, Beppo: Die Beneš-Dekrete. Zwischen tschechischer Identität und deutscher Begehrlichkeit. Wien 2002.

Bílý, Matěj: Reakce již bourá pomníky a my... teprve projednáváme! Některé aspekty debaty o XX. sjezdu KSSS ve vybraných nižších organizacích KSČ [Die Reaktion reißt bereits die Denkmäler nieder, und wir... wir debattieren immer noch! Einige Aspekte der Debatte des XX. Parteitages der KPdSU in ausgewählten unteren Organisationen der KSČ]. In: Securitas Imperii 30 (2017), 60-96.

Bischof, Anna/*Jürgens*, Zuzana (Hg.): Voices of Freedom – Western Interference. 60 Years of Radio Free Europe. Göttingen 2015.

Blaive, Muriel: Une déstalinisation manquée. Tchécoslovaquie 1956. Bruxelles 2005.

— Internationalism, Patriotism, Dictatorship, and Democracy. The Czechoslovak Communist Party and the Exercise of Power, 1945-1968. In: Journal of European Integration History 13/2 (2007), 55-68.
— Introduction. In: *Dies.*: (Hg.): Perceptions of Society in Communist Europe. Regime Archives and Popular Opinion. London 2019, 1-12.
— (Hg.): Perceptions of Society in Communist Europe. Regime Archives and Popular Opinion. London 2019.
Bönker, Kirsten: Fernsehkonsum, Zuschauerbeteiligung und politische Kommunikation in der späten Sowjetunion. In: *Breitenborn*, Uwe/*Frey-Vor*, Gerlinde/*Schurig*, Christian (Hg.): Medienumbrüche im Rundfunk seit 1950. Köln 2013, 199-217.
Bren, Paulina: The Greengrocer and His TV. The Culture of Communism after the 1968 Prague Spring. Ithaca 2010.
— Women on the Verge of Desire. Women, Work, and Consumption in Socialist Czechoslovakia. In: *Crowley*, David (Hg.): Pleasures in Socialism. Leisure and Luxury in the Eastern Bloc. Evanston 2010, 177-195.
Brenner, Christiane: »Zwischen Ost und West«. Tschechische politische Diskurse 1945-1948. München 2009.
Brenner, Christiane/*Heumos*, Peter: Eine Heldentypologie der Tschechoslowakei. Zur Einführung. In: *Satjukow*, Silke/*Gries*, Rainer (Hg.): Sozialistische Helden. Eine Kulturgeschichte von Propagandafiguren in Osteuropa und der DDR. 1. Aufl. Berlin 2002, 235-243.
Bronfen, Elisabeth: Zwischen Himmel und Hölle – Maria Callas und Marilyn Monroe. In: *Bronfen*, Elisabeth/*Strausmann*, Barbara (Hg.): Die Diva. Eine Geschichte der Bewunderung. München 2002, 43-67.
Brown, Archie: Aufstieg und Fall des Kommunismus. Berlin 2009.
Brunnbauer, Ulf: Alltag und Ideologie im Sozialismus – eine dialektische Beziehung. In: Berliner Osteuropa Info 23 (2005), 4-16.
Bryant, Chad: Prague in Black. Nazi Rule and Czech Nationalism. Cambridge/MA. 2007.
Castle-Kanerova, Mita/*Corrin*, Chris: Czech and Slovak Federative Republic. The Culture of Strong Women in the Making. In: *Corrin*, Chris (Hg.): Superwomen and the Double Burden. Women's Experience of Change in Central and Eastern Europe and the Former Soviet Union. London 1992, 97-124.
Czubiński, Antoni: Das Jahr 1956 in Polen und seine Konsequenzen. In: *Kircheisen*, Inge (Hg.): Tauwetter ohne Frühling. Das Jahr 1956 im Spiegel blockinterer Wandlungen und internationaler Krisen. Berlin 1995, 84-96.
Donert, Celia: »The Struggle for the Soul of the Gypsy«. Marginality and Mass Mobilization in Stalinist Czechoslovakia. In: Social History 33/2 (2008), 123-144.

— Creating »Citizens of Gypsy Origin«. Ethnicity, Planning and Population Control in Socialst Czechoslovakia. In: *Schulze Wessel*, Martin/*Brenner*, Christiane (Hg.): Zukunftsvorstellungen und staatliche Planung im Sozialismus. Die Tschechoslowakei im ostmitteleuropäischen Kontext 1945–1989. München 2010, 89–114.

— The Rights of the Roma. The Struggle for Citizenship in Postwar Czechoslovakia. Cambridge 2017.

Eckart, Henning: Selbstzeugnisse. Quellenwert und Quellenkritik. Berlin 2012.

Engelmann, Roger/*Großbölting*, Thomas/*Wentker*, Hermann: Einleitung. In: *Dies.* (Hg.): Kommunismus in der Krise. Die Entstalinisierung 1956 und die Folgen. Göttingen 2008, 9–31.

Erren, Lorenz: »Selbstkritik« und Schuldbekenntnis. Kommunikation und Herrschaft unter Stalin (1917–1953). München 2008.

Feinberg, Melissa: Elusive Equality. Gender, Citizenship, and the Limits of Democracy in Czechoslovakia, 1918–1950. Pittsburgh 2006.

— Curtain of Lies. The Battle over Truth in Stalinist Eastern Europe. New York 2017.

Feindt, Gregor: Making and Unmaking Socialist Modernities. Seven Interventions into the Writing of Contemporary History on Central and Eastern Europe. In: *Terhoeven*, Petra (Hg.): European History Yearbook 19. Victimhood and Acknowledgement. Berlin, Boston 2018, 133–153.

Festinger, Leon: A Theory of Cognitive Dissonance. Stanford 1957.

Fitzpatrick, Sheila: Education and Social Mobility in the Soviet Union, 1921–1934. Cambridge 1979.

— Supplicants and Citizens. Public Letter-Writing in Soviet Russia in the 1930s. In: Slavic Review 55/1 (1996), 78–105.

Foucault, Michel: Technologien des Selbst. In: *Martin*, Luther H./*Gutman*, Huck/*Hutton*, Patrick H. (Hg.): Technologien des Selbst. Frankfurt am Main 1993, 24–62.

Franc, Martin/*Knapík*, Jiří: »Getting Around to the Human Being in the Next Quarter«. Leisure Time in the Czech Lands 1948–1956. In: Czech Journal of Contemporary History 1 (2013), 77–101.

— Volný čas v českých zemích 1957–1967 [Freizeit in den böhmischen Ländern 1957–1967]. Praha 2013.

Fritzsche, Peter/*Hellbeck*, Jochen: The New Man in Stalinist Russia and Nazi Germany. In: *Geyer*, Michael/*Fitzpatrick*, Sheila (Hg.): Beyond Totalitarianism. Stalinism and Nazism Compared. New York u. a. 2009, 302–341.

Frommer, Benjamin: National Cleansing. Retribution Against Nazi Collaborators in Postwar Czechoslovakia. Cambridge 2005.

Frýdlová, Pavla: Women's Memory. Searching for Identity under Socialism. In: *Jusová*, Iveta/*Šiklová*, Jiřina (Hg.): Czech Feminism. Perspectives on Gender in East Central Europe. Bloomington 2016, 95–107.

Fukuyama, Francis: Das Ende der Geschichte. Wo stehen wir? München 1992.

Fulbrook, Mary: Ein ganz normales Leben. Alltag und Gesellschaft in der DDR. Darmstadt 2008.

Geertz, Clifford: The Interpretation of Cultures. Selected Essays. New York 1973.

Gerber, Jan: Ein Prozess in Prag. Das Volk gegen Rudolf Slánský und Genossen. Göttingen 2016.

Goldstücker, Eduard: Franz Kafka aus Prager Sicht. Prag 1965.

— Über Frank Kafka aus der Prager Perspektive 1963. In: *Ders.* (Hg.): Franz Kafka aus Prager Sicht. Prag 1965, 23–43.

— Zusammenfassung der Diskussion. In: *Ders.* (Hg.): Franz Kafka aus Prager Sicht. Prag 1965, 277–288.

Gumbert, Heather: Envisioning Socialism. Television and the Cold War in the German Democratic Republic. Ann Arbor 2015.

Halfin, Igal: Red Autobiographies. Initiating the Bolshevik Self. Seattle 2011.

Haring, Sabine A.: Der Neue Mensch im Nationalsozialismus und Sowjetkommunismus. In: Der Neue Mensch. Hg. v. *Bundeszentrale für politische Bildung*. Bonn 2018, 27–37.

Havel, Václav: Versuch, in der Wahrheit zu leben. Von der Macht der Ohnmächtigen. Reinbek bei Hamburg 1980.

Heberer, Thomas/*Schubert*, Gunter: Politische Partizipation und Regimelegitimität in der VR China. Band I: Der urbane Raum. Wiesbaden 2008.

Heinemann, Winfried/*Wiggershaus*, Norbert Theodor (Hg.): Das internationale Krisenjahr 1956. Polen, Ungarn, Suez. München 1999.

Hellbeck, Jochen: Fashioning the Stalinist Soul. The Diary of Stepan Podlubnyi (1931–1939). In: Jahrbücher für Geschichte Osteuropas 44/3 (1996), 344–373.

— Revolution on My Mind. Wiriting a Diary Under Stalin. Cambridge/MA. 2006.

Hellbeck, Jochen/*Halfin*, Igal: Rethinking the Stalinist Subject. Stephen Kotkin's »Magnetic Mountain« and the State of Soviet Historical Studies. In: Jahrbücher für Geschichte Osteuropas 44/3 (1996), 456–463.

Herriger, Norbert: Empowerment-Landkarte. Diskurse, normative Rahmung, Kritik. In: Aus Politik und Zeitgeschichte 64/13–14 (2014), 39–46.

Heumos, Peter: »Wenn Sie sieben Turbinen schaffen, kommt die Musik«. Sozialistische Arbeitsinitiativen und egalitaristische Defensive in tschechoslowakischen Industriebetrieben und Bergwerken 1945–1965. In: *Brenner*,

Christiane u. a. (Hg.): Sozialgeschichtliche Kommunismusforschung. Tschechoslowakei, Polen, Ungarn und DDR 1948-1968. München 2005, 133-177.

Hradecký, Tomáš: Mechanismus přípravy voleb do národních výborů v 50. letech na příkladu Ústeckého kraje (srovnání let 1954 a 1957). České, slovenské a československé dějiny 20. století IX [Der Mechanismus der Vorbereitung der Wahlen zu den Nationalausschüssen in den 50er Jahren am Beispiel der Aussiger Region (Ein Vergleich der Jahre 1954 und 1957). Tschechische, slowakische und tschechoslowakische Geschichte des 20. Jahrhunderts IX]. Hradec Králové 2014, 89-114.

Huxtable, Simon: The Problem of Personality on Soviet Television, 1950s-1960s. In: VIEW Journal of European Television History and Culture 3/5 (2014), 119-130.

Imre, Anikó: TV Socialism. Durham 2016.

Jajesniak-Quast, Dagmara: Die sozialistische Planstadt Eisenhüttenstadt im Vergleich mit Nowa Huta und Ostrava-Kunčice. In: *Bohn*, Thomas M. (Hg.): Von der »europäischen Stadt« zur »sozialistischen Stadt« und zurück? Urbane Transformationen im östlichen Europa des 20. Jahrhunderts. München 2009, 99-114.

Janáček, František/*Hájková*, Alena (Hg.): Fučík, J.: Reportáž psaná na oprátce. První úplné, kritické a komentované vydání [Reportage unter dem Strang geschrieben. Erste vollständige, kritische und kommentierte Ausgabe]. Praha 1995.

Jechová, Květa: Die Repräsentation der Frauen in der tschechischen Gesellschaft des 20. Jahrhunderts. In: *Kraft*, Claudia (Hg.): Geschlechterbeziehungen in Ostmitteleuropa nach dem Zweiten Weltkrieg. Soziale Praxis und Konstruktion von Geschlechterbildungen. München 2008, 23-41.

Jessen, Ralph: Diktatorische Herrschaft als kommunikative Praxis. Überlegungen zum Zusammenhang von »Bürokratie« und Sprachnormierung in der DDR-Geschichte. In: *Lüdkte*, Alf/*Becker*, Peter (Hg.): Akten – Eingaben – Schaufenster. Die DDR und ihre Texte. Erkundungen zu Herrschaft und Alltag. Berlin 1997, 57-78.

Johnston, Rosamund: Secret Agents. Reassessing the Agency of Radio Listeners in Czechoslovakia, 1945-1953. In: *Blaive*, Muriel (Hg.): Perceptions of Society in Communist Europe. Regime Archives and Popular Opinion. London, New York 2019, 15-31.

Jones, Polly: Myth, Memory, Trauma. Rethinking the Stalinist Past in the Soviet Union, 1953-70. New Haven, London 2013.

Jordan, Thomas: Territorialität und ihre Funktionen in Konflikten. Eine psychogeographische Betrachtung. In: *Jüngst*, Peter (Hg.): Identität, Aggressivität, Territorialität. Zur Psychogeographie und Psychohistorie des Verhältnisses Subjekt, Kollektiv und räumliche Umwelt. Kassel 1996, 35-75.

Jusová, Iveta: Introduction. Gender, Sexuality, and Ethnicity Issues in the Czech Culture. Past and Present. In: *Dies./Šiklová*, Jiřina (Hg.): Czech Feminism. Perspectives on Gender in East Central Europe. Bloomington 2016, 1-26.

Kalinová, Lenka: Společenské proměny v čase socialistického experimentu. K sociálním dějinám v letech 1945-1969 [Gesellschaftliche Transformationen in der Zeit des sozialistischen Experiments. Zur Sozialgeschichte der Jahre 1945-1969]. Praha 2007.

— Conditions and Stages of Change in the Social Security System in Czechoslovakia, 1945-1989. In: *Hering*, Sabine (Hg.): Social Care under State Socialism, 1945-1989. Ambitions, Ambiguities, and Mismangement. Opladen, Farmington Hills 2009, 65-78.

Kaplan, Karel: Report on the Murder of the General Secretary. Columbus 1990.

— Československo v letech 1953-1966. 3. část: Společenská krize a kořeny reformy [Tschechoslowakei 1953-1966. 3. Teil: Soziale Krise und die Wurzeln der Reformen]. Praha 1992.

— Sociální souvislosti krizí komunistického režimu v letech 1953-1957 a 1968-1975 [Soziale Zusammenhänge der kommunistischen Regimekrisen von 1953-1957 und 1968-1975]. Praha 1993.

— Die Ereignisse des Jahres 1956 in der Tschechoslowakei. In: *Hahn*, Hans Henning (Hg.): Das Jahr 1956 in Ostmitteleuropa. Berlin 1996, 31-45.

Kárník, Zdeněk/*Kopeček*, Michal (Hg.): Bolševismus, komunismus a radikální socialismus v Československu [Bolschewismus, Kommunismus und radikaler Sozialismus in der Tschechoslowakei]. Praha 2003.

Kaška, Václav: Neukázněni a neangažovaní. Disciplinace členů Komunistické strany Československa v letech 1948-1952 [Unbeherrscht und unengagiert. Die Disziplinierung der Mitglieder der Kommunistischen Partei der Tschechoslowakei 1948-1952]. Praha, Brno 2014.

Khakhordin, Oleg: The Collective and the Individual in Russia. A Study of Practices. Berkley 1999.

Klots, Alissa/*Romashova*, Maria: Lenin's Cohort. The First Mass Generation of Soviet Pensioners and Public Activism in the Krushchev Era. In: Kritika. Explorations in Russian and Eurasian History 19/3 (2018), 573-597.

Koeltzsch, Ines: Geteilte Kulturen. Eine Geschichte der tschechisch-jüdisch-deutschen Beziehungen in Prag, 1918-1938. München 2012.

Kolář, Pavel: Welch ein Galimathias! Die Auseinandersetzungen in den regionalen und lokalen Organisationen der Kommunistischen Partei der Tschechoslowakei nach dem XX. Parteitag der KPdSU. In: *Brunnbauer*, Ulf (Hg.): Alltag und Ideologie im Realsozialismus. Berlin 2005, 34-42.

— Langsamer Abschied vom Totalitarismus-Paradigma? Neue tschechische Forschungen zur Geschichte der KPTsch-Diktatur. In: Zeitschrift für Ostmitteleuropaforschung 55/2 (2006), 253-275.

— Projektbericht. Sozialistische Diktatur als Sinnwelt. Repräsentationen gesellschaftlicher Ordnung und Herrschaftswandel in Ostmitteleuropa in der zweiten Hälfte des 20. Jahrhunderts. In: Potsdamer Bulletin für Zeithistorische Studien 40–41 (2007), 24–30.
— Kommunistische Identitäten im Streit. Politisierung und Herrschaftslegitimierung in den kommunistischen Parteien in Ostmitteleuropa nach dem Stalinismus. In: Zeitschrift für Ostmitteleuropaforschung 60/2 (2011), 232–266.
— The Party as New Utopia. Reshaping Communist Identity after Stalinism. In: Social History 37/4 (2012), 402–424.
— Communism in Eastern Europe. In: *Smith*, Stephen A. (Hg.): The Oxford Handbook of the History of Communism. Oxford 2014, 203–219.
— Der Poststalinismus. Ideologie und Utopie einer Epoche. Köln u. a. 2016.
Končelík, Jakub/*Večeřa*, Pavel/*Orság*, Petr: Dějiny českých médií v 20. století [Tschechische Mediengeschichte im 20. Jahrhundert]. Praha 2010.
Kopeček, Michal: Obraz vnitřního nepřítele. Revizionismus na stránkách Otázek míru a socialismu v letech 1958–1969 [Das Bild des inneren Feindes. Revizionismus auf den Seiten von »Fragen des Friedens und des Sozialismus« 1958–1969]. In: *Kárník*, Zdeněk/*Kopeček*, Michal (Hg.): Bolševismus, komunismus a radikální socialismus v Československu [Bolschewismus, Kommunismus und radikaler Sozialismus in der Tschechoslowakei]. Bd. 1. Praha 2003, 225–252.
— Hledání ztraceného smyslu revoluce. Zrod a počátky marxistického revizionizmu ve střední Evropě [Auf der Suche nach dem verlorenen Sinn der Revolution. Entstehung und Anfänge des marxistischen Revisionismus in Mitteleuropa]. Praha 2009.
Köpplová, Barbara/*Bednařík*, Petr: Dějiny českých médií v datech. Rozhlas, televize, mediální právo [Geschichte der tschechischen Medien in Daten. Rundfunk, Fernsehen, Medienrecht]. Praha 2003.
Kotkin, Stephen: Magnetic Mountain. Stalinism as a Civilization. Berkeley, Los Angeles 1995.
Kraft, Claudia: Geschlecht als Kategorie zur Erforschung der Geschichte des Staatssozialismus in Mittel- und Osteuropa. Zur Einführung. In: *Kraft*, Claudia (Hg.): Geschlechterbeziehungen in Ostmitteleuropa nach dem Zweiten Weltkrieg. Soziale Praxis und Konstruktionen von Geschlechterbildern. München 2008, 1–21.
Krylova, Anna: The Tenacious Liberal Subject in Soviet Studies. In: Kritika. Explorations in Russian and Eurasian History 1/1 (2000), 119–146.
Lachmann, Hannes: Die »Ungarische Revolution« und der »Prager Frühling«. Eine Verflechtungsgeschichte zweier Reformbewegungen zwischen 1956 und 1968. Essen 2018.

Lamberg, Robert: Entstalinisierung in Prag. Planung und Spontanität in der tschechischen Innenpolitik. In: Osteuropa 13/11+12 (1963), 755–767.

Lammich, Siegfried: Die Verfassung der Tschechoslowakei. Berlin 1981.

Landwehr, Achim: Fünf Fragen an Achim Landwehr. In: Hundertvierzehn. Das literarische Online-Magazin des S. Fischer Verlags, URL: https://www.fischerverlage.de/magazin/interviews/fuenf-fragen-achim-landwehr (am 3.4.2022).

Langer, John: Television's »Personality System«. In: Media, Culture & Society 3/4 (1981), 351–365.

Larson, Jonathan L.: Deviant Dialectics. Intertextuality, Voice, and Emotion in Czechoslovak Socialist Kritika. In: *Petrov*, Petre/*Ryazanova-Clarke*, Lara (Hg.): The Vernaculars of Communism. Language, Ideology, and Power in the Soviet Union and Eastern Europe. New York 2015, 130–146.

Lebow, Katherine: Unfinished Utopia. Nowa Huta, Stalinism, and Polish Society, 1949–56. Ithaca, London 2013.

Lehr, Stefan: »Pište nám!« Dopisy diváků a posluchačů Československé televizi a rozhlasu [»Schreiben Sie uns!« Briefe von Zuschauern und Hörern an das tschechoslowakische Fernsehen und Radio]. In: Marginalia Historica. Časopis pro dějiny vzdělanosti a kultury 3 (2012), 71–82.

Lemberg, Hans u. a. (Hg.): Studia Slovaca. Studien zur Geschichte der Slowaken und der Slowakei. Festgabe zum 65. Geburtstag von Jörg K. Hoensch. München 2000.

Lindenberger, Thomas (Hg.): Herrschaft und Eigen-Sinn in der Diktatur. Studien zur Gesellschaftsgeschichte der DDR. Köln 1999.

— Öffentliche Sicherheit, Ordnung und normale Abläufe. Überlegungen zum zeitweiligen Gelingen kommunistischer Herrschaft in der DDR. In: *Zimmermann*, Volker/*Pullmann*, Michal (Hg.): Ordnung und Sicherheit, Devianz und Kriminalität im Staatssozialismus. Tschechoslowakei und DDR 1948/49–1989. Göttingen 2014, 15–38.

Lovell, Stephen: Soviet Socialism and the Construction of Old Age. In: Jahrbücher für Geschichte Osteuropas 51/4 (2003), 564–585.

Lüdtke, Alf: Einleitung: Herrschaft als soziale Praxis. In: *Ders.* (Hg.): Herrschaft als soziale Praxis. Historische und sozial-anthropologische Studien. Göttingen 1991, 9–63.

— People Working. Everyday Life and German Facism. In: History Workshop Journal 50 (2000), 75–92.

Luft, Robert/*Havelka*, Miloš/*Zwicker*, Stefan: Zur Einführung. In: *Dies.* (Hg.): Zivilgesellschaft und Menschenrechte im östlichen Europa. Tschechische Konzepte der Bürgergesellschaft im historischen und nationalen Vergleich. München 2014, V–XIV.

Machcewicz, Pawel: Polski rok 1956 [Das polnische Jahr 1956]. Warschau 1993.

Marek, Pavel: Protikomunistické demonstrace v Československu v roce 1953 [Antikommunistische Demonstrationen in der Tschechoslowakei im Jahr 1953]. In: Securitas imperii 24/1 (2014), 10–34.

Marx, Karel/*Engels*, Bedřich: Manifest komunistické strany. V českém překladu Ladislava Štolla [Manifest der kommunistischen Partei. Übersetzt von Ladislav Štoll]. Praha 1974.

Marx, Karl/*Engels*, Friedrich: Manifest der kommunistischen Partei. Stuttgart 1986.

Massino, Jill: »How Many Days Have the Comrades' Wives Spent in a Queue?« Appealing to the Ceausescus in Late-Socialist Romania. In: *Blaive*, Muriel (Hg.): Perceptions of Society in Communist Europe. Regime Archives and Popular Opinion. London 2019, 189–205.

McDermott, Kevin: A »Polyphony of Voices«? Czech Popular Opinion and the Slánský Affair. In: Slavic Review 67/4 (2008), 840–865.

— Popular Resistance in Communist Czechoslovakia. The Plzeň Uprising, June 1953. In: Contemporary History 19/4 (2010), 287–307.

— Stalinist Terror in Czechoslovakia. Origins, Processes, Responses. In: *Stibbe*, Matthew (Hg.): Stalinist Terror in Eastern Europe. Elite Purges and Mass Repression. Manchester 2010, 98–118.

— Communist Czechoslovakia, 1945–89. A Political and Social History. New York 2015.

McDermott, Kevin/*Sommer*, Vítězslav: The Club of Politically Engaged Conformists. The Communist Party of Czechoslovakia, Popular Opinion and the Crisis of Communism, 1956. Washington D.C. 2013.

McQuail, Denis: McQuails Mass Communication Theory. 5. Aufl. London u. a. 2005.

Merkel, Ina: »...in Hoyerswerda leben jedenfalls keine so kleinen Menschen«. Briefe an das Fernsehen der DDR. In: *Lüdkte*, Alf/*Becker*, Peter (Hg.): Akten – Eingaben – Schaufenster. Die DDR und ihre Texte. Erkundungen zu Herrschaft und Alltag. Berlin 1997, 279–310.

Meuschel, Sigrid: Legitimation und Parteiherrschaft. Zum Paradox von Stabilität und Revolution in der DDR 1945–1989. Frankfurt am Main 1992.

Miggelbrink, Monique: Fernsehen und Wohnkultur. Zur Vermöbelung von Fernsehgeräten in der BRD der 1950er- und 1960er-Jahre. Bielefeld 2018.

Mihelj, Sabina: Understanding Socialist Television. Concepts, Objects, Methods. In: VIEW Journal of European Television History and Culture 3/5 (2014), 7–16.

Mihelj, Sabina/*Huxtable*, Simon: From Media Systems to Media Culture. Understanding Socialist Television. Cambridge 2018.

Mikos, Lothar: Es wird dein Leben! Familienserien im Fernsehen und im Alltag der Zuschauer. Münster 1994.
— Film- und Fernsehanalyse. 3. Aufl. Konstanz 2015.
Milde, Lubomír: Učíme se od Julia Fučíka [Wir lernen von Julius Fučík]. In: Naše vlast 8 (1953), 163–165.
Mrňka, Jaromír: Odhalením chyb ukazujeme svoji sílu. Proměny myšlenkového světa lokálních stranických elit v průběhu roku 1956 na příkladu Šumperska a Zábřežska [Indem wir Fehler aufdecken, zeigen wir unsere Stärke. Transformationen der Gedankenwelt der lokalen Parteieliten im Jahre 1956 am Beispiel von Šumperk und Zábřeh]. In: *Petráš*, Jiří/*Svoboda*, Libor (Hg.): Československo v letech 1954–1962 [Die Tschechoslowakei in den Jahren 1954–1962]. Praha, České Budějovice 2015, 465–474.
— Svéhlavá periferie. Každodennost diktatury KSČ na příkladu Šumperska a Zábřežska v letech 1945–1960 [Eigensinnige Peripherie. Alltagsdiktatur der KSČ am Beispiel von Šumperk und Zábřeh in den Jahren 1945–1960]. Praha 2015.
— Hegemony of »Dutiful Work«. (Trans-)Formation of Hegemonic Discourses and Post-war Czech Society Between Nationalism and Socialism 1945–1960, URL: https://www.academia.edu/12625005/Hegemony_of_Dutiful_Work_Trans_Formation_of_hegemonic_Discourses_and_Post_war_Czech_Society_between_Nationalism_and_Socialism_1945_1960 (am 6.10.2022).
Mühlbauer, Julian: Kommunizieren und Partizipieren im »entwickelten Sozialismus«. Die Wohnungsfrage im Eingabewesen der Belorussischen Sowjetrepublik. Wiesbaden 2015.
Mühlberg, Felix: Bürger, Bitten und Behörden. Geschichte der Eingabe in der DDR. Berlin 2004.
Musilová, Dana: Der Einfluss bezahlter Arbeit auf weibliche Identitätsbildungsprozesse in der Tschechoslowakei der Nachkriegszeit. In: *Kraft*, Claudia (Hg.): Geschlechterbeziehungen in Ostmitteleuropa nach dem Zweiten Weltkrieg. Soziale Praxis und Konstruktionen von Geschlechterbildern. München 2005, 165–186.
Nebřenský, Zdeněk: Marx, Engels, Beatles. Myšlenkový svět polských a československých vysokoškoláků, 1956–1968 [Marx, Engels, Beatles. Die Gedankenwelt der polnischen und tschechoslowakischen Studenten, 1956–1968]. Praha 2017.
Nečasová, Denisa: Buduj vlast – posílíš mír! Ženské hnutí v českých zemích 1945–1955 [Baue Deine Heimat – Stärke den Frieden! Frauenbewegung in den tschechischen Ländern 1945–1955]. Brno 2011.
— Nový socialistický člověk. Československo 1948–1956 [Der neue sozialistische Mensch. Die Tschechoslowakei 1948–1956]. Brno 2018.

Oates-Indruchová, Libora: The Beauty and the Loser. Cultural Representations of Gender in Late State Socialism. In: Signs. Journal of Women in Culture and Society 37/2 (2012), 357-383.

Pažout, Jaroslav/*Vilímek*, Tomáš: Barometr nálad, studnice informací. Dopisy občanů vedoucím představitelům a orgánům Komunistické strany Československa v letech 1988-1989 [Stimmungsbarometer, Informationsquelle. Briefe von Bürgern an die führenden Vertreter und Organe der Kommunistischen Partei der Tschechoslowakei in den Jahren 1988-1989]. Praha 2020.

Pernes, Jiří: Československý rok 1956. K dějinám destalinizace v Československu [Das tschechoslowakische Jahr 1956. Zur Geschichte der Entstalisierung in der Tschechoslowakei]. In: Soudobé dějiny 7/4 (2000), 594-618.

— Snahy o překonání politicko-hospodářské krize v Československu v roce 1953 [Bemühungen zur Überwindung der politisch-wirtschaftlichen Krise in der Tschechoslowakei 1953]. Brno 2000.

— Die ČSR. Von der verschleppten Reform zum beschleunigten Wandel. In: *Engelmann*, Roger (Hg.): Kommunismus in der Krise. Die Entstalinisierung 1956 und die Folgen. Göttingen 2008, 137-147.

— Krize komunistického režimu v Československu v 50. letech 20. století [Die Krise des kommunistischen Regimes in der Tschechoslowakei in den 1950er Jahren]. Brno 2008.

Průcha, Václav u. a.: Hospodářské a sociální dějiny Československa 1918-1992. 2. díl: Období 1945-1992 [Wirtschafts- und Sozialgeschichte der Tschechoslowakei 1918-1992. 2. Teil: Zeitraum 1945-1992]. Brno.

Przybylová, Blažena u. a.: Ostrava. Historie – Kultura – Lidé [Ostrava. Geschichte – Kultur – Menschen]. Praha 2013.

Pullmann, Michal: Sociální dějiny a totalitněhistorické vyprávění [Sozialgeschichte und die totalitätsgeschichtliche Erzählung]. In: Soudobé dějiny 15/3 (2008), 703-717.

— Konec experimentu. Přestavba a pád komunismu v Československu [Das Ende des Experiments. Wiederaufbau und Fall des Kommunismus in der Tschechoslowakei]. Praha 2011.

— »Ruhige Arbeit« und Einhegung der Gewalt. Ideologie und gesellschaftlicher Konsens in der spätsozialistischen Tschechoslowakei. In: *Zimmermann*, Volker/*Pullmann*, Michal (Hg.): Ordnung und Sicherheit, Devianz und Kriminalität im Staatssozialismus. Tschechoslowakei und DDR 1948/49-1989. Göttingen 2014, 39-56.

Rákosník, Jakub: Sovětizace sociálního státu. Lidově demokratický režim a sociální práva občanů v Československu 1945-1960 [Die Sowjetisierung des Wohlfahrtsstaates. Das volksdemokratische System und die sozialen Rechte der Bürger in der Tschechoslowakei 1945-1960]. Bd. 2. Praha 2010.

Rákosník, Jakub/*Šustrová*, Radka: Rodina v zájmu státu. Populační růst a instituce manželství v českých zemích 1918–1989 [Die Familie im Interesse des Staates. Bevölkerungswachstum und die Institution der Ehe in den böhmischen Ländern 1918–1989]. Praha 2016.

Rau, Christian: Stadtverwaltung im Staatssozialismus. Kommunalpolitik und Wohnungswesen in der DDR am Beispiel Leipzigs, 1957–1989. Stuttgart 2017.

Reckwitz, Andreas: Das hybride Subjekt. Eine Theorie der Subjektkulturen von der bürgerlichen Moderne zur Postmoderne. Weilerswist 2006.

— Auf dem Weg zu einer praxeologischen Analyse des Selbst. In: *Eitler*, Pascal/*Elberfeld*, Jens (Hg.): Zeitgeschichte des Selbst. Therapeutisierung – Politisierung – Emotionalisierung. Bielefeld 2015, 31–45.

Reifová, Irena: Kleine Geschichte der Fernsehserie in der Tschechoslowakei und Tschechien. In: Kommerz, Kunst, Unterhaltung. Hg. v. *Forschungsstelle Osteuropa an der Universität Bremen*. Bremen 2002, 161–184.

Reimann, Paul: Kafka und die Gegenwart. In: *Goldstücker*, Eduard (Hg.): Franz Kafka aus Prager Sicht. Prag 1965, 13–21.

Rittersporn, Gábor (Hg.): Sphären von Öffentlichkeit in Gesellschaften sowjetischen Typs. Zwischen partei-staatlicher Selbstinszenierung und kirchlichen Gegenwelten. Frankfurt am Main 2003.

Roth-Ey, Kristin: Moscow Prime Time. How the Soviet Union Built the Media Empire That Lost the Cultural Cold War. Ithaca 2011.

Rutz, Andreas: Ego-Dokument oder Ich-Konstruktion. Selbstzeugnisse als Quellen zur Erforschung des frühneuzeitlichen Menschen. In: zeitenblicke 1/2 (2002), URL: http://www.zeitenblicke.historicum.net/2002/02/rutz/index.html (am 13.7.2019).

Sabrow, Martin: Sozialismus als Sinnwelt. Diktatorische Herrschaft in kulturhistorischer Perspektive. In: Potsdamer Bulletin für Zeithistorische Studien 40–41 (2007), 9–23.

Satjukow, Silke/*Gries*, Rainer: Feindbilder des Sozialismus. Eine theoretische Einführung. In: *Dies.* (Hg.): Unsere Feinde. Konstruktionen des Anderen im Sozialismus. Leipzig 2004, 13–70.

Schattenberg, Susanne: »Democracy« or »Despotism«? How the Secret Speech was Translated into Everyday Life. In: *Jones*, Polly (Hg.): Dilemmas of Destalinization. Negotiating Cultural and Social Change in the Khrushchev Era. London 2009, 64–79.

Schlögel, Karl: Terror und Traum. Moskau 1937. München 2008.

Schulze Wessel, Martin: »Loyalität« als geschichtlicher Grundbegriff und Forschungskonzept. Zur Einleitung. In: *Ders.* (Hg.): Loyalitäten in der Tschechoslowakischen Republik, 1918–1938. Politische, nationale und kulturelle Zugehörigkeiten. München 2004, 1–22.

— Zukunftsentwürfe und Planungspraktiken in der Sowjetunion und der sozialistischen Tschechoslowakei. Zur Einleitung. In: *Schulze Wessel*, Martin/ *Brenner*, Christiane (Hg.): Zukunftsvorstellungen und staatliche Planung im Sozialismus. Die Tschechoslowakei im ostmitteleuropäischen Kontext 1945-1989. München 2010, 1-18.

— Der Prager Frühling. Aufbruch in eine neue Welt. Ditzingen 2018.

Schulze, Winfried: Ego-Dokumente. Annäherung an den Menschen in der Geschichte? Vorüberlegungen für die Tagung »Ego-Dokumente«. In: *Ders.* (Hg.): Ego-Dokumente. Annäherung an den Menschen in der Geschichte. Berlin 1996, 11-31.

Šik, Ota: Prager Frühlingserwachen. Erinnerungen. Herford 1988.

Skradol, Natalia: Homus Novus. The New Man as Allegory. In: Utopian Studies 20/1 (2009), 41-74.

Šlouf, Jakub: Spřízněni měnou. Genealogie plzeňské revolty 1. června 1953 [Vereint in der Währung. Eine Genealogie der Pilsener Revolte vom 1. Juni 1953]. Praha 2016.

— Okradená strana. Protesty členské základny KSČ proti měnové reformě v roce 1953 [Die bestohlene Partei. Proteste der Mitglieder der Kommunistischen Partei gegen die Währungsreform 1953]. In: Securitas Imperii 32/1 (2018), 250-285.

Smetana, Miloš: Televizní seriál a jeho paradoxy [Die TV-Serie und ihre Paradoxien]. Praha 2000.

Smlsal, Jiří/*Stachová*, Monika: To my ne, to režim. Dějiny jsou složitější, než jsme si mysleli. Plně to ukazují výroky historičky Muriel Blaive i jejich mediální ohlasy [Das sind nicht wir, das ist das Regime. Die Geschichte ist komplizierter als wir dachten. Die Aussagen der Historikerin Muriel Blaive und ihre Medienberichterstattung zeigen dies voll und ganz]. In: A2larm (12.10.2017), URL: https://a2larm.cz/2017/10/to-my-ne-to-rezim/ (am 15.7. 2019).

Sokol, Jan: »Bürger« und »občan«. Zu Eigenheiten der tschechischen Zivilgesellschaft. In: *Luft*, Robert/*Havelka*, Miloš/*Zwicker*, Stefan (Hg.): Zivilgesellschaft und Menschenrechte im östlichen Europa. Tschechische Konzepte der Bürgergesellschaft im historischen und nationalen Vergleich. München 2014, 189-197.

Spurný, Matěj: Vielschichtige Loyalitäten. Tschechische Remigranten aus Wolhynien zwischen Staat, Sozialismus und traditioneller Gemeinschaft (1945-1955). In: *Zimmermann*, Volker/*Haslinger*, Peter/*Nigrin*, Tomáš (Hg.): Loyalitäten im Staatssozialismus. DDR, Tschechoslowakei, Polen. Marburg 2010, 83-93.

— Nejsou jako my. Česká společnost a menšiny v pohraničí, 1945-1960 [Sie sind nicht wie wir. Die tschechische Gesellschaft und die Minderheiten im Grenzgebiet, 1945-1960]. Praha 2011.

— Most do budoucnosti. Laboratoř socialistické modernity na severu Čech [Brücke in die Zukunft. Ein Laboratorium der sozialistischen Moderne in Nordböhmen]. Praha 2016.

Štoll, Martin: 1.5.1953. Zahájení televizního vysílání. Zrození televizního národa [1.5.1953. Der Beginn der Fernsehausstrahlung. Die Geburt einer Fernsehnation]. Praha 2011.

Stromšík, Jiří: Kafka aus Prager Sicht 1963. Ein Rückblick von 1991. In: *Winkler*, Norbert/*Kraus*, Wolfgang (Hg.): Franz Kafka in der kommunistischen Welt. Köln u. a. 1993, 120–143.

Stuppo, Oxana: Die »Feinde der Kolchosordnung«. Feindbilder auf dem Lande im Gebiet Swerdlowsk von 1945 bis 1953. In: *Satjukow*, Silke/*Gries*, Rainer (Hg.): Unsere Feinde. Konstruktionen des Anderen im Sozialismus. Leipzig 2004, 387–403.

Taborsky, Edward: Communism in Czechoslovakia, 1948–60. Princeton 1961.

Tönsmeyer, Tatjana: Das Dritte Reich und die Slowakei 1939–1945. Politischer Alltag zwischen Kooperation und Eigensinn. Paderborn 2003.

Uerz, Gereon: Zukunftsvorstellungen als Elemente der gesellschaftlichen Konstruktion der Wirklichkeit. Anthropologie – Geschichte – Frühsozialisten. In: *Schulze Wessel*, Martin/*Brenner*, Christiane (Hg.): Zukunftsvorstellungen und staatliche Planung im Sozialismus. Die Tschechoslowakei im ostmitteleuropäischen Kontext 1945–1989. München 2010, 33–46.

Vaněk, Miroslav: Obyčejní lidé...?! Pohled do života tzv. mlčící většiny. Životopisná vyprávění příslušníků dělnických profesí a inteligence [Gewöhnliche Menschen...?! Ein Einblick in das Leben der sogenannten schweigenden Mehrheit. Biografische Erzählungen von Angehörigen von Arbeiterberufen und Intelligenz]. Praha 2009.

Varga, László: Der Fall Ungarn. Revolution, Intervention, Kádárismus. In: *Engelmann*, Roger/*Großbölting*, Thomas/*Wentker*, Hermann (Hg.): Kommunismus in der Krise. Die Entstalinisierung 1956 und die Folgen. Göttingen 2008, 127–136.

Vilímek, Tomáš: »Všichni komunisté do uren!« Volby v Československu v letech 1971–1989 jako společenský, politický a státněbezpečnostní fenomén [»Alle Kommunisten an die Urnen!« Wahlen in der Tschechoslowakei in den Jahren 1971–1989 als soziales, politisches und staatssicherheitliches Phänomen]. Praha 2016.

Volkov, Vadim: The Concept of kul'turnost'. Notes on the Stalinist Civilizing Process. In: *Fitzpatrick*, Sheila (Hg.): Stalinism. New Directions. London 2000, 210–230.

Vrba, Jakub: The Debate about Michal Pullman's Book The End of the Experiment. In: Cultures of History Forum vom 30.10.2013, URL: http://www.cultures-of-history.uni-jena.de/debates/czech/the-debate-about-michal-pullmanns-book-the-end-of-the-experiment/ (am 15.7.2019).

Wagnerová, Alena: Women as the Object and Subject of the Socialist Form of Women's Emancipation. In: *Jusová*, Iveta/*Šiklová*, Jiřina (Hg.): Czech Feminism. Perspektives on Gender in East Central Europe. Bloomington 2016, 77–94.

Ward, James Mace: Priest, Politician, Collaborator. Jozef Tiso and the Making of Facscist Slovakia. Ithaca 2013.

Weber, Max: Wirtschaft und Gesellschaft. Die Wirtschaft und die gesellschaftlichen Ordnungen und Mächte. Nachlaß. In: Max Weber. Gesamtausgabe. Bd. 4: Herrschaft. Hg. von Edith *Hanke* und Thomas *Kroll*. Tübingen 2005.

Wiedemann, Andreas: »Komm mit uns das Grenzland aufbauen!« Ansiedlung und neue Strukturen in den ehemaligen Sudetengebieten 1945–1952. Essen 2007.

— Die Wiederbesiedlung der tschechoslowakischen Grenzgebiete. Loyalitäten von neuen Bevölkerungsgruppen in der Tschechoslowakei. In: *Zimmermann*, Volker/*Haslinger*, Peter/*Nigrin*, Tomáš (Hg.): Loyalitäten im Staatssozialismus. DDR, Tschechoslowakei, Polen. Marburg 2010, 69–82.

Winkel, Heike: Schreibversuche. Kollektive Vorlagen und individuelle Strategien in den »Briefen der Werktätigen«. In: *Murašov*, Jurij/*Witte*, Georg (Hg.): Die Musen der Macht. Medien in der sowjetischen Kultur der 20er und 30er Jahre. München 2003, 59–79.

— Zwischen Emanzipation und Analphabetentum. Identität als Ereignis in Ideologie und Praxis des sowjetischen Eingabewesens. In: Berliner Osteuropa Info 23 (2005), 83–90.

Wojnowski, Zbigniew: De-Stalinization and Soviet Patriotism. Ukrainian Reactions to East European Unrest in 1956. In: Kritika. Explorations in Russian and Eurasian History 13/4 (2012), 799–829.

Yurchak, Alexei: Everything Was Forever, Until It Was No More. The Last Soviet Generation. Princeton 2005.

Zábrodská, Kateřina: Mezi ženskostí a feminismem. Konstruování identity »české socialistické ženy« [Zwischen Weiblichkeit und Feminismus: Die Konstruktion der Identität einer »tschechischen sozialistischen Frau«]. In: *Oates-Indruchová*, Libora/*Havelková*, Hana (Hg.): Vyvlastněný hlas. Proměny genderové kultury české společnosti 1948–1989 [Die enteignete Stimme. Veränderungen in der Geschlechterkultur der tschechischen Gesellschaft 1948–1989]. Praha 2015, 285–317.

Zarecor, Kimberly Elman: Manufacturing a Socialist Modernity. Housing in Czechoslovakia, 1945–1960. Pittsburgh, Pennsylvania 2011.

Zavacká, Marína: Freund oder Feind? Der loyale junge tschechoslowakische Bürger und »der Deutsche« in den Jahren 1948–1956. In: *Zimmermann*, Volker/*Haslinger*, Peter/*Nigrin*, Tomáš (Hg.): Loyalitäten im Staatssozialismus. DDR, Tschechoslowakei, Polen. Marburg 2010, 134–159.

— Frisch gestrichen. Literarische Darstellungen des Slowakischen Nationalaufstandes, 1945–1955. In: *Zückert*, Martin/*Zarusky*, Jürgen/*Zimmermann*, Volker (Hg.): Partisanen im Zweiten Weltkrieg. Der Slowakische Nationalaufstand im Kontext der europäischen Widerstandsbewegungen. Göttingen 2017, 249–274.

Zwicker, Stefan: Der antifaschistische Märtyrer der Tschechoslowakei. Julius Fučík. In: *Satjukow*, Silke/*Gries*, Rainer (Hg.): Sozialistische Helden. Eine Kulturgeschichte von Propagandafiguren in Osteuropa und der DDR. Berlin 2002, 244–255.

— Nationale Märtyrer. Albert Leo Schlageter und Julius Fučík. Heldenkult, Propaganda und Erinnerungskultur. Paderborn 2006.

PERSONENREGISTER

Adenauer, Konrad 246
Adler, Nanci 6, 10
Alexopoulos, Golfo 32

Beneš, Edvard 44 f., 52 f.
Berija, Lavrentij Pavlovič 118
Blaive, Muriel 7, 15, 38
Bren, Paulina 24, 201
Brenner, Christiane 47, 50

Chruščëv, Nikita Sergeevič 6, 16, 35, 38, 118, 149, 188, 246

Dietl, Jaroslav 205
Donert, Celia 14

Feinberg, Melissa 15
Fitzpatrick, Sheila 29, 32, 249
Foucault, Michel 21
Fučík, Julius 48–50, 54, 58, 61, 115, 136 f., 149
Fulbrook, Mary 10 f.

Glazarová, Jarmila 243
Goldstücker, Eduard 234–236, 243, 253
Gomułka, Władysław 119
Gorbačëv, Michail Sergeevič 18
Gottwald, Klement 46, 63, 98, 189

Halfin, Igal 9
Havel, Václav 2
Hellbeck, Jochen 9, 22
Heumos, Peter 12 f., 47, 50
Hus, Jan 45

Jessen, Ralph 254

Kalinová, Lenka 12, 220
Khakhordin, Oleg 24
Kolář, Pavel 12, 16–18, 121
Kopeček, Michal 17
Kotkin, Stephen 8 f., 11

Lebow, Katherine 10
Lipský, Lubomír 225
Lüdtke, Alf 11, 14

Marx, Karl 5, 22, 143
Masaryk, Tomáš Garrigue 46, 254
McDermott, Kevin 13, 57, 174, 240
Milde, Lubomír 49
Mrňka, Jaromír 14, 32, 51, 119, 140

Nečasová, Denisa 15, 21, 68, 250
Němcová, Božena 203
Novotný, Antonín 173, 176–179, 182, 185, 189, 191, 197, 231, 254

Pažout, Jaroslav 33, 36, 237, 255
Podlubnyi, Stepan 9, 22
Pullmann, Michal 7, 12, 17 f.

Rakosník, Jakub 12, 220
Reckwitz, Andreas 18, 21, 23
Reifová, Irena 202, 204, 228

Slánský, Rudolf 13, 56 f., 136, 145
Spurný, Matěj 14 f., 54, 122
Stalin, Iosif Vissarionovič 56, 75, 98, 117–120, 124, 149, 188 f., 247
Šverma, Jan 47

Vilímek, Tomáš 33, 36, 237

Weber, Max 15
Wiedemann, Andreas 54
Winkel, Heike 23, 30, 32

Zápotocký, Antonín 63, 65, 68, 71, 75 f., 79, 81, 84, 113, 116, 133, 254

ABKÜRZUNGSVERZEICHNIS

ABS	Archiv bezpečnostních složek (Archiv der Sicherheitsdienste)
AČRo	Archiv Českého rozhlasu (Archiv des Tschechischen Rundfunks)
aj.	archivní jednotka (Archiveinheit)
AKPR	Archiv Kanceláře prezidenta republiky (Archiv der Kanzlei des Präsidenten der Republik)
AMO	Archiv města Ostravy (Archiv der Stadt Ostrava)
APF ČT	Archiv a programové fondy České televize (Archiv des Tschechischen Fernsehens)
ČČK	Český červený kříž (Tschechisches Rotes Kreuz)
ČKD	Českomoravská Kolben-Daněk (Böhmisch-mährische Kolben-Daněk)
ČNST-Vlajka	Český nacionalněsocialistický tábor-Vlajka (Tschechisches Nationalsozialistisches Lager-die Flagge)
ČSAD	Československá státní automobilová doprava (Tschechoslowakischer staatlicher Autoverkehr)
ČSAO	Československé automobilové opravny (Tschechoslowakische Autoreparaturwerkstätten)
ČSAV	Československá akademie věd (Tschechoslowakische Akademie der Wissenschaften)
ČSČK	Československý červený kříž (Tschechoslowakisches Rotes Kreuz)
ČSD	Československé státní dráhy (Tschechoslowakische Staatsbahnen)
ČSL	Československá strana lidová (Tschechoslowakische Volkspartei)
ČSM	Československý svaz mládeže (Tschechoslowakischer Jugendverband)

Abkürzungsverzeichnis

ČSNS	Česká strana národně sociální (Tschechische National-Soziale Partei)
ČSSD	Československá sociální demokracie (Tschechoslowakische Sozialdemokratie)
ČSR	Československá republika (Tschechoslowakische Republik)
ČSSR	Československá socialistická republika (Tschechoslowakische Sozialistische Republik)
ČST	Československá televize / Československá televízia (Tschechoslowakisches Fernsehen)
ČZG	České závody gumárenské (Tschechische Gummifabriken)
DDR	Deutsche Demokratische Republik
DS	Demokratická strana (Demokratische Partei)
HRPV	Hlavní redakce politického vysílání (Redaktion für politische Sendungen)
inv. č.	inventární číslo (Inventarnummer)
JZD	jednotné zemědělské družstvo (Landwirtschaftliche Einheitsgenossenschaft)
kart.	Karton
KNV	krajský národní výbor (Bezirksnationalausschuss)
KPdSU	Kommunistische Partei der Sowjetunion
KSČ	Komunistická strana Československa (Kommunistische Partei der Tschechoslowakei)
KSS	Komunistická strana Slovenska (Kommunistische Partei der Slowakei)
MNV	místní národní výbor (Ortsnationalausschuss)
MPS	Ministerstvo pracovních sil (Ministerium für Arbeitskräfte)
MVO	Ministerstvo vnitřního obchodu (Ministerium für Binnenhandel)
NA	Národní archiv (Nationalarchiv)
ONV	okresní národní výbor (Kreisnationalausschuss)
OZS	okresní zemědělská správa (Landwirtschaftliche Kreisverwaltung)
POHG	Pohotovostní oddíly Hlinkovy gardy (Bereitschaftseinheiten der Hlinka Garde)
PPR	Polska Partia Robotnicza (Polnische Arbeiterpartei)

Abkürzungsverzeichnis

RFE	Radio Free Europe (Radio Freies Europa)
ROH	Revoluční odborové hnutí (Revolutionäre Gewerkschaftsbewegung)
RU	Rozhlasová univerzita (Rundfunkuniversität)
SČSP	Svaz československo-sovětského přátelství (Verband der Tschechoslowakisch-sowjetischen Freundschaft)
sign.	signatura (Signatur)
SOA	státní oblastní archiv (Staatliches Gebietsarchiv)
SOkA	státní okresní archiv (Staatliches Bezirksarchiv)
SPOFA	Sdružení podniků pro zdravotnickou výrobu (Vereinigte Pharmaziewerke)
SÚSZ	Státní úřad sociálního zabezpečení (Staatliches Institut für Sozialfürsorge)
tr. por.	trestný poriadok (Strafprozessordnung)
ÚDO	Ústřední dopisové oddělení (Zentrale Abteilung für Briefe)
ÚNV	Ústřední národní výbor (Zentraler Nationalausschuss)
ÚV KSČ	Ústřední výbor KSČ (Zentralkomitee der KSČ)
VoA	Voice of America (Stimme Amerikas)
ZUR	Západočeský uhelný revír (Westböhmisches Kohlerevier)
ZDŠ	základní devítiletá škola (Neunjährige Grundschule)
ZAO	Zemský archiv v Opavě (Landesarchiv in Opava)

RESTORING NORMALITY FOR AN UNCERTAIN FUTURE

Christiane Brenner, Michal Pullmann, Anja Tippner (eds.)
After Utopia
Czechoslovak Normalization between Experiment and Experience, 1968–1989

Bad Wiesseer Tagungen des Collegium Carolinum, Vol. 41

2022. 406 pages, hardcover
€ 70,00 D | € 72,00 A
ISBN 978-3-525-33614-4

The Husák government that came into power after the suppression of the Prague Spring formulated the goal of restoring "normality" in Czechoslovakia. It revoked prior reforms and initiated widespread "cleansing measures" and repression. Most notably, however, it lacked a clear vision for the future. The contributions in this volume show that the 1970s and 1980s were nevertheless not a time of complete stagnation. Efforts at restoration and modernization frequently existed simultaneously and counteractively. The essays discuss this contradictoriness and the often invisible dynamics of the normalization period exemplarily. A further key topic is the normalization's echo in literature, remembrance culture, and historiography.

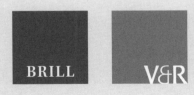

NEUE POLITIKFELDER IM ANBRUCH DER MODERNE

Clemens Ableidinger, Peter Becker, Marion Dotter, Andreas Enderlin-Mahr, Jana Osterkamp, Nadja Weck (Hg.)
Im Büro des Herrschers
Neue Perspektiven der historischen Politikfeldanalyse
Veröffentlichungen des Collegium Carolinum, Bd. 145
2022. 268 Seiten, gebunden
€ 50,00 D | € 52,00 A
ISBN 978-3-525-33613-7

»Im Büro des Herrschers« untersucht die Historizität und Herausbildung von Politikfeldern im 19. Jahrhundert. Außen-, Verteidigungspolitik, Militär oder innere Sicherheit gehörten bereits zum Kanon politischer Herrschaft. Andere Themen gewannen erst konkrete Gestalt: Aus »privater« Armen-, Kranken- bzw. Altenpflege und Bildung entstanden die »moderne« Sozial-, Gesundheits-, Bildungs- und Wissenschaftspolitik. In den europäischen Monarchien nahmen die Herrscher, ihre Kanzleien und informellen Netzwerke auf die Entwicklung dieser Politikfelder unterschiedlichen Einfluss. Dies zeigen die Beiträge des Bandes vergleichend an Beispielen aus Österreich-Ungarn, Deutschland und Großbritannien.